"实用型"报关与国际货运专业教材

SUPPLY
CHAIN MANAGEMENT PRACTICE
供应链管理实务

张远昌 编著

中国海关出版社

图书在版编目（CIP）数据

供应链管理实务/张远昌编著.—北京：中国海关出版社，2015.1
ISBN 978-7-5175-0051-3

Ⅰ.①供… Ⅱ.①张… Ⅲ.①供应链管理—高等学校—教材 Ⅳ.①F252

中国版本图书馆 CIP 数据核字（2014）第 300365 号

供 应 链 管 理 实 务
GONG YING LIAN GUAN LI SHI WU

作　　者：	张远昌
策划编辑：	马　超
责任编辑：	郭　坤
助理编辑：	王晓艳
责任监制：	王岫岩

出版发行：中国海关出版社

社　　址：	北京市朝阳区东四环南路甲 1 号	邮政编码：	100023
网　　址：	www.hgcbs.com.cn；www.hgbookvip.com		
编辑部：	01065194242-7554（电话）	01065194234（传真）	
发行部：	01065194221/27/38/46（电话）	01065194233（传真）	
社办书店：	01065195616/5127（电话/传真）	01065194262/63（邮购电话）	
	北京市建国门内大街 6 号海关总署东配楼一层		
印　　刷：	北京铭成印刷有限公司	经　　销：	新华书店
开　　本：	710mm×1000mm　1/16		
印　　张：	20.75	字　　数：	373 千字
版　　次：	2015 年 4 月第 1 版		
印　　次：	2015 年 4 月第 1 次印刷		
书　　号：	ISBN 978-7-5175-0051-3		
定　　价：	48.00 元		

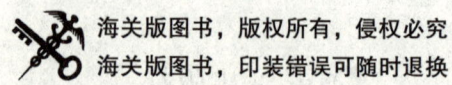

海关版图书，版权所有，侵权必究
海关版图书，印装错误可随时退换

前 言

改革开放以来,我国在建立社会主义市场经济体制方面进行了大胆探索,目前已进入社会与经济体制改革的深水区。十八届三中全会对下一步深化改革与经济发展进行了顶层设计,在加快转变经济发展方式、实施创新驱动战略、调整产业结构等方面做出了全面部署。

对中国经济进行深度调整离不开供应链管理。随着全球经济一体化、市场国际化和信息技术的快速发展,企业所处的竞争环境也发生了根本的变化,企业之间的竞争已变成供应链之间的竞争。供应链管理已经成为现代企业的重要管理模式,是企业适应全球竞争的一个有效途径,越来越多的企业管理人员接受了供应链管理这种理念。对于一个企业而言,它的供应链是客观存在的,分析一个已有供应链系统的运作,改进并提高供应链系统的经济效益和社会效益,对企业自身、供应链上下游企业乃至整个行业都具有重要意义。

在这种形势下,为了适应我国供应链教育的需要,中国海关出版社组织编写了《供应链管理实务》一书。全书共分十一章,采用了新的教材内容体系,在每章中包含导入案例、学习目标、案例、扩展阅读和课后习题等内容。其中,这些案例均来自当前的供应链实践,穿插在各章节内容中,帮助读者思考与练习。本书还具有以下几个特点:一是内容丰富全面,涵盖了供应链管理领域的主要方法、技术和运用;二是理论与实践结合,既有理论阐述,又有案例分析和扩展阅读,使读者有一个清晰和完整的视野;三是侧重实务,对供应链的主要方法和技术的运用详细介绍实施步骤和执行流程;四是案例导入,营造课堂互动氛围,使读者在生动的案例讲解中掌握知识点。

本书可为供应链管理初学者奠定理论基础并提高实操水平,不论是高职、高专院校的在校大学生,还是企业中的物流与供应链管理人员,都是本书的读者对象。

  本书的顺利出版,要感谢南华工商学院的杨鹏强老师、中国物流策划研究院副院长李芏巍教授、广州物流与供应链协会常务副会长张强先生、《物流商情》杂志社创办人何予斌先生。广州华新集团副总裁蔡军先生结合丰富的供应链管理经验,对本书提出了具体指导意见;中国海关出版社的编辑马超老师在本书的出版过程中提供了许多帮助;我的团队成员高建全先生提供了许多有价值的资料和其他支持,在此一并感谢。

  在本书的编写过程中,参考了不少资料,作者已尽可能详细地在书后的参考文献中列出,在此对这些专家学者们表示深深的感谢和敬意。

  由于作者水平有限,再加上供应链管理是一个不断发展的新领域,本书难免出现谬误。真诚希望各位读者提出宝贵意见,并反馈至作者邮箱:zychang2001@163.com,谢谢。

张远昌
2015 年 2 月于广州

目 录

第一章 供应链实务基础 ●1
第一节 供应链概述 …… 4
一、供应链的基本概念 …… 4
二、供应链的主要环节 …… 5
三、供应链的特征 …… 7
四、供应链的类型 …… 9
五、供应链中的核心企业 …… 13
第二节 供应链管理概述 …… 15
一、供应链管理的概念及相关理论 …… 15
二、供应链管理的任务和原则 …… 22
三、供应链管理的程序 …… 24

第二章 供应链的设计与构建 ●29
第一节 供应链设计的内容、步骤与原则 …… 32
一、供应链设计的内容 …… 32
二、供应链设计的步骤 …… 33
三、供应链设计的原则 …… 35
四、影响供应链设计的关键因素 …… 38
五、供应链设计中的三种建模类型 …… 41

第二节 供应链设计的策略 …………………………………………… 44
　一、基于产品的供应链设计 ……………………………………… 44
　二、基于成本核算的供应链设计 ………………………………… 47
　三、基于多代理的供应链设计 …………………………………… 49

第三章 战略供应链管理 —————————————————— 52

第一节 战略供应链管理概述 …………………………………………… 53
　一、战略供应链的概念 …………………………………………… 53
　二、战略供应链管理的策略 ……………………………………… 54

第二节 企业核心竞争力 ………………………………………………… 58
　一、核心竞争力概述 ……………………………………………… 58
　二、企业核心竞争力的识别 ……………………………………… 60
　三、企业核心竞争力的构建 ……………………………………… 64

第三节 企业业务流程重组 ……………………………………………… 67
　一、企业业务流程重组的概念及特点 …………………………… 67
　二、企业业务流程重组的主要步骤 ……………………………… 70
　三、供应链管理下的企业业务流程重组 ………………………… 71

第四节 企业业务外包 …………………………………………………… 75
　一、业务外包的特点和模式 ……………………………………… 75
　二、业务外包的优势 ……………………………………………… 77

第四章 供应链管理方法及应用 ———————————————— 80

第一节 快速反应（QR） ………………………………………………… 81
　一、快速反应的概念 ……………………………………………… 81
　二、快速反应的作用 ……………………………………………… 84
　三、快速反应的实施 ……………………………………………… 85

第二节 有效客户反应（ECR） ………………………………………… 88
　一、有效客户反应的概念 ………………………………………… 88
　二、有效客户反应的要素、特点及应用原则 …………………… 90
　三、有效客户反应的实施 ………………………………………… 92

第三节 电子订货系统（EOS） ………………………………………… 94
　一、电子订货系统的结构、类型及配置 ………………………… 94

二、电子订货系统的操作流程 …………………………………… 98
　第四节　企业资源计划（ERP） ………………………………… 99
　　一、企业资源计划的概念 ………………………………………… 99
　　二、企业资源计划的特点、功能及作用 ………………………… 100
　　三、企业资源计划的实施 ………………………………………… 102

第五章　供应链采购与供应商管理 ————————————●105
　第一节　采购管理概述 …………………………………… 106
　　一、采购概述 ……………………………………………………… 106
　　二、采购管理的概念、职能及内容 ……………………………… 111
　第二节　供应链管理环境下的采购模式 ………………… 114
　　一、JIT 订单驱动采购模式 ……………………………………… 114
　　二、电子商务采购模式 …………………………………………… 118
　　三、MRP 采购模式 ……………………………………………… 122
　第三节　供应商关系管理 ………………………………… 129
　　一、供应商关系管理概述 ………………………………………… 129
　　二、供应商的选择与开发 ………………………………………… 132

第六章　客户关系管理 ————————————————●144
　第一节　客户关系管理概述 ……………………………… 145
　　一、客户关系管理的概念及作用 ………………………………… 145
　　二、客户关系管理的驱动因素 …………………………………… 149
　第二节　CRM 系统的组织与实施 ……………………… 150
　　一、CRM 系统的分类与主要模式 ……………………………… 150
　　二、CRM 系统构建的原则及实施的目标 ……………………… 152
　　三、CRM 系统设计的主要功能模块 …………………………… 154
　　四、CRM 项目实施的程序 ……………………………………… 156

第七章　供应链库存管理 ————————————————●161
　第一节　库存管理的基本原理与方法 …………………… 162
　　一、库存管理概述 ………………………………………………… 162
　　二、传统库存控制技术 …………………………………………… 165
　第二节　供应链环境下的库存问题 ……………………… 171

一、供应链中的"牛鞭效应"与库存波动 …………… 171
　　二、供应链的不确定性对库存的影响 ……………… 173
 第三节　供应链管理环境下的库存控制模式 ………… 175
　　一、供应商管理库存（VMI）模式 ………………… 175
　　二、联合库存管理（JMI）模式 …………………… 184
　　三、协同规划、预测和补给（CPFR）模式 ……… 186

第八章　供应链生产计划与控制管理　193

 第一节　供应链管理思想在生产系统中的拓展 ……… 194
　　一、传统企业生产系统面临的挑战 ………………… 194
　　二、供应链管理中生产系统的有关概念 …………… 195
　　三、生产模式的含义与变革 ………………………… 197
　　四、传统生产计划和控制与供应链管理思想的差距 … 198
 第二节　供应链管理环境下生产计划与控制的
　　　　　影响因素及特点 ……………………………… 199
　　一、供应链管理环境下生产计划编制的影响因素 … 199
　　二、供应链管理环境下生产计划的特点 …………… 205
　　三、供应链管理环境下生产控制的特点 …………… 208
 第三节　供应链管理环境下生产计划与控制的总体模型 … 211
 第四节　供应链管理环境下生产计划与控制的相关技术 … 214
　　一、精益生产模式 …………………………………… 214
　　二、敏捷制造技术 …………………………………… 219
　　三、大规模定制模式 ………………………………… 223

第九章　供应链物流管理　228

 第一节　物流管理概述 ………………………………… 229
　　一、现代物流概念及分类 …………………………… 229
　　二、物流管理与供应链管理的区别 ………………… 232
　　三、现代物流的基本功能和增值功能 ……………… 233
 第二节　电子商务物流管理 …………………………… 236
　　一、电子商务的物流特点 …………………………… 236
　　二、电子商务的物流流程 …………………………… 237

三、电子商务的物流运作模式 ……………………………… 239
　第三节　基于供应链的运输管理 …………………………………… 243
　　　一、运输在供应链中的地位及作用 ………………………… 243
　　　二、运输方式的选择 ………………………………………… 243
　　　三、承运商的选择 …………………………………………… 249
　　　四、运输线路的选择 ………………………………………… 250
　　　五、运输合理化 ……………………………………………… 254

第十章　供应链信息管理 ─────────────────●258
　第一节　供应链管理环境下信息管理概述 ………………………… 259
　　　一、供应链信息管理的目标与作用 ………………………… 259
　　　二、供应链信息的构成与特征 ……………………………… 260
　　　三、供应链信息流运作模式 ………………………………… 262
　第二节　信息技术在供应链中的应用 ……………………………… 266
　　　一、供应链管理中的基础信息技术和信息管理系统 … 266
　　　二、条码技术在供应链中的应用 …………………………… 269
　　　三、射频识别技术在供应链中的应用 ……………………… 274
　　　四、GIS 技术在供应链中的应用 …………………………… 279
　　　五、GPS 技术在供应链中的应用 …………………………… 281

第十一章　供应链绩效评价 ────────────────●284
　第一节　供应链绩效评价的特点、内容及影响因素 ……… 285
　　　一、供应链绩效评价的特点 ………………………………… 285
　　　二、供应链绩效评价的内容 ………………………………… 287
　　　三、供应链绩效评价的影响因素 …………………………… 287
　第二节　供应链绩效评价指标体系的架构 ………………………… 289
　　　一、供应链绩效评价指标的作用 …………………………… 289
　　　二、建立供应链绩效评价指标体系的原则 ………………… 289
　　　三、供应链绩效评价的指标体系 …………………………… 290
　第三节　供应链绩效评价的方法 …………………………………… 296
　　　一、层次分析法 ……………………………………………… 296
　　　二、ROF 法 …………………………………………………… 297

三、供应链运作参考模型法 …………………………………… 297
　　四、平衡计分卡法 ……………………………………………… 298
　　五、标杆管理法 ………………………………………………… 300
第四节　供应链企业激励机制 ……………………………………… 304
　　一、建立供应链企业激励机制的重要性 ……………………… 304
　　二、供应链企业激励机制的特点 ……………………………… 305
　　三、供应链协议 ………………………………………………… 307
　　四、激励机制的内容 …………………………………………… 308

参考文献　　　　　　　　　　　　　　　　　　　312

第一章　供应链实务基础

【导入案例：啤酒游戏】

1. 啤酒游戏简介

在学习本章课程之前，我们先来玩一个"啤酒游戏"，在游戏过程中认识供应链的基本概念。啤酒游戏（Beer Game/Beer Distribution Game），也被称作啤酒效应（Beer Effect），它是20世纪60年代，MIT的Sloan管理学院发展出来的一种类似"大富翁"的策略游戏。

2. 啤酒游戏规则

在啤酒游戏里，有三种角色可让参加者来扮演。从产/配销的上游到下游体系，依次序列为：

(1) "A"啤酒制造商

(2) 啤酒批发商

(3) 零售商

这三个个体之间，通过订单/订货来沟通。下游向上游下订单，上游则向下游供货。

游戏是这样进行的：一群人分别扮演制造商、批发商、零售商和消费者四种角色，彼此只能通过订单——送货程序进行沟通。各个角色拥有独立自主权，可自行决定向上游下多少订单，向下游销出多少货物。在游戏中，只有零售商才能直接面对消费者。

通过模拟10周的产、配、销，我们会发现当消费者需求这个蝴蝶翅膀振动一下，再经由整个系统的乘数作用将产生很严重的不良后果：客户资源流失和库存的大量囤积。

3. 啤酒产销模拟游戏假设

(1) 简化为单线产销、供销：只由零售商、批发商、制造商三个企业实体组成产供销系统。

（2）有需求时，尽量满足需求发货，除非缺货。

（3）发货后即下达采购订单，各个企业实体只有一个决策，即采购数量的决策。

每个企业实体均可自由做出决策，其唯一目的是追求利润最大化。游戏的最后结果是以整组总成本最低者为优胜。

4. 啤酒游戏企业实体

（1）零售商：按照顾客订单和库存量向顾客发货，并向批发商订货；销售比较稳定的一种品牌名为"A"的啤酒，开始时每周都卖掉4箱。为了确定总是有足够的"A"啤酒，尝试着随时保持12箱的库存量。因此每周一啤酒卡车经过时都订购4箱，久而久之，零售商将每周4箱的产品周转率看作理所当然。

（2）同样，批发商向制造商订货。

（3）制造商：根据订单和库存量决定生产量，并向批发商发货。

5. 案例分析

游戏结果表明：由于供应链中各节点企业之间存在信息不对称以及为了追求自身商业利益最大化，会造成需求信息在供应链内部传递时失真。从图1-1中可以看出库存的风险是如何形成的：零售商、批发商和制造商由于中间信息传递的不及时，同时又都处于割裂状态，最终导致游戏中的三个环节都出现了客户资源流失及产品大量囤积的问题。

在Sloan管理学院参加啤酒游戏产、配、销的学生中，有各种年龄、国籍、行业背景，有些甚至早就从事这类的产、配、销系统业务。然而，每次玩这个游戏，相同的不良后果还是一再产生。下游零售商、中游批发商、上游制造商，一开始都严重缺货，后来却都严重积货。然而，消费者的需求变动却只有第二周一次而已。即使是成千上万来自不同背景的人参加游戏，也都会产生类似的结果，其中原因必定超乎个人因素之上，这些原因必定藏在游戏本身的结构里面。

彼得·圣吉（Senge）曾在其著名的《第五项修炼》中，也描述了啤酒游戏及其反映的系统化思考问题，比如蝴蝶效应和被切割的局部思考等，继而探讨如何有效进行系统化思考。

啤酒效应并非仅是啤酒行业的现象，而是采购、制造、营销流通领域一种普遍的现象，它暴露了供应链中信息传递中的问题。不对称信息往往会扭曲供应链内部的需求信息，而且不同阶段对需求状况有着截然不同的估计，如果不能及时详细掌握供应链的供求状况，其结果便会导致供应链供需失调。

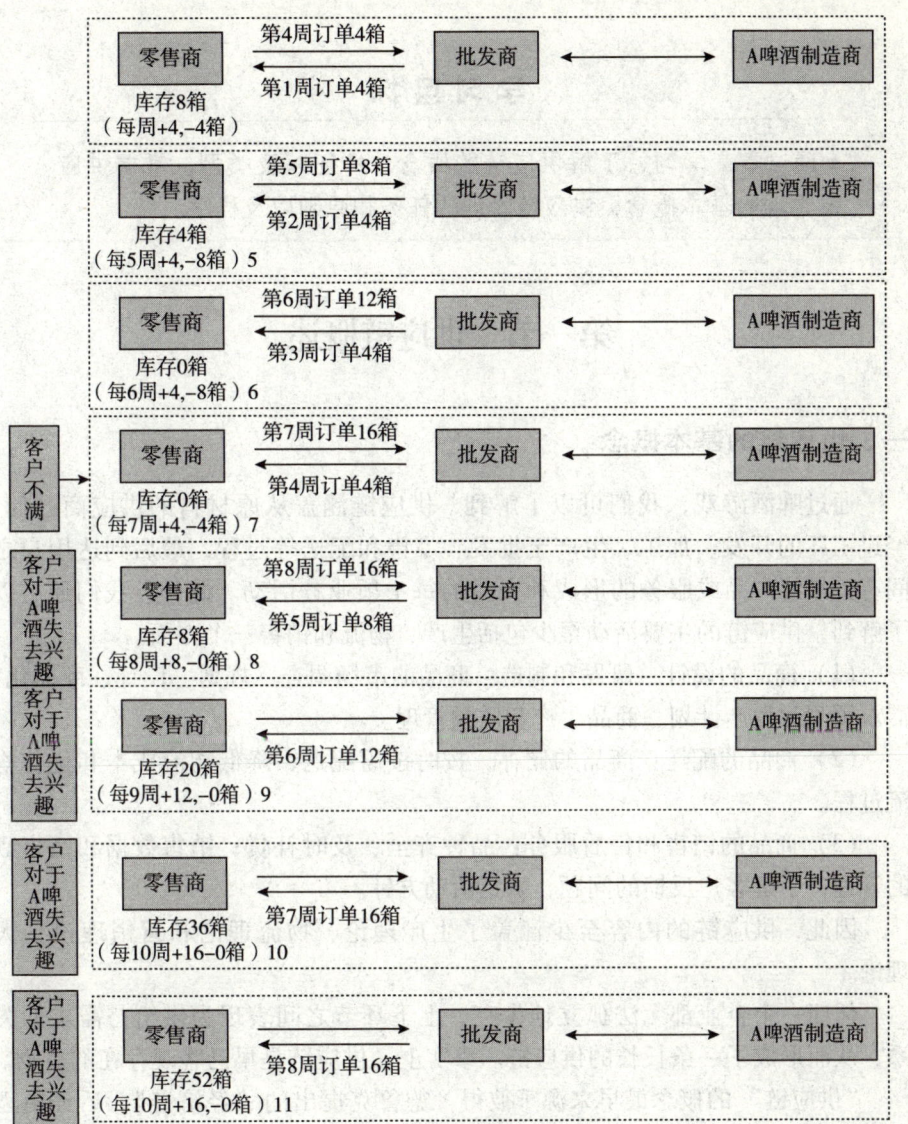

图1-1 啤酒游戏示意图

在营销流通领域中,由于信息传递的失真,零售商对需求乐观,遂追加订货;零售商的增加需求又大大刺激了生产商,生产商的行为又更大地刺激了原料供应商。信号在逆向传递过程中被不断放大,而消费者的需求可能只需要20瓶,但零售商的订单使得生产商对市场需求盲目乐观,造成了好像需要100瓶的印象。而生产商向上游供应商的大量订货又给原料商造成好像需要1000瓶的印象。反之,当市场需求缩减的时候也是一样。

> **学习目标**
>
> ● 通过本章学习，了解供应链的概念、特征以及类型，掌握供应链管理的基本概念，供应链管理的任务和原则以及程序。

第一节 供应链概述

一、供应链的基本概念

通过啤酒游戏，我们可以了解到，供应链涵盖从原材料的供应商开始，经过工厂的开发、加工、生产至批发、零售和配送等过程，最后到达用户之间有关最终产品或服务的形成和交付的每一项业务活动。此外，我们还可以了解到，供应链的主要活动至少包括生产、物流和销售三个方面。

（1）商品的设计、研发和制造：商品的市场调查、规划、设计、商品化，需求预测和生产计划，商品生产和质量管理。

（2）商品的配送：商品的储存，按时按需配送，降低物流成本和优化物流过程。

（3）商品的销售和售后服务：品种齐全、及时补货；销售数据和销售额的管理，了解客户反馈的问题，确定活动方针。

因此，供应链的内容至少涵盖了生产理论、物流理论和营销理论三大理论。

任何一个企业都无法孤立地生存，上下环节之间表现为供给与需求的关系，从而形成了一条长长的供应链。事实上，供应链是早已客观存在的事物。

"供应链"的概念最早来源于彼得·德鲁克提出的"经济链"，后经由迈克尔·波特发展成为"价值链"，最终演变为"供应链"。

中华人民共和国国家标准《物流术语》（GB/T 18354—2006）对供应链的定义为："生产和流通过程中，涉及将产品或服务提供给最终用户活动的上游与下游企业所形成的网链结构。"本书采用此定义。该定义涵盖了企业从原材料采购开始，经过从运输、生产、仓储、配送，到销售至终端用户的全过程。一个完整的供应链始于原材料的供应商，止于最终用户。

此外，国内外学术界还有其他几种定义。国内供应链学者马士华将此定义为："供应链是围绕核心企业，通过对信息流、物流、资金流的控制，从采购原材料开始，制成中间产品以及最终产品，最后由销售网络把产品送到消费者手中的将供应商、制造商、分销商、零售商，直到最终用户连成一个整体的功能网链结构模式"。

美国史迪文斯（Stevens）认为"通过增值过程和分销渠道控制，从供应商的供应商到用户的用户的流就是供应链，它始于供应的源点，结束于消费的终点"。

哈里森（Harrison）："供应链是执行采购原材料，将它们转换为中间产品和成品，并将成品销售到用户的功能网链。"

密歇根大学：既强调供应链是一个过程，同时认为，供应链是一个对多公司"关系管理"的集成供应链，它包含从原材料的采购到产品和服务交付给最终消费者的全过程。

从以上国内外主要学者赋予供应链的定义中可以看出，供应链概念是从扩大的生产（Extended Production）概念发展来的，它将企业的生产活动进行了前伸和后延。

比如，在日本丰田公司的精益协作方式中，就将供应商的活动如供应商管理库存视为生产活动的有机组成部分而加以控制和协调，这就是向前延伸。后延是指将生产活动延伸至产品的销售和服务阶段。

二、供应链的主要环节

（一）供应链的基本结构

一条完整的供应链，包括供应商（原材料供应商或零配件供应商），制造商（生产工厂、加工厂或装配厂），分销商（代理商或批发商），零售商（卖场、百货商店、超市、品牌专卖店、便利店和杂货店）以及最终用户。随着电子商务的发展，零售商还出现了新的形态，比如电子商务销售平台（京东、当当网、亚马逊等）以及淘宝卖家等。

我们可以把供应链形象地描绘成一棵枝繁叶茂的大树：生产企业构成树根；独家代理商则是主干；分销商、批发商、零售商是树枝和树梢；满树的绿叶红花是最终用户；在根与主干、枝与干的一个个结点，隐含着一次次的流通，遍体相通的脉络便是信息管理系统。

一条供应链的最终目的是满足市场需求，同时实现自己的利润。它包括所有与满足市场需求相关的环节，不仅仅是生产商和供应商，还有运输、仓储、零售和顾客本身。市场需求是供应链的驱动因素，一条供应链正是从市场需求开始，逐步向上延伸的。

一般而言，构成供应链的基本要素包括：

1. 供应商

上游供应商，指给生产厂家提供原材料或零部件的企业。

供应商主要是指生产厂家（产品制造企业），它是产品生产的最重要环节，负责产品设计、开发、生产和售后服务等。

2. 分销商和批发商

分销商，是指为实现将产品送到经营范围每一角落而设立的产品流通代理企业。

批发商，是指向生产企业购进产品，然后转售给零售商、产业用户或各种非营利组织，不直接服务于个人消费者的商业机构，位于商品流通的中间环节。

3. 零售商

零售商是指将产品销售给最终用户的企业，位于销售终端，直接服务于个人消费者。

4. 物流企业

物流企业即上述企业之外专门提供物流服务的企业。批发、零售、物流业也可以统称为商贸流通业。

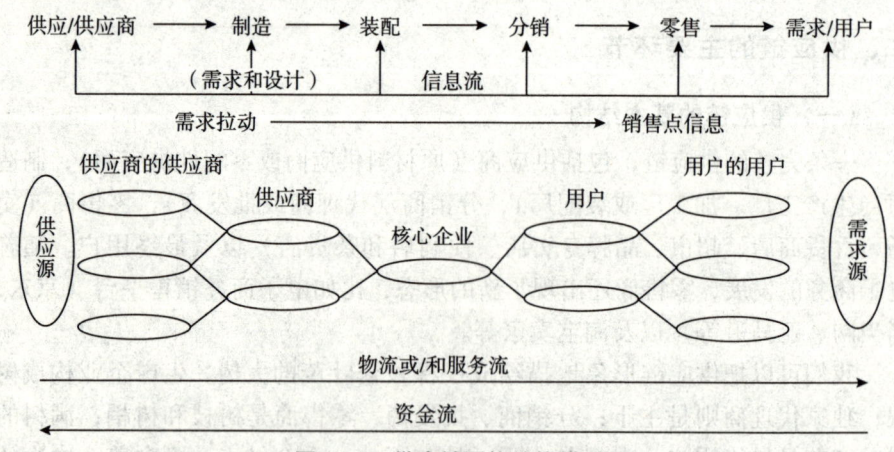

图 1-2 供应链网络结构模型

（二）供应链的四个流程

供应链一般包括物流、商流、信息流、资金流四个流程。四个流程有各自不同的功能以及不同的流通方向。

1. 物流

这个流程主要是物资以及产品的流通过程，这是一个货物输送的程序。

该流程的方向是由供货商经由原材料供应商厂家、批发、零售商等指向消费者。当然，也存在产品自销售渠道返回生产厂家的流程，比如汽车生产厂家的"召回"。由于长期以来企业理论都是围绕产品实物展开的，因此，目前物资流程被人们广泛重视。许多物流理论都涉及如何在物资流通过程中在短时间内以低成本将货物运送至目的地。

2. 商流

这个流程主要是买卖的流通过程，是接受订货、签订合同等的商业流程。该流程在供货商与消费者之间双向进行。目前商业流通形式趋于多元化：既有传统的店铺销售、上门销售、邮购、电视购物等方式，又有通过互联网、移动互联网等平台进行购物的电子商务形式。

3. 信息流

信息流是指信息传播和流动的流程。该流程也是在供货商与消费者之间双向进行的。一般而言，供应链中流动的信息主要包括商品信息（如产品规格、价格、使用方法等）、促销活动、技术支持与售后服务、付款通知单、货物配送状况等。

4. 资金流

资金流是指供应链成员之间随着商品实物及其所有权的转移而发生的资金往来流程。该流程的方向是由消费者经由零售商、批发商与物流、厂家等指向供货商。为了保障企业的正常运作，必须确保资金的及时回收，否则企业就无法建立完善的经营体系。

▶ **扩展阅读**

第三方物流

第三方物流（Third-Party Logistics，3PL），是相对"第一方"发货人和"第二方"收货人而言的。3PL既不属于第一方，也不属于第二方，而是通过与第一方或第二方的合作来提供其专业化的物流服务，它不拥有商品，不参与商品的买卖，而是为客户提供以合同为约束、以结盟为基础的，系列化、个性化、信息化的物流服务。由于物流业的服务方式一般是与企业签订一定期限的物流服务合同，有人又将第三方物流称为"合同物流（Contract Logistics）"。

三、供应链的特征

供应链是一个网链结构，由围绕核心企业的供应商、供应商的供应商和用户、用户的用户组成。一个企业是一个节点，节点企业和节点企业之间是一种需求与供应关系。现代供应链主要具有以下特征：复杂性、动态性、面向用户需求、交叉性等。

（一）复杂性

因为供应链节点企业组成的跨度以及层次不同，供应链往往由多个多类型甚至数个企业构成，因此供应链结构模式比一般单个企业的结构模式更为复杂。

不少供应链是跨国、跨地区和跨行业的组合。各国的国情、民族、政体、法律、人文、地理、宗教、风俗都有很大差异，资源禀赋情况、经济发达程度、产业发展水平、物流基础设施、物流管理水平和技术能力等也有很大不同；而供应链操作又必须保证其目的的准确性、行动的快速反应性和高质量的服务性，这些都反映了供应链复杂性的特点。

（二）面向客户需求

供应链的形成、存在、优化、重构，都是基于一定的市场需求发生的。在供应链的运作过程中，用户的需求拉动是供应链中信息流、物流、商流、资金流运作的驱动源。

（三）交叉性

节点企业可以是这条供应链的成员，同时又是另一条供应链的成员。众多的供应链呈交叉结构，增加了协调管理的难度。

（四）协调性和整合性

供应链本身就是一个整体合作、协调一致的系统。它有多个合作者，像链条一样环环相扣利益相连，大家为了一个共同的目的或目标，协调动作，紧密配合。每个供应链成员企业都是"链"中的一个环节，都要与整个供应链的动作保持一致，绝对服从全局，做到方向一致、动作一致。

（五）选择性和动态性

供应链中的成员企业都是在众多企业中筛选出来的合作伙伴，合作关系不具有固定性，而且经常在动态中不断进行调整。供应链需要随目标的转变而转变，随服务方式的变化而变化，它随时处于一个动态调整的过程中。

供应链管理因企业战略和适应市场需求变化的需要，其中节点企业自身也需要进行动态更新，这使得供应链具有明显的动态性。

（六）虚拟性

供应链是一个协作组织，并不一定是一个集团企业或托拉斯企业。这种协作组织以协作的方式组合在一起，依靠信息网络的支撑和相互信任关系，为了共同的利益，强强联合，优势互补，协调运转。供应链需要保持高度竞争力，必须是优势企业之间的连接，因此组织内的吐故纳新、优胜劣汰是必然的。供应链犹如一个虚拟的强势企业群体，在不断地进行优化组合。

四、供应链的类型

按照不同的划分标准，我们可以将供应链分为以下不同类型。

（一）按照供应链管理对象划分

供应链管理对象是指供应链所涉及的企业及其产品、企业的活动、参与的人员和部门。

按照供应链管理的研究对象及其范围，供应链可以分为三种类型：

1. 企业供应链

以具有供应链整合能力的某个企业为核心，以该企业的产品或服务为主导，形成包括该企业的供应商、供应商的供应商以及一切向前的关系，和用户、用户的用户及一切向后的关系。具有供应链整合能力的核心企业在整个供应链中具有明显的主导地位和作用，对整个供应链的建立和组织起关键作用。

2. 产品供应链

以某一特定产品、项目或服务为中心，由特定产品、项目或服务需求所拉动的，包括与此相关的所有经济活动的供应链。产品供应链上的企业管理紧密，相互依存。此供应链的效率取决于相关企业的密切合作，基于信息技术的系统化管理是提高供应链运作效率的关键。如三峡大坝工程、嫦娥探月工程、奥运会等大型项目都可以成为一条产品供应链。

3. 基于供应链合作伙伴关系的供应链

供应链合作伙伴关系主要是针对这些职能成员间的合作进行管理。基于供应链合作伙伴关系的供应链一般通过契约协调双方或多方间的利益，实现物流、商流、信息流、资金流的流动与交换。

上述三种供应链管理对象的区分，在某些方面往往呈现交叉或重叠，有利于我们考察供应链和研究不同的供应链管理方法。

（二）按照供应链网络结构划分

1. "V"型供应链

这种类型的供应链是供应链网状结构中最基础的结构，以大批量物料存在方式为基础，经过企业加工转换为中间产品，提供给其他企业作为它们的原材料。生产中间产品的企业往往客户要多于上游供应商，呈发散状。比如，原料经过中间产品的生产和转换，成为工业原材料，如石油、化工、造纸和纺织等企业，这些企业生产种类繁多的产品，满足众多下游客户的需求，从而形成了"V"型供应链。

2. "A"型供应链

当核心企业为供应网络上的最终用户服务时，其业务本质上是由订单和市场需求来驱动的。在制造、组装和总装时，"A"型供应链会遇到一个与"V"型供应链相反的问题，即为了满足相对少数的客户需求和客户订单，需要从大量的供应商手中采购大量的物料或部件。这是一种典型的会聚性供应链网，即"A"型供应链。这种类型的供应链往往要加强供应商和制造商之间的密切合作，共同控制库存安全。

3. "T"型供应链

介于上述两种模式之间，许多企业通常结成的是"T"型供应链。它们通常根据订单确定通用件，从与自己相似的供应商公司采购大量的物料，通过制造标准化来降低订单的复杂程度，为大量终端客户和合作伙伴提供构件和套件。如医药保健品、电子产品和食品饮料等行业，以及为总装配提供零部件的公司也同样存在，如为汽车、电子器械和飞机主机厂商提供零配件的企业等。

（三）按照供应链驱动力的来源划分

按照供应链驱动力的来源，供应链可以分为推动式供应链和拉动式供应链。

1. 推动式供应链

推动式供应链的运作是以产品为中心，以生产制造商为驱动原点。这种传统的推动式供应链管理是以生产为中心，力图尽量提高生产率，降低单件产品成本来获得利润。在一般情况下，生产企业根据自己的生产计划来安排从供应商处购买原材料，生产出产品，并将产品经过分销商、批发商、零售商等各种渠道一直推至最终用户。

在这种类型的供应链上，生产商对整个供应链起主导作用，是供应链上的核心企业或关键成员，而其他环节如批发商等流通领域的企业则处于被动的地位，这种供应链方式的运作和实施相对较为容易。然而，由于生产商在供应链上远离最终用户，对市场需求的了解远不如流通领域的零售商和分销商，这种供应链上企业之间的集成度较低，对市场的响应速度慢，在缺乏对客户需求了解的情况下生产出的产品和驱动供应链运作的方向往往无法匹配和满足客户需求。

同时，由于无法掌握供应链下游，特别是最末端的客户需求，一旦下游有微小的需求变化，反映到上游时这种变化将被逐级放大，这种效应被称为"牛鞭效应"。为了对付这种牛鞭效应，响应下游，特别是最终端客户的变化，在供应链的每个节点上,往往都采取提高安全库存量的办法,储备较多库存来应付市场需求的变化。因此,整个供应链上的库存较多,响应客户需求变化较慢。传统的供应链管理几乎都属于推动式的供应链管理。

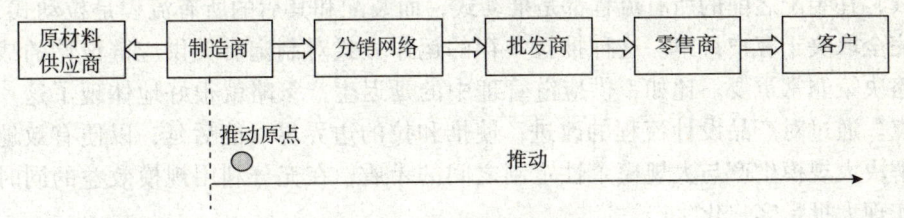

图1-3 推动式供应链

2. 拉动式供应链

拉动式供应链管理的理念是以顾客为中心,通过对市场和客户的实际需求以及对其需求的预测来拉动产品的生产和服务。这种运作和管理需要整个供应链能够更快地跟踪,甚至先于客户和市场的需求,以此提高整个供应链上的产品和资金流通效率,减少流通过程中不必要的浪费,降低成本,提高市场的适应力。对下游的批发、零售等供应链成员,要求其有更强的信息共享、协同、响应和适应能力。比如,目前发达国家采用协同规划、预测和补给(Collaborative Planning Forecasting and Replenishment,CPFR)策略,来实现对供应链下游成员需求拉动的快速响应,获取信息更及时,信息集成和共享度更高,数据交换更迅速,缓冲库存量及整个供应链上的库存总量更低,获利能力更强等。拉动式供应链虽然整体绩效表现较好,但对供应链成员企业的管理水平和信息化程度要求较高,对整个供应链的集成和协同运作的技术和基础设施要求也较高。

以计算机公司为例,其对计算机市场的预测和计算机的订单是企业一切业务活动的拉动点,生产、装配、采购等计划安排和运作都是以此为依据和基础进行的,这种典型的面向订单的生产运作可以明显地减少库存积压,并满足个性化和特殊配置需求,加快资金周转。然而,这种供应链的运作和实施相对较难。

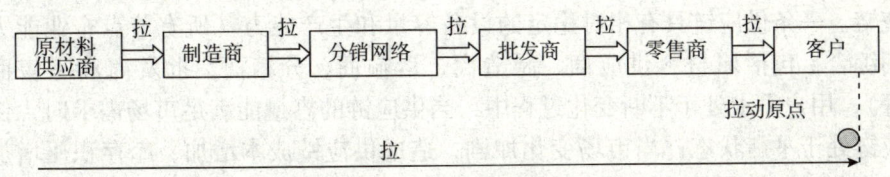

图1-4 拉动式供应链

在一个企业内部，对于有些业务流程而言，也有推动式供应链和拉动式供应链两种方式共存的现象。如戴尔（Dell）计算机公司的 PC（电脑）生产线，既有推动式运作又有拉动式运作，其 PC 装配的起点就是推和拉的分界线，在装配之前的所有流程都是推动式，而装配和其后的所有流程是拉动式，完全取决于客户订单。这种推拉共存的运作方式对制定有关供应链设计的战略决策非常重要。比如，供应链管理中的延迟生产策略就很好地体现了这一点。通过对产品设计流程的改进，使推和拉的边界尽可能后延，以便有效地解决大规模生产与大规模个性定制之间的矛盾，在充分利用规模效益的同时实现大批量客户化生产。

（四）其他划分

供应链还可以根据不同的标准划分为以下几种类型。

1. 内部供应链与外部供应链

内部供应链是指企业内部产品生产和流通过程中所涉及的采购部门、生产部门、仓储部门、运输部门和销售部门等组成的供需网络。

外部供应链则是指企业外部的和与企业相关的产品生产和流通过程中所涉及的原材料供应商、生产厂商、储运商、分销商、批发商和零售商以及最终消费者组成的供需网络。

内部供应链和外部供应链二者共同组成了企业产品从原材料到成品到消费者的供应链，内部供应链是外部供应链的缩小化。如对于制造企业，其采购部门就可看作外部供应链中的原材料供应商。外部供应链范围大，涉及企业众多，管理难度较大，企业间的协调更复杂。

2. 稳定的供应链和动态的供应链

根据供应链存在的稳定性划分，可以将供应链分为稳定的供应链和动态的供应链。基于相对稳定、单一的市场需求而组成的供应链往往稳定性较强，而基于相对变化频繁、需求复杂而组成的供应链往往动态性较高。在实际管理运作中，需要根据市场需求的不断变化，相应地改变供应链的组成。

3. 平衡的供应链和倾斜的供应链

根据供应链容量与用户需求的关系可以划分为平衡的供应链和倾斜的供应链。一条供应链具有相对稳定的设备容量和生产能力（所有节点企业能力的综合，包括原材料供应商、制造商、运输商、分销商、批发商和零售商等），用户需求处于不断变化过程中，当供应链的容量能满足市场需求时，供应链处于平衡状态；当市场变化加剧，造成供应链成本增加、库存积压增加等现象时，供应链则处于失衡状态。

平衡的供应链可以实现各主要职能（采购/低采购成本、生产/规模效益、分销/低配送成本、市场/产品多样化和财务/资金运转快）之间的均衡。

4. 有效性供应链和反应性供应链

根据供应链的功能模式（物理功能和市场中介功能），可以把供应链划分为有效性供应链（Efficient Supply Chain）和反应性供应链（Responsive Supply Chain）（或效率型供应链和响应型供应链）。有效性供应链主要体现在供应链的物理功能，即以最合理的成本将原材料转化成零部件、半成品、产品，以及在供应链中的合理运输等；反应性供应链主要体现在供应链的市场中介功能，即把产品分配到满足用户需求的市场，对未预知的市场需求做出快速反应等。

五、供应链中的核心企业

（一）核心企业的概念

从供应链的定义可以看出，供应链由所有关联的节点企业组成，其中往往有一个核心企业（可以是制造型企业，如手机制造商；也可以是零售型企业，如大型大百货企业），其他节点企业在核心企业需求信息的驱动下，通过供应链的职能分工与合作（材料供应、生产、分销、批发、零售等），以资金流、物流、信息流和商流为媒介实现整个供应链的不断增值。

如果将供应链看作一种企业联盟，那么核心企业就是整个供应链的盟主。这种结构方式有利于企业间达成合作协议，降低交易成本，提高供应链的运行效率，并提高对抗市场风险的能力。值得关注的是，核心企业的这种领导地位也有可能会损害其他供应链成员的利益，产生不平等的合作协议。

在竞争性行业中一般存在多条供应链，各供应链之间是一个单纯的竞争关系，整体竞争能力低的供应链将面临被市场淘汰的危险。因此，任何一条供应链上的核心企业都必须认真考虑链上其他成员的利益，并携手去击败真正的竞争者——其他供应链。所以，协调合作才是供应链的关键。

核心企业往往是一个供应链中最为关键的环节，它可以是供应链中的最初环节，也可以是中间环节，还可以是最终环节。而决定这一切的是供应链中掌握核心技术、核心能力、核心环节的部门，如工业加工制造企业，从产供销的一整套配套环节，包括供应链都是按照需求，有计划地进行原材料供应、成品加工、交付验收等过程环节。

其中，能够掌握核心技术能力的企业，尤其是核心技术垄断型企业就是整个供应链中的核心企业。核心企业关键在于技术，而在技术更高一层的是管理，比如精益管理的鼻祖丰田汽车，它就是以自身的生产技术为核心，为大量供应链成员企业提供订单，围绕丰田汽车，形成了一二三3个批次的供应链条，成百上千个中小企业为之服务。

供应链上的节点企业都是独立的法人单位，彼此之间没有行政上的隶属关系，各自持有不同的商业利益和目标观念，因此相互间必然存在利益冲突。供应链管理的实质就是要消弭企业间的矛盾和冲突，协调好参与者的个体利益与供应链的集体利益之间的关系，使链上各个贸易伙伴从以前单纯的竞争关系发展到"竞争——合作——协调"关系。

在这种关系中，各方的利益分配以协调为主，竞争为次，以谋求长期利益为重。这种协调与合作关系不仅要实现利益共享，而且要共担风险，因此有一定难度。协调工作必然会产生各种成本，只有当协调的成本小于协调所带来的收益时，供应链管理模式才能够得以推行。当供应链涉及的企业众多时，一个完全对等的协调机制可能是最平等的，但不一定是最有效的，甚至不一定是可行的，因为这可能造成很高的交易成本，致使供应链系统无法形成。

整个供应链竞争力的大小很大程度上取决于供应链上核心企业的协调能力。要能胜任各个方面的协调工作，核心企业必须具备一定的素质。

1. 具有一定的规模，在本行业中具有一定的影响力

核心企业只有具备一定的规模和行业影响力，才能使其他企业认为加入该供应链有益于其发展，才能使供应链不断延伸、优化和发展。

2. 具有较强的产品开发与技术研发能力

能够不断推出新品种，引导客户产生新的消费热点，始终有一种不断延续其在市场上发展的技术能力，不致因一种产品被市场淘汰而导致整条供应链全线崩溃。

3. 具有较高的商业信誉。这是建立长期稳定的合作关系的必要条件

实践表明，在构建供应链的过程中，总有一个企业（制造商、原材料供应商或零售商企业甚至物流企业）充当发起者，成为供应链的核心。因此，供应链是围绕着核心企业建立起来的，是核心企业与供应商、供应商的供应商乃至一切向前的关系，以及核心企业与分销商、分销商的分销商及一切向后的关系所形成的上下游网链结构。

目前，美的、联想、华为、京东、阿里巴巴、腾讯、招商银行等国内知名企业均已形成了类似的产业链和利益共享体系。

（二）核心企业在供应链中的作用

具备各方面协调能力的核心企业，其在供应链中的突出作用主要表现在以下两个方面。

1. 信息交换中心

来自下游（销售商）的需求信息和来自上游（供应商）的供给信息都将

汇总到核心企业。核心企业经过收集、分析并处理生成各类信息再传递到供应链的相关节点。于是，核心企业就成了供应链上具备信息采集、储存、检索、分析、加工处理能力的信息交换中心。由于供应链的运作效率在很大程度上依赖于网链上的信息传播渠道和信息交换质量，因此，要想通过信息共享达到物流顺畅、产品增值的目的，就必须提高供应链上的信息传递质量。在这方面，核心企业发挥的作用是至关重要的。

2. 物流集散的"调度中心"

供应物流从各个供应商流向核心企业，销售物流从核心企业流向各个用户，这就形成了以核心企业为集散中心的物料物资流。在这里，核心企业扮演了对物流集散、分拨、配送进行"调度"的角色，以保证各个节点都能在正确的时间得到正确品种和正确数量的产品，既不造成缺货，又不造成库存积压，把供应链的总成本维持在最合理水平。

如果供应链上的核心企业不能在信息流和物流方面起主导作用，该企业以及整个供应链都将受到严重影响。

▶ **案例链接**

纵向一体化与横向一体化

纵向一体化又称垂直一体化，是指企业将生产与原料供应，或者生产与产品销售联合在一起的战略形式，是企业在两个可能的方向上扩展现有经营业务的一种发展战略，是将公司的经营活动向前扩展到原材料供应或向后扩展到销售终端的一种战略体系。

横向一体化战略也称水平一体化战略，是指企业为了扩大生产规模、降低运营成本、巩固市场地位、提高竞争优势、增强企业实力而与同行业企业进行联合的一种战略。实质是资本在同一产业和部门内的集中，从而使企业核心竞争能力更强。

第二节 供应链管理概述

一、供应链管理的概念及相关理论

（一）供应链管理的概念

"供应链管理"（Supply Chain Management，SCM）的概念始见于20世纪60年代，并自20世纪90年代开始受到广泛关注。

供应链管理是在现代科技条件下、产品极其丰富的市场环境下发展起来的管理理念，它涉及各种企业及企业管理的方方面面，是一种跨行业管理模式。企业之间作为合作伙伴，为追求共同经营利益的最大化而共同努力。为了加快供应链中物流、信息流、资金流的流动，同时为了精确、快速地采集和传送信息，供应链必须运用先进技术优化业务流程，降低运行成本和管理费用等，对产品进行跟踪、接收、分拣、储存、提货及包装。

假设有一包括制造商、配送中心、批发商、零售商的供应链，且整个供应链内部建立了 Intranet（内联网）实行信息共享。那么，零售商的顾客消费数据、某个产品的市场销售情况都会通过网络，尽快地反馈给制造商。制造商根据信息统计再对产品进行有针对性的合理改进，这必将提高产品的市场占有率，从而使整个供应链对市场需求快速做出反应，给供应链带来更大的商机和效益。

目前，受国际市场竞争激烈、经济发展及用户需求等的不确定性增加，技术迅速革新等因素的影响，供应链管理提出时间虽不长，但已经引起人们的广泛关注。国际上一些著名企业如惠普（HP）公司、IBM 公司、苹果公司等在供应链实践中取得了巨大的成绩，使人们更加坚信供应链管理是企业适应全球竞争的一种有效途径和方法，因而它吸引了众多学者和企业界人士研究和实践。

美国的伊文斯（Evens）认为：供应链管理是通过前馈的信息流和反馈的物料流及信息流，将供应商、制造商、分销商、零售商，直到最终客户连成一个整体的管理模式。

菲利浦（Phillip）则认为供应链管理不是供应商管理的别称，而是一种新的管理策略，它把不同企业集成起来以增加整个供应链的效率，注重企业之间的合作。

我国著名的供应链管理专家马士华教授认为，供应链管理主要涉及供应、生产作业、物流和需求四个领域。

美国供应链协会认为：供应链管理贯穿于整个渠道来管理供应与需求、原材料与零部件采购、制造与装配、仓储与存货跟踪、订单录入与管理、分销，以及向客户交货。

我国于 2001 年发布实施的国家标准《物流术语》（GB/T 18354—2001）中对供应链管理的定义是：利用计算机网络技术全面规划供应链中的商流、物流、信息流、资金流等，并进行计划、组织、协调与控制。

本书的供应链管理定义是：为了满足市场需求，用系统的观点对供应链中的商流、物流、信息流和资金流进行设计、规划、控制与优化，以寻求建立供、产、销以及客户间的战略合作伙伴关系，实现供应链整体效率的最优化，并保证各供应链成员取得相应的绩效和利益的整个管理过程。供应链管理是一种集成的管理哲学理念和方法，执行供应链中从供应商到最终用户的供产销的计划和控制等职能；是一种管理策略，主张把不同企业集成起来以提高供应链效率，注重企业间合作。供应链管理把供应链上的各个企业作为一个不可分割的整体，使供应链上各个企业分担的采购、制造、分销和销售的职能成为一个协调发展的有机体。

> **扩展阅读**

21 世纪市场竞争环境的主要特征

（1）信息爆炸的压力；（2）技术进步越来越快；（3）高新技术的应用；（4）市场和劳务竞争全球化；（5）产品研制开发的难度越来越大；（6）可持续发展的要求；（7）全球性技术支持和售后服务；（8）用户的要求越来越苛刻。

（二）供应链管理与传统管理模式的区别

1. 传统的管理模式仅仅局限于单个企业的内部采购、生产、销售等部门的管理；供应链管理则是把供应链中所有节点企业看作一个整体，涵盖从供应商到最终客户的采购、制造、分销、零售、物流等环节的全部过程。供应链管理更加注重整个供应链的资源利用，以促使整个供应链降低成本，提高效益。

2. 在传统的管理模式下，各企业的目标是实现自身利益最大化，而很少考虑其他企业和最终用户的利益和要求；而供应链管理模式则强调和依赖战略管理，从而对整个供应链进行战略决策。它遵循的原则是个体利益服从集体利益，即供应链中所有成员的首要目标是整个供应链的总成本最小、效益最高，以让最终用户满意为共同目标。这也是所有参与者制定决策的首要标准。

3. 在传统的管理模式下，通常是一个实力雄厚的企业（可能是生产制造企业，也可能是大型零售企业，还可能是大型原材料加工供给企业）处于支配地位，而其他企业则处于从属地位。处于从属地位的企业的生产、采购、销售等决策制定都是被动的，与支配企业的地位并不平等；而在供应链管理模式下，提倡供应链所有参与者的地位平等，虽然通常也存在一个核心企业，但核心企业更多的是帮助与协同其他节点企业，更多的是合作与互助的关系，而非支配与被支配的关系。

4. 在传统的管理模式下，企业通常都是独立运作，企业之间体现得更多的是竞争；在供应链管理模式下，更加强调供应链各节点企业的合作与协调，提倡在各节点企业之间建立战略合作伙伴关系，这种伙伴关系主要体现在共同解决问题，共同制定决策以及信息与竞争情报共享等方面。

5. 供应链管理最关键的是需要采用集成的思想和方法,而不仅仅是传统管理模式下的节点企业、技术方法等资源的简单连接。

6. 供应链管理具有更高的目标。通过协同管理和合作关系为客户提供高水平的服务,而不是仅达到一定的市场目标。

7. 传统管理模式是企业依据自身状况对市场进行划分,然后对同一区域的客户提供相同水平的服务;供应链管理则强调根据客户的需求和状况,提供差异化的服务方式和服务水平。

> 扩展阅读

英国诗人赫伯特（George Herbert, 1593—1633）的民谣

下面这则英国民谣,充分说明了链式反应对事情结局的影响。

"掉了一枚铁钉,就损坏了一只马蹄铁,因此跌翻了一匹战马,于是摔伤了一位骑士,所以输掉了一场战争,也就亡掉了一个帝国。"

（三）供应链管理的相关理论

供应链管理的相关理论主要有价值链理论、业务外包理论、核心能力理论以及虚拟组织理论等。

1. 价值链理论

20世纪80年代,波特在其所著的《竞争优势》一书中首次提出了"价值链"概念,指出它是对增加一个企业的产品或服务的实用性或价值的一系列作业活动的描述,主要包括企业内部价值链、竞争对手价值链和行业价值链三部分。波特的"价值链"理论揭示,企业与企业的竞争,不只是某个环节的竞争,而是整个价值链的竞争,整个价值链的综合竞争力决定企业的竞争力,价值链上的每一项活动都会对企业最终能够实现多大的价值造成影响。

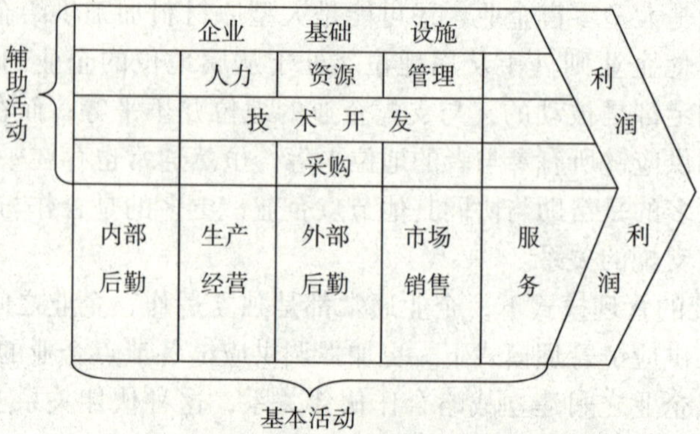

图1-5 价值链理论的基本活动和辅助活动

2. 业务外包理论

20世纪80年代以后,"外包"的理论研究集中在以下两个方面。

一是基于交易费用的外包理论:Cheon、Grover和Teng(1995年)研究了信息技术外包,认为只有当外包交易成本、管理成本、供应商供应成本之和小于自己的生产成本时,外包才会发生;Vinning和Globerman(1999年)认为生产成本、谈判成本、机会主义成本之和最小是外包决策的依据;此外,Klaas、McClendon和Gainey(1999年)研究了人力资源外包,认为总交易成本来自价格、维持契约和员工关系的费用、监督费用以及机会主义成本,不同的治理结构导致不同的成本,而决策的依据就是总交易成本最小。

二是基于核心竞争力的外包理论:核心竞争力理论是美国学者普拉哈拉德(Prahalad)和英国学者哈默(Hamel)于1990年提出的企业发展战略理论。

业务外包理论有4个结构要素:外包主体、外包目标、外包合作者和外包设计。外包主体是决定外包与否的经济机构,外包目标是外包过程的结果,外包合作者是所有可能达到外包目标的供应商,外包设计是对外包方式的规划。外包关系的管理目标就是要使外包合作者的行为与外包主体的目标保持一致。

对外包进行动态管理包括以下5个方面内容:(1)确定要外包的业务;(2)选择外包合作者;(3)外包的过程管理:为实现外包的目标,外包主体应当始终以积极的姿态与外包合作者互动,在互动过程中,使外包合作者满足外包主体的需求,并促成外包主体和合作者之间技术、经验和知识的扩散,从而极大地提高双方合作的质量;(4)外包绩效的考核:从外包的战略目标(如节约成本和资源,提升核心能力和提高效率等方面)出发对外包的绩效进行考核;(5)形成战略联盟:基于长期战略考虑,外包主体和合作者应努力构建可信赖的联盟关系,并最终形成双赢的战略联盟。

3. 核心能力理论

战略管理理论的发展经历了三个阶段:经典战略理论阶段、产业结构分析阶段(波特阶段)和核心能力理论阶段。核心能力理论代表了战略管理理论在20世纪90年代的最新进展,它是由美国学者普拉哈拉德和英国学者哈默(C. K. Prahalad & G. Hamel)于1990年首次提出的,他们在《哈佛商业评论》所发表的"公司的核心能力"("The Core Competence of the Corporation")一文已成为最经典的文章之一。此后,核心能力理论作为管理理论界的前沿问题之一被广为关注。

4. 虚拟组织理论

《商业周刊》在1993年2月8日的封面报道中将虚拟组织定义为一种新型的组织形式，它运用技术手段把人员、资产、创意动态地联系在一起。

虚拟组织理论的关键特征包括：（1）最大的适应性：虚拟组织是一个由机会推动并由机会定义的各种核心能力的统一体，这些能力分散于许多实际组织之中；（2）机会主义：建立虚拟组织是为了抓住经营机会，目标达到后便解散；（3）卓越：世界级的、卓越的核心能力；（4）技术无边界：人员、资产和创意的整合成为一种内聚的生产性资源，对于顾客而言，整合的特征是无形的、无边界的；（5）信任：真正吸引顾客的是虚拟组织天衣无缝的合作。

虚拟组织的价值在于，如果虚拟组织的参与者在"观念-现金"周期中既能与顾客紧密合作，又能整合核心能力和资源，就能降低时间、费用和风险，提高产品服务能力，改善相互关系。

技术是推动虚拟组织产生的重要因素，但从长期来看，它并非虚拟组织的根本要求。

（四）供应链管理的目标

供应链管理旨在通过对供应链各个环节活动的协调，实现最佳业务绩效，从而增强整个供应链上所有企业的业务表现，使生产系统能较好地管理由原料到产品、客户的生产过程，最终提高客户的满意程度，并缩小总生产成本。对企业而言，供应链管理最根本的目的就是增强企业核心竞争力，而首要目标是提高客户满意度，即做到"7R"——将正确的产品或服务（right product or service）、按照合适状态与包装（right condition and packaging）、以准确的数量（right quantity）和合理的成本费用（right cost）、在恰当的时间（right time）送到指定地方（right place）确定的客户（right customer）。

供应链管理的目标是在满足客户需要的前提下，对整个供应链（从供货商、制造商、分销商到消费者）的各个环节进行综合管理，如从采购、物料管理、生产、配送、分销到消费者的整个供应链的商流、物流、信息流和资金流，并将物流与库存成本维持在最合理水平。有效的供应链管理可以帮助实现四项目标：加快资金周转速度、降低企业面临的风险、实现盈利增长、提供可预测收入。

供应链优化的最终目的是满足客户需求，降低成本，实现利润，具体表现为：

1. 提高客户满意度

供应链管理和优化的一切方式方法，都是为提高客户满意度而努力，同时这也是企业赖以生存的根本。

2. 提高企业管理水平

供应链管理与优化的重要内容就是流程上的再造与设计，这对提高企业管理水平和优化管理流程，具有不可或缺的作用。同时，随着企业供应链流程的推进、实施和应用，企业管理的系统化和标准化水平将会得到很大提高，这都有助于企业管理水平的提高。

3. 节约交易成本

供应链的整合与优化将大大降低供应链内各环节的交易成本，缩短交易时间。

4. 降低库存

通过扩展组织边界，供应商能够及时掌握存货信息，及时组织生产，及时补充。这将帮助企降低库存。

5. 降低采购成本，促进供应商管理

供应商能够准确及时地获取存货和采购信息，有助于采购管理人员提高供应商管理水平。

6. 减少循环周期

供应链系统的优化带来了预测精确度的大幅度提高，使企业不仅能生产出需要的产品，而且能缩短生产时间，减少资金、资源的循环周期。

7. 收入和利润增加

通过组织边界的延伸，企业履行合同的能力将大大提高，这将促使企业增加收入并维持或增加市场份额。

8. 网络的扩张

供应链本身就代表着网络，一个企业建立了自己的供应链系统，也就意味着已经建立起了业务网络。

 案例

施乐公司的供应链管理总体目标

施乐公司是一家从事金融服务和办公设备业务的大型跨国公司。该公司的办公设备业务是对众多的办公用品进行开发、制造、营销和提供售后服务，其产品包括大型电子打印机、复印机、传真机、工作站和工程产品等。施乐公司进行全球化制造，在欧洲、北美洲、南美洲以及远东地区拥有22个主要生产工厂。这些为顾客提供售中、售后服务支持的营销型网络结构按地理区域划分，并覆盖了施乐公司的全部产品。

施乐公司为供应链总体目标的建立设置了一个框架。这些目标包括：

（1）顾客满意度。

（2）资产回报率。

（3）市场份额。

（4）雇员满意度。

为了实现供应链管理总体目标，施乐公司所采用的方法包括几个要素。首先，要勾画一个蓝图。供应链整合可以为公司获得竞争优势，目标在于服务水平、资产利用以及后勤成本等几个方面。这需要详细的发展战略路径图，为重要供应链的顾客满意、后勤成本和资产利用的评价设立具体目标；新的整合首先在试点中进行检验，然后在大规模实施之前进行仔细调整。其次，监督整个过程并评价一体化供应链的绩效。再次，对不合理的业务流程进行重组，并对信息系统进行重建升级。

施乐通过这种方式，进行了供应链一体化的关键变革。高层管理者强有力和一贯的支持，公司对质量文化重视，解决问题和质量提高过程中跨职能团队的努力与支持，为实施变革提供了有利的环境。施乐允许来自公司不同部门的人员，使用一种通用语言来描绘、分析、改进业务流程。重要的是，承诺在实施的初期就通过短期的流程变革实现某种利益。这让高层管理者不至于对变革过程失去耐心。

二、供应链管理的任务和原则

（一）供应链管理的任务

供应链管理关心的并不仅仅是物料实体在供应链中的流动，除了企业内部与供应链成员企业之间的运输问题和实物分销以外，供应链管理还包括以下主要内容。

1. 供应链管理策略制定及供应链设计

要在供应链竞争中获得战略优势，需要制定供应链管理策略并设计具有创新意义的供应链。不同行业、不同产品类型要求采用不同的供应链管理策略，而要获得市场认可就需要不断地进行供应链创新。供应链设计（全球节点企业的定位、资源的集成化计划、跟踪、控制和评价）应支持公司的竞争战略。不同的企业有不同的管理文化，企业应该选择适合于自身实际情况的运作方式，确定推动式（push）、牵引式（pull）或者其他类型供应链运作方式。

2. 战略性供应商和客户合作伙伴关系管理

建立战略性合作伙伴关系是供应链战略管理的重点，也是集成化供应链管理的核心。供应链管理的关键就在于供应链各节点企业之间的协同与合作，以及相互之间在设计、生产、竞争策略等方面良好的协调。

3. 供应链信息管理

信息管理是供应链管理的重要组成之一。信息的有效性以及对信息的处理质量和传递速度是企业在供应链中获益大小的关键，也是提高供应链整体效益的关键。信息管理的基础是构建信息平台，实现供应链的信息共享，通过 ERP 和 VMI 等系统的应用，将供求信息及时、准确地传递到相关节点企业，从技术上实现与供应链其他成员的集成化和一体化。

4. 库存管理

先进的信息技术有助于采集、分析和处理供应链各节点企业的市场需求信息，减少需求预测的误差，用实时、准确的信息控制物流，减少甚至实现库存的"虚拟化"，从而降低库存风险。

5. 风险管理

由于信息不对称、信息传递失真、市场不确定性以及其他各种因素，供应链上的节点企业经常面临各种运作风险，必须采取一定的措施尽可能地规避这些风险。比如，通过提高信息透明度和共享性、优化合同模式、建立监督控制机制，在供应链节点企业间合作的各个方面、各个阶段，建立有效的激励机制，促使节点企业间的诚意合作。

（二）供应链管理的原则

1. 以消费者为中心

根据客户所需服务特性来划分客户群；根据客户需求和企业可获利情况，设计企业的售后服务网络；倾听来自市场的需求信息，设计更加贴近客户的产品并努力调整业务运营。

这种努力需要各领域的参与，这也意味着一个企业需要多条供应链，或者至少供应链设计具有柔性，以充分满足细分客户的个性化需求。当前，业界人士在供应链设计和补货决策等方面努力满足客户需求，更多地根据实际情况把产品通过供应链推向客户，而不是依赖预测数据。

2. 合作伙伴之间密切合作

供应链成员企业之间的关系是合作伙伴之间的关系，如果没有这种战略伙伴关系，供应链的一体化就难以实现。合作伙伴之间必须密切合作、共享利益和共担风险。

3. 促进信息充分流动

整合销售与运营计划，确保市场需求信息在企业内部销售部门和运营部门之间以及供应链合作伙伴之间充分流动。开发供应链范围的、支持多层次决策、提高产品流、信息和服务可视性的企业技术战略。信息系统必须涵盖短期交易的需求动态、中期规划和战略分析，系统应提供有价值的信息利于决策者作出判断。

4. 制定市场驱动的绩效指标

引导供应链上的所有企业行为并对每个节点企业的表现进行绩效评价和跟踪。

5. 降低供应链总成本

许多组织将供应链管理与采购职能结合在一起，且采购组织被视为文职甚至文书工作，由于缺乏合理的资源配置能力而难以从战略高度得到执行。应该将整条供应链的成本纳入管控目标，采取各种措施切实降低供应链总成本。

三、供应链管理的程序

一般而言，供应链管理主要有以下程序。

1. 分析市场竞争环境

分析市场竞争环境就是识别企业所面对的市场特征，积极寻找市场机会。企业可以通过市场调研等手段，对供应商、销售商、用户、竞争者进行深入研究；企业也可以通过建立市场信息采集监控系统，并开发对复杂信息的分析和决策技术，从而分析市场发展现状与需求，为产品和服务的设计与开发提供基础信息。

2. 分析顾客价值

分析顾客从给定产品或服务中所期望得到的所有利益，包括产品价值、服务价值、人员价值和形象价值等。供应链管理的目标在于不断提高顾客价值，顾客需求是作为驱动整个供应链运作的源头，企业必须从顾客价值角度来定义产品或服务的具体特征。

3. 确定竞争战略

从顾客价值角度出发找准企业产品或服务定位之后，企业要制定相应的竞争战略。根据波特竞争理论，企业获得竞争优势有三种基本战略：总成本领先战略、差异化战略以及目标集中战略。

4. 分析企业的核心竞争力

供应链管理注重的是企业核心竞争力，强调企业应专注于核心业务，在供应链上明确定位，将非核心业务外包，塑造核心竞争力，从而使整个供应链具有竞争优势。

5. 评估、选择合作伙伴

供应链的建立过程实际上是一个合作伙伴的评估、考核、选择和激励的过程。选择合适的合作伙伴，是加强供应链管理的重要基础。如果选择了不合适的合作伙伴，不仅会降低企业的获利能力，而且会使企业失去与其他企业合作的机会，抑制了企业竞争力的提高。

6. 供应链企业运作

供应链企业运作的实质是以商流、物流、信息流、资金流为媒介，实现供应链的不断增值。具体而言，就是要注重生产计划与控制、库存管理、物流管理与采购、信息技术支撑体系等各个方面的优化与建设。

7. 绩效评估

供应链节点企业必须建立一系列评估指标体系和度量方法，反映整个供应链运营绩效的评估指标主要有产销率指标、平均产销绝对偏差指标、产需率指标、供应链总运营成本指标、产品质量指标等。

8. 反馈和学习

信息反馈和学习对供应链节点企业非常重要。从失败中汲取经验教训，通过反馈的信息修正供应链并寻找新的市场机会成为每个节点企业的职责。因此，企业必须建立一定的信息反馈渠道，从根本上演变为学习型组织。

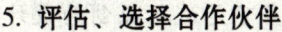
案例

Zara 服装公司——极速反应供应链

ZARA 是 Inditex 集团旗下的一个子公司，Inditex 集团是西班牙排名第一，并于近年超越了美国的 GAP、瑞典的 H&M 成为全球排名第一的服装零售集团。ZARA 的发展，得益于它快速、少量、多款的全新营销模式。传统零售商一般会把精力集中于对流行趋势提前作出判断，从一个服装概念出现，到最后挂到零售店里，这个过程大概需要花费半年的时间，而 ZARA 集中于对已存在的时尚潮流的快速反应上。时装最紧要的就是紧跟时尚，卖时尚就像卖蔬菜，卖海鲜，只有刚上市的时候才能吸引消费者的眼球。ZARA 首席执行官凯斯特拉诺就曾经说过，"在时装界，库存就像是食品，很快就会变质。我们所做的一切就是减少反应时间"。该公司采取的是不同于常规的管理和设计思路，建立了一个独特的生产设计、订单管理、生产、配送和销售的系统。

一、产品组织与设计

ZARA 的服装设计师基本上都是 25 岁左右的年轻人，无法与高档品牌时装公司的世界顶级设计师相提并论。但是 ZARA 的服装设计是基于模仿而是多数服装企业热衷的原创性设计,设计师的任务不是进行原创的设计,而是捕捉当下最为流行的时尚元素,用自己的方法来诠释这些元素,再重新组合成ZARA自己的产品主题系列。

一个远在西班牙的服装公司,为什么能够如此迅速地捕捉到世界各地的流行信息呢?原因是ZARA有一个特殊的团队,被称之为"酷猎手"(Cool Hunter)。高档品牌时装公司每年都会在巴黎、米兰、东京等时尚中心举办时装发布会,酷猎手们就会混在T台边的观众中,从这些顶级品牌的设计作品中汲取灵感,同时,他们会将这些时尚元素通过E-mail反馈给ZARA的设计师们;此外,酷猎手还负责搜集交易会、酒吧、餐厅、街头行人、时尚杂志、影视明星、大学校园等地方和场所的流行元素,并且在第一时间发回ZARA总部;并且,ZARA的各门店通过信息系统把销售的库存信息反馈给总部,总部根据这些信息可以分析得出畅销或滞销的产品款式特征,以便完善老款式或为设计新款提供参考。这样一来,设计团队就可以迅速、准确地作出设计和决策了,然后再重新组合成ZARA自己的产品主题系统。这里流行款式从设计到上架平均只需要10天至15天,而传统服装业一般为120天。

二、采购与生产

在服装界,大家几乎都是采用第一世界的服装设计,然后委托第三世界的工厂进行生产,也就是在A国采购布料,B国印染,C国再来一道精雕细绣,最终在D国生产一条裙子。这样做的最大优势是成本低,缺点是速度慢。为了规避由于速度慢而产生的库存积压,ZARA的做法与其他服装公司颇为不同。

ZARA把采购和生产大部分都安排在欧洲进行,而且相当一部分都是在西班牙总部周围一个非常小的辐射范围内,缩短空间距离。花巨资自己设立了20个高度自动化的染色剪裁中心,把人力密集型的工作外包给周边的400家工厂,甚至交给家庭作坊来做,方圆200英里的生产基地的地下都被挖空,架设地下传送带网络。

当设计方案确定并决定投产后,设计师利用ZARA仓库备有的面料以及装饰品辅料制作样品,把设计好的样品通过信息系统发送给附近的工厂,工厂立即安排剪裁和加工,一周之内生产完毕,通过检验标签后马上传送到配送中心,然后迅速分发到全国甚至世界各地的专卖店。

三、物流配送

ZARA原在总部拉科鲁尼亚拥有一个建筑面积超过5万平方米的配送中心,但实际利用率只有50%左右。后来ZARA又耗资1亿欧元在西班牙首都马德里东北的萨拉戈萨市,建造了一个物流中心。新建配送中心的目的是扩大配送范围,提高配送速度。ZARA还建了两个空运基地,一个在拉科鲁尼亚,另外一个在智利的圣地亚哥,ZARA能够保证所有的欧洲连锁店在一天之内收到货物,北美两天就可以到达,再远一点的中国、日本控制在三天之内,ZARA的营销费用几乎全部投入于物流系统的扩充和改善。

生产好的服装成品,将通过地下传送带网络运送到配送中心。为确保每一笔订单能够准时、准确地到达目的地,采取每小时能挑选并分拣超过80000件衣服而出错率不到0.5%的激光条形码读取工具对服装成品进行分拣。

根据各门店下达的订单进行配送,通常订单收到后8小时内货物就可以被运走,每周给门店配货两次。在欧洲的各门店由物流中心用卡车直接运送;利用两个空运基地运送到美国和亚洲,再用第三方物流运送到门店;有时也会利用轮船来运输,再结合第三方物流。

四、服装销售与信息管理

(一)快速、少量、多款的营销模式

ZARA一年大概推出12000种时装,每种款式只供应20万至30万件。一款时装被售完后不再补货,其目的是要把库存量降到最低,产品积压少,资金周转就快,风险相对就小。并且,像时装这样的流行事物,越不容易得到,顾客就越发地向往,这种饥饿营销模式,极大地增强了由于商品紧俏而引发的购买欲。

(二)滞销产品的处理

尽管采用上述营销模式,但有时仍会有积压,在ZARA连锁店里,如果有产品超过两周没有配送出去,就会被配送到所在国其他连锁店里集中打折出售,通常这样的产品数目被控制在总数的10%以内。

(三)巧用店铺打广告

虽然说ZARA这个品牌定位于中端,但是基本选在最好的城市、最繁华的地段开设专卖店,比如巴黎的香榭丽舍大街,纽约的第五大道,上海的南京路,还有北京的世贸天阶、西单大悦城等。专卖店的外观非常豪华,面积也大,动辄1000多平方米,有的甚至是5000到15000平方米的大店铺。店铺是ZARA最好的活广告,所以ZARA很少利用其他媒介打广告,省下了不少费用,更多地依靠优越的地理位置,把顾客吸引到店里来。

(四)及时的信息反馈管理

ZARA的各门店每天都会把销售信息发回总部,并根据当前库存和销售状况每周向总部发两次补货订单。总部采集到各门店的信息后,分析判断各种产品是畅销还是滞销。如果产品滞销则取消原定生产计划;如果产品畅销且总部存有相应面料,则之前留出的冗余产能可以迅速追加生产、快速补货以抓住销售机会,如果没有相应面料则停产或利用现有面料生产与畅销品相似的产品,一般畅销品最多也只补货两次。

 课后习题

1. 试论述供应链的基本结构和主要流程。
2. 供应链管理的主要原则是什么?

 参考答案

1. 试论述供应链的基本结构和主要流程。

供应链的基本结构一般包括供应商、分销商、批发商、零售商和物流企业,供应链一般包括四个流程:物流、商流、信息流和资金流。

2. 供应链管理的主要原则是什么?

以消费者为中心,贸易伙伴之间密切合作、利益和风险共担,促进信息充分流动,制定客户驱动的绩效指标,降低供应链总成本。

第二章 供应链的设计与构建

【导入案例：惠普台式打印机供应链的优化设计】

一、惠普公司及台式打印机概况

惠普公司成立于1939年。惠普台式机于1988年开始进入市场，并成为惠普公司的主要成功产品之一。但随着台式机销售量的稳步上升（1990年达到60万台，销售额达4亿美元），库存的增长也开始显现。在实施供应链管理之后，这种情况得到逐步改善。

Desk Jet打印机是惠普的主要产品之一。该公司有5个位于不同地点的分支机构负责该种打印机的生产、装配和运输。从原材料到最终产品，生产周期为6个月。在以往的生产和管理方式下，各成品厂装配好通用打印机之后直接进行客户化包装，为了保证顾客订单98%的即时满足率，各成品配送中心需要保证大量的安全库存（一般需要7周的库存量）。产品将分别销往美国和欧洲、亚洲。

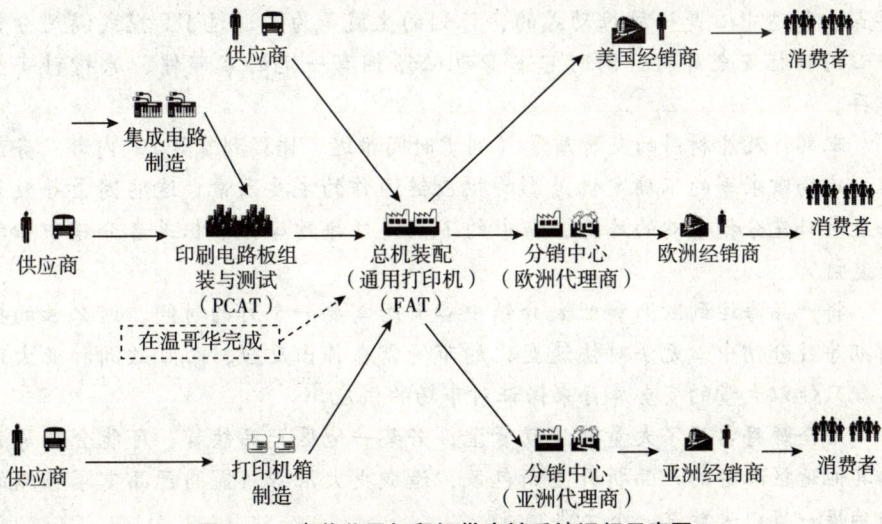

图2-1 惠普公司打印机供应链系统运行示意图

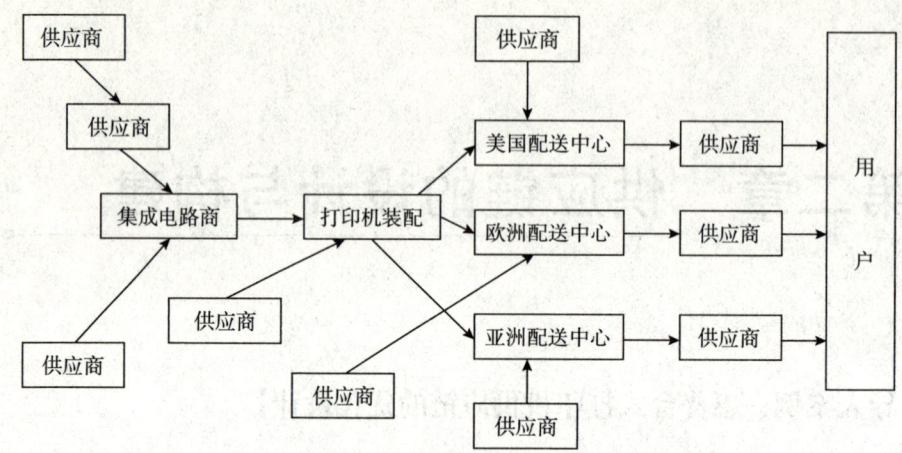

图2-2 惠普公司打印机系统产品原来的供应链

二、惠普打印机供应链存在的问题

惠普打印机的生产、研发节点分布于16个国家，销售服务部门节点分布于110个国家，而其总产品超过22 000类。欧洲和亚洲地区对于台式打印机电源供应（电压110伏和220伏的区别，以及插件的不同）、语言（操作手册）等有不同的要求。以前这些都由温哥华的公司来完成，三个分销中心分别设于北美、欧洲和亚太地区。这样一种生产组织策略，被业界称之为工厂本地化（Factory Localization）。惠普的分销商都希望尽可能降低库存，同时尽可能快地满足市场需求。惠普公司为了保证及时供货，不得不采用备货生产（Make-To-Stock）的模式，因而分销中心成为有大量安全库存的库存点。制造中心是一种拉动式的，计划的生成是为了通过JIT模式满足分销中心的目标安全库存，同时它本身也必须拥有一定的零部件、原材料安全库存。

零部件及原材料的交货质量（到货时间推迟、错误到货等）、内部业务流程、市场需求等的不确定性是影响供应链运作的主要因素。这些因素导致无法及时补充分销中心的库存，需求的不确定性导致库存堆积或者分销中心的重复订货。

将产品海运到欧洲和亚太分销中心大约需要一个月的时间，这么长的提前期导致分销中心无法对快速变化的市场需求作出反应，而且欧洲和亚太地区就只能以大量的安全库存来保证对市场的供应。

安全库存占用了大量的流动资金；若某一地区产品缺货，可能会将原来为其他地区准备的产品拆开重新包装，造成更大浪费。提高产品需求预测的准确性一直以来就是一个主要难点。

三、供应链优化设计的任务

温哥化惠普公司对供应链优化设计的主要目标是:在不影响客户服务水平的前提下,减少库存并加强对供应商的管理以降低供应的不确定性,减少机器闲置时间。

四、供应链优化设计方案

供应商、制造点(温哥华,Vancouver)、分销中心、经销商和最终用户组成惠普台式打印机供应链的各个节点,惠普供应链是一个由采购原材料及零部件、把它们转化为中间产品和最终产品、最后交到用户手中的过程所组成的网络。重新设计的供应链如图2-3所示。

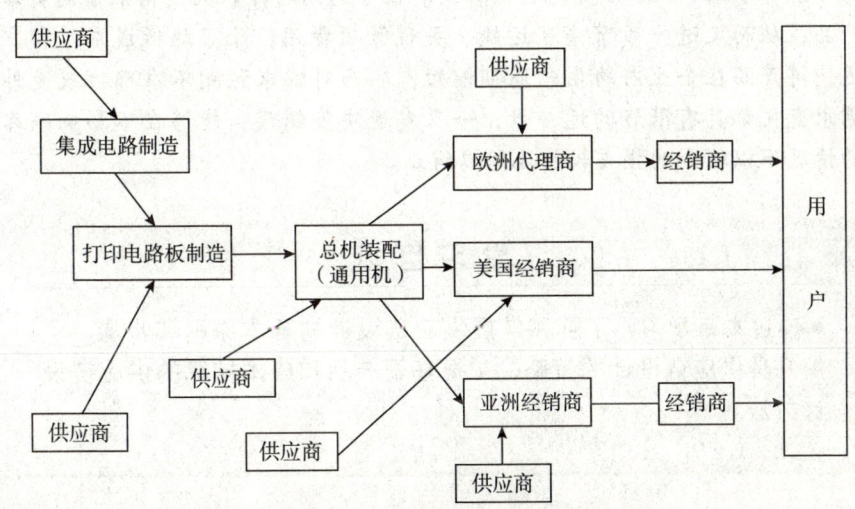

图2-3 惠普公司打印机系统产品新的供应链

在新的供应链中,主要的生产制造过程由在温哥华的惠普公司完成,包括印刷电路板组装与测试(PCAT,Printed Circuit Board Assembly And Test)和总机装配(FAT,Final Assembly And Test)。

PCAT过程中,电子组件(诸如ASICs、ROM和粗印刷电路板)组装成打印头驱动板,并进行相关的测试;FAT过程中,电动机、电缆、塑料底盘和外壳、齿轮、印刷电路板总装成打印机,并进行测试。其中的各种零部件原材料由惠普的子公司或分布于世界各地的供应商供应。在温哥华生产的通用打印机运输到欧洲和亚洲后,再由当地分销商加上与地区需求一致的变压器、电源插头和用当地语言写成的说明书,完成整机包装后由当地经销商销售至最终用户,通过将定制化工作推迟到分销中心进行(延迟策略),达到了根据不同用户需求生产不同型号产品的目的。这样一种生产组织策略,称之为分销中心本地化（DC‑Localization）。并且在产品设计上做出相应调整，电源等客户化需求的部件设计成了即插即用的组件，从而改变了以前由温哥华的总机装配厂生产不同型号的产品，保持大量的库存以满足不同需求的情况。电路板组装与总装厂之间基本实现无库存生产，打印机总装厂对分销中心实施 JIT 供应，以使分销中心保持目标库存量（预测销售量＋安全库存量）。通过供应链管理，惠普公司实现了降低打印机库存量的目标，提高了服务水平。通过改进供应商管理，减少了因原材料供应而导致的生产不确定性和停工等待时间。

五、供应链优化设计后的效果

安全库存周期减少为 5 周，从而减少了库存总投资的 18%，仅此一项改进每年就可节省 3 000 万美元存储费用。由于通用打印机的价格低于同类客户化产品，从而又进一步节省了运输、关税等项费用。除了降低成本，客户化延迟使得产品在企业内的生命周期缩短，从而对需求预测不准确性或是外界的需求变化都具有很好的适应性，一旦发现决策错误，能够在不影响顾客利益的情况下以较小的损失较快地加以纠正。

学习目标

● 通过本章学习，了解和掌握供应链设计的基本原则和步骤，了解几种供应链设计的策略，掌握基于产品和成本核算的供应链设计方法。

第一节　供应链设计的内容、步骤与原则

供应链设计（Supply Chain Design）是指以用户需求为中心，运用新观念、新思维、新手段从企业整体角度去勾画企业蓝图和服务体系。供应链设计通过降低成本，减少库存，缩短提前期，实施准时制生产与供销，提高供应链整体运作效率，以使企业的组织模式和管理模式发生重大变化，最终达到提高用户服务水平，提高企业竞争力的最终目的。

供应链设计往往涉及供应链管理组织机制的建立、管理流程的设计与优化、物流网络的建立、合作伙伴的选择、信息支持体系的选择等方面的内容，是一个庞大而复杂的系统工程。

一、供应链设计的内容

一般而言，战略层面的供应链设计主要包括以下内容。

(一) 选择供应链的成员及合作伙伴

一条供应链由多个企业成员组成,供应链设计应首先考虑成员及伙伴的选择。供应链成员包括从原产地到消费地,供应商或客户直接或间接相互作用的所有公司和组织。

➡ **案例**

某服装品牌供应链的成员构成

(1) 棉花种植户;(2) 纺纱厂商;(3) 纺织/针织厂商;(4) 染色/印花/后处理厂商;(5) 成衣加工厂商;(6) 分销商/品牌代理商;(7) 物流配送公司;(8) 配送中心;(9) 品牌零售店;(10) 消费者

(二) 设计网络结构

供应链网络结构主要由供应链成员、网络结构变量(时间、地点、费用、销售等)和供应链间工序连接方式三方面组成。只有从整体出发进行网络结构的设计,才能更容易厘清非常复杂的网络,使有限的资源得到合理分配。

(三) 建立供应链运行的基本规则

供应链上节点企业之间的合作往往以信任为基础。信任关系的建立和维系仅有真诚显然是不够的,还必须有一个共同平台,即供应链运行的基本规则,其主要内容包括:协调机制、信息开放与交互方式、生产计划与控制体系、库存的总体布局、分销与配送模式、资金结算方式、争议解决机制等。

二、供应链设计的步骤

一般而言,供应链设计包括以下主要步骤。

(一) 分析核心企业的供应链管理现状

这个阶段的工作主要侧重于对核心企业的供需管理现状进行分析和总结。如果核心企业已经建立自己的供应链管理体系,则对现有的供应链管理现状进行分析,以便及时发现供应链运作过程中存在的问题,同时挖掘现有供应链的优势。本阶段的目的不在于评价供应链设计策略中哪些更重要和更合适,而是着重于研究供应链设计的方向或设计定位,发现并整理可能影响供应链设计的各种要素。

(二) 分析核心企业所处的市场竞争环境

通过对核心企业供应链管理现状的分析,了解企业内部情况;通过对市场竞争环境的分析,了解哪些产品的供应链需要开发和优化,市场需求产品是什么,有什么特别的属性,对已有产品和需求产品的服务要求又是什么，产品特殊属性是什么；通过对市场各类主体，如用户、零售商、分销商、制造商和竞争对手的专项调查，了解产品和服务的细分市场情况、竞争对手的实力和市场份额、原材料及零部件供应的市场行情和供应商状况、销售商的市场拓展能力和服务水准，以及行业的发展前景，诸如宏观政策、产业经济、市场大环境可能产生的作用和影响等。这一步的工作成果是有关产品的重要性排列、供应商的优先级排列、制造商的竞争实力排列、市场需求的发展趋势分析以及市场不确定性的分析评价的基础。

（三）明确供应链设计的目标

基于产品和服务的供应链设计，其主要目标在于获得高品质的产品、快速有效的用户服务、低成本的库存投资、低单位成本的费用投入等几个目标之间的平衡，最大限度地避免上述几个目标之间的冲突。同时，还需要实现以下基本目标：进入新市场，巩固并拓展老市场，开发新产品，调整并改进老产品，开拓分销渠道，改善售后服务水平，提高用户满意度，建立战略合作伙伴联盟，降低运营成本，降低库存，提高工作效率等。在这些设计目标中，有些目标之间存在很大程度上的冲突，有些目标是主要目标，有些目标是首要目标，这些目标的实现顺序和重要程度随不同企业的具体情况有所不同。

（四）分析组成供应链的各类资源要素

本阶段的任务是对供应链上的各类资源，如供应商、销售商、制造商、零部件、原材料、产品、市场、合作伙伴与竞争对手的作用、使用情况、发展趋势等进行分析。在这个过程中要把握可能对供应链设计产生影响的主要因素，同时对每一类因素产生的风险进行分析研究，形成风险规避方案，并择优选取最佳方案。

（五）提出供应链的设计框架

分析供应链的组成，确定供应链上主要业务流程和管理流程，描绘出供应链商流、物流、信息流、资金流的基本流向，提出组成供应链的基本框架。在这个框架中，供应链中各组成成员如生产制造商、原材料供应商、物流商、分销商、零售商及用户的选择和定位是必须解决的问题。另外，还应该形成组成成员的选择标准和评价指标。

（六）评估供应链设计方案的可行性

供应链设计框架建立之后，需要对供应链设计的技术可行性、功能可行性、运营可行性、管理可行性进行分析和评估。这是进一步开发供应链结构，实现供应链管理的关键一步。在供应链设计的各种可行性分析的基础上，结合核心企业的实际情况以及对产品和服务发展战略的要求，为开发供应链中技术、方法、工具的选择提供支持。这一步骤还是一个方案决策的过程。如果分析认为方案可行,就需要执行方案并继续进行下面的设计工作;如果方案不可行,就需要重新进行方案设计。

(七) 调整新的供应链

供应链的设计方案确定以后,就可以开始进行设计工作。此步骤需要解决以下关键问题:供应链的详细组成成员;原材料的供应情况,如供应商、运输流量、价格、质量、提前期等;生产设计的能力,如需求预测、生产运输配送、生产计划、生产作业计划和跟踪控制、库存管理等;销售和分销能力设计,如销售分销网络、运输、价格、销售规则、销售/分销管理、售后服务及技术支持等;信息化管理系统软、硬平台的设计;物流通道和管理系统的设计等。在供应链设计中,需要广泛地应用许多工具和技术,如归纳法、流程图、仿真模拟、管理信息系统等。

(八) 检验已产生的供应链

供应链设计完成之后,需要对其进行检测和模拟运行。通过模拟一定的供应链运行环境,借助一些方法、技术对供应链进行测试、检验或试运行。如果模拟测试结果不理想,需返回第五步对方案进行调整或重新进行设计;如果效果良好,就可以进入实施阶段。

(九) 比较新旧供应链

如果核心企业存在旧的供应链,通过比较新旧供应链的优势和劣势,结合它们运行的现实环境,可能需要暂时保留旧供应链上某些不科学或不完善的作业流程和管理流程,待整个市场环境逐步完善时再用新供应链上的规范流程来取代。同样地,尽管新的供应链流程采用科学规范的管理,但在有些情况下,它们取代陈旧的流程仍需要一定过程。因此,比较核心企业的新旧供应链,有利于新供应链的有效运行。

(十) 完成供应链的运行

供应链的出现必然带来供应链的管理问题。不同特征的供应链其管理特征、内涵、方法及模式也有所不同。

三、供应链设计的原则

在供应链的设计过程中,应遵循一些基本原则,以保证供应链的设计和重建能满足供应链管理思想得以实施和贯彻的要求。

(一) 自顶向下和自底向上相结合的设计原则

在系统建模设计方法中,存在两种设计方法,即自顶向下和自底向上的方法。自顶向下的设计方法是从全局规划到局部实现的步骤设计方法,自底向上的设计方法是从局部功能实现到全局功能集成的设计方法。

在设计供应链系统时，通常是先由高层管理者从企业发展战略规划的角度考虑，根据市场需求和企业发展的现实状况，制定战略层面的总体设计目标，然后由下级部门按照各个操作环节、步骤和流程进行供应链的设计。

在设计过程中，下级设计部门经常就一些问题与高层管理人员进行沟通交流，双方从不同层次对设计目标和设计细节进行调整，最后达成共识。通常采用的是自顶向下和自底向上相结合的综合设计方法。

（二）简洁性原则

简洁性是供应链的一个重要原则。为了使供应链具备灵活快速地响应市场的能力，供应链的每个节点都应简洁且有活力，能实现业务流程的快速组合。比如，供应商的选择就应遵循少而精的原则，通过和少数的供应商建立战略合作伙伴关系，以减少采购成本，保证原材料及时高质供应。生产系统的设计更是应以精细思想（Lean Thinking）为指导，努力实现从精细的制造模式到精细的供应链这一目标。

遵循简洁性原则，应尽量减少无效作业，尽量由自动化设备来处理；供应商的选择要少而精；合作伙伴的选择要具有战略性；采购管理要尽力降低采购成本。

 案例

P&G 在中国的分销优化策略

P&G（宝洁公司）在中国曾经建立过庞大的分销网络，分销商数量众多，但最大的经销商年销售额不超过 3 亿元，覆盖范围不超过半个省。于是，优化分销商成为 P&G 向供应链整合迈出的第一步（见图 2-4）。

经过优化之后，P&G 全国的分销商数量从 380 家精简至 180 家，但总销售额从 66 亿元上升到 80 亿元；平均每个分销商的销售额从原来的 1700 万元上升到 4400 万元。

（三）集优化原则

集优化原则，也称互补性原则。供应链的各个节点的选择应遵循强强联合的原则，达到资源外用的目的，每个企业只致力于各自的核心业务过程，就像一个独立的制造单元（独立制造岛），这些所谓单元化企业具有自我组织、自我优化、面向目标、动态运行和充满活力的特点，能够实现供应链业务的快速重组。

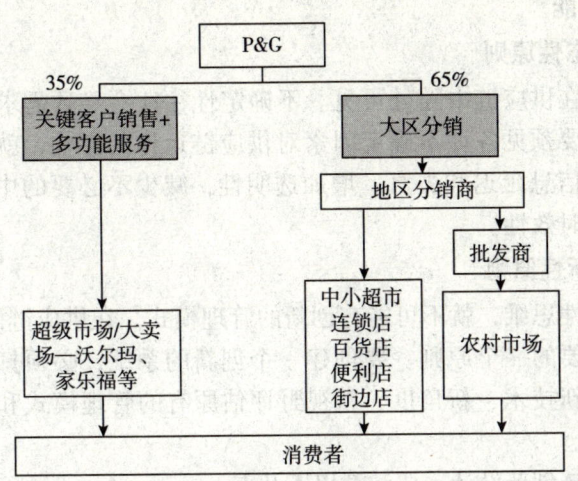

图 2-4　P&G 在中国的分销策略

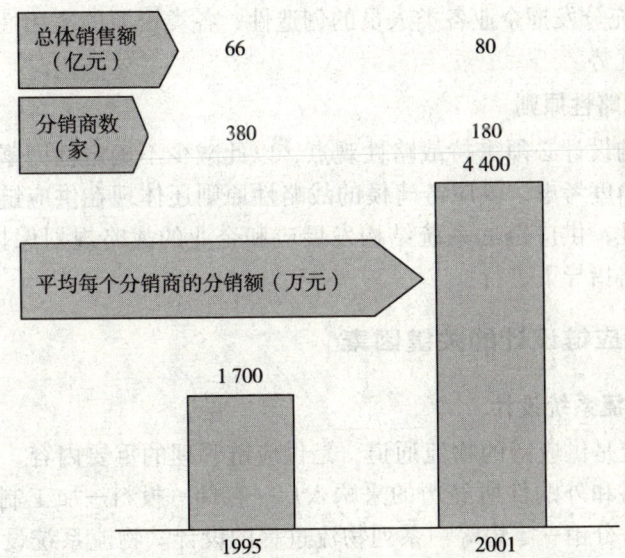

图 2-5　经过优化之后 P&G 的分销商与销售额对比

(四) 协作性原则

供应链业绩好坏取决于供应链合作伙伴关系是否和谐,因此建立战略伙伴关系的合作企业关系模型是实现供应链最佳效能的保证。席酉民教授认为和谐是描述系统是否形成了充分发挥系统成员和子系统的能动性、创造性及系统与环境的总体协调性的标准之一。只有和谐而协调的系统才能发挥最佳的效能。

（五）动态性原则

不确定性在供应链中随处可见。不确定性往往会导致需求信息的失真与扭曲。因此，要预见各种不确定因素对供应链运作的影响，就必须减少信息传递过程中的信息延迟和失真，增加透明性，减少不必要的中间环节，提高预测的精度和时效性。

（六）创新性原则

没有创新性思维，就不可能有创新的管理模式。在供应链的设计过程中，创新性是很重要的一个原则。要创建一个创新的系统，必须打破各种陈旧的思维框框，用新技术、新角度、新视野评估原有的管理模式和体系，大胆地进行创新设计。

进行供应链创新设计，要注意以下几点：

1. 符合企业总体目标和发展战略要求。
2. 符合市场发展需求、融合企业运营能力和各种资源优势。
3. 能够充分发挥企业各类人员的创造性、各类资源的实用性以及各合作伙伴的资源优势。

（七）战略性原则

供应链的设计必须秉持战略性观点，以此减少不确定性因素。从供应链的战略管理角度考虑，供应链建模的战略性原则还体现在供应链发展的长远规划和预见性，供应链的系统结构发展应和企业的战略规划保持高度一致，并在企业战略指导下进行。

四、影响供应链设计的关键因素

（一）物流系统设计

物流系统是供应链的物流通道，是供应链管理的重要内容。物流系统设计是指原材料和外购件所经历的采购入厂—存储—投料—加工制造—装配—包装—运输—分销—零售等一系列物流过程的设计。物流系统设计也称通道设计（Channel Designing），是供应链系统设计中最主要的工作之一。设计一个结构合理的物流通道对于降低成本、减少库存、缩短提前期、提高供应链的整体运作效率都很重要。但供应链设计却不等同于物流系统设计，（集成化）供应链设计是企业模型的设计，它从更广泛的思维空间——企业整体角度去勾画企业蓝图，是扩展的企业模型。它既包括物流系统，还包括信息和组织以及价值流和相应的服务体系建设。在供应链的设计中，创新性的管理思维和观念极为重要，要将供应链的整体思维观融入供应链的构思和建设中，企业之间要有并行的设计才能实现并行的运作模式，这是供应链设计中非常重要的思想。

(二) 环境因素

一个设计精良的供应链在实际运行中往往无法达到预先设想的要求，这是主观设想与实际效果的差距，原因并不一定是设计或构想得不完美，而是环境因素在起作用。构建和设计一个供应链，一方面要考虑供应链的运行环境（地区、政治、文化、产业、经济等因素），同时还应考虑未来环境的变化对实施供应链的影响。因此，应该用发展的、变化的眼光来设计供应链，无论是信息系统的构建还是物流通道的设计都应具有较高的柔性，以提高供应链对环境的适应能力。

(三) 企业业务流程重组

从企业的角度来看，供应链的设计是一个企业的业务流程重组问题。供应链的设计或重构不是要推翻现有的企业模型，而是以新的管理思想武装企业（如动态联盟与虚拟企业，精细生产），这种基于系统进化的业务流程重组思想是符合人类演进式的思维逻辑的，尽管BPR（Business Process Reengineering，业务流程重组）教父哈默和钱贝一再强调其彻底的、剧变式的企业重构思想，但实践证明，实施BPR的企业最终还是走向改良道路。因此在实施供应链的设计与重建时，并不在于是否打碎那个瓷娃娃（M. C. 杰克逊，透过新潮管理法看系统管理学），需要的是新的观念、新的思维和新的手段，这是我们实施供应链管理所要明确的。

(四) 先进制造模式

供应链设计既是从管理新思维的角度去改造企业，也是先进制造模式的客观要求和推动结果。如果没有精益生产、敏捷制造这些先进的制造模式的出现，集成化供应链的管理思想很难得以实现。正是先进制造模式的资源配置沿着劳动密集—设备密集—信息密集—知识密集的方向发展才使得企业的组织模式和管理模式发生相应的变化，从制造技术的技术集成演变为组织和信息等相关资源的集成。因此，供应链的设计应把握这种内在联系，使供应链管理成为适应先进制造模式发展的先进管理思想。

> 扩展阅读

供应链设计中的一级供应商选择

供应链设计是对实物流、信息流和资金流的优化，也是对供应链伙伴之间关系的设计，比如哪个供应商作为一级供应商，直接与采购方接触，并且管理二级供应商；二级供应商同理。选错了一级供应商，往往会导致信息流不畅、实物流和资金流中断等。

1. 案例一：电镀件的管理

电镀也叫阳极氧化，即铝制件放到硫酸溶液中，加上电压，在铝制件表面发生化学反应，形成一层很薄的氧化膜，具有很好的抗腐蚀性。这类产品广泛应用于航空航天、军事和民用行业，比如飞机、舰船、半导体制造、建筑、工业产品等。大多数电镀是黑色，但也能镀出各种其他颜色。

在飞机、半导体等高端制造行业，电镀是电镀件的技术核心。机械加工厂好找，而且容易更换；电镀商难找，如果要更换，往往会影响产品的性能。比如在硅谷，好的电镀商就那么三四家，都是几十人、一两百人的规模，但都有核心技术，别人没法复制。几十年前，这些电镀商主要服务于航空航天、国防工业，这些都是当时硅谷的核心制造业；现在则转到半导体、医疗行业。

电镀件的供应链概念上很简单，由机械加工厂做好铝制件，送到电镀供应商去电镀、简单清洗，然后发货给最终采购方。在供应链管理上，机械加工厂做一级供应商的好处是它是个生产企业，有自己的 MRP（Material Requirement Planning，物料需求计划）系统，可以把采购方的预测和订单转化为自己的 MRP，以规划物料采购和管理下级供应商，把电镀商作为外在流程的一部分。从这个意义而言，他们是此类产品的天然一级供应商。但在高端制造业（如半导体设备行业），电镀技术很独特，一旦出现质量问题，机械加工厂往往没能力确定问题的根源，电镀商说问题出在机械加工件，机械加工厂说问题出在电镀。责任没法归属，最终只能由采购方介入。

如果由电镀商做一级供应商，技术、质量上的问题解决了，但电镀商一般都很小，没有系统的供应商管理部门；它们也不是制造企业，没有 MRP，没法系统、有效地把采购方的订单或预测传递到下级供应商。电镀周期很短，几天到一两周；机械加工件则更长，一旦计划失败，赶工就很麻烦。另外，电镀件的主要增值部分还是机械加工件。如果电镀商做一级供应商，现金流入、流出都很大，如果资金储备不够，容易出现资金断流问题。在采购方的付款周期长于下级供应商的收款周期的情况下，一级供应商就得垫资。

在这种情况下，一级供应商还是由机械加工厂来做更合适。至于质量问题、技术纠葛，在半导体设备行业，采购方在很多时候不得不介入。这也无可非议，因为很多情况下，电镀商本来就是由采购方选定，交给机械加工厂来管理。这也符合供应链管理的特点：由最合适的公司做最合适的事，就如机械加工厂负责日常订单管理，而采购方则介入技术、质量问题。

但是，针对技术情况更复杂的产品，供应链则要重新设计。

2. 案例二：表面处理供应链

这一个产品的供应链更复杂：铝制件加工好后，先电镀，再在电镀层上喷镀一层稀土金属氧化物，然后清洗、交货。四道工序各由一个供应商承担。起初，采购方选定机械加工厂做一级供应商，理由同案例一。但很快就问题重重。原来喷镀稀土氧化物是一种新技术，难度高，良率低，喷镀效果跟电镀层的技术处理有关，也影响后续清洗。不管是电镀、喷镀还是清洗，机械加工厂都知之甚少。一旦出现质量问题，机械加工厂根本没办法对付。让喷镀公司管理供应链，问题如同电镀商。仅没有 MRP 一项就让物料采购、进度安排困难重重。

但是，喷镀公司做一级供应商的好处是它处于技术链的正中间，上可以管理电镀商，下可以管理清洗商，而且在整个供应链中技术能力最强，甚至强于采购方的设计部门。于是采购方决定一级供应商，由喷镀商承担。

从物流、信息流、资金流的角度看，喷镀商做一级供应商主要是基于信息流考量，更多的是技术、质量等方面信息的获取与交流。喷镀商管理供应链，一方面让技术力量最强的供应链伙伴管理技术问题，一方面也缩短了其他供应商与采购方的距离，缩减了信息在供应链传递的距离。

但是，围绕订单的信息传递仍然是个问题，因为喷镀商不是制造企业，没有 MRP 系统，不能系统地驱动物料采购等，导致订单跟踪、追单催料方面造成困难。这在新产品进入量产时问题显得更加突出。但经过一段时间磨合，整个供应链运作情况尚可。

3. 两个案例的共性

供应链多于三节的情况下，一级供应商的作用至关重要，因为它承上启下，是联系供应链的枢纽。一级供应商的作用还在于它灌输最终采购方的供应链管理概念，形成采购方的延伸。在很多行业，最终采购方大都是 OEM（Original Equipment Manufacture，定牌生产合作），有比较完善的供应商和供应链管理系统。而供应商一般规模较小，分工没有 OEM 细，供应链管理系统也不完善，是 OEM 采购方的一大难题。

在确定一级供应商时，要注意工序上离 OEM 最近，即完成最后一道工序的供应商并不一定是最佳选择。工序考虑只是实物流，还得考虑信息流和资金流的设计。在很多情况下，三条流不会同时最优，那只有折中考虑了。

五、供应链设计中的三种建模类型

在供应链设计中，要用到许多技术和方法，包括流程图、模拟和设计软件等。建立模型，也是供应链设计中的一种重要方法。

在现实生活中,即使最简单的系统,操作过程中也会产生意想不到的复杂性。因此,企业无论是为了进行供应链设计,还是更有效地管理供应链,通过建构供应链模型可能是最简单易行的方法。虽然在实际应用中,我们不必知道如何把这些模型建构得更高级,但是应该知道有这些高级模型存在,以及何时用,这对于有效地管理供应链非常重要。

模型一般有三种基本类型:概念模型(conceptual model)、数学模型(mathematical model)、仿真模型(simulational model)。

表2-1 模型的三种基本类型

	概念模型	数学模型	仿真模型
供应链表达方式	图示和语言描述	公式和处理程序	对象和相互作用
求解方法	口头推理	数学求解和计算机运算	蒙特卡洛实验
最适用场合	建立共识	性能优化	实际评价

(一)概念模型

概念模型是最简单的模型。为了把现实世界中的具体事物抽象、组织为某一数据库管理系统支持的数据模型,人们常常首先将现实世界抽象为信息世界,然后将信息世界转换为机器世界。也就是说,首先把现实世界中的客观对象抽象为某一种信息结构,这种信息结构并不依赖于具体的计算机系统,不是某一个数据库管理系统(DBMS)支持的数据模型,而是概念级的模型,称为概念模型。

值得注意的是,概念模型的预测能力不强。

建模过程如下:

1. 运用概念目录列表或名词性短语找出问题领域中的后选概念。
2. 绘制概念到概念模型图中。
3. 为概念添加关联关系。
4. 为概念添加属性。

(二)数学模型

数学模型产生量化结果。数学模型的历史可以追溯到人类开始使用数字的时代。随着人类使用数字,就不断地建立各种数学模型,以解决各种各样的实际问题。对于广大的科学技术工作者,对大学生的综合素质测评,对教师的工作业绩的评定以及诸如访友、采购等日常活动,都可以建立一个数学模型,确立一个最佳方案。建立数学模型是沟通摆在面前的实际问题与数学工具之间联系的一座必不可少的桥梁。

现在数学模型还没有一个统一的准确的定义,因为站在不同的角度可以有不同的定义。不过我们可以给出如下定义:"数学模型是关于部分现实世界和为一种特殊目的而作的一个抽象的、简化的结构。"具体来说,数学模型就是为了某种目的,用字母、数字及其他数学符号建立起来的等式或不等式以及图表、图像、框图等描述客观事物的特征及其内在联系的数学结构表达式。

数学模型(Mathematical Model)是近些年发展起来的新学科,是数学理论与实际问题相结合的一门科学。它将现实问题归结为相应的数学问题,并在此基础上利用数学的概念、方法和理论进行深入的分析和研究,从而从定性或定量的角度来刻画实际问题,并为解决现实问题提供精确的数据或可靠的指导。

建模要求如下:

1. 真实完整

真实的、系统的、完整的、形象的反映客观现象。

必须具有代表性。

具有外推性,即能得到原型客体的信息,在模型的研究实验时,能得到关于原型客体的原因。

必须反映完成基本任务所达到的各种业绩,而且要与实际情况相符合。

2. 简明实用

在建模过程中,要把本质的东西及其关系反映进去,把非本质的、对反映客观真实程度影响不大的东西去掉,使模型在保证一定精确度的条件下,尽可能地简单和可操作,数据易于采集。

3. 适应变化

随着有关条件的变化和人们认识的发展,通过相关变量及参数的调整,能很好地适应新情况。

(三)仿真模型

并非所有系统都能应用数学模型。数学模型的主要作用,是将复杂关系转变为相对简单的数学形式,以便理解和操控。

仿真模型较数学模型更关注表面一些,只是试图去模仿系统组件间的行为,而不去将这些行为升华成数学方程式。

仿真模型是指把所有关心的战术现象分解为一系列基本活动和事件,并按活动和事件的逻辑关系把它们组合在一起。

仿真模型是被仿真对象的相似物或其结构形式。它可以是物理模型或数学模型。但并不是所有对象都能建立物理模型。比如为了研究飞行器的动力学特性,在地面上只能用计算机来仿真。为此首先要建立对象的数学模型，然后将它转换成适合计算机处理的形式，即仿真模型。具体地说，对于模拟计算机应将数学模型转换成模拟排题图，对于数字计算机应转换成源程序。

（四）组合模型

三种业务分析模型均存在优缺点，最理想的情况是三种模型一起混合使用。

第二节 供应链设计的策略

供应链设计的目标是降低成本、提高利润、提升供应链的整体运行效率，前提是供应链能保证产品在流通中畅通无阻，供应链对客户的需求变化能作出迅速反应，这体现了以消费者为中心的供应链设计策略。无论是基于产品的供应链设计，还是基于成本核算、基于多代理、基于信息的供应链设计，其最基本的策略就是以消费者为中心。

一、基于产品的供应链设计

（一）基于需求特点的产品分类

通过了解用户对企业产品的需求，对服务的需求，来预测需求量和供应链各个节点企业的资源与能力等因素，设计出基于产品的高效供应链。

1. 产品类型

不同的产品类型对供应链的设计有不同的需求。以创新性产品和功能性产品为例。

高边际利润、不稳定需求的创新性产品（Innovative Products）生命周期较短，需求不容易预测，因此，常常通过在使用功能上的产品创新来赢得消费者，获得较高边际利润。

低边际利润、有稳定需求的功能性产品（Functional Products）可以满足用户的基本需求，变化很少，具有稳定的可以预测的需求和较长的生命周期，但边际利润率较低。因此需要通过规模化生产，降低生产成本来获得收益。

因此，创新性产品主要面向创新性需求，生命周期短，需求不稳定难以预测，产品改型变异程度较大。功能性产品主要面向基本需求，具有生命周期长、需求稳定便于预测，产品改型变异程度小等特点，但其边际利润较低。

表2-2　两种不同类型产品在需求上的比较

需求特征	功能性产品	创新性产品
产品寿命周期/年	>2	1~3
边际贡献（%）	5~20	20~60
产品多样性	低（每一目录10到20个）	高（每一目录上千）
预测的平均边际错误率（%）	10	40~100
平均缺货率（%）	1~2	10~40
季末降价率（%）	0	10~25
按订单生产的提前期	6个月~1年	1天~2周

由表2-2可以看出，功能性产品一般用于满足用户的基本需求，变化很少，具有稳定的、可预测的需求和较长的寿命周期，但它们的边际利润较低；为了避免低边际利润，许多企业在式样或技术上革新以寻求消费者的购买，从而获得高边际利润，这种革新性产品的需求一般不可预测，寿命周期也较短。正因为这两种产品的不同，才需要有不同类型的供应链去满足不同的管理需要。

2. 供应链类型

设计和运行一个有效的供应链对于每一个制造企业都是至关重要的。因为它可以获得提高用户服务水平，达到成本和服务之间的有效平衡，提高企业竞争力，提高柔性，渗透入新的市场，通过降低库存提高工作效率等利益。但是，也可能因为不合适的供应链设计而导致浪费和失败。因此，正确的设计策略至关重要。

费舍尔（Fisher，1997）认为供应链的设计应以产品为中心，考虑用户对产品的需求、产品的寿命周期、多样性、提前期和服务市场标准等因素，必须设计与产品特性相一致的供应链。

基于产品的供应链策略：有效性供应链适用于功能性产品，反应性供应链适用于革新性产品。

策略矩阵的4个元素代表4种可能的产品和供应链组合，从中可以看出产品和供应链的特性，管理者可以据此判断企业的供应链流程设计是否与产品类型一致，这就是基于产品的供应链设计策略。

为什么不同的产品类型需要不同的供应链？主要是因为供应链起作用的方式不同：物理功能和市场中介功能。因而供应链可以划分为两种：有效性供应链（Efficient Supply Chain）和反应性供应链（Responsive Supply Chain），关于这两种供应链的定义及功能作用可参见本书第13页。

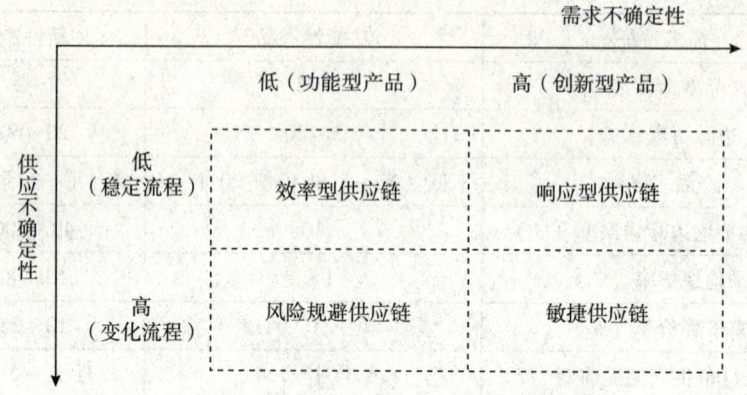

图 2-6 供应链设计与产品类型的策略矩阵

（二）基于产品开发初期的供应链设计策略

一些高科技企业，如惠普公司（HP），产品设计被认为是供应链管理的一个重要因素，众多的学者也提出了为供应链管理设计产品（Designs For Supply Chain Management，DFSCM）的概念。DFSCM 目的在于设计产品和工艺以使供应链相关的成本和业务能得到有效的管理。人们越来越清楚地认识到供应链中生产和产品流通的总成本最终决定于产品的设计。因此，必须在产品开发设计的早期就开始同时考虑供应链的设计问题，以获得最大化的潜在利益。

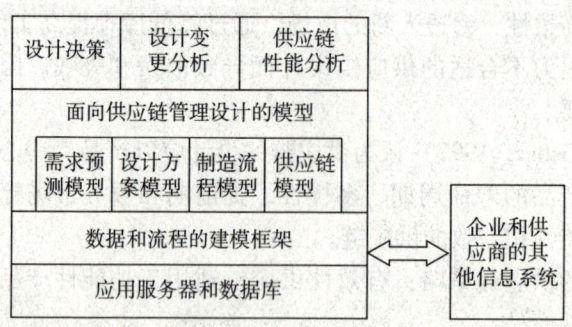

图 2-7 系统的架构图

面向供应链的设计开发流程主要分成 4 个阶段：
（1）需求分析阶段。
（2）概念设计阶段。
（3）详细设计阶段。
（4）生产阶段。

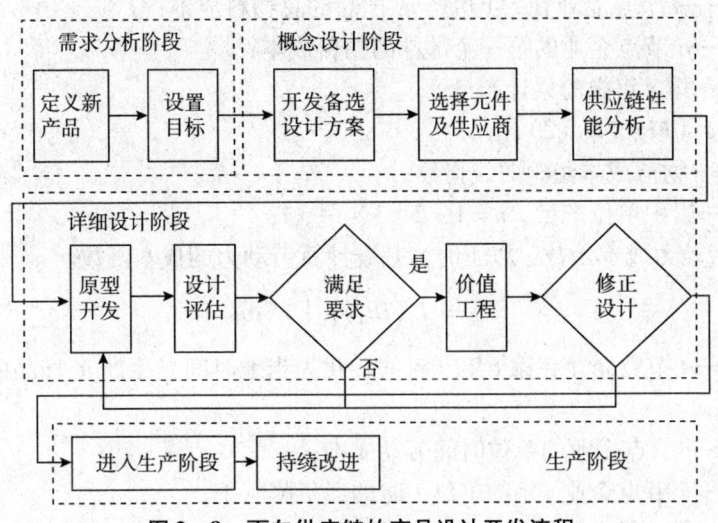

图 2-8 面向供应链的产品设计开发流程

二、基于成本核算的供应链设计

基于成本核算的供应链设计策略是一种基于成本优化算法,追求成本最小化的供应链设计策略,通过从构造供应链的所有节点中选择若干节点组成一个供应链,然后计算供应链的总成本并选取成本最优方案得出最优供应链。

(一)基于成本核算的供应链设计步骤

步骤一:对供应链成本进行核算。供应链成本包括物料成本、劳动成本、运输成本、设备成本和其他变动成本等成本。

步骤二:采用供应链设计的优化成本算法,从节点组合序列中选出多个节点企业组合,通过对供应链总成本的优化核算来找出最优的节点企业组合,设计出低成本供应链。供应链的设计要评估所有可能的组合序列,以达到最优化设计。

(二)供应链成本结构及其函数

对供应链成本进行核算主要采用成本优化算法,从节点组合序列中选出多个节点企业组合,评估所有可能组合序列的成本,选择最优化的供应链设计方案。即建立优化模型,求解出最佳组合,选择合适的节点组合,达到成本优化的目的。

供应链设计成本构成及其函数内容如下:

1. 物料成本函数:物料成本随着累计产量的增加而降低。

$$M_{it} = m_i(im_{it})\int_{t_0}^{n} n^{fi} \mathrm{d}n$$

M_{it}——i 节点企业在 t 年生产 n_t 产品的总物料成本;

m_i——i 节点企业的第一个部件的物料成本;

n_t——第 t 年内的累计产量;

$fi = lg(Fi)/lg(2)$;

Fi——物流成本经验曲线指数;

n——累积单位产量,$n = 1, 2, 3, \cdots, t$;

2. 劳动力成本函数：以工时为基础计算劳动力的成本函数。

$$L_{it} = L_i(iL_{it})y_{it}\int_0^n n^{gi} dn$$

L_{it}——i 节点企业在第 t 年（时间转化为当地时间）生产 n_t 产品的总劳动成本;

L_i——i 节点企业的单位时间劳动成本;

iL_{it}——i 节点企业 t 年的单位工时的通货膨胀率;

n_t——第 t 年内的累计产量;

$gi = lg(Gi)/lg(2)$;

Gi——劳动力学习经验曲线指数;

n——累积单位产量,$n = 1, 2, 3, \cdots, t$;

3. 运输成本函数：交货频率和订购批量决定运输成本函数。

$$T_{it} = \sum_{m=1}^{M} S_{im} iS_{it} d_{mt}$$

T_{it}——i 节点企业在第 t 年生产 n_t 产品的总运输成本;

S_{im}——i 节点企业到 m 的单位成本;

iS_{it}——i 节点企业 t 年运输的通货膨胀率;

d_{mt}——m 节点企业在第 t 年的累积需求量;

M——节点企业的总数量。

4. 设备和其他变动成本函数：设备、管理费用、通货膨胀指数等。

$$U_{it} = [u_i(iu_{it}) + v_i(iv_{it})]n_t$$

U_{it}——i 节点企业在第 t 年生产 n_t 单位产品的总的设备和变动成本;

u_i——i 节点企业一个单位的设备成本;

v_i——i 节点企业一个单位的其他变动成本;

iu_{it}——i 节点企业一个单位的设备成本的通货膨胀率;

iv_{it}——i 节点企业一个单位的变动成本的通货膨胀率。

5. 总成本函数

$$TC(k) = \int_{t=1}^{T} \{\sum_{i \in k} (M_{it} + L_{it} + T_{it} + U_{it})e_{it}pv_{it}\}$$

e_{it}——汇率；

pv_{it}——i 节点企业在 t 年的现值折扣率；

k——一个节点的组合序列；

一个节点组合序列的平均单位成本：$CAU(k) = TC(k)/NT$；

NT——节点企业的总数量。

三、基于多代理的供应链设计

（一）基于多代理的集成供应链设计

随着信息技术的发展，供应链不再是由人、组织简单组成的实体，而是以信息处理为核心，以计算机网络为工具的人—信息—组织集成的超智能体。

基于多代理机制的集成供应链模式是涵盖两个世界的三维集成模式，即实体世界的人—人，组织—组织集成和软体世界的信息集成（横向集成），以及实体与软体世界的人—机集成（纵向集成）。

（二）动态建模基本思想和方法

基于多代理集成供应链的建模方法主要有基于信息流的建模方法、基于过程优化的建模方法、基于案例分析的建模方法以及基于商业规则的建模方法等几种。（建模思想：并行工程思想贯穿于整个过程）。

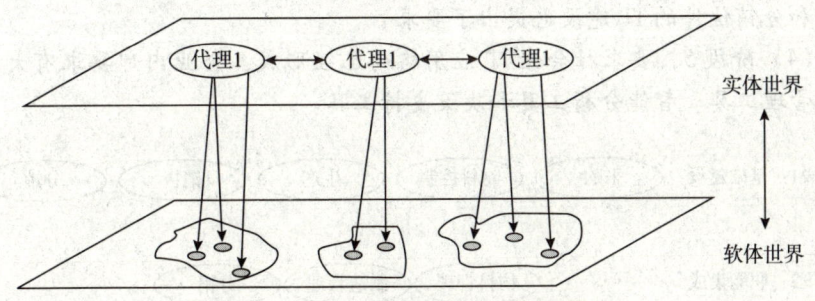

图 2-9　基于多代理的集成供应链模式

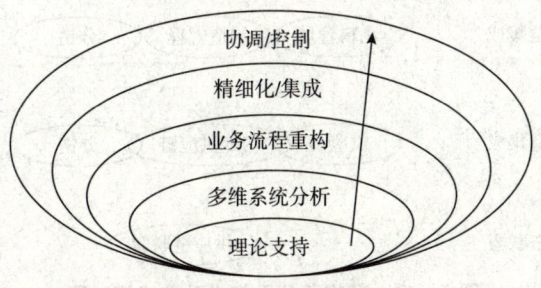

图 2-10　动态建模思想

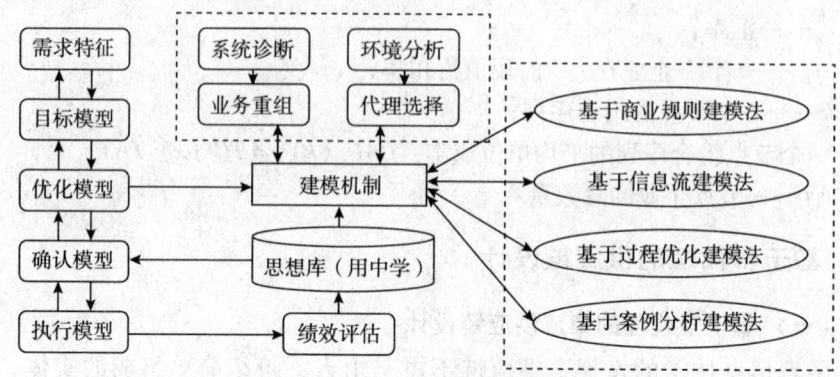

图 2-11 集成动态建模过程

案例

某烟草公司的供应链设计

某烟草公司的供应链设计分成了 5 个阶段，供应链环节集成的程度和 IT 应用的程度相辅相成。

（1）阶段 1 和 2，对应于局部的信息系统应用。

（2）阶段 3，对应于 ERP 级别的全企业层次的 IT 应用。

（3）阶段 4，对应于企业整体 CRM、ERP、SRM 系统的构建，同时对供应商和分销伙伴的 IT 建设也提出了要求。

（4）阶段 5，要求社会化 IT 应用格局已经形成，企业内部要求有大量的知识管理工具、智能分析工具和决策支持工具。

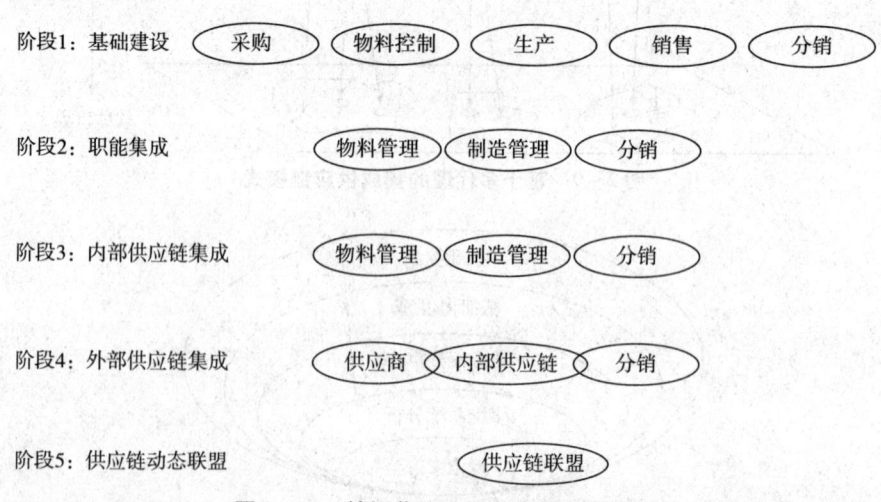

图 2-12 某烟草公司集成动态建模过程

课后习题

1. 供应链设计的主要步骤都有哪些?
2. 影响供应链设计的关键因素有哪些?

 参考答案

1. 供应链设计的主要步骤都有哪些?

供应链设计的主要步骤有:分析核心企业的现状、分析核心企业所处的市场竞争环境、明确供应链设计的目标、分析组成供应链的各类资源要素、提出供应链的设计框架、评价供应链设计方案的可行性、调整新的供应链、检验已产生的供应链、比较新旧供应链、完成供应链的运行。

2. 影响供应链设计的关键因素有哪些?

影响供应链设计的关键因素有物流系统设计、环境因素、企业业务流程重组、先进模式制造。

第三章 战略供应链管理

【导入案例：伊梅申的企业流程与组织重构】

伊梅申公司是美国明尼苏达州一家年产值25亿美元，主要生产软磁盘、专用胶片、数据储存产品和其他影像制品的企业。1996年从3M公司分离出来后，其业务仍与原先的母公司紧密关联。伊梅申公司没有运输部门，也没有仓库，只能使用3M公司7个相距遥远的仓库。没有先进的仓储和运输软件，编排流程表和规划的能力较弱。更大的压力是，到1998年年底，3M公司的设施和计算机系统将不再供伊梅申公司使用。

伊梅申公司首先确立了基本立场：把工作重点放在电子影像制品的"主业"上，把物流业务外包给专业公司。这个专业的第三方物流公司将负责处理伊梅申在北美地区的仓储、分拨以及货运业务，它需要有一个良好的物流服务系统，有新型的Oracle计算机网络，能够使价值25亿美元的货物从3M公司的仓库里有条不紊地运出来。根据这样的要求，他们选择了门罗物流服务公司。门罗公司为伊梅申公司建造了原材料仓库，利用计算机网络和电子数据交换（EDI）系统来传递伊梅申公司、门罗公司、供应商、用户和负责运输的卡车公司之间的各类信息，实施了先进的质检流程，并用门罗公司的仓储管理和运输规划系统改进了伊梅申公司的计算机系统，使伊梅申公司的订货准确率达到99.9%。原来的库房用地则被改造成为新的生产场地。

门罗公司不仅在自身擅长的货运业务方面发挥了优势，也帮助伊梅申在包装等其他物流环节做了一些有益的改进。它敦促伊梅申公司把商标印在包装箱的显著位置，并设计了能够使胶片边不打折的新箱子。门罗公司还把运往同一个目的地的小包裹用塑料胶带捆在一起再让联合包裹运输公司承运。这些改进使伊梅申公司每年付给联合包裹运输公司的运费节省80%。

伊梅申公司和门罗公司继续合作，采取更严格的手段控制运费并继续减少库存。在1998年完全脱离3M公司以前，伊梅申公司把每年北美地区仓储、运输和库存开支减少了1亿美元以上。

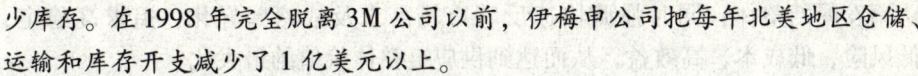

● 通过本章学习，了解战略供应链管理的五种策略，熟悉企业核心竞争力、业务流程重组、业务外包的概念和作用，掌握业务流程重组和业务外包的特点。

第一节 战略供应链管理概述

一、战略供应链的概念

塑造成功的全球供应链，首先需要有正确的战略供应链。战略供应链管理的概念，最开始在20世纪90年代后期形成。战略供应链（Strategic Supply Chain）是以企业交易链条上的所有重要组织的利益为中心，强调以核心竞争力为基础的资源全面优化及协同发展。战略供应链既不同于以供应链上某个"环节"为中心、片面追求最高效率的传统供应链，也不同于强调全面控制、片面追求稳定性的上下游一体化。而是处于两者之间，从自身核心竞争力出发，强强合作，追求稳定与效率的平衡。大量事实证明，这种基于供应链的纵向战略合作组织是适应当今全球竞争的有效途径。

战略供应链管理区别于传统理念的关键是从以成本为中心转变为以客户为中心，从最终用户开始分析供应链各环节可能组合的收益和风险，进行企业的未来战略分析、定位和设计。

传统供应链通常是指核心企业通过对物流、信息流、资金流的控制，将"众多"供应商、制造商、分销商、零售商、最终用户连成一个链状结构。其管理理念是以供应链中的某个"环节"为中心，追求供应链的效率。在这种范围更广阔的企业结构模式下，能大大降低供应链内各环节的交易成本、缩短交易时间、降低中心企业存货水平及采购成本等。据有关调查，通过整合供应链，企业可以达到以下效益：总体供应链管理成本降低10%，准时交货率提高15%，销售周期缩短25%～35%等。战略供应链将供应链上的所有交易对象都看作"客户关系"，以"供应链整体"为中心，谋求"多赢"，并以未来的长期利益为指向，精心选择合作伙伴，将其联结为一个不可分割的、协调发展的整体;同时强调快速反映市场需求及战略差异化,追求高稳定、低风险、低成本、高效益,从而达到供应链整体价值的最大化。

案例

可口可乐的战略供应链管理

尽管可口可乐公司传统上被视为一家品牌驱动的企业,供应链管理对其成功仍然具有战略意义。可口可乐公司在20世纪90年代花费数十亿美元收购了许多大型独立瓶装厂,使公司获得了相对百事可乐公司强大的分销优势。因此,尽管百事可乐经常赢得广告战,而可口可乐却赢得了更为重要的供应链之战,尤其是在美国之外的占其70%利润来源的快速增长市场。

二、战略供应链管理的策略

近年来,战略供应链管理作为供应链管理的一部分,已经日渐为业界所重视。战略供应链管理的目的,在于创建一种独特的供应链架构来推动企业战略目标的实现。

实施战略供应链管理,需要考虑五个方面的策略问题,即运营策略、渠道策略、外包策略、客服策略、资产网络策略等。

许多企业往往将这些策略作为与销售、采购或生产有关策略的一部分来进行决策。应该将战略供应链视为一个由这些相互关联的要素构成的整体,并将其视为一种战略资产。

(一)运营策略

运营策略是企业生产产品或者提供服务决策的重要依据,改变并调整运营策略是一种获取绩效优势的重要途径和方法,企业可以利用自身优势来为不同的产品和市场细分选择不同的运营策略。和其他供应链策略一样,各种运营策略都是动态的,关键的驱动因素是产品的生命周期。产品需求峰值过后,需求就会减少,企业可以通过从库存生产到按单生产的转变来降低库存风险,同时以更具竞争性的价格来保持供货。另一个考虑因素是产品订单的数量,通常情况下80%的销售来自20%的订单。这种情况下,企业可采取库存生产和按单生产的策略组合。

运营策略包括以下几种类型:

1. 库存生产(Make to Stock)

大规模的批量生产可以不断降低成本,而高库存也意味着可以很快满足客户需求。库存生产是适用于销量巨大的各种标准化产品的最佳策略。

2. 按单生产(Make to Order)

按单生产更适合于定制化产品或需求较少的产品。采用这种策略的企业

只有在接到客户订单之后才会进行产品生产，这样可以在提供更广泛产品选择的同时保持低库存。

3. **按单装配**（Configure to Order）

按单装配是一种混合策略，一般是先完成产品的各个组成部分，在收到订单之后再进行最后的装配。当最终产品有多种变化，并想保持低成品库存，同时比按单生产缩短客户交货时间时更适合采用此策略。

4. **按单加工**（Engineer to Order）

这种策略与按单生产有很多共同之处，主要用于那些需要根据客户的特定需求来生产复杂产品和提供服务的行业。

表3-1 运营策略的类型

策　　略	选择该策略的时机	优　　点
库存生产	适用于销量巨大的各种标准化产品	生产成本低，可以更快满足客户需求
按单装配	适用于需要进行多种变化的产品	客户订制，降低库存，提高服务水平
按单生产	适用于定制化产品或需求并不频繁的产品	低库存，产品选择范围广，简化生产计划
按单加工	适用于满足客户特殊需求的复杂产品	能够满足特定客户的需求

（二）渠道策略

企业的渠道策略，是指企业产品或服务如何送达到买家或终端用户的战略。渠道策略涉及的相关决策主要包括，是否通过分销商或零售商间接地销售产品给客户，或者通过互联网或直销人员直接销售产品。根据利润率的不同造成所选渠道也有所差异，所以必须选择最优的渠道组合，并在产品短缺或需求峰值时能保证产品供应。

高效的渠道策略使市场上的领先者受益颇丰。比如，数十亿美元的瓶装水行业及其两个重要的市场：矿泉水市场和纯净水市场。矿泉水需要在水源地罐装，纯净水可以在多个水源利用任何本地的罐装公司进行罐装。该行业利用三种不同的零售方式来为其三种主要客户进行服务：传统的零售商服务零售客户，自动售货机服务个人消费市场，而服务代理负责为家庭和办公用户安装、维护和补充水站。每种细分市场都需要设置不同的供应链流程、资产、渠道和供应商关系及绩效层级。

假设你是瓶装水行业市场的新加入者，你会选择已经与关键零售商建立良好关系的分销商合作还是选择直接卖给零售商？如果选择分销渠道，你会把自己的订单系统和库存管理系统与分销商的系统集成起来吗？如果是，会到哪种程度，谁来支付相关费用？你会为所有的分销商提供充足的库存还是只为那些你认为属于战略合作伙伴的分销商提供充足库存呢？这些决策都将影响公司的资产和成本绩效，将成为整个渠道策略的一部分——要与定价策略、供应商财务政策、促销手段及其他配套策略和措施相协调。

（三）外包策略

企业在制定外包策略前，必须对企业的核心能力进行详细的分析。通过分析，可以将那些战略重要性较低或者第三方可以做得更好、更快或更便宜的部分业务外包出去。

通过利用其他企业的专长和优势，企业可以迅速重新调整市场定位，提高核心能力。

值得关注的是，在确定外包之前，一定要慎重考虑外包的风险和战略成本。如果仅仅考虑"通过外包可以降低成本"对最终形成战略解决方案是远远不够的，外包伙伴一般应该具备三方面的潜在优势。

规模：第三方通常可以以更低的价格提供服务。因为它们可以利用规模优势来提高设备利用率和降低单位成本。外部伙伴还可以让公司不必投资以达到新的产能而迅速提高产量。

范围：对那些想进入新市场或新区域的公司而言，外包伙伴可以为公司在新地点运营提供便利，避免在现有业务规模上重复建设。

技术专长：外包伙伴可能已经掌握了需要巨大投资才能实现的产品或者处理技术或技能。

➡ **案例**

通用汽车公司（General Motors）的运输业务外包

通用汽车公司通过采用业务外包策略，把运输和物流业务外包给理斯维物流（Leaseway Logistics）公司。理斯维公司负责通用汽车公司的零部件到31个北美组装厂的运输工作，通用汽车公司则集中力量于其核心业务上——制造轿车和卡车。始于1991年的合作节约了大约10%的运输成本，缩短了18%的运输时间，裁减了一些不必要的物流职能部门，减少了整条供应链上的库存，并且在供应链运作中保持了高效的反应能力。理斯维在Cleveland设有一个分销中心处理交叉复杂的运输路线，通过电子技术排列它与各通用汽车公司的北美工厂的路线，这样可以动态地跟踪装运情况，并且根据实际需求实现JIT方式的运输。理斯维的卫星系统可以保证运输路线组合的柔性化。如果一个供应商的装运落后于计划，理斯维可以迅速地调整运输路线的组合。理斯维采用的精细可视路线技术保证了通用汽车公司的生产线上的低库存水平。

（四）客服策略

在战略供应链管理中，企业的客服策略是另一个关键性策略。企业在制定客服策略时，可以将"总量和客户所能带来的盈利能力，以及了解客户真正的需求"这两个方面集成到供应链策略中，因为有助于优先关注自身的优势和能力。

当然，并不是所有的客户都要提供同样级别的服务，高附加值的客户需要得到专项服务。

实践证明，根据客户的细分来设计客户服务策略可以在成本与服务之间取得最佳的平衡，带来较大的市场收益。

（五）资产网络策略

资产网络是战略供应链管理中非常重要的一个策略。它涉及工厂、仓库、生产设备、订货处、售后服务中心等诸多业务的组成部分。并且，所涉及的这些资产的位置、规模和任务等都会对供应链的顺畅运行产生较大的影响。

在经济全球化和贸易自由化时代，许多企业会根据业务规模、客户服务需求、有利税率、供应商基地、地方性规定以及劳动力成本等因素，在以下三种网络模式中选择其一。

1. 全球化模式

产品在某地生产而面向全球市场。选择全球化模式主要是为了照顾那些需要将研发和生产部门集中在一起的情况，以及控制那些成本敏感的产品的单位生产成本，或者满足高度专业化生产技能的需要。

2. 区域化模式

针对那些需要在销售区域进行制造的情况，虽然也会有跨区域的流通。这种区域化模式的选择通常会考虑客户服务等级和进口税率等很多因素。

3. 国家化模式

主要在市场所在国家进行生产。这种模式适用于那些货物运输费用昂贵的情况。另外还考虑到税务和关税、市场准入等限制条件。

产品的生命周期也是资产网络决策需要考虑的因素之一。在市场快速变化的行业，如消费电子，企业可以在新产品初上市时以全球化模式运作，来制定生产流程，或者通过将生产与研发部署在同一地点来降低成本，然后转变为一种区域化模式来提高客户服务质量。在产品生命周期的最后，可再次选择全球化模式，从而以最低的生产成本和库存投入来满足市场需求。

第二节　企业核心竞争力

一、核心竞争力概述

（一）企业核心竞争力的概念与特征

1. 企业核心竞争力的概念

企业核心竞争力，又称作企业核心能力（Core Capability of Enterprise），它是企业在长期生产经营过程中的知识积累和特殊的技能（包括技术、管理等方面）以及相关的资源（如人力资源、财务资源、品牌资源、技术资源、企业文化等）组合成的一个综合体系，是企业独具的、与他人不同的一种能力。

核心能力是在1990年由两位管理科学家哈默尔和普拉哈拉德在《哈佛商业评论》发表《企业核心能力》一文中提出的，核心能力和企业能力理论在企业发展和企业战略研究方面迅速占据了主导地位，成为指导企业经营和管理的重要理论之一。

它的产生代表了一种企业发展的观点：企业的发展由自身所拥有的与众不同的资源决定，企业需要围绕这些资源构建自己的能力体系，以实现自己的竞争优势。

企业持续竞争的源泉和基础在于核心竞争力。根据麦肯锡咨询公司的观点，所谓核心竞争力是指某一组织内部一系列互补的技能和知识的结合，它具有使一项或多项业务达到竞争领域一流水平的能力。核心竞争力由洞察预见能力和前线执行能力构成。洞察预见能力主要来源于科学技术知识、独有的数据、产品的创造性、卓越的分析和推理能力等；前线执行能力产生于这样一种情形，即最终产品或服务的质量会因前线工作人员的工作质量而发生改变。企业核心竞争力是企业的整体资源，它涉及企业的技术、人才、管理、文化和凝聚力等各方面，是企业各部门和全体员工的共同行为。

2. 企业核心竞争力的特征

从不同的角度出发，对企业核心竞争力的内涵就可能产生不同的理解。虽然对核心竞争力概念的理解各异，但对核心竞争力特征的理解却大同小异。企业核心竞争力的特征实质上是企业竞争力理论的一般逻辑推理，它表明核心竞争力是企业持续竞争优势的源泉。

核心竞争力至少具有三个方面的特征：核心竞争力特别有助于实现顾客所看重的价值；核心竞争力是竞争对手难以模仿和替代的，故而能取得竞争优势；核心竞争力具有持久性，它一方面维持企业竞争优势的持续性，另一方面又使核心竞争力具有一定的刚性（Leonar – Barton，2000）。

因此，我们可以演绎出核心竞争力的三大核心特征：

（1）价值特征。创造独特价值核心竞争力的价值特征表现在三个方面：

一是核心竞争力在企业创造价值和降低成本方面具有核心地位，核心竞争力应当能显著提高企业的运营效率。

二是核心竞争力能实现顾客所特别注重的价值，一项能力之所以是核心的，它给消费者带来的好处应是关键的。

三是核心竞争力是企业异于竞争对手的原因，也是企业比竞争对手做得更好的原因。因此，核心竞争力对企业、顾客具有独特的价值，对企业赢得和保持竞争优势具有特殊的贡献。

（2）资产特征。专用性资产对企业核心竞争力的投资是不可还原性投资，因此核心竞争力可以看作是企业的一种专门资产，具有"资产专用性"的特征。核心竞争力的专用性还体现在积累的自然属性，因为核心竞争力具有历史依存性，是企业积累性学习的结果，也是企业的"管理遗产"，它使仿制者处于时间劣势，即使仿制者知道核心竞争力，也由于资源的积累需要一段时间而无法参与竞争（福斯、哈姆森，1998）。核心竞争力的资产专用性特征对外面的潜在进入者构成一种进入壁垒，以保护垄断利润的获得；同时又对企业本身构成了一种退出壁垒，这种退出壁垒对企业产生一种推动作用，激励企业员工为共同的目标而努力。

（3）知识特征。知识可以分为两大类：显性知识和隐性知识。具有信息特征的显性知识很容易被仿制，而具有方法论特征的知识则相对来说较难仿制。如果核心竞争力必须是异质的，必须是完全不能仿制和替代的，那么核心竞争力必须是以隐性知识为主。正因为隐性知识不公开、内容模糊、无法传授、使用中难以觉察而又自成体系的缘故（Winter，1987），核心竞争力才具有"普遍模糊"的特点。因此，"核心竞争力可以被认为是关于如何协调企业各种资源用途的知识形式"。

（二）企业核心竞争力的种类

基于不同角度分析企业核心竞争力，可以将其分为基于整合和协调观的核心竞争力、基于文化观的核心竞争力、基于资源观的核心竞争力、基于技术观的核心竞争力和基于系统观的核心竞争力等。

1. 基于整合和协调观的核心竞争力

核心竞争力是组织对企业拥有的资源、技能、知识的整合能力，是一种积累性学识，这种积累过程涉及企业不同生产技巧的协调，不同技术的组合和价值观念的传递。通过核心竞争力的积累，组织可以很快发现产品和市场的机会，获得更多的超额利润。

整合观、协调观、网络观、组合观等都属此类。

2. 基于文化观的核心竞争力

企业中难以完全仿效的有价值的组织文化是最为重要的核心竞争力。核心竞争力蕴含在企业文化中，表现于企业的诸多方面，包括技巧和知识。核心竞争力是某一组织内部一系列互补的技术和知识的组合和它具有使一项或多项关键业务达到业界一流水平的能力。这一提法强调了核心竞争力是以知识的形式存在于企业的各方面能力中。

知识观、文化观等属于此类。

3. 基于资源观的核心竞争力

获得那些潜在租金价值的资源是企业成功的基础，这些资源是保证企业持续获得超额利润的最基本的条件。不同企业之间在获取战略性资源时，决策和过程上的差异构成了企业的核心竞争力。企业只有获得战略性资源，才能在同行业中拥有独特地位，这种地位来自其在资源识别、积累、储存和激活过程中独特的能力。

4. 基于技术观的核心竞争力

企业的创新能力和技术水平的差异是企业异质性存在的根本原因。核心竞争力是企业在研究开发、生产制造和市场营销等方面的能力，并且，这种能力的强与弱直接影响企业绩效的好坏。

5. 基于系统观的核心竞争力

核心竞争力是提供企业在特定经营中的竞争能力和竞争优势基础的多方面技能、互补性资产和运行机制的有机结合，它建筑于企业战略和结构之上，以具备特殊技能的人为载体，涉及众多层次的人员和组织的全部职能，因而，必须有沟通、参与和跨越组织边界的共同视野和认同。企业的真正核心竞争力是企业的技术核心竞争力，是组织核心竞争力和文化核心竞争力的有机结合。

二、企业核心竞争力的识别

由于核心竞争力具有价值、资产、知识等特征，难以被模仿和替代，因此核心竞争力的识别就变得非常困难。识别核心竞争力的基本方法有两种：一是以活动为基础，二是以技能为基础。

这两种方法虽然有助于企业识别其重要活动和关键技能，但有一个很大缺陷，就是忽略了核心竞争力的资产特征和知识特征，即核心竞争力更多表现在专用性资产、组织结构、企业文化、积累知识等隐性和动态要素方面。

因此，核心竞争力的识别应该从有形（资产）和无形（知识、商誉）、静态（技术、技能）和动态（活动）、内部（企业）和外部（顾客和竞争对手）等多角度、多层次着手，这样才能更好地理解和识别进而培育和保持核心竞争力。

（一）企业核心竞争力的内部识别

1. 价值链分析

核心竞争力的价值链分析实际上是以活动为基础的。公司是一个由一系列活动组成的体系，而不是个别产品或服务的简单组合。有些活动的经营业绩好于竞争者，并对最终产品或服务是至关重要的，这些活动就可以被称作核心竞争力（辛德、艾伯伦，1999）。核心竞争力与活动的一个细微但却重要的差别是：活动是企业所从事的，而核心竞争力是组织所拥有的。

价值链分析是一个很有用的工具，它能有效地分析企业从事的所有活动中哪些活动对企业赢得竞争优势起关键作用，并说明如何将一系列活动组成体系以建立竞争优势（波特，1997）。价值链分析可以用来识别对企业产品的价值增值起核心作用的活动。真正的核心竞争力是关键的价值增值活动，这些价值增值活动能以比竞争者更低的成本进行，正是这些独特的持续性活动构成了公司真正的核心竞争力。

20世纪70年代后期，美国通用电气（GE）有限公司的核心竞争力是营销和良好的产品形象，而松下公司和无线电设备公司等竞争者对GE公司造成很大的冲击，是因为它们培育了增值较多的活动——松下公司是在零配件方面，而无线电设备公司则是在零售方面。尽管它们提供的产品相似，但是在价值链中，它们的核心价值增值活动各不相同。因此，它们的核心竞争力也各具特色。

2. 技能分析

从技能角度分析和识别核心竞争力对企业来说最容易接受和掌握，而且哈默尔和普拉哈拉德主要也是从技能着手分析核心竞争力的（1995）。大多数竞争优势源泉根植于出众的技能：业务单位制造出更高质量的产品，有更好的销售人员，并且对顾客更体贴、更周到，原因在于具有某些与众不同的诀窍。没有一个企业的业务单位在各种职能上都有出众的技能，但成功的业务是因为在对某些业务单位战略很重要的职能上具有一定技能优势。如果这种战略是关于质量的，该单位可能在制造技能或全面质量管理方面具有优势；如果该战略是关于服务的，那么该业务单位将需要在服务技能上，通过设计更优秀的系统或更简易的服务产品来获得某些优势。

业务单位想成功地施展一种关键业务技能，就必须成功地实施其战略的活动，大多数战略活动包括一组关键业务技能。这组关键业务技能中的每一种都能够进一步分解为"部件"和"子部件"。部件是按高标准实现关键业务技能所需要的因素。部件可以分解为子部件，甚至能进一步细分。某些部件对业务技能的总体业绩有较大影响，我们可以把这些部件称为关键性部件。

通过界定"关键业务技能"，精确抓住"关键部件或子部件"，可以识别和培育企业核心竞争力，从而获得竞争优势。

3. 资产分析

资产专用性越强，可占用性准租金越多，缔约成本将超过纵向一体化的成本，企业更倾向于交易内部化。因此，企业内的专用性投资是取得和维持准租金的源泉。虽然巨额的固定资产投资可以形成进入壁垒获得超额利润，但这种有形的专用性资产产生的优势容易模仿因而难以持久，稳定而持续的竞争优势主要来自于无形资产的专用性投资。

无形资产主要分为四大类：市场资产、人力资产、知识产权资产和基础结构资产（Broo – King, 1998）。卓越公司的优势并不是体现在现代化的厂房和先进的机器设备上，而是蕴藏在下列诸多的无形资产中。

（1）市场资产：产生与公司和其市场或客户的有益关系，包括各种品牌、忠诚客户、销售渠道、专营协议等。

（2）人力资产：体现在企业雇员身上的才能，包括群体技能、创造力、解决问题的能力、领导能力、企业管理技能等。

（3）知识产权资产：受法律保护的一种财产形式，包括技能、商业秘密、版权、专利、商标和各种设计专用权等。

（4）基础结构资产：指企业得以运行的那些技术、工作方式和程序，包括管理哲学、企业文化、管理过程、信息技术系统、网络系统和金融关系等。

人力资产是整个企业运行的基础，市场资产和基础结构资产是企业赢得竞争优势的核心，知识产权资产只能取得暂时的相对优势。与其说可口可乐公司的核心竞争力是其可口可乐配方，还不如说是可口可乐公司成功地使消费者相信其具有秘密配方的能力，这个能力建立在市场资产和基础结构资产等无形资产基础之上。因此，识别企业的核心竞争力可以从审计企业的无形资产着手，特别是品牌、渠道、文化、结构和程序等方面，因为这些因素是企业自身长期投资、学习和积累的结果，从而具有难以模仿和复制的特征。

4. 知识分析

正如埃里克森和米克尔森所说的那样，核心竞争力可以被认为是关于如何协调企业各种资源用途的知识形式。不过，波兰尼（Polanyi）关于显性知识和隐性知识的划分，尽管有利于解释企业核心竞争力难以模仿和复制，但对于企业进行知识分析则显得粗糙。较权威的对知识的分类来自经合组织（OECD）。OECD 将知识分为四种类型：知道是什么的知识（Know-what）；知道为什么的知识（Know-why）；知道怎么做的知识（Know-how）；知道是谁的知识（Know-who）。其中，前两类大致属于显性知识，后两类属于隐性知识。企业知识并不是企业个体所有知识的总和，而是企业能像人一样具有认知能力，把其经历储存于"组织记忆"（organizational memory）中，从而拥有知识。

（二）企业核心竞争力的外部识别

核心竞争力的识别也可以从企业外部着手，即从竞争对手和顾客的角度分析。企业之所以具有核心竞争力，它提供的产品和服务以及对顾客所看重的价值与竞争对手相比有多大程度的差异；然后，分析为什么会产生这些差异，对重要差异起关键作用的驱动力有哪些。核心竞争力的外部识别方法有两种：一是核心竞争力的顾客贡献分析，二是核心竞争力的竞争差异分析。

顾客贡献分析与价值链分析的主要区别在于顾客贡献分析是从企业的外部出发，分析在带给顾客价值中哪些是顾客所看重的，那么带给顾客核心价值的能力便是核心竞争力，而不是从企业内部价值创造的全过程分析。从这个角度看，可以把大众公司在发动机方面的技能看作是核心竞争力，因为顾客购买大众车，是由于大众车在发动机和传动系统方面的能力确实为顾客提供了如下好处：易发动，易加速。因此，要识别核心竞争力就必须弄清：顾客愿意付钱购买的究竟是什么；顾客为什么愿意为某些产品或服务支付更多的钱；哪些价值因素对顾客最为重要，也因此对实际售价最有贡献。经过如此分析，可以初步识别能真正打动顾客的核心竞争力。

1. 核心竞争力的顾客贡献分析

波特教授认为，一个企业的竞争优势取决于两个因素：所选择产业的吸引力，既定产业内的战略定位（Porter，1997）。也就是说，企业要取得竞争优势，一方面要有能够进入具有吸引力的产业的资源和能力，即战略产业要素（strategic industrial factors）；另一方面拥有不同于竞争对手且能形成竞争优势的特殊资产，即战略性资产（strategic assets）（Amit and Schoemaker，1993）。因此，从与竞争对手的差异性角度分析核心竞争力有两个步骤：

（1）分析企业与竞争对手拥有哪些战略产业要素，各自拥有的战略产业要素有何异同，造成差异的主要原因是什么；

（2）分析企业与竞争对手的市场和资产表现差异，特别是企业不同于竞争对手的外在表现,如技术开发和创新速度、产品形象、品牌、声誉、售后服务、客户忠诚等,识别哪些是企业具有的战略性资产,根植于战略性资产之中的便是核心竞争力。

2. 核心竞争力的竞争差异分析

企业核心竞争力测度是以企业战略与企业能力理论为基础,借助多种数量分析方法和技术,对企业核心竞争力的性质、内容、要素及其变化进行多层次、多维度的分析。企业核心竞争力的测度,有助于企业认识自身各方面的能力及明确现有核心竞争力,更好地运用和发挥已有核心竞争力的优势,从核心竞争力中充分受益;有助于企业在对已有核心竞争力深刻理解的基础上,规划和建立未来的核心竞争力;有助于企业在发展过程中,不断监测核心竞争力的增长,以便对企业的战略进行持续调整和修订。

企业核心竞争力界定为:企业独具的、长期形成并融于企业内质中的、支撑企业竞争优势的、使企业能在竞争中取得可持续生存与发展的核心竞争力。这个定义涵盖了这么几层意思:

它是一种竞争性的能力,具备相对于竞争对手的竞争优势;

在企业诸多能力中它处在核心地位,是企业独特的资源或者核心理念、产品所形成的带给客户特殊价值的商品或体验;

它是企业所独具的能力,不容易为个别人所拥有、不为其他企业所能模仿、不为其他竞争力所替代。它不像材料设备一样可以购买,同时也是难以转移或复制的。包括企业运作模式、企业规章制度,员工的素质、能力、观念、行为方式等;

它能长期起作用,一般不随环境的变化而发生质变;

它具有品牌延展性,能保证企业多元化发展的成功。

三、企业核心竞争力的构建

核心竞争力是企业核心竞争能力的综合体现,是内部一系列技能和知识的结合,也是企业本身内在的综合实力,更是企业处于竞争优势的可靠保证。核心竞争力能给企业带来持久的价值回报,让企业持续获得竞争优势。企业可以依靠现有的核心竞争力来寻求和扩展新的商业机会。核心竞争力可以使企业降低成本,显著提高运营效率,从而提高企业的市场竞争力和占有率。因此,构筑企业核心竞争力,是企业扩展市场、高效持续发展的有效捷径。

(一)树立企业的竞争核心意识

企业应准确定位,制定短期和长期发展目标,并突出企业的品牌优势,树立企业的竞争核心意识。

（二）提升企业的核心资源水平

从企业的人力、物力和财力上提供保障，使其和市场资源优势互为融合。尤其要注重技术资源及其应用水平，提升企业的融资能力与加大人才培养和引进力度，并保障企业的资源保持在竞争的高起点上。

（三）实施规范化的标准体系

为适应国际国内市场的竞争和加强企业内部管理的需要，必须建立质量、环境、健康安全管理体系。在标准化管理体系建设中，要从企业实际出发，通过标准化体系的贯彻实施，实实在在地提升企业内部管理水平，而不能流于形式和达标的需要。

（四）积极运用项目管理技术

项目管理是一门专门的科学，是每一个项目的效率和效益的保证，是企业树立成本优势的途径之一，同时也是企业保持长期竞争优势的基础。

项目管理包括项目范围管理、时间管理、成本管理、安全管理、质量管理、人力资源管理等方面。从项目整体管理开始，对项目计划制订、计划实施和计划变更控制进行系统化、规范化管理，确保产品质量和服务质量。

（五）构筑企业信息化管理系统

在网络时代，信息化技术的应用水平直接反映企业的竞争能力和为客户提供解决问题的能力。企业应在办公管理、财务管理、人力资源管理、库房管理、合同管理、资料管理等方面大力运用信息技术。

信息化管理包括围绕以客户为核心的企管系统和围绕以企业运作为核心的企管系统。建立并有效运用信息管理系统，是提升核心竞争力最快捷、最有效的途径之一。

企业管理者要重视和积极支持信息化建设，把企业信息化建设与企业改革、企业管理模式、生产经营方式结合起来，从信息化建设的基础工作开始，按企业的实际需求，确定本企业的信息化主线，建立相应的管理部门，确定其岗位职责，努力提高信息的集成度；促进企业组织结构的变革，提高企业的效率和工作业务流程的速度；利用现代信息技术推动企业向智能型、管理型转变。

（六）塑造特色企业文化

企业文化是企业精神的体现，是企业长期延续并区别于其他企业特色和风格的体现，是企业在社会经济文化大环境中形成的群体意识及行为规范，涵盖了企业的精神及理念、视觉识别系统，以及员工行为规范和领导者的风格等，对企业起凝聚、激励、协调、约束作用。塑造企业形象，是企业核心竞争力的源泉，也是企业发展的关键。有风格、有特色的企业才能更具竞争力。

塑造企业文化，首先，必须对企业发展方向正确定位，统一企业的经营思想、信念和战略，凝聚企业的集体向心力。

其次，正确引导企业员工的价值取向，认识到企业员工自身生存发展与企业的依存关系。同时，注重员工自我价值的实现和潜能开发，创造相应的环境、条件和任务。

再次，规范企业的道德行为准则，建立与企业发展和员工价值观相适应的经营规范及制度。

最后，注重培育塑造企业领导者的风范和权威，成为企业创新和实现共同愿望的领头人。

 案例

IBM 出售 PC 业务

2004年12月8日，IBM宣布将PC部门出售给联想集团。此项并购的资产包括IBM所有笔记本、台式电脑业务及相关业务，包括客户、分销、经销和直销渠道，"Think"品牌及相关专利，IBM深圳合资公司（不包括其X系列生产线），以及位于大和（日本）和罗利（美国北卡罗来纳州）研发中心。并购完成后，IBM将持有联想集团18.5%的股份。

IBM出售PC业务的原因主要有：

（1）IBM的PC业务成本高、利润低，亏损严重，IBM公司个人电脑部2001年亏损状况为3.97亿美元，2002年亏损为1.71亿美元，2003年为2.58亿美元，2004年上半年亏损1.39亿美元，累计亏损近10亿美元。

（2）行业的利润有限，随着PC行业竞争的白热化，PC的利润不断缩水。

（3）进行战略转型、塑造核心竞争力的需要。将业务重心调整到软件和服务上，谋求更大的利润空间和更长远的未来发展。

通过这次并购，IBM达到了两大目的：一是放弃一个越来越不适合它做的业务，剥离了非核心业务，减少了损失；二是核心竞争力得到增强，直接制约几大竞争对手：英特尔、微软、惠普和戴尔。

IBM出售其PC业务，是一种收缩战略，但从更深层次而言，是一种塑造企业核心竞争力的战略供应链管理过程。这样能够帮助IBM在PC行业发展环境恶劣的情况下，节约开支和费用，最大限度地降低损失。同时可以更好地塑造核心竞争力，集中资源打造IBM擅长的小型机、大型机和服务器业务，这将更加有利于IBM的长远发展。

第三节 企业业务流程重组

一、企业业务流程重组的概念及特点

（一）业务流程重组的概念

BPR（Business Process Reengineering，业务流程重组）也译为企业流程再造，是20世纪90年代由美国麻省理工学院（MIT）的计算机教授迈克尔·哈默（Michael Hammer）和CSC管理顾问公司董事长钱皮（James Champy）提出的。1993年，在他们联合出版的《公司重组——企业革命宣言》一书中，哈默和钱皮指出，200年来，人们一直遵循亚当·斯密的劳动分工的思想来建立和管理企业，即注重把工作分解为最简单和最基本的步骤；而目前应围绕这样的概念来建立和管理企业，即把工作任务重新组合到首尾一贯的工作流程中去。他们给BPR下的定义是："为了飞跃性地改善成本、质量、服务、速度等现代企业的主要运营基础，必须对工作流程进行根本性的重新思考并彻底改革。"它的基本思想就是：必须彻底改变传统的工作方式，也就是彻底改变传统的自工业革命以来，按照分工原则把一项完整的工作分成不同部分，由各自相对独立的部门依次进行工作的方式。

业务流程重组强调以业务流程为改造对象和中心，以关心客户的需求和满意度为目标，对现有的业务流程进行根本的再思考和彻底的再设计，利用先进的制造技术、信息技术以及现代的管理手段，最大限度地实现技术上的功能集成和管理上的职能集成，以打破传统的职能型组织结构，建立全新的过程型组织结构，从而实现企业经营在成本、质量、服务和速度等方面的巨大改善。

BPR是国外管理界在TQM（全面质量管理）、JIT（准时生产）、Workflow（工作流管理）、WorkTeam（团队管理）、标杆管理等一系列管理理论与实践全面展开并获得成功的基础上产生的。是西方发达国家在20世纪末，对已运行了100多年的专业分工细化及组织分层制的一次反思及大幅度改进。BPR是对企业僵化、官僚主义的彻底改革。

业务流程重组是以企业长期发展战略需要为出发点，以价值增值流程的再设计为中心，打破传统的职能部门界限，通过组织改进、员工授权、顾客导向及正确运用信息技术，建立合理的业务流程，以达到企业动态适应竞争加剧和环境变化目的的一种管理活动。它包含以下几个内涵。

1. BPR是一项战略性的企业重构系统工程

企业实施BPR是为了满足长远的战略规划需要，是对企业各项运作活动

及其细节进行重构、设定与阐述的过程。

2. BPR 的核心是面向客户满意度的业务流程

市场或客户需求，是企业一切活动的目标和中心。业务流程重组就是要改造组织结构，使高层管理者与员工、顾客之间的距离缩短，更好地获取客户的意见和需求，及时调整经营决策，以提高客户满意度。

3. BPR 成功的关键是要实现技术和人的有机结合

BPR 的核心任务是要将技术和人有效运作在业务流程的再设计与重构中，从而推进企业组织的技术性和社会性以适应企业整体绩效改进和长远发展的改变。

（二）业务流程重组的特点

企业业务流程重组包括以下几个特点。

1. 以客户为中心

全体员工以客户为服务中心，每个人的工作质量由客户作出评价，而不是公司领导。

2. 企业管理面向业务流程

将业务的审核与决策点定位于业务流程执行的地方，以缩短信息沟通的渠道和时间，从而整体提高对客户和市场的反应速度。

3. 注重整体流程最优化的系统思想

按照整体流程最优化的目标重新设计业务流程中的各项活动，强调流程中每一个环节的活动尽可能实现增值的最大化，尽可能减少无效的或非增值活动。

4. 重视发挥每个人在整个业务流程中的作用

提倡团队合作精神，并将个人的成功与其所处的流程的成功当作一个整体来考虑。

5. 强调面向客户和供应商来整合企业业务流程

企业在实施 BPR 的过程中，不仅要考虑企业内部的业务流程，还要对企业自身与客户、供应商、销售商组成的整个价值链的业务流程进行重新设计，并尽量实现企业与外部只有一个接触点，使企业与供应商的接口界面化、流程化。

6. 利用信息技术手段协调分散与集中的矛盾

在设计和优化企业业务流程时，强调尽可能利用信息技术手段实现信息的一次处理与共享机制，将串行工作流程改造成为并行工作流程，协调分散与集中之间的矛盾。

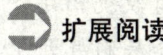 扩展阅读

BPR 产生的背景

1. 20 世纪 70 年代末客户需求的变化产生拉动性

进入 20 世纪 70 年代以后,全球经济环境发生了巨大的变化,供大于求的现状促成了卖方市场转向买方市场。当时的买方市场一个比较显著的特点是买方需求的多样性和多变性。买方市场的变化促使企业改变观念:

(1) 在客户服务思想上,首先提出了"注重售后服务"的口号,随后又提出"客户满意度"的概念。美国企业纷纷转变思想:一切以市场、以顾客为核心。

(2) 对于供应的产品,很多企业体现了人性化的一面,对市场进行细分,针对细分用户市场进行产品的研发,表达了客户就是上帝的心声。

(3) 观念的改变,产品的改变离不开企业内部管理方面的改变,需要企业内部具备严格的管理基础,需要企业内部进行变革来配合企业市场观念的变革以及产品的推陈出新,否则,没有相应的管理体系和缜密的管理流程,一切只是空谈。

2. 20 世纪 80 年代萧条经济促使群体反思

进入 20 世纪 80 年代,以美国为代表的发达国家经济陷入增长缓慢和通货膨胀的尴尬困境,企业陷入了成本增加、效益降低的困境,产品竞争力与亚太国家相比陷入不断下降的局面。美国的企业迫切期望改变这种现状,走出低谷。而要迅速改变这种状态,首先是希望国家借助财政以及货币政策来拯救危机,其次是企业开始进行反思。与二战后迅速发展起来的日本进行比较,美国企业以技术为推动,忽视顾客的核心地位,故难以适应瞬息万变的市场环境。而日本则相反,科研为生产服务,为市场服务。因此到了 20 世纪 80 年代,日本的竞争力已经大大增强,并在机械、钢铁、汽车、化工等美国传统优势行业显示出明显的比较优势。反思的结果,是必须对自身的结构进行一次大手术。

3. 20 世纪 70—90 年代陆续出现的新型管理手段以及管理方法为 BPR 奠定了基础条件

BPR 的出现具有很深的管理手段以及管理方法基础。首先,20 世纪 70 年代到 90 年代也是管理学界新思想和新观点出现最为活跃的时期,比如 TQM(全面质量管理)、JIT(准时生产)、PM(项目管理)、ABC(基于作业成本分析法)、Workflow(工作流管理)、Work Team(团队管理)以及标杆管理等一系列管理理论与实践,在欧美经济界得到全面展开并取得一定的成功;其次,在企业组织理论创新方面,20 世纪 70 年代到 90 年代之间,

欧美企业界、学术界对扁平化的组织机构创新以及流程化的组织机构研究取得了很大的进步，对企业内部的专业分工细化、组织多级分层制展开了猛烈的批评，把这种企业组织机构称为"僵化、官僚主义"，并且吹响了大张旗鼓革命的号角。

总结以上三点，应运而生的BPR正好迎合了企业的这种思想和需要，BPR的两个投入特征——根本性和彻底性以及产出特性——显著性，完全满足了欧美企业急于走出经济萧条、寻求持续增长和适应新的商业规则的心理需求，也满足了学术界在迷茫中寻求管理思想革新的迫切心理。

BPR从20世纪90年概念的诞生后，在美国形成一股风潮，被称作是"恢复美国竞争力的唯一途径"，同时还波及日本、德国等其他工业化国家。哈默还被美国《商业周刊》评为20世纪90年代最具影响力的"四大管理宗师"之一。

二、企业业务流程重组的主要步骤

一般而言，业务流程重组主要有以下步骤。

（一）对原有流程进行全面的功能和效率分析，发现其存在的问题

根据企业现行的作业程序，绘制细致、明了的作业流程图。一般而言，原来的作业程序是与过去的市场需求、技术条件相适应的，并由一定的组织结构、作业规范保证其实施。当市场需求、技术条件发生的变化使现有作业程序难以适应时，作业效率或组织结构的效能就会降低。因此，必须从以下方面分析现行作业流程的问题。

1. 功能障碍

随着技术的发展，技术上具有不可分性的团队工作，个人可完成的工作额度就会发生变化，这就会使原来的作业流程或者支离破碎增加管理成本，或者核算单位太大造成权责利脱节，并会造成组织机构设计的不合理，形成企业发展的瓶颈。

2. 重要性

不同的作业流程环节对企业的影响往往不同。随着市场的不断发展，顾客对产品、服务的需求也在不断变化，作业流程中的关键环节以及各环节的重要性也在发生变化。

3. 可行性

根据市场变化、技术储备的特点及企业的现实情况，找出流程重组的切入点。

为了对上述问题的认识更具有针对性，还必须深入现场观测、调研、

分析现存作业流程的功能、制约因素以及表现的关键问题。

（二）设计新的流程改进方案，并进行评估

在设计新的流程改进方案时，可以考虑：

1. 将现在的数项业务或工作组合，合并为一。
2. 工作流程的各个步骤按其自然顺序进行。
3. 赋予广大职工参与决策的权利。
4. 为同一种工作流程设置若干种进行方式。
5. 工作应当跨越组织的界限，在最适当的场所进行。
6. 尽量减少检查、控制、调整等管理工作。
7. 设置项目负责人（Case manager）。

对于提出的多个流程改进方案，还要从成本、效益、技术条件和风险程度等方面进行评估，择优选取可行性强的方案。

（三）制定与流程改进方案相配套的组织结构、人力资源配置和业务规范等，形成系统的业务流程重组方案

企业业务流程的实施，是以相应组织结构、人力资源配置方式、业务规范、沟通渠道甚至企业文化作为保证的。因此，只有以流程改进为核心形成系统的业务流程重组方案，才能达到预期的效果和目的。

（四）组织实施与持续改善

业务流程重组方案的实施并不意味着企业再造的终结。在市场需求瞬息万变的竞争环境中，企业总是不断面临新的挑战，这就需要对企业再造方案不断地进行改进，促使企业不断地获得竞争优势。

三、供应链管理下的企业业务流程重组

（一）业务流程重组是实施供应链管理的前提

根据定义，"业务流程重组就是对企业的业务流程进行根本性再思考和彻底性再设计，从而获得在成本、质量、服务和速度等方面业绩的显著改善"。从概念上理解，业务流程重组是实施供应链管理的前提。

本书第一章已讲述了供应链的概念。供应链，狭义地理解，是跨越企业中多个业务（职能）部门活动的集合，它包括从订单的发送和获取、原材料的获得、产品的制造到产品分配给用户的整个过程。广义地说，供应链是一个自主或半自主的企业实体构成的网络，这些企业实体包括一些子公司、制造工厂、仓库、供应商、运输公司、配送中心、分销商、零售商和用户，共同负责与一类或多类产品相关的采购、生产并最终将产品送达顾客等各项活动，其产品也可以是某种服务。

从基本内容看，业务流程重组是实施供应链管理的前提。BPR是一项复杂的系统工程，这一系统工程的实施涉及系统内企业本身各部门或企业间的人力资源、业务流程、技术、组织结构和企业文化等各个方面。

（二）供应链管理反作用于业务流程重组

供应链中存在着四个流：物流、商流、资金流以及信息流。这四个流贯穿了供应链上企业的全部活动。

在构建供应链的过程中，总是有一个企业充当发起者，成为供应链的核心。因此可以说，供应链是围绕着核心企业建立起来的。美国斯坦福大学工业工程与工业管理系主任指出，供应链技术能够使多个企业像一个企业一样有效地运作，从某种意义上讲，供应链就是虚拟企业。因此这样一个供应链的组成过程，实际上也可以看成整个供应链上的业务流程重组，其目标就是构建供应链上的动态联盟。

成功的供应链管理需要得到各成员企业、企业自身各部门以及各个工作团队的支持，而供应链管理由于其目标范围的扩大，使得各成员企业难以协调统一。只有调整组织的内外业务流程，理顺组织结构及其相互关系，才能保证供应链中物流、商流、信息流和资金流的畅通无阻，确保供应链的流向、流量与流速。可见，在实施供应链管理的过程中，由于市场需求和竞争形势的不断变化，供应链就需要进行重组，或对旧供应链上的动态联盟进行解体，最后催生新的供应链。这就是实施供应链管理又反作用于业务流程重组，反作用的结果使得企业在新的竞争格局中生存和发展。

（三）供应链管理下的业务流程重组策略

供应链管理模式下的业务流程重组是指以供应链管理思想为指导，对供应链中的业务流程进行分解、整合、重新设计的过程。重组的目的是为了在定价、服务、定制、革新、速度和多样性等方面为顾客创造更多的价值，在日趋激烈的市场竞争中赢得先发优势。

1. 从价值链分析入手，突出核心业务流程

从价值链分析法来看，企业应着眼于活动和流程对客户价值贡献的大小。对一个企业而言，任何一个对产品或服务没有贡献的流程都是多余的，对一个业务流程而言，任何一个提高成本而对流程输出没有贡献的活动都是多余的活动。企业业务流程重组必须从价值链分析入手，突出有利于形成核心竞争能力的核心业务流程，把一些低附加值的、不再能体现领先优势的业务流程外包，同时剔除那些多余的业务流程。

2. 加强流程间的逻辑关系研究，简化业务流程

一般而言，执行流程的人越少越好，在流程服务对象（客户）看来，执行流程越简便越好。为此，企业必须加强单项流程间的逻辑关系研究，简化业务流程，主要有以下几点。

（1）将分开、重复的多道工序进行合并，减少不必要的审查环节；（2）可以推行一级审批制，变层层审核为"一级审批"；（3）将分产品的业务流程改为一揽子业务流程；（4）一个完整的业务流程交给一个经理全权负责，将串行流程改造成并行流程；（5）可以通过网络以及数据库技术，使许多需要共享资源的活动，如新产品开发、信用评估、文件阅示等，转化为同步方式。

3. 加强供应链中物流流程再造过程，借以打破企业边界的限制

物流在供应链管理中具有非常重要的地位，早期的物流是指运输、配送、仓储、装卸、包装等活动，是企业之间的一种物资流通活动。现代的物流管理包括了生产过程中的物料转化过程和物资流通过程。物流是供应链中的一条主线，在供应链管理中发挥重要作用，物流流程不畅，会直接影响客户服务水平。供应链供需协调，实现无缝链接，应从物流流程再造开始。

4. 注重业务流程整合

企业实施供应链管理的目的，是要达到企业与企业以及企业内部各部门的协调发展。

（1）合理运用信息技术。供应链管理模式下必须根据信息技术的能力确定新的作业流程，而不是将信息技术镶嵌在原有的经营流程中。

（2）业务流程标准化。一定水平的标准化是获得某种程度的连接性的必要条件，良好的连接性对于形成较为平滑顺畅的物流、商流、资金流以及信息流是必不可少的。

（3）明确职责。协调意味着必须明确在业务流程的规划和执行当中，各自所应承担的职责。

（4）业务流程的透明化。将企业的业务流程与客户和合作伙伴的相关流程协调一致的关键就在于允许各个工作团队的相关人员，更多地了解彼此的需要以及对各种问题的看法，以实现业务流程透明化。

5. 应用标杆瞄准技术进行业务流程重组

所谓标杆瞄准，就是以同行业优秀企业的做法为标杆，创造性地加以改进，并依据优秀企业的业绩指标设置本企业的业绩目标，以获取企业绩效的巨大提高。国内企业应通过对不同方面企业间作业程序、业务流程与活动的比较分析，发现隐藏在不同企业和不同部门的市场表现差异背后的关键因素。在借鉴的基础上，结合企业所在供应链情况，实现业务流程重组后的跨越式发展。

6. 应用并行工程，延迟技术和模块化技术对流程进行合理化再造

并行工程多用于产品的设计开发，是对产品及其相关过程，包括制造过程和支持过程，进行并行、一体化设计的一种系统化方法。利用并行工程进行流程再造就是要在再造过程中同步产生文件说明，再造的各个活动并行交叉进行；企业所有人员都要全面参与和协同工作，实现技术、资源和过程的统一。

美国的 Alderson 最早提出延迟技术的概念，他认为，企业在供应链运动中，如果越接近购买目的，产品差异性越大。在生产过程中，寻找不同产品的差异点并尽可能延迟差异点生产的时间，就可以减少制造上的复杂性。延迟技术（Postponemen Technology）是企业在整个生产过程中将不同产品需求中相同程序制作过程尽可能最大化，而对定制需求或最终需求的差异化制作过程尽可能被延迟。根据供应链上产品差异性和被定制化水平，PT 可分为生产延迟和物流延迟两类。生产延迟是推迟最终产成品的形成，它是在获知客户的精确要求和购买意向之前，尽量使产品保持中性及非委托状态，制造相当数量的标准产品或基础产品以实现规模经济，等收到订单后，才进行产品的生产。物流延迟是在一个或多个战略地点对全部货品进行预估，而将进一步库存部署延迟到收到客户的订单时进行。

模块化技术是指对于供应链管理下的企业而言，没有必要对各活动进行质量控制，而是根据平等、独立的原则分配工作模块，实施质量协调。供应链思想和模块化策略改变了质量控制流程。供应链管理模式下的质量管理流程最重要的是取消了由于企业不信任而产生的业务流程，企业间以一体化的思想运营，通过企业的授权，零售商完全可以解决顾客投诉问题。

> 案例

企业 BPR 失败案例分析

BPR 能够带来巨大的收益，同时也隐含巨大的风险：下面是从 1993 年到 2001 年之间的几组权威调查数据：

（1）1993 年，麦肯锡公司对 20 个 BPR 项目进行调查的结果显示，60% 的企业所取得的效益（包括成本的降低）小于 5%，30% 的企业节约成本达 18% 以上，只有 10% 的企业认为达到了 BPR 预期效果。

（2）1994 年，CSC Index 公司（BPR 创始人之一 James Champy 担任该公司的 CEO）做了 100 个 BPR 项目的调查，结果是：67% 的企业认为效果甚微或失败，只有 33% 的企业认为 BPR 取得了较好的结果。

(3) 1995 年，BPR 的奠基人 Hammer 自己承认：70% 的 BPR 项目不仅没有取得预期的成果，反而使事情变得更糟。几位 BPR 理论的创始人表示 BPR "过热"，遗漏了"人"的因素。

(4) 1996 年，德勤公司调查了 400 个 BPR 项目，发现与前面的结果非常相似。

(5) 2001 年，英国 FCD 调查机构对全球 600 个 BPR 项目进行调查，结果是：45% 的项目使企业取得负面效益，30% 的项目与预期差距甚远，只有 25% 的企业取得了成功。另外那些取得项目成功的企业，其实施时间基本上处于 1990 年到 1995 年，1995 年以后的企业项目流产失败率占据大部分比率。

第四节　企业业务外包

一、业务外包的特点和模式

（一）业务外包的特点

业务外包（Out sourcing），也称资源外包、资源外置，是指企业整合并使用外部最优秀的专业化资源，从而达到降低成本，提高效率，充分发挥自身核心竞争力和增强企业对环境的迅速应变能力的一种管理模式。企业为了获得比单纯利用内部资源更多的竞争优势，将其非核心业务交由合作企业完成。

业务外包推崇的理念是，如果在供应链上的某一环节上不是世界上最好的，同时又不是企业的核心竞争优势，而且这种活动不至于与客户分开，那么可以将其外包给世界上最专业的公司去做。也就是说，首先确定企业的核心竞争力，并把企业内部的智能和资源集中在那些有核心竞争优势的业务上，然后将剩余的其他业务外包给最好的专业企业去做。供应链环境下的企业资源配置决策是一个增值的决策过程，如果企业能以更低的成本获得比自制更高价值的资源，那么则应该选择业务外包。在当今时代，企业之间的竞争将不再是企业与企业之间的竞争，而是供应链与供应链之间的竞争。这就要求提高供应链的整体竞争优势，而这种竞争优势又是来源于供应链中各个企业的核心竞争力的综合提高。因此，供应链中的企业实施业务外包是提高企业核心竞争能力的有效手段。

一般而言，业务外包主要有以下三个特点。

1. 偏向于后台业务。在全球竞争时代，市场需求瞬息万变，企业生存的基本准则就是能及时获取终端信息。为了把握终端市场，把准市场脉搏，许多企业对前台业务，都是亲力而为，强化服务，而将后台业务，离市场较远的业务外包出去。

2. 偏向于机械性业务。在信息社会高度发展的社会，产品的生命周期缩短，品种增加，批次增多，批量减小，顾客对产品的交货周期、价格和质量的要求也越来越多。在这种市场环境中，满足个性化需求，已成为企业的重要课题。为此，企业要将机械性、重复性的业务，通过数字化、软件化外包出去。

3. 偏向于非现场业务。企业的重要业务需要现场作业，必须由企业自身完成，对于那些非现场的或者以网络为平台的业务，可实施外包。企业可以通过互联网，与合作伙伴之间应用信息技术实现信息共享。

（二）业务外包的主要模式

根据不同的标准，可以将业务外包划分为不同种类，如整体外包和部分外包；生产外包、销售外包、研发外包、人力资源外包，以及无中介的外包和利用中介服务的外包等。

1. 根据业务活动的完整性可以将业务外包划分为整体外包和部分外包

部分外包是指企业根据需要将业务各组成部分分别外包给该领域的优秀的服务供应商。一般而言，部分外包业务主要是与核心业务无关的辅助性活动。当企业的业务量突然增大，现有流程和资源不能完全满足业务的快速扩张时，可以通过部分外包，利用外部资源来获得规模经济优势，从而尽快解决企业业务活动的弹性需求。

整体外包是企业将业务的所有流程，从计划、安排、执行以及业务分析全部外包，由外部供应商管理整个业务流程，并根据企业的需要进行调整。在这种外包模式下，企业必须与承包商签订合同，合约内容应包括产品质量、交货期、技术变动，以及相关设备性能指标等要求。整体外包强调企业之间的长期合作，长期合作关系将在很大程度上抑制机会主义行为的产生，因为一次性的背叛和欺诈可能导致外包伙伴失去相关业务。

2. 根据业务职能可以将业务外包划分为生产外包、销售外包、供应外包、人力资源外包、信息技术服务外包，以及研发外包

业务外包理论强调企业专注于自身核心竞争力部分，如果某一业务职能不是市场上最有效率的，并且该业务职能又不属企业的核心竞争力，那么就应该将其外包给外部效率更高的供应商。根据核心竞争力观点，企业应集中有限资源强化其核心业务，对于其他非核心职能部门则应该实行外购或外包。

3. 根据合作伙伴间的组织形式可以将业务外包划分为无中介的外包和利用中介服务的外包

在有中介的外包模式中，厂商和外包供应商并不直接接触，双方与中介服务组织签订协议，由中介服务机构去匹配交易信息，而中介组织通过收取佣金获利。这种利用中介组织的外包模式可以大大降低外包供需双方的搜索成本，提高交易效率。如麦当劳在我国许多城市的员工雇佣就是采用这种模式。

而在无中介的外包模式中，厂商和外包供应商可以借助于互联网进行，如美国思科（CISCO）公司将80%的产品生产和配送业务通过其"生产在线"网站实行外包，获得CISCO授权的供应商可以进入CISCO数据库，获取承包供货信息。

二、业务外包的优势

（一）业务外包能够使企业专注核心业务

企业实施业务外包，可以将非核心业务转移出去，借助外部优势资源来弥补和改善自己的弱势，从而把所有资源注入企业的核心业务。根据企业自身特点，专门从事某一领域，某一专门业务，从而塑造企业自身的核心竞争力。

业务外包最大限度地发挥了企业有限资源的作用，加速了企业对外部环境的反应能力，强化了组织的柔性和敏捷性，有效增强了企业的竞争优势，提高了企业的竞争水平。

（二）业务外包使企业提高核心竞争力

业务外包是虚拟企业经营采取的主要形式。关键是要确定企业的核心竞争优势，并把企业内部的智能和资源集中到那些具有核心优势的活动上，然后将剩余的其他企业活动外包给最好的专业公司。虚拟企业中的每一团队，都位于自己价值链的"战略环节"，追求自己核心功能的实现，而把自己的非核心功能虚拟出去。如Boeing——世界最大的飞机制造公司，却只生产座舱和翼尖；Nike——全球最大的运动鞋制造公司，却从未生产过一双鞋。业务外包的虚拟化合作方式，不仅使得企业不同产品的生产成本趋于最低，效率得到提高，而且还可以推动企业根据市场需求不断求新求变，从而营造企业高度弹性化运行的竞争优势。

（三）业务外包可降低企业风险

有效的外包可以节省资金和降低风险。将风险转嫁到生产企业是做品牌公司的必经之路，今天的企业面对的市场环境日趋复杂，不确定性越来越多。如果所有的业务都由自己来完成，企业不可避免地需要进行厂房、专用设备等的投入，企业的柔性也将因此而变弱，经营风险也将大大增加。而通过业务外包，将非核心或不擅长的业务外包给其他更有优势的企业，就可以将风险与其他企业共同承担，从而增强企业的抗风险能力和柔性。

案例

耐克（NIKE）公司的生产外包

在美国俄勒冈州的比弗顿市，四层楼高的耐克总部里看不见一双鞋，员工们只忙着做两件事：一是建立全球营销网络，二是管理它遍布全球的公司。不用一台生产设备，耐克总公司缔造了一个遍及全球的帝国。耐克是如何做到的呢？

耐克的成功，要归功于它的独创性生产经营思维。在当时的市场中，耐克率先脱离传统的生产模式，开始寻找外部生产，也就是生产外包。耐克不投资建设生产场地，不装配生产线，生产外包的对象从日本、西欧转移到了韩国、中国台湾，进而转移到中国内地、印度等地。这些都是世界上劳动力较为低廉的地区。耐克巧妙地把生产压力直接转向外地。

生产外包可以使耐克的管理重点转向新技术的开发、产品营销和人力资源、品牌、企业形象等无形资产，从而大大地精简了企业繁重的机构部门，减少了许多费用。其次，当耐克生产外包给其他发展中国家的时候，也促进了当地的经济发展，增加了当地的就业，甚至可能输出部分先进的生产技术及设备。

此外，在其国外外包生产，不仅仅在生产方面获益颇丰，在销售方面也效益可观。发展中国家是一个广大的潜力巨大的市场，消费者人数多，而且随着经济的发展，购买力也不断增强，可抗衡的竞争对手少，加上政府的优惠政策，使耐克很容易打入市场。而且在当地生产当地销售，耐克逃避了大量的政府进口税收。

 课后习题

1. 战略供应链管理包含哪些策略？
2. 企业核心竞争力的种类有哪些？

参考答案

1. 战略供应链管理包含哪些策略？

战略供应链管理包含运营策略、渠道策略、外包策略、客服策略、资产网络策略。

2. 企业核心竞争力的种类有哪些？

企业核心竞争力的种类有基于整合和协调观的核心竞争力、基于文化观的核心竞争力、基于资源观的核心竞争力、基于技术观的核心竞争力、基于系统观的核心竞争力。

第四章 供应链管理方法及应用

【导入案例:沃尔玛的快速反应系统】

沃尔玛(Wal-mart)1986年开始在其供应链中建立了快速反应系统,主要功能是进行订货业务和付款通知业务。通过电子数据交换系统发出订货明细清单和受理付款通知,提高订货速度和准确性,节约相关事务的作业成本。

沃尔玛快速反应系统的具体运用过程是:沃尔玛设计出 POS(Point Of Sales,销售终端)数据的输送格式,通过 EDI(Electronic Data Interchange,电子数据交换技术)系统向供货厂商传送 POS 数据;供货厂商基于沃尔玛传送来的 POS 信息,及时了解沃尔玛的商品销售状况,把握商品的需求动向,并及时调整生产计划和材料采购计划。

供货厂商利用 EDI 系统于发货之前向沃尔玛传送预先发货清单(Advance Shipping Notice,ASN)。这样,沃尔玛事前就可以做好进货的准备工作,同时可以省去货物数据的输入作业,使商品检验作业效率化。

沃尔玛在接收货物时,用扫描读取机读取包装箱上的物流条形码,把扫描读取机读取的信息与预先储存在计算机内的进货清单进行核对,判断到货和发货清单是否一致(做到单单相符,单货相符),从而简化了检验作业。在此基础上,利用电子支付系统 EFT(Electronic Fund Transfer)向供货厂商支付货款。

同时,只要把 ASN 数据与 POS 数据进行比较,就能迅速获取商品库存的信息。这样做不仅使沃尔玛节约了大量事务性作业成本,而且还能压缩库存,提高商品周转率。

沃尔玛还把零售店商品的进货和库存管理的职能转移给供货厂商,供货厂商对沃尔玛的流通库存进行管理和控制,即采用供应商管理库存的方式

(VMI)。

沃尔玛让供货厂商与之共同管理物流配送中心。在物流配送中心保管的商品所有权属于供货厂商,供货厂商对 POS 信息和 ASN 信息进行分析,把握商品的销售和沃尔玛的库存动向。

在此基础上,决定什么时间,把什么类型商品,以什么方式,向什么店铺发货。发货的信息预先以 ASN 形式传送给沃尔玛各相关门店,作多频度小数量连续库存补货,即采用连续库存补货方式。

由于沃尔玛采用供应商管理库存和连续补货等先进的库存管理方式,使得供货厂商不仅能减少自身的库存,还能减少沃尔玛的库存,实现双方库存水平的最小化。

另外,快速反应系统为沃尔玛节省了商品进货的业务成本,同时还能集中精力于销售活动。并且,事先能得知供货厂商的商品促销计划和商品生产计划,能以较低的价格进货,这些都为沃尔玛进行价格竞争提供了必要的条件。

学习目标

● 通过本章学习,理解 QR、ECR、EOS、ERP 的具体原理,并掌握其实施要点。

第一节 快速反应(QR)

供应链管理理论的产生往往落后于具体的技术和方法。供应链管理最早多是以一些具体的方法出现的。

一、快速反应的概念

快速反应(Quick Response,QR)是供应链管理的一个重要方法。它指的是供应链成员企业之间建立战略合作伙伴关系,利用 EDI 等信息技术进行信息交换与信息共享,用高频率小数量配送方式补充商品,以实现缩短交货周期,减少库存,提高顾客服务水平和企业竞争力为目的的一种供应链管理策略。

快速反应是在 20 世纪 70 年代后期从美国纺织服装业发展起来的一种供应链管理方法,是美国零售商、服务制造商及纺织品供应商开发的整体业务概念，以减少原材料到销售点的时间和整个供应链上的库存，最大限度地提高供应链的动作效率为目的。值得一提的是，快速反应的出发点是通过战略联盟共享利益。快速反应的着重点是对市场需求作出快速反应。

快速反应的具体策略有待上架商品的准备服务（Floor Ready Merchandise）、自动物料搬运（Automatic Material Handling）等。

实施 QR 可分为三个阶段。

第一阶段：对所有的商品单元条码化，即对商品消费单元用 EAN/UPC 条码标识，对商品贸易单元用 ITF—14 条文标识，而对物流单元则用 UCC/EAN—128 条码标识。利用 EDI 传输订购单报文和发票报文。

第二阶段：在第一阶段的基础上增加内部业务处理有关的策略。如自动补库与商品即时出售等，并采用 EDI 传输更多的报文，如发货通知报文、收货通知报文等。

第三阶段：与贸易伙伴密切合作，采用更高级的 QR 策略，以对市场需求作出快速反应。一般而言企业内部业务的优化相对较为容易，但在贸易伙伴间进行合作时，往往会遇到诸多障碍。在 QR 实施的第三阶段，每个企业必须把自己当成集成供应链系统的一个组成部分，以保证整个供应链的整体效益。比如，Varity Fair 与 Federated Stores，是北美地区的知名零售商，在与他们的贸易伙伴采用联合补库系统后，他们的采购人员和财务经理就可以省出更多的时间来进行选货、订货和评估新产品。Boscov 百货商店也声称在采用 QR 策略后，可以将其订货时间从原来的 6 周降至 2 周。

▶ 扩展阅读

QR 的产生和发展

20 世纪 70 年代后期开始，美国纺织服装的进口急剧增加，对本地纺织服装企业形成了严重威胁。为此，一些主要的经销商成立了"以用国货为荣委员会"（Crafted with pride in USA council）。

该委员会委托流通咨询企业 Kurt Salmon Associates Inc. 对纺织服装行业进行调研分析，结果令人大吃一惊：从面料到做成服装并送达顾客手中的周期长达 66 周，而其中 40 周为仓储和运输时间。在纺织服装行业的整个生产销售过程中，仅有 5% 的时间服务于加工和制造，其余 95% 的时间都用于储存、装卸、等待加工和运输。

这些研究的成果就是 QR 战略的出台，通过在纺织服装行业采用条形码，在零售网点安装 POS 系统，在制造商和零售商之间采用标准的 EDI 传输信息，在企业之间实现信息共享，大大提高了产品周转速度以及对顾客需求的反应能力。服装行业 QR 策略的研究，关注季节性产品或高度不确定性的短生命周期产品，目标是降低生产和库存成本，部分是滞销和脱销的成本，策略是减少制造商的补货提前时间，从而零售商可以以少量库存试销，利用早期反馈的销售信息来改善SKU（不同花式、款式、面料）的预测，从而降低滞销和脱销的成本，制造商也可以调整生产计划更好来匹配产出与需求，减少了降价补贴、退货运输费、退货库存费等。

制造企业通过加强与零售商、分销商的合作，加速信息快速流动，做到共享、透明，了解最终顾客的真实消费需求，缩短订货提前期，并用高频率、小批量的订货模式代替低频率、大批量的订货模式，实现连续主动补货（Continuous Replenishment，CR），加快对市场变化的响应。QR战略的实施针对不同大类产品都带来了显著成效：休闲裤销售额提升31%，商品周转率提升30%；衬衫销售额提升59%，商品周转率提升90%，需求预测误差降低50%。

表4-1 QR战略实施效果

商品大类	供应链上节点企业	效果（从零售商衡量）
休闲裤	面料生产企业：Milliken 服装生产企业：Semiloe 服装零售商：Wal-mart	销售额提升31%； 商品周转率提升30%。
衬衫	面料生产企业：Burliton 服装生产企业：Oxford 服装零售商：J.C.Penny	衬衫销售额提升59%； 商品周转率提升90%； 需求预测误差降低50%。

1985年以后，QR概念开始在纺织服装等行业广泛普及、应用。其中，沃尔玛是最早推行QR的先驱，与休闲服生产商塞米诺尔和面料生产商米尼肯公司结成了供应链管理体系。

沃尔玛实施QR系统的成功以及美国纺织服装业各民间团体的努力，大大推动了QR在美国纺织服装行业和企业的应用、普及。从20世纪80年代中后期到20世纪90年代，有关QR的学术研究和应用成为热点，有关团体每年组织QR应用成果发表会，吸引了众多企业参加，取得了明显效果。

日本是继美国之后大力发展QR计划的国家之一。在美国实施QR计划后，日本一部分产地和自治体也开始热心开展QR研究，同时，许多纤维、衣料品工厂和机械厂也努力进行QR的应用。不过开始阶段主要还是停留在与生产、物流、信息流通相关的机械设备、系统的开发工作，而不是进行标准化和战略联盟建立。

1994年3月，日本政府在修改、延长纤维产业结构改善临时措置法的基础上，从1994年度由通产省和纤维产业结构改善事业协会将QR作为基础整备事业，开始推进标准化和战略联盟的建立。并在同年9月设立了围绕QR普及和推进为目的的民间组织——QR推进协议会。

值得一提的是，美国和日本实施QR的初衷都是对付进口纺织服装的威胁。但实际上，随着其国内劳动力成本的上升，加剧了两国纺织服装制造业向发展中国家的转移。

二、快速反应的作用

QR的实施对制造商、零售商均有较大的好处，不仅可以降低商品的价格，为消费者带来实惠，同时也可以大幅度减少管理、分销以及库存等费用。

（一）实施QR对厂商的作用

1. 为顾客提供更好的服务

快速反应可以为店铺提供更好的服务，最终为顾客提供更好的服务。由于制造商的送货与承诺相符，制造商能够很好地协调与零售商的关系，长期的良好顾客服务会增加市场份额。

2. 降低流通费用

由于集成了对市场消费需求的预测和生产规划，可以提高库存周转速度，减少需要处理和盘点的库存量，从而降低流通费用。

3. 降低管理费用

因为不需要手工输入订单，因此提高了采购订单的准确率，减少了额外发货；货物发出之前，仓库对运输标签进行扫描并向零售商提前传递发货通知，这些措施都降低了管理费用，提高了供应链运行效率。

4. 制订更好的生产计划

由于可以对销售进行预测并能够获得准确的销售信息，制造商可以准确地安排生产计划，减少原材料和零部件库存等费用。

（二）实施QR对零售商的作用

1. 提高销售额

条形码和POS扫描使零售商能够实时掌握各种商品的销售和库存情况，这样零售商就能准确地跟踪存货情况，在确实需要时才向厂商订货。

2. 减少降价的损失

由于可以获得更准确的顾客需求信息，店铺可以更多地储存销量较大的商品，减少销量较小商品的存货，这样就减少了由于库存积压造成产品降价或清理库存的损失。

3. 降低采购成本

商品采购成本是企业完成采购活动时发生的费用,这些活动包括订单准备、订单创建、订单发送及订单跟踪等。实施 QR 后,上述业务流程大大简化,采购成本也随之降低。

4. 降低流通费用

厂商使用条形码等标签后,零售商可以扫描这些标签并迅速录入数据库系统,从而减少了手工检查到货所产生的成本。

5. 加快库存周转

零售往往呈现小批量、多批次、多品种、短周期的特点。通过 QR 系统零售商能够根据顾客的需要快速补货,降低了库存投资和相应的运输成本。

6. 降低管理成本

相关的管理成本包括接收发票、发票输入和发票例外处理时所发生的费用等。由于采用了电子发票及预先发货清单技术,管理费用大幅度降低。

三、快速反应的实施

(一)成功实施 QR 的条件

美国是 QR 的发源地,许多企业率先实施 QR 并取得了成功。Black Burn 在对美国纺织服装业研究的基础上,总结出了 QR 成功应具有以下几个条件。

1. 革新企业的经营意识和组织

改变传统的经营方式和革新企业的经营意识和组织具体表现在以下 5 个方面。

(1) 企业不能局限于只依靠自身力量来提高经营效率的传统经营意识,要树立与供应链其他成员企业建立合作伙伴关系,努力利用供应链资源来提高经营效率的现代经营意识。

(2) 零售商在垂直型 QR 系统中起主导作用,零售店铺是垂直型 QR 系统的起始点。

(3) 在垂直型 QR 系统内部,通过 POS 数据等销售信息和成本信息的相互共享和交换,提高各个企业的经营效率。

(4) 协调垂直型 QR 系统内各个企业之间的分工,消除重复业务和作业,建立有效的分工协作框架。

(5) 必须改变传统的事务作业方式,利用信息技术实现事务作业无纸化和自动化。

2. 开发和应用现代信息处理技术

开发和应用现代信息技术，是成功进行 QR 活动的前提条件。现代信息技术有商品条形码技术、物流条形码技术、电子订货系统（EOS）、POS 数据读取系统、EDI 系统、预先发货清单技术（ASN）、电子支付系统（EFT）、供应商管理库存（VMI）、连续补货库存计划（CRP）等。

3. 与供应链各方建立（战略）合作伙伴关系

具体内容包括两个方面：一是积极寻找和发现战略合作伙伴，二是在合作伙伴之间建立分工和协作关系。合作的目标定位在削减库存，避免缺货现象的发生，降低商品风险，避免大幅度降价现象发生，减少作业人员和简化事务性作业等。

4. 改变传统的企业商业信息保密的做法

将销售信息、库存信息、成本信息等商业信息与合作伙伴交流分享，并在此基础上要求各方在一起发现问题、分析问题和解决问题。

5. 供应方必须缩短生产周期并降低商品库存

具体而言，供应商应努力做到：缩短商品的生产周期；进行多品种少批量生产和多频度少数量配送，降低零售商的库存水平，提高顾客服务水平；在商品实际需要将要发生时采用 JIT 方式组织生产，减少供应商自身的库存水平。

（二）QR 的实施步骤

快速反应系统的实施主要包括六个步骤。

1. 安装条形码和 EDI

零售商首先必须安装条形码（UPC 码）、POS 扫描和 EDI 等技术设备，以加快 POS 机收款速度，获得更准确的销售数据并使信息沟通更加流畅。POS 扫描用于数据输入与数据采集，即在收款检查时用光学方式阅读条形码，然后将条形码转换成相应的商品代码。通用产品代码（UPC 码）是行业标准的 12 位条形码，用于产品识别。

2. 固定周期补货

自动补货是指基本商品销售预测的自动化。QR 的自动补货要求供应商更快更频繁地供应新订购的商品，以保证店铺不缺货，从而提高销售额。自动补货的使用是基于过去和目前销售数据及其可能变化的软件进行定期预测，同时考虑目前的存货情况和其他因素，以确定订货量。自动补货是由零售商、批发商在仓库或店内进行的。

3. 成立先进的补货联盟

为了保证补货业务的流畅，必须成立先进的补货联盟。零售商和消费品制造商联合起来检查销售数据,制订关于未来需求的计划,并作出预测,在保证有货和减少缺货的情况下降低库存水平。还可以进一步由制造商管理零售商的存货和补货,以加快库存周转速度,提高供应链运行效率。

4. 零售空间管理

零售空间管理是指根据每个店铺的需求模式来规定其经营商品的货物品类和补货业务。一般而言,对于货物品类、数量、店内陈列、培训,以及激励售货员等决策,消费品制造商也可以参与甚至制定决策。

5. 联合产品开发

联合产品开发的重点不再是一般商品和季节性商品,而是服装等销售周期很短的商品。制造商和零售商联合开发新产品,其关系的密切程度超过了购买与销售和业务关系,缩短了从新产品概念到新产品上市的时间,而且经常在店内对新产品进行试销。

6. 快速反应的集成

通过重新设计业务流程,将前五步的工作和公司的整体业务进行集成,以支持公司的整体战略。这一步要求零售商和制造商重新设计其整个组织、业绩评估系统,业务流程和信息系统,设计的中心将围绕着市场需求而不是传统的公司职能,它们要求集成的信息技术共享。

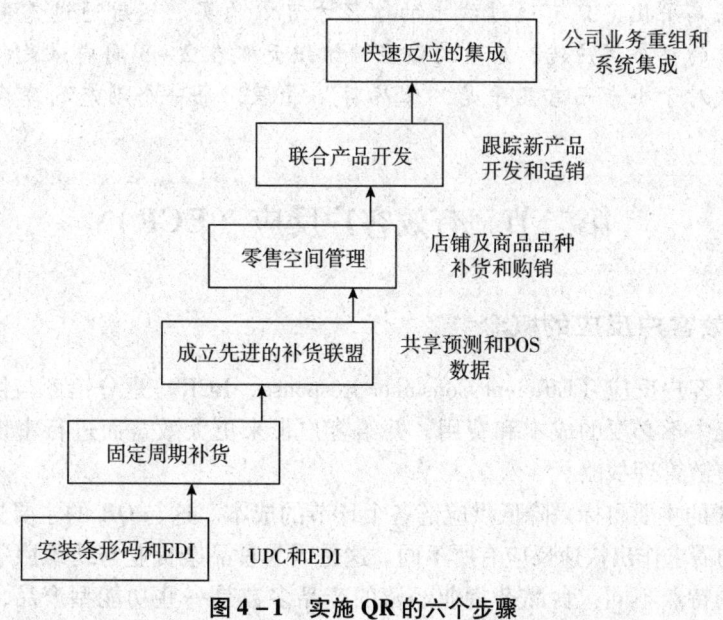

图 4-1 实施 QR 的六个步骤

> 扩展阅读

小米手机的快速供应链响应策略

2013年8月实现新一轮融资时,创业仅三年的小米公司被估值100亿美元,成为排在腾讯、阿里、百度后面的中国第四大互联网公司,在硬件公司排名则仅次于联想集团。在拥有上千个品牌、老手高手强手如林的中国手机市场,在摩托罗拉、诺基亚等世界手机巨头都败得先后被人收购的年代,小米如何获得成功的?作为互联网思维颠覆传统行业供应链模式的革新者,小米将传统手机这一"重资产供应链组织模式"转变为"轻资产供应链组织模式"。

(1)产品定位:小米将自己定位为苹果的补缺者,采取了侧翼战为主要战略形式,定位在手机"发烧友"这个市场。

(2)营销模式:采取饥渴营销模式,没有F码有钱也未必能买到小米。在这个粉丝经济的互联网时代,小米完全靠社交媒体、走的是电商路线,成本大大地降低。

(3)盈利模式:单独的手机利润并不高,小米通过卖增值服务、衍生产品,同时打造互联网平台来盈利。2013年小米还推出了一系列粉丝需求的产品:盒子、电视、路由器等。

(4)供应链模式:C2B预售,在供应链资金流上得到重要的保障,同时从传统的卖库存模式变革成卖F码,而且还是饥渴营销模式。整个交易过程彻底扁平化,只有通过线上的途径才可以购买。然后通过需求集约来驱动后端的整个供应链,后端的供应链组织大概在2-3周内满足。这种供应链模式对于小米而言几乎是"零库存"管理,每一个动态的库存都属于顾客。

第二节 有效客户反应(ECR)

一、有效客户反应的概念

有效客户反应(Efficient Consumer Response,ECR)是分销商与供应商为消除系统中不必要的成本和费用,并给客户带来更大效益而进行密切合作的一种供应链管理战略。

ECR的主要目标是降低供应链各个环节的成本。这与QR的主要目标——对客户的需求作出快速反应有所不同。这是因为食品杂货业与纺织服装行业经营产品的特点不同:食品杂货业经营的产品多数是一些功能型产品,每一种产品的寿命相对较长(生鲜以及饮品等快速消费品除外),因此,因订购产品数量过多或过少造成的损失相对较小。纺织服装业经营的产品多属时尚创新型产品,每一种产品的寿命相对较短,因此,采购产品数量过多或过少造成的损失相对较大。但 ECR 与 QR 有两点是共同的:一是都以贸易伙伴间的密切合作为前提,二是都需要共同的信息支持技术。

ECR 的最终目标是建立一个具有高效反应能力和以客户需求为基础的系统,使零售商及供应商以业务伙伴方式合作,提高整个供应链的效率,而不是单个环节的效率,从而大大降低整个系统的成本、库存和物资储备,同时为客户提供更好的服务。

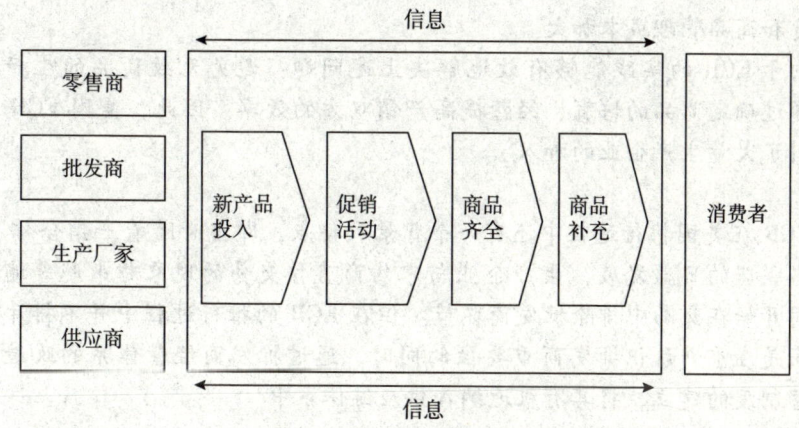

图 4-2 ECR 的供应链过程

> **扩展阅读**

ECR 产生的背景

ECR(Efficient Consumer Response)是 1992 年从美国的食品杂货业发展起来的一种供应链管理策略。ECR 强调供应商和零售商的合作,尤其是企业间竞争加剧和市场需求多样化发展的今天,产销之间迫切需要建立相互信赖、相互促进的协作关系,通过现代化的信息技术手段,协调上下游的生产、经营和物流管理活动,进而在最短的时间内应对客户需求变化。ECR 模式在许多国家和地区得到广泛应用和推广,所覆盖的领域由原先的食品杂货行业,延伸至服装行业、超级市场等,其管理理念和系统方法使整个零售行业都大受裨益。

1. 新业态导致零售业竞争激化

20 世纪 80 年代末,美国食品杂货产业中出现了一些新型的零售业态,即批发俱乐部和仓储式商店,对原有的超市构成了巨大的威胁,成为食品零售市场中的主要竞争者。作为零售企业亟待提高的能力首先就是，如何在最短的时间内对顾客的需求作出响应，从而实现快速、差异化的服务，同时借助单品管理提升作业效率。在这种要求和发展目标的引导下，美国食品杂货行业开始了 ECR 的实践和探索。

2. 促销费用和大量进货造成经营成本高企

由于市场竞争加剧，生产企业被迫降低商品价格以扩大销售，结果制造商的压力更加沉重。生产企业为了将损失降低到最小程度，并保持销售持续不断地增长，只有不断扩大新产品的生产，通过广泛的产品线来弥补大量促销造成的损失，而这又造成企业之间无差异竞争情况加剧，同时使零售企业的进货和商品管理成本加大。

由于 ECR 的实践能够有效地解决上述问题：避免无效商品的生产、经营，通过确定商品的培育、经营提高产销双方的效率。因此，美国 ECR 的推行吸引了大量生产企业的加入。

ECR 在美国推行过程中还有一个背景和特点，即当时随着产销合作、QR 和战略联盟的日益发展，生产企业与零售商直接交易的现象越来越普遍，产销之间开始在交易中排除批发商环节。但在 ECR 的推行过程中并不排斥批发商，而是在重新认识批发商重要性的同时，通过批发商经营体系的改造和现代经营制度的建立，将其有机地纳入供应链体系中。

二、有效客户反应的要素、特点及应用原则

（一）ECR 的四大要素

1. 快速产品引进（Efficient Product Introductions）：最有效地开发新产品，并制订产品的生产计划，以降低经营成本。

2. 快速商店分类（Efficient Store Assortment）：通过第二次包装等手段，提高货物的分销效率，达到库存及商店空间使用率的最优化。

3. 快速促销（Efficient Promotion）：提高仓储、运输、管理和生产效率，减少预先购买、供应商库存和仓储费用，使贸易和促销的整个系统效率达到最高。

4. 快速补充（Efficient Replenishment）：包括电子数据交换（EDI），以需求为导向的自动连续补货和计算机辅助订货，使补充系统的时间和成本最优化。

（二）ECR 的特点

1. 重视采用信息技术和管理方法

首先，ECR 系统采用了先进的信息技术，在生产企业与流通企业之间开

发了一种利用计算机技术的自动订货系统（CAO）。CAO系统通常与电子收款系统（POS）结合使用，利用POS系统提供的商品销售信息把有关订货要求自动发送给配送中心，由该中心自动发货，这样就可能使零售企业的库存降至为零状态，并缩短了从订货至交货的周期，提高了商品鲜度，降低了商品破损率。同时，还可使制造商以最快捷的方式得到商品在市场是否受欢迎的信息。

其次，ECR系统还采用了两种新的管理技术和方法，即种类管理和空间管理。种类管理的基本思想是不从特定品种的商品出发，而是从某一种类商品的总体上考虑收益最大化。比如，就软饮料而言，不考虑其品牌，而是从软饮料这一大类上考虑库存、柜台面积等要素，按照投资收益率最大化原则去安排品种结构。其中有些品种能提高购买力，另一些品种能保证收益，这种相互组合既满足了顾客需要，又提高了店铺的经营效益。空间管理的目的在于促使商品布局和柜台设置最优化。过去许多零售商也注意此类问题，不同点在于ECR系统的空间管理是与种类管理相结合，通过两者的结合实现单位销售面积的销售额和毛利润的提高。因而可以取得更大的效果。

2. 建立稳定的伙伴关系

在传统的商品供应体制上，制造商、批发商、零售商联系不紧密或相互间较为紧密，发生的每一次订货都有很大的随机性，这就造成了生产与销售之间商品流动的极不稳定性，增加了商品的供应成本。而ECR系统针对缺点，在制造商、批发商、零售商之间建立起一个连续的、闭合式的供应体系，改变了相互防范的心理，使他们结成了相对稳定的伙伴关系，是一种新型的产销合作形式。

3. 信息传递实现非文书化

ECR系统充分利用了信息处理技术，使产购销各环节的信息传递实现了非文书化。无论是企业内部的传票处理，还是企业之间的订货单、价格变更、出产通知等文书都通过计算机间的数字交换（EDI）进行自动处理。由于利用了电子数据交换，生产企业在出产的同时就可以把出产的信息传递给进货方，作为进货方的零售企业只要在货物运到后扫描集运架或商品上的电码就可以完成入库验收等处理工作。由于全面采用了电子数据交换，可以根据出产明细自动地处理入库，从而使处理时间近似为零，这对于迅速补货，提高市场需求预测精度，大幅度降低成本起到很大作用。

（三）ECR的应用原则

要实施ECR，首先应联合整个供应链所涉及的供应商、分销商以及零售商，改善供应链中的业务流程，使其最合理高效；然后，使这些业务流程自动化，进一步降低供应链的运行成本。这样，才能满足客户对产品和信息的需求，即给客户提供最优质的产品和适时准确的产品信息。

ECR 的应用原则包括以下五个方面。

1. 以低成本向消费者提供高价值服务。以较少的成本，不断致力于向客户提供产品性能更优、质量更好、品类更多、现货服务更好以及更加便利的服务。

2. ECR 必须有相关的商业巨头的带动。该商业巨头决心通过互利双赢的经营联盟来代替传统的输赢关系，达到互利共赢的目的。要求供需双方关系必须从传统的赢输型交易关系转向双赢型联盟伙伴关系，需要企业的最高管理层对本企业的组织文化和经营习惯进行革新。

3. 必须利用准确、适时的信息以支持有效的市场、生产及物流的决策。及时准确的信息在有效地进行市场渠道建设、生产制造、物流运送等决策方面起重要作用，ECR 要求利用行业 EDI 系统在供应链成员企业间交换和共享信息。

4. 产品必须随其不断增值的过程，从生产至包装，直至流动至最终用户的购物篮中，确保客户能随时获得所需产品。

5. 必须通过减少开支、降低库存以及更好的资产利用来创造更高的价值，明确地确定可能收益（如提高收入和利润）并且公平地进行分配。

三、有效客户反应的实施

（一）ECR 的实施条件

1. 为 ECR 的实施创造氛围

对大多数组织而言，改变对供应商或客户的内部认知过程，即从输赢竞争形态转变为同盟协作形态的过程，将比 ECR 的其他相关步骤更加困难。创造 ECR 的最佳氛围首先需要进行内部教育以及通信技术和设施的改善，同时也需要采取新的工作措施和激励手段，但公司或组织必须首先具备言行一致的强有力的高层组织领导。

2. 选择初期 ECR 同盟伙伴

对于大多数刚刚实施 ECR 的公司而言，建议成立 2-4 个初期同盟，每个同盟都应首先召开一次会议，来自各个职能区域的高级同盟代表将对 ECR 及如何启动 ECR 进行讨论。同时，成立 2-3 个联合任务组，专门致力于证明可取得巨大效益的项目，如提高货车的装卸效率、减少损毁、由卖方控制的连续补货。以上计划的成功将增强公司的信誉和信心。实践证明，初建 ECR 的公司往往要花上 9-12 个月的努力，才能赢得足够的信任和信心，才能在开放的互利共赢环境中探讨许多重要问题。

3. 开发 ECR 必需的信息技术

ECR 的实施必须得到 POS、EDI 等信息技术的支持，企业应开发必要的信息技术并改善相关设施，为 ECR 的实施制造条件。

（二）ECR 的构建

1. 营销技术

（1）商品类别管理（Category Management）。商品类别管理是以商品类别为管理单位，寻求整个商品类别全体收益最大化。企业对经营的所有商品进行分类，确定或评价每一个类别商品的功能、作用、收益性、成长性等指标，在此基础上，结合考虑各类商品的库存水平和货架展示等因素，制订商品品种计划，对整个商品类别进行管理，以便在提高消费者服务水平的同时增加销售额和提高收益水平。

（2）店铺空间管理（Space Management）。店铺空间管理是对店铺的空间安排，对各类商品的展示比例、商品在货架上的布置等进行最优化管理。在 ECR 系统中，店铺空间管理和商品类别管理同时进行，相互作用。在综合店铺管理中，对于该店铺的所有类别的商品进行货架展示面积的分配，对于每个类别下的不同品种的商品进行货架展示面积分配和展示布置，以便提高单位营业面积的销售额和收益率。

2. 物流技术

物流技术可概括为硬技术和软技术两个方面。物流硬技术是指组织物资实物流动所涉及的各种机械设备、运输工具、站场设施及服务于物流的电子计算机、通信网络设备等方面的技术。物流软技术是指组成高效率的物流系统而使用的系统工程技术、价值工程技术、配送技术等。

ECR 系统要求商品及时配送和顺畅流动，实现这一要求的方法有连续库存补充计划（CRP）、自动订货（CAO）、预先发货通知（ASN）、供应商管理库存（VMI）、直接转拨（Cross–Docking）和店铺直送（DSD）等。

3. 信息技术

主要包括电子数据交换（EDI）和销售时点信息（POS）等。

4. 组织革新技术

关于企业内部的组织革新方面，需要把采购、生产、物流、销售等按职能划分的组织形式改变为以商品流程为基本职能的横向组织形式。在供应链企业间要建立双赢型的战略合作伙伴关系。

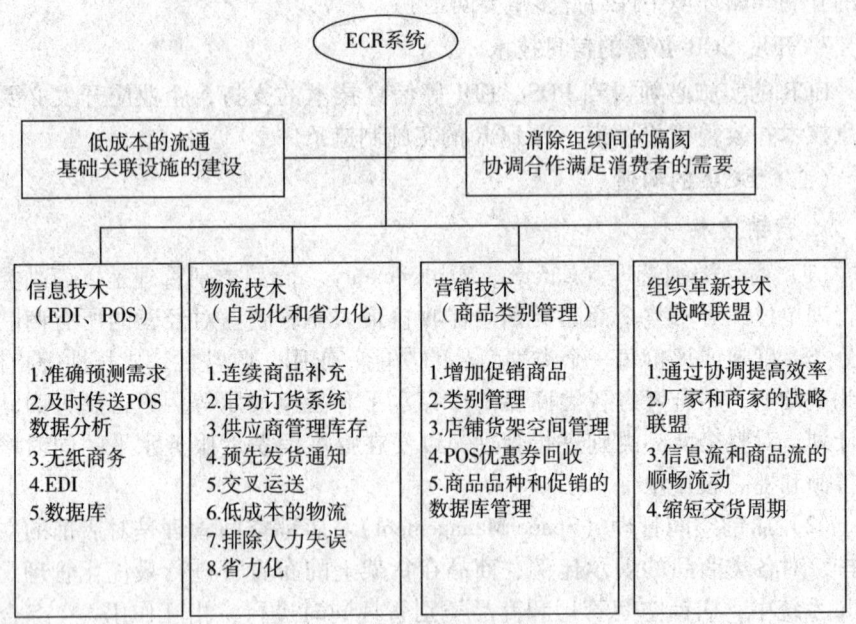

图 4-3 ECR 系统图示

第三节 电子订货系统（EOS）

一、电子订货系统的结构、类型及配置

电子订货系统（Electronic Ordering System，EOS）是指通过电子数据交换方式取代传统下单、接单及其相关动作的自动化订货系统。具体而言，是指将批发、零售商场所发生的订货数据输入信息系统，然后将数据传送至总公司、批发商、商品供货商或制造商处的订货系统。

EOS 涵盖了整个商流，能处理从新商品资料的说明直到会计结算等所有商品交易过程中的作业。在运营成本日趋增加的市场竞争环境中，零售业已不可留存许多空间用于存放货物，在要求供货商及时补足售出商品的数量且不能有缺货的前提下，更必须采用 EOS 系统。EOS 集成了许多先进的管理手段，因此在商业界使用非常广泛，尤其受到商品流通环节各商户的欢迎。EOS 的基本流程如图 4-4 所示。

（一）EOS 的结构

电子订货系统的构成内容包括：订货系统、通信网络系统和接单计算机系统。

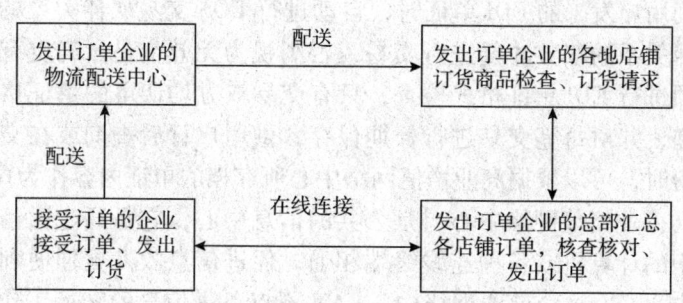

图4-4　EOS基本流程图

就门店而言，只要配备了订货终端机和货价卡（或订货簿），再配上电话和数据机，就是一套完整的电子订货配置。就供应商而言，凡能接收门店通过数据机的订货信息，并可利用终端机设备直接作订单处理，打印出货单和检货单，就已具备电子订货系统的功能。但标准的电子订货系统并非单个的零售店与单个的供应商组成的系统，而是许多零售店和许多供货商组成的大系统的整体运作方式。EOS的系统结构如图4-5所示。

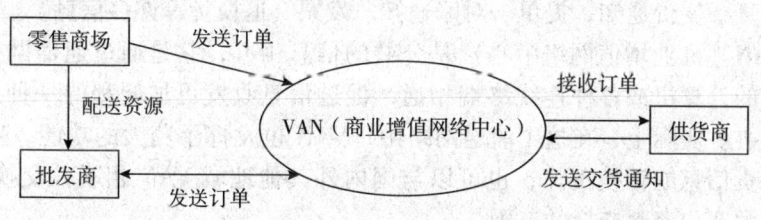

图4-5　EOS系统的结构图

从图中可以看出，EOS系统中的批发商、零售商、供货商、商业增值网络中心，在商流中的角色和作用分别如下。

1. **批发商、零售商的作用**

采购人员根据MIS（Management Information System，管理信息系统）提供的功能，收集并汇总各商业组织所需要的商品名称、要货数量，根据供货商的可供商品货源、供货价格、交货期限、供货商的信誉等资料，向指定的供货商下达采购指令。采购指令按照商业增值网络中心的标准格式进行填写，经商业增值网络中心提供的EDI格式转换系统而成为标准的EDI单证，经由通信界面将订货资料发送至商业增值网络中心，然后等供货商发回有关信息。

2. **商业增值网络中心的作用**

商业增值网络中心不参与交易双方的交易活动，只提供用户连接界面，每当接收到用户发来的 EDI 单证时，自动进行 EOS 交易伙伴关系的核查，只有互为伙伴关系的双方才能进行交易，否则视为无效交易。确定有效交易关系后还必须进行 EDI 单证格式检查，只有交易双方均认可的单证格式才能进行单证传递，并对每笔交易进行长期保存，供用户日后查询或在交易双方发生贸易纠纷时，可以根据商业增值网络中心所存档的单证内容作为司法证据。

VAN（商业增值网络中心）是公共的信息中心，它是通过通信网络使不同商业组织的计算机或各种连线终端相通，促进信息收发更加便利的一种共通的信息中心。在这个流通网络中，VAN 不仅负责信息的转换工作，也可以与国内外其他地域 VAN 相连并交换信息，从而扩大客户资料交换的范围。

3. 供货商的作用

根据商业增值网络中心转来的 EDI 单证，经商业增值网络中心提供的通信界面和 EDI 格式转换系统而成为一张标准的商业订单，根据订单内容和供货商的 MIS 提供的相关信息，供货商可及时安排出货，并将出货信息通过 EDI 传递给相应的批发和零售商，从而完成一次基本的订货作业。

当然，交易双方交换的信息不仅仅是订单和交货通知，还包括订单更改、订单回复、变价通知、提单、对账通知、发票、退换货等许多信息。

VAN（商业增值网络中心）是公共的信息中心，它是通过通信网络使不同机构的计算机或各种连线终端相通，促进信息收发更加便利的一种共通的信息中心。实际上，在这个流通网络中，VAN 也发挥了莫大的功能。VAN 不单单负责信息的转换工作，也可以与国内外其他地域 VAN 相联并交换信息，从而扩大客户资料交换的范围。

（二）EOS 的类型

根据电子订货系统的整体运作程序来划分，大致可以分为以下三种类型。

1. 连锁体系内部的网络型

即连锁门店有电子订货配置，连锁总部有接单电脑系统，并用即时、批次或电子信箱等方式传输订货信息。这是初级形式的电子订货系统。

2. 供应商对连锁门店的网络型

该类型具体有两种形式：一种是众多的不同连锁体系下属的门店对供应商，由供应商直接接单发货至门店；另一种是连锁门店直接向供应商订货，供货商按商品类别向连锁体系内部的配送中心发货，然后由配送中心向门店送货。

3. 众多零售系统共同利用的标准网络型

该类型的特征是利用标准化的单证和社会配套的信息管理系统完成订货作业。其具体形式有两种：一是地区性社会配套的信息管理系统网络，即成立由众多的中小型零售商、批发商构成的区域性社会配套的信息管理系统营运公司和地区性的咨询处理公司,为本地区的零售业服务,支持本地区 EOS 的运行;二是专业性社会配套信息管理系统网络,即按商品的性质划分专业,从而形成各个不同专业的信息网络,这是高级形式的电子订货系统,必须以统一的商品代码、统一的企业代码、统一的单证和订货的规范标准的建立为前提条件。

无论采用何种形式的电子订货系统,皆以门店订货系统的配置为基础。

(三) EOS 的配置

门店订货系统的配置包括硬件设备配置与电子订货方式确立两个方面。

1. 硬件设备配置

硬件设备一般由以下三个部分组成:

(1) 电子订货终端机。其功能是将所需订货的商品和条码及数量,以扫描和键入的方式,暂时储存在记忆体中,当订货作业完毕时,再将终端机与后台计算机连接,取出储存在记忆体中的订货资料,存入计算机主机。电子订货终端机与手持式扫描器的功能有很大差异:电子订货终端机具有存储和运算等功能,而扫描器仅有阅读及解码功能。

(2) 数据机。它是传递订货方与接单方计算机信息资料的主要通信装置,其功能是将计算机内的数据转换成线性脉冲资料,通过专有数据线路,将订货信息从门店传递给商品供方的数据机,供方以此为依据来发送商品。

(3) 其他设备。如个人计算机、价格标签及店内码的印制设备等。

2. 电子订货方式确立

EOS 的运作除硬件设备外,还必须有记录订货情报的货架卡和订货簿,并确立电子订货方式。常用的电子订货方式有三种:

(1) 电子订货簿。电子订货簿是记录包括商品代码/名称、供应商代号/名称、进/售价等商品资料的书面表示。利用电子订货簿订货就是由订货者携带订货簿及电子订货终端机直接地现场巡视缺货状况,再由订货簿寻找商品,对条码进行扫描并输入订货数量,然后直接接上数据机,通过电话线传输订货信息。

(2) 电子订货簿与货架卡并用。货架卡就是装设在货架槽上的一张商品信息记录卡,显示内容包括:中文名称、商品代码、条码、售价、最高订量、最低订量、厂商名称等。

(3) 利用货架卡订货,不需携带订货簿,而只要手持电子订货终端机,一边巡货一边订货,订货手续完成后再直接接上数据机将订货信息传输出去。低于安全存量订货法,即将每次进货数量输入计算机,销售时电脑会自动将库存扣减,当库存量低于安全存量时,会自动打印货单或直接传输出去。

二、电子订货系统的操作流程

(1)在零售店的终端利用条码阅读器获取准备采购的商品条码,并在终端机上输入订货资料,利用网络传到批发商的计算机中。

(2)批发商开出提货单,并根据提货单开出拣货单,实施拣货,然后根据送货单进行商品发货。

(3)送货单上的资料便成为零售商店的应付账款资料及批发商的应收账款资料,并接到应收账款的系统中去。

(4)零售商对送到的货物进行检验后,就可以陈列出售了。

EOS 流程图见图 4-6。

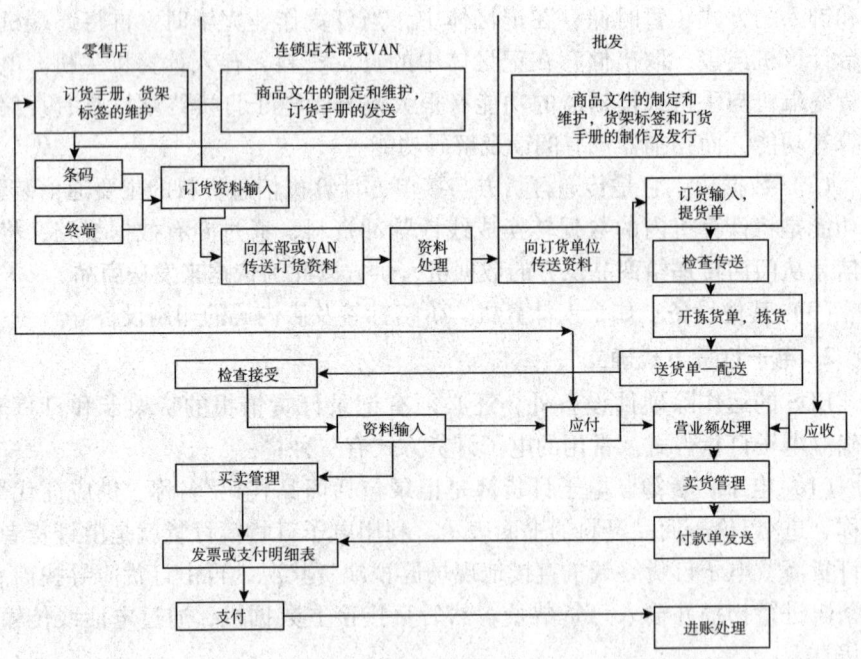

图 4-6 电子订货系统流程图

 案例

花王公司电子订货系统

花王公司利用 EOS 进行订货处理始于 1980 年,主要客户是日本 Seven -

Eleven 公司、大荣公司、关西超市三家企业。

花王公司通过 EOS 先在零售店的终端利用条码阅读器获取准备采购的商品条码，并在终端机上输入订货材料或商品，利用增值网络中心传到销售公司的计算机中，销售公司再集中处理。

销售公司接到订单后，向物流中心发出提货单或拣货单，物流中心据此进行商品的备货分拣，然后实施商品配送。

与此同时，送货单上的资料便成为零售商的应付账款资料及销售公司的应收账款资料，并输入到应收账款的系统中，零售商对送到的货物进行验货后便可以陈列销售。

目前，花王公司通过 EOS 订货的商品占全部订货商品的 80%。

第四节　企业资源计划（ERP）

一、企业资源计划的概念

企业资源计划（Enterprise Resources Planning，ERP）是 20 世纪 90 年代美国一家 IT 公司根据当时信息技术发展及企业对供应链管理的需求，预测在信息时代企业管理信息系统的发展趋势而提出的概念。

ERP 将企业的物资资源管理（物流）、人力资源管理（人流）、财务资源管理（资金流）、信息资源管理（信息流）和其他业务功能整合到一个信息管理平台上，从而实现了信息数据标准化、系统运行集成化、业务流程合理化、绩效监控动态化、管理改善持续化。除了已有的标准功能，它还包括品质、过程运作管理、调整报告等特性。

（一）ERP 的内涵

ERP 的内涵可以从管理思想、软件产品、管理系统三个层次发掘。

1. 由美国著名的计算机技术咨询和评估集团 Garter Group Inc. 提出了一整套企业管理系统体系标准，其实质是在 MRP Ⅱ（Manufacturing Resources Planning，制造资源计划）基础上进一步发展而成的面向供应链（Supply Chain）的管理思想。

2. 综合应用了客户机/服务器体系、关系数据库结构、面向对象技术、图形用户界面、第四代语言（4GL）、网络通信等信息产业成果，以 ERP 管理思想作为灵魂的软件产品。

3. 集成了企业管理理念、业务流程、基础数据、人力物力、计算机硬件和软件于一体的企业资源管理系统。

对于管理界、信息界、企业界不同的表述要求，ERP 分别有着它特定的内涵和外延，相应地具有"ERP 管理思想"、"ERP 软件"、"ERP 系统"三种不同含义。

（二）ERP 的意义

ERP 对整个供应链资料进行有效的管理，实现了对整个企业供应链上的人财物等所有资源及其流程的管理。ERP 融汇了以下管理思想。

1. 精益生产，同步工程和敏捷制造的思想

面对激烈的市场竞争，企业需要运用同步工程组织生产和敏捷制造，保持产品高质量、多样化、灵活性，实现精益生产。

2. 事先计划与事中控制的思想

ERP 系统中的计划体系主要包括生产计划、物料需求计划、能力需求计划等，蕴含了事先计划，事中控制的思想。

3. 业务流程管理的思想

为提高供应链的整体竞争优势，需要对企业业务流程进行彻底改革，系统应用程序的使用也必须随业务流程的变化而进行相应调整。

ERP 突破了传统企业的边界，从供应链的角度去优化企业资源。ERP 系统集成了信息技术与先进的管理思想，成为现代企业追捧的运行模式，反映时代对企业资源的合理调配，最大化地创造社会财富，成为企业在信息时代生存、发展的基石，对于改善企业业务流程、提高企业核心竞争力具有显著作用。

ERP 体现了当今世界上最先进的企业经营管理理论，并提供了企业信息化集成的最佳方案。依据这种思想开发的软件系统，是目前企业管理信息系统中十分流行的一种形式，它将企业的物流、人流、资金流和信息流统一起来进行处理和分析，对企业所拥有的人力、资金、材料、设备、方法（生产技术）、信息和时间等各项资源进行综合平衡和充分考虑，最大限度地利用企业的现有资源取得更大的经济效益，进而科学有效地管理企业的人、财、物、产、供、销等各项具体工作。ERP 系统的供应链管理思想对企业提出了更高的要求，是企业在信息化社会获得持续发展的核心管理模式。

二、企业资源计划的特点、功能及作用

（一）ERP 的特点

ERP 管理系统的主要特点如下：

1. ERP 管理系统面向市场、面向经营、面向销售，能够快速、高效地响应市场需求的变化；它包含了供应链管理功能，强调了供应商、制造商与分

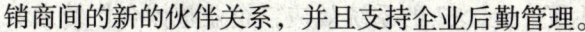

销商间的新的伙伴关系，并且支持企业后勤管理。

2. 具有产品数据管理 PDM 功能，增加了对设计数据与过程的管理，并进一步加强了生产管理系统与 CAD、CAM 系统的集成。

3. 集成了流程制造等的管理模式。

4. 综合了服务器分布式结构、面向对象技术、基于 WEB 技术的电子数据交换 EDI、多数据库集成、数据仓库、图形用户界面、第四代语言及辅助工具等信息技术。

（二）ERP 的功能

一般而言，ERP 系统包括以下主要功能：供应链管理、销售与市场、分销、客户服务、财务管理、制造管理、库存管理、工厂与设备维护、人力资源、报表、制造执行系统（Manufacturing Executive System，MES）、工作流服务和企业信息系统等方面。此外，还包括金融投资管理、质量管理、运输管理、项目管理、法规与标准和过程控制等补充功能。

（三）ERP 的作用

ERP 系统为企业带来的显著业绩，来源于经营理念、经营战略和管理思想的创新，也带来了管理模式、管理机制、管理方法的变革。

1. 科学地计划、合理地协调和综合地运用企业的各种资源

企业的生产经营除了需要资金、厂房、生产线、生产加工设备、检测设备、仓库、运输工具等一系列的硬性资源外，更需要人力、品牌、商誉、筹资能力、管理技术、部门结构、劳动积极性和创造性等一系列的软性资源。合理地计划协调，以及综合运用企业的这些资源是十分复杂和困难的。ERP 的名称就是企业资源计划，它的核心功能就是分别周密地进行企业经营管理的各种计划，合理和科学地整合这些计划，使之达到协调、理想、优化的组合状态，最大限度地发挥这些资源的作用，及时、高质地完成生产和运营过程。

2. 强化经营意识，增强管理能力，提高管理效率

我国从计划经济到市场经济的转变，改变了企业发展的宏观环境，企业由计划经济时代的"生产管理"模式转化为市场经济时代的经营模式。企业必须强化经营意识，增强管理能力，提高管理效率，才能在市场中生存与发展。

ERP 以经营目标为导向，以市场为龙头，科学地、有计划地充分运用企业的各种资源，实现了企业生产经营的精细调节、精密控制，以及生产的柔性化，使管理效率得到极大提高，并提升了企业竞争力。具体而言，ERP 的信息系统明显地实现了及时、准确的信息处理和信息传递功能，达到管理扁平化、决策基层化和分布化，充分发挥了各级管理人员的作用和积极性，有效地提高了管理活动的效率。同时，ERP 的系统性提升了企业的整体性观念，

凝聚了企业的全部能量，产生了 1+1>2 的系统效应，企业整体合作的意识和作用得到增强。各个部门和全体职工协同效力，企业不再是各种部门的简单组合，而是形成了各部门间紧密的合作，共同努力地满足客户需求，赢得市场。

三、企业资源计划的实施

（一）企业资源计划的实施条件

ERP 系统实施成功有两个基本条件：合适的软件和有效的实施方法。其中有效的实施方法大致上可归纳为十个方面的内容：

1. 高级管理层的支持和承诺。
2. 有一支既懂管理又精通软件的咨询队伍。
3. 管理信息系统项目范围的重申和监督。
4. 管理信息系统项目小组的组成。
5. 管理信息系统项目工作的深入程度。
6. 详细可行的项目实施计划。
7. 详细可行的项目持续性评价。
8. 项目必须有适当的资源。
9. 所有有关部门的质量管理评估。
10. 项目从建模、测试、试运行到正式投入运行的转换管理。

（二）企业资源计划的实施要点

1. 选择合适的软件

选择 ERP 软件必须遵循以下四个步骤：理解 ERP 原理及分析企业需求、选择软件、选择硬件平台、操作系统和数据库。

在选择软件时，要根据企业的产品特点、生产组织方式、经营管理特点的不同来选择适用的软件。

2. 选择合适的管理咨询公司

选择一家富有经验的管理咨询公司对企业的 ERP 发展非常重要。管理咨询公司可帮助企业完成总体规划的设计，对企业全体员工进行 ERP 理念的培训，制订项目的详细实施计划等。

3. 制定具体的量化目标

在供应链管理中，实施 ERP 项目如果没有统一的目标，没有具体的、量化的、可考核的目标，就没有办法在系统实施完后进行对比和评判。

4. 做好业务流程重组

业务流程重组是对企业现有业务运行方式的再思考和再设计，应遵循以下基本原则：必须以企业目标为导向调整组织结构，必须让执行者有决策的权力，必须取得高层领导的参与和支持，必须选择适当的流程进行重组，必须建立通畅的交流渠道，组织结构的设立必须以目标和产出为中心而不是以任务为中心。具体做法是由管理咨询公司在 ERP 实施前进行较长时间的企业管理状况调研，提出适合企业改进的管理模型，同时该管理模型必须考虑到企业的发展，并得到企业管理层的批准。

5. 有针对性地实施 ERP

ERP 不仅是一种软件，更是一个企业解决方案。一个完整的 ERP 是一个十分庞杂的系统，它既有管理企业内部的核心软件 MRPⅡ，还有扩充至企业关系管理（客户关系管理 CRM 和供应链管理 SCM）的软件；既有以物流、资金流为管理对象的主价值链，又有以人力资源、设备资源、融资等为管理对象的支持性价值链，以及决策性价值链。每个企业需要根据自身实际情况确定实施目标和步骤。

课后习题

1. 快速反应的作用（　　）
   A. 销售额的大幅度增加
   B. 商品周转率的大幅度提高
   C. 需求预测误差大幅度减少
   D. 较低的商品售价
2. 电子订货系统可以分为几种类型？
3. ERP 系统包括哪些主要功能？

参考答案

1. 快速反应的作用（A、B、C）
   A. 销售额的大幅度增加
   B. 商品周转率的大幅度提高
   C. 需求预测误差大幅度减少
   D. 较低的商品售价

2. 电子订货系统可以分为几种类型？

电子订货系统的类型主要有连锁体系内部的网络型、供应商对连锁门店的网络型、众多零售系统共同利用的标准网络型。

3. ERP 系统包括哪些主要功能？

一般而言，ERP 系统包括以下主要功能：供应链管理、销售与市场、分销、客户服务、财务管理、制造管理、库存管理、工厂与设备维护、人力资源、报表、制造执行系统（Manufacturing Executive System，MES）、工作流服务和企业信息系统等方面。此外，还包括金融投资管理、质量管理、运输管理、项目管理、法规与标准和过程控制等补充功能。

第五章 供应链采购与供应商管理

【导入案例：西门子对供应商的分类】

西门子在全球范围内拥有12万家供应商，并且在256个采购部门中拥有1500名一线的采购人员。其中的2万家供应商被指定为第一选择，他们的数据被存储到了西门子内部的信息系统中。

西门子与供应商关系的性质和密切程度有以下四种分类。

1. 第一类：高科技含量的高价值产品

采购策略是技术合作型，其特点是：与供应商保持紧密关系，包括技术支持和共同负担研发经费；长期合作；共同努力以实现标准化和技术转让；集中于制造过程和质量保证程序，如内部检验；通过电子数据交换（EDI）和电子邮件实现最优化信息交流；在处理获取基础材料的瓶颈方面尽可能地给予支持。

2. 第二类：用量很大的标准化产品

采购策略是储蓄潜能的最优化，其特点是：全球寻找供应源，开发一个国际信息的采购系统，在全世界寻找相应的合格供应商，列入第二位的资源政策，安排接受过国际化培训的有经验并且称职的采购人员。

3. 第三类：高技术含量的低价值产品

采购策略是保证有效率，其特点是：质量审查和专用的仓储设施；保有存货，并编制建有预警系统的安全库存计划；战略性存货（保险存货）；在供应商处寄售存货；特别强调与供应商保持良好的关系。

4. 第四类：低价值的标准化产品

采购策略是有效地加工处理，其特点是：通过电子系统减少采购加工成本；接管部分通常的物流工作，如仓储、编制必备需求量的计划、报告等工作的经销商或供应商外购产品；增加对数据处理和自动订单设置系统的运用,以及即时制生产、运送到仓库、运送到生产线的手续;努力减少供应商和条款的数目。

学习目标

● 通过本章学习,了解采购的基础知识,理解并掌握供应链管理下几种采购模式的原理及操作步骤,掌握供应商开发的操作流程及方法。

第一节 采购管理概述

一、采购概述

从字面上来理解,"采"是摘取、挖取、选取、收集的意思,"购"是货币转化为商品的交易过程。采购就是指通过交换获得物料和服务的行为。

采购(Purchasing)是指企业在一定的条件下从供应市场获取产品或服务,并将其作为企业资源,以保证企业生产及经营活动正常开展的一项企业经营活动;也指一个商业性质的有机体为维持正常运转而寻求从体外摄入物料或服务的过程。

广义的采购是指除了以购买的方式获得物品之外,还可以通过其他途径获得物品的使用权,来达到满足需求的目的。

狭义的采购是指企业根据生产经营活动的需要,通过信息搜集、整理和评价,寻找、选择合适的供应商,经过商务谈判确定价格和交货条件,最终签订合同并按要求收货付款的过程。

采购是一种交易行为,同时也是一个选择的过程,是商流、物流、信息流、资金流的有机统一。

采购的作用包括:保证企业生产经营的正常进行,保证质量,控制成本,帮助企业洞察市场的变化趋势,采购是科学管理的开端,决定企业产品的周转速度,做好采购工作可以合理利用物质资源。

(一)采购的分类

1. 按执行采购职能的形式来划分

按执行采购职能的形式来划分,采购可以分为集中化采购、分散化采购和混合化采购。详见表5-1。

表5-1 按执行采购职能的形式来划分

分类	优点	缺点	举例
集中化采购	降低采购费用;实现批量采购,获得供应商的价格折扣;有利于采购作业标准化;有利于对采购工作的有效控制;降低库存。	采购过程复杂,时效性差;非共用性物资采购,难以获得价格折扣;采购与使用分离。	如连锁商业企业的采购。
分散化采购	针对性强,决策效率高。	可能加大采购成本。	如大型生产企业或大型商业企业,实行事业部制的企业的采购。
混合化采购	方法灵活,有针对性地采购部分商品。	如管理不当,会造成各自为政。	如量大价高的,集中采购;量小价低的临时性需要,分散采购,但要向总公司反映采购信息。

2. 按采购价格确定的方式来划分

按采购价格确定的方式来划分,采购可以分为议价采购、比价采购和招标采购,详见表5-2。

表5-2 按采购价格确定的方式来划分

分类	优点	缺点	特点
议价采购	节省采购费用和时间;可根据需要对采购数量、价格临时调整;有利于和供应商建立互惠关系,稳定供需关系。	可能价格较高;缺乏公开性,信息不对称。	向固定的供应商直接采购。
比价采购	优点:节省采购时间和费用,公开性和透明性较高,采购规范。	缺点:供应商可能轮流坐庄;供应商可能恶性抢标;供应品种规格上的差异可能加大消耗,影响生产效率。	选定两家以上的供应商,比较价格后采购。

续表 5-2

分 类	优 点	缺 点	特 点
招标采购	有利于采购工作的"公开、公平、公正",有利于形成符合市场的真实价格,有利于提高采购物品的质量,有利于采购方扩大选择范围,有利于降低采购成本。	采购费用较高,容易出现供应商合谋或者"抢标",采购程序复杂。	适合需求量大且标准化的产品,或者高技术产品(计算机、通信工程等)。

3. 按采购成交的时间来划分

按采购成交的时间来划分,采购可以分为现卖现买、投机采购和预算采购,详见表 5-3。

表 5-3 按采购成交的时间来划分

分 类	优 点	缺 点
现卖现买（商业企业）	可以节省库存支出。	如果不能及时补充到商品,就会延误商机。
投机采购	投机成功,可获得高额利润,短期回报明显。	具有相当的风险性。
预算采购（常用）	比较稳健,既能避免现卖现买采购可能出现临时货源不足的情况,又能避免投机采购的风险性。	缺乏灵活性。

4. 按照行业差异来划分

根据各行业采购工作的通性和个性,可以将采购管理工作分为四类。

(1) 生产性采购。采购物品是直接为了公司生产运营所需：第一类是原材料性采购（MRP 性物料采购）,所采购的此类物料是本企业所生产的产品的组成部分或中间体产品；第二类是零配件的采购（MRO 性采购,就是维护、修理、运作）,这些零配件是为了保障机器能正常生产运作所需要的维修、更换配件。

(2) 商贸性采购。像沃尔玛这样的零售商,它们的采购就属于商贸性采购。

(3) 一般日常用品性采购。如办公用品采购,还有行政采购等。其特点是采购品类繁杂,但采购金额小,所采购的物品主要是保障公司的正常行政办公所用。

(4)项目性采购。主要特点是为了满足项目需要的一次性采购,很少有重复性的采购。这就意味着每次采购的流程都得重新开始,以往的经验和关系很少能用到。

(二)采购因素和组织设计

1. 采购因素

(1)品质。采购品质控制的内容包括三个方面,如下表所示。

表 5-4 采购品质控制的内容

内 容	说 明
对供应物料品质的控制	包括物料的生产过程、设备、环境等内容
进货检验	包括物料的数量、规格、质量等内容
对采购物过程中品质的控制	包括交货时间、地点、方式等内容

(2)价格。采购价格分析为将来的议价提供参考,采购时需明确影响采购价格的各种因素,制定合理的采购价格。影响采购价格的因素包括:物料成本、供需关系、季节变化、市场环境、交货条件。

(3)交期。双方约定的备货时间、交货时间等。

(4)服务。比如物流、船务等由哪一方来联系等。

(5)配合度。合同双方约定各自的权责利,并明确哪些工作需要互相配合。

2. 采购组织设计

在不断变化的商业环境中生存与发展,需要组织设计不断的自我创新,把定期的组织设计更新融合到企业发展战略规划中。

(1)外部设计。与外部供应商和市场建立商业联系。

(2)中间设计。与公司内部各事业部、项目部和其他职能部门建立运营上的联系,保证跨部门之间的协调,使公司所有的职能部门能够在采购事务上步调一致。

(3)内部设计。是采购组织中的外部设计和中间设计的"控制室",是指挥采购组织运营的大脑。

(三)采购的程序、职责与任务

1. 采购的程序

采购的基本程序会因采购品的来源、采购方式和采购对象的不同而在细节上存在差异，但是多数企业的基本采购程序大同小异。

（1）制定并实施控制采购质量的程序，以确保对供应商供应产品的质量控制。

（2）确保供应商准确地理解采购产品的要求。

（3）确保从合格的供应商进行采购，评审每一个供应商提供合格产品的能力。

（4）与供应商达成明确的质量保证协议，就验证方法达成明确的协议，以确保验证结果的统一。

（5）与供应商制定解决质量问题的方法。

（6）保存所接收产品的质量记录和对采购进行控制的有关质量记录，以利于及时解决和处理有关质量事宜。

（7）协助物料控制部门对呆滞料与废料进行预防和处理。

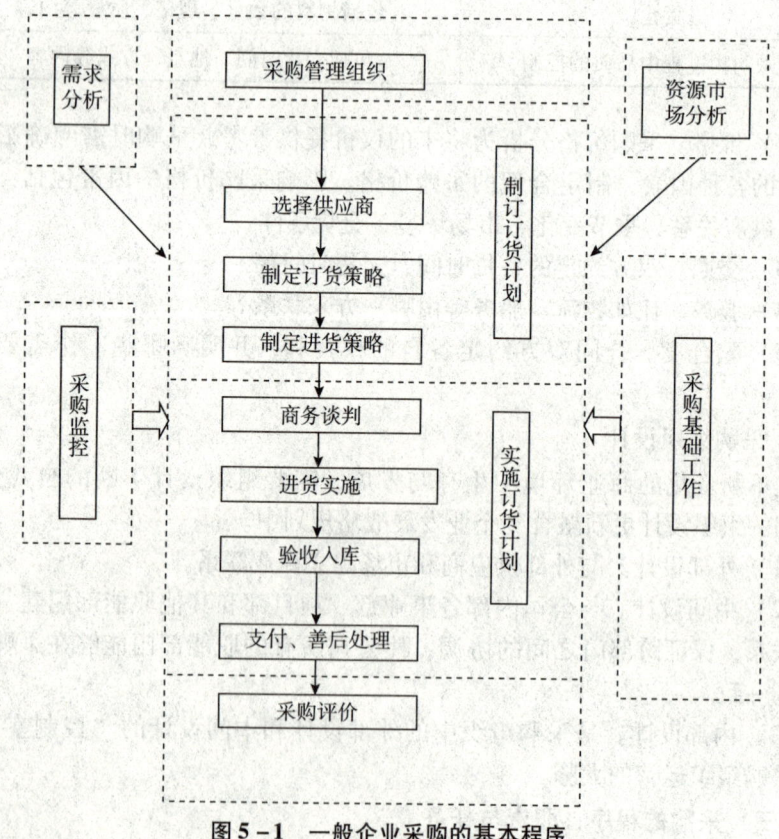

图5-1 一般企业采购的基本程序

2. 采购的职责与任务

采购同样负有一定职责和任务，这包括降低公司暴露于供应市场的风险、对保持公司主要活动的连续性作出贡献、控制和降低所有与采购相关的成本、对新产品开发和产品改进作出贡献等。

二、采购管理的概念、职能及内容

(一) 采购管理的基本概念

采购管理（Procurement Management）是指为保障企业物资供应和增强企业竞争力，综合运用现代管理理论和技术方法对企业采购供应进行计划、组织、指挥、协调和控制等一系列管理活动的总和。它是计划下达、采购单生成、采购单执行、到货接收、检验入库、采购发票的收集到采购结算的采购活动的全过程，并对采购过程中物流的各个环节状态进行严密的跟踪、监督，实现对企业采购活动执行过程的科学管理。

采购管理的目标是寻求合适的供应商（right vendor）、适当的质量（right quality）、适当的时间（right time）、适当的数量（right quantity）、适当的价格（right price）。达到了上述管理目标，采购管理就将对企业或组织产生明显的正向作用。

采购管理的作用分为直接作用和间接作用。

在直接作用方面，采购管理可以通过节约成本直接提高营业利润；通过与供应商一起对质量和物流进行合理安排，采购管理能加快资本周转；通过科学的采购流程管理，能够对企业的业务流程重组及组织结构的改革作出贡献。

在间接作用方面，主要包括产品标准化、减少库存、增强柔性、对产品设计和革新的贡献、提高企业部门间的协作水平等。

表5-5 传统采购管理与现代采购管理的主要区别

	传统采购管理	现代采购管理
供应商/买方关系	相互对立	合作伙伴
合作关系	可变的	长期
合同期限	短	长
采购数量	大批量	小批量多批次、多品种、短周期
运输策略	单一品种整车发送	多品种整车发送
质量问题	检验/再检验	无须入库检验
与供应商的信息沟通	采购订单	网络

续表 5-5

	传统采购管理	现代采购管理
信息沟通频率	离散的	连续的
对库存的认识	资产	增加成本
供应商数量	多,越多越好	少,甚至一个
设计流程	先设计产品后询价	供应商参与产品设计
产量	大量	少量
交货安排	每月	每周或每天
供应商地理分布	很广的区域	尽可能靠近
仓库	大,自动化	小,灵活

(二)采购管理的职能

1. 保障供应

采购管理最首要的职能,就是要实现对整个企业的物资供应,保障企业生产和生活的正常进行。企业生产需要的原材料、零配件、机器设备和工具等,在生产线一开动时,必须全部到位,缺少任何一样,生产线就有可能无法开动。

2. 供应链管理

在市场竞争越来越激烈的当今社会,企业之间的竞争实际上就是供应链之间的竞争。企业为了有效地进行生产和销售,需要一大批供应商企业的相助和支持。只有把供应商组织起来,建立起一个供应链系统,才能够形成一个友好的协调配合采购环境,保证采购供应工作的高效顺利进行;在与供应商的沟通、协调过程中,采购管理部门能建立起友好协调的供应商关系,从而建立起供应链,并进行供应链运作和管理。

3. 信息管理

在企业中,采购管理部门与资源市场频繁接触,是企业和资源市场的信息接口。因此,采购管理除了保障物资供应、建立起友好的供应商关系之外,还要随时掌握资源市场信息,并反馈给企业管理层,为企业的经营决策提供依据。

(三)采购管理的相关内容

采购管理是供应链管理至关重要的一环,涉及采购管理的内容相对较多,较为重要的有采购管理要素、采购合同管理、采购质量与成本管理等。

1. 采购管理要素

（1）确定供应商的资格。确保供应商具有良好的供货能力，对于大型制造企业而言，这点尤为重要。供应商的稳定供货能力对于企业的稳定生产具有关键性的作用，因此，企业有一个合格供应商名录，采购只能限于名录内的供应商，而且要由企业的技术和标准化部门来核定这个名录。

（2）采购价格形成机制。为了对采购价格进行有效管理，企业通常需要有一个价格小组来核定采购物品的价格上限，这个小组的成员应该由高层主管、财务和采购部门共同组成，从而防止采购业务人员与供应商在价格上有合谋私利的行为。

（3）付款方式的确定。企业应尽最大的努力，争取有利的付款方式，这涉及企业的实际利益。

（4）数量核查。供应商货品到货后，应该由检验部门核查到货数量。

（5）质量核查。对于有质量要求的货品，需要质检部门的专门检验。

表 5-6　不同时期企业竞争的关键

时　期	企业间竞争的关键因素
20 世纪 70 年代以前	成本
20 世纪 80 年代	成本 + 质量
20 世纪 90 年代	成本 + 质量 + 交货期
21 世纪	成本 + 质量 + 交货期 + 敏捷性

2. 采购合同管理

采购合同是指商贸流通企业根据市场需要，向物资的生产企业或其他商贸流通企业购买某种物资而签订的协议。其性质是具有权利义务内容的经济合同。

合法有效的合同具有法律约束力，可强制执行，不能擅自变更或解除。

订立合同的双方当事人法律地位平等。平等地享受权利和履行义务。

3. 采购质量管理

（1）采购质量的重要性。调查显示，50% 的质量问题是由供应商提供的产品和服务造成的。许多新的管理工具，如 JIT 等要求供应商提供的产品符合规格。

（2）质量要素。性能——产品或服务的主要功能；特征——附加到产品或服务上的各种感知特征；可靠性——在一定时期内失灵的概率；耐久性——预期寿命；合格性——满足规格；服务性——维护性和容易安装；美学性——外观、气味、感觉和声音；印象质量——顾客眼中的形象；可采购性——在合理价位上的可获得性和产品持续改进的能力。

（3）采购质量管理的原则。采购质量管理的原则包括以需定进和择优选购。以需定进包括以下几方面内容：供不应求的重要物资，开拓资源，力争多进；货源充足的物资，保持正常采购水平；专用贵重物资按需采购；季节性强的物资，季前购齐，季中补充，季末禁购；供过于求的物资，严格控制；新产品，注意少购，积极试销或试用。

第二节　供应链管理环境下的采购模式

一、JIT 订单驱动采购模式

（一）JIT 采购概述

1. JIT 采购的概念

JIT（Just In Time，JIT）采购又称为准时化采购或及时化采购，是由准时化生产管理思想演变而来的。其概念是，供应商在需方需要的时候，向需要的地点，提供能保证质量的所需数量的物料或物品。

JIT 是近 40 年来由日本企业首创的一种新的生产管理系统，最早使用这一系统的公司是著名的丰田汽车公司。JIT 系统是指企业在生产自动化、电算化的情况下，合理规划并大大简化采购、生产及销售过程，使原材料进厂到产成品出厂进入市场能够紧密衔接，尽可能减少库存，从而达到降低产品成本，全面提高产品质量、劳动生产率和综合经济效益目的的一种先进生产系统。JIT 采购是 JIT 系统得以顺利运行的重要内容，是 JIT 系统循环的起点，推行 JIT 采购是实施 JIT 生产经营的必然要求和前提条件。

JIT 采购伴随 JIT 系统产生后，得到了较为广泛的应用，特别是生产制造企业。JIT 采购的应用，使企业摆脱了原有采购带来的诸多问题，如高库存带来的企业资金占用问题等。JIT 采购使企业实现了"零库存"生产，大大减少了企业的库存量，降低了产品的成本，提高了企业的竞争力。当然，JIT 采购也存在一些问题，如当发生突发事件时，JIT 采购系统就面临着较为严峻的考验。

2. JIT 采购的要素

JIT 采购包含四个要素：供应商、采购数量、供货质量、货物运输。

（1）供应商。传统的采购模式一般是多头采购，供应商的数目相对较多。从理论上而言，供应商数量少比多好，不仅有利于管理，从而降低采购成本；

同时也有利于供需之间建立长期稳定的合作关系，保证采购质量。

（2）采购数量。小批量采购是JIT采购的基本特征。JIT采购和传统的采购模式的重要不同之处在于，JIT生产需要减少生产批量，直至实现"一个流"生产，因此采购的物资也应采用小批量办法。

（3）供货质量。如果货物的质量达不到要求，就会给JIT生产带来很大影响，因为供货商是按照所需要的量来制造的，出现废品的情况下只有重新安排生产，这会大大延误后面的工序，从而导致一系列不良反应。

（4）货物运输。JIT采购要求交货准时，这取决于供应商的运输条件。在物流管理中，运输问题是一个很重要的问题，它决定是否能够准时交货。

> **扩展阅读**
>
> **JIT采购的产生**
>
> JIT的产生源于1973年爆发的全球石油危机及由此所引发的日益严重的自然资源短缺，这对于当时依赖进口原材料发展经济的日本冲击最大。生产企业为提高产品利润，增强公司竞争力，在原材料成本难以降低的情况下，只能从物流过程寻找利润源，降低由采购、库存、运输等方面所产生的费用。基于这种情况，日本丰田汽车公司的创始人丰田喜一郎最早在汽车生产中提倡"非常准时"的管理方法。之后经反复多次的分阶段试验，逐步形成一套完整的管理体系，也就是人们常说的"丰田生产方式"，即JIT生产方式。其基本思想是"彻底杜绝浪费"、"只在需要的时候、按需要的量，生产所需要的产品"。
>
> 丰田汽车的零组件管理方式叫作及时化（Just In Time），又叫作"看板方式"。即把当前所需装配的必要量视为一个单位，从而在盛装这个单位的箱子上面贴以明信片大小的传票，传票上记载何时生产、生产多少、运往何处等作业指示。
>
> JIT采购和JIT生产一样，不但能够最好地满足用户的需要，而且可以最大地消除库存、最大地消除浪费。要进行JIT生产必须有JIT供应，因此JIT采购是JIT生产管理模式的必然要求。

（二）JIT采购的特点、意义及作用

1. JIT采购的特点

（1）订单驱动。JIT采购以客户订单为驱动力，订单拉动产品朝市场方向移动，生产产品的原材料流动也取决于同一需求。采购方和供应商建立了战略合作伙伴关系，双方基于签订的长期协议进行订单的下达和跟踪。

（2）信息同步。在电子商务、EDI等信息技术支持和协调下，双方的制造计划、采购计划、供应计划能同步进行，实现供需双方的外部协同，提高了供应链的应变能力。

（3）质量零缺陷。需方和供方是供应链上的合作伙伴关系，意味着供应商的资格认证、产品质量、信用程度都是值得信赖的。质量标准经过双方共同参与制定，由供方完全负责保证，不需要两次检验。既降低了质量成本，也避免了检验成本的再次发生。

（4）零库存。信息代替库存：信息同步、无缝链接，使节点上的需求和库存透明化，能见度增高。

（5）供应商管理库存。在需方的厂区或附近设置仓库，但所有物料为供应商所有并由供应商管理，提货时再实施所有权转移。目的在于减少需方的库存费用，同时也便于供应商掌握库存状态和安排库存计划。

2. JIT 采购对供应链管理的意义

JIT 采购对于供应链管理思想的贯彻实施具有重要的意义。供应链环境下的采购模式和传统采购模式的不同之处在于采用订单驱动的方式。订单驱动使供需双方都围绕订单运作，也就实现了准时化、同步化运作。要实现同步化运作，采购方式就必须是并行的，当采购部门产生一个订单时，供应商即开始着手物品的准备工作。与此同时，采购部门编制详细采购计划，制造部门也进行生产的准备过程，当采购部门把详细的采购单提供给供应商时，供应商就能很快地将物资在较短的时间内交付给用户。

综上所述，准时化采购策略体现了供应链管理的协调性、同步性和集成性，供应链管理需要准时化采购来保证供应链的整体同步化运作。

3. JIT 采购的作用

依据 JIT 采购的原理，只有在需要的时候，把需要的品质和数量，提供到所需要的地点，才是成本最低、效率最高的。因此，JIT 采购是一种最节省、最有效率的采购模式。

根据资料统计，JIT 采购具有以下主要作用：

（1）供应商同采购方建立了战略合作伙伴关系。双方基于以前签订的长期协议进行订单的下达和跟踪，不需要进行再次询价报价，同时可以降低采购价格。

（2）在同步供应链计划的协调下，制造计划、采购计划、供应计划能够同步进行，缩短了对用户的响应时间。

（3）采购物资直接进入制造部门，减少了采购部门的库存占用和相关费用。

（4）进行了企业和供应商之间的外部协同，提高了供应商的应变能力。

（5）提高了采购物资的质量。

表5-7 JIT采购模式与传统采购模式的比较

项目	JIT采购模式	传统采购模式
双方关系	合作伙伴	相互对立、竞争、博弈
采购批量	小批量、送货频率高	大批量、送货频率低
供应商选择	长期合作，单源供应	短期合作，多源供应
供应商评价	质量、交货期、价格	质量、价格、交货期
检查工作	逐渐减少，最后消除	收货、点货、质量验收
运输	准时送货，买方负责安排	较低成本、卖方安排
信息流	快速、可靠	一般要求

（三）JIT采购的实施条件与步骤

1. 实施条件

成功实施 JIT 采购策略，需要具备一定的前提条件：距离越近越好，制造商和供应商建立互利共赢的战略合作伙伴关系，注重基础设施的建设，强调供应商的参与，建立实施 JIT 采购策略的组织，制造商向供应商提供稳定的生产计划和作业数据，重视教育与培训，加强信息技术的应用。

2. 实施步骤

实施 JIT 采购一般有以下七个步骤。

（1）创建准时化的采购班组。主要负责寻找货源、商定价格、发展与供应商的协作关系并不断改进。该班组要对供应商的资质、能力进行评估，并负责供应商的培训与教育，以减少采购过程中不必要的业务。

（2）有计划有步骤推行准时化采购策略。在与供应商取得共识的基础上，制定采购策略，改革当前采购方式，评价筛选供应商并在此基础上与其建立协作的伙伴关系。在选择供应商时通常要考虑其行业资质、产品质量、供货情况、应变能力、地理位置、企业规模、财务状况、技术能力、与其他供应商的可替代性等。

（3）搞好供应商的培训，确定共同目标。准时化采购是供需双方共同的业务活动，采购部门需要供应商的积极配合，通过培训、协商使大家取得一致的共识、目标，相互间就能更好地协调并努力做好准时化工作。

（4）由点到面逐步展开。先从某种产品试点进行零部件或原材料的准时化供应，在积累了经验且管理水平得到一定程度的提高时再逐步展开，最后全面实施准时化采购。

（5）实现配合准时化生产的准时化采购。准时化采购是一个不断完善的过程。从减少运输成本、提高交货的准确性和产品质量到降低供应商库存等各个方面，不断提高运作绩效，最终配合实现企业的生产准时化。

（6）实施并行工程。制造商在产品设计生产计划阶段让供应商参与进来，这样供应商就可在物料及部件生产供应、库存方面从质、量、时间上配合制造商的准时化采购，提高采购活动的效率；同时也便于制造商把用户的价值及时地转化为供应商的原材料和零部件的质量与功能要求。

（7）采用先进的数据传输方式。供应商与制造商之间采用电子数据交换（EDI）和因特网技术进行数据的快速准确传输。

案例

海尔集团在JIT采购中的实际运用

海尔集团是国内最早一批将JIT采购理论用于实践的企业，是最早进军物流行业的家电制造企业。海尔物流成立于1999年，它将原先分散于各产品事业部的物流业务有效整合，凭借先进的物流管理理念及物流技术的应用，为海尔各产品本部提供物流服务。

海尔物流的特色是借助于专业物流公司力量，在自建基础上小外包，总体实现采购JIT、原材料配送JIT和成品配送JIT的同步流程，同步模式的实现有利于海尔的现代集成信息平台。它用CRM和BBP电子商务平台架起了与全球用户的资源网，成为全球供应链沟通的桥梁，从而实现了与用户的零距离，提高了海尔对订单的响应速度。

海尔的BDP采购平台由网上订单平台、网上支付平台、网上招标竞价平台和网上信息交流平台有机组成。网上订单管理平台使海尔的所有采购订单全部由网上直接下达，同步的采购计划和订单，提高了订单的准确性与可执行性，使海尔采购周期由原来的10天减至3天，同时供应商可以在网上查询库存，根据订单和库存情况及时补货。网上支付平台则有效提高了销售环节的工作效率，支付准确率和及时率达到100%，为海尔节约了近1 000万元的差旅费。同时，海尔网上支付已达到总支付额的20%。网上招标竞价平台通过网上招标，不仅使竞价、价格信息管理准确化，而且防止了暗箱操作，降低了供应商管理成本，实现了以时间消灭空间。网上信息交流平台使海尔供应商在网上就可以进行信息互动交流，实现信息共享，强化合作伙伴关系。

二、电子商务采购模式

（一）电子商务采购概述

1. 电子商务采购的概念

随着电子商务的发展，企业与企业之间的采购交易活动不断在网上进行，电子商务虚拟了一个巨大的市场，出现了一种新型的采购方式——B2B 电子采购（B2B E‑Procurement），这为解决传统采购方式所固有的先天缺陷带来转机。

B2B 电子采购最先兴起于美国，其最初形式是一对一电子数据交换系统，即 EDI（Electronic Data Interchange）。这种由大买家驱使，连接自己供应商的电子商务系统虽然大幅度提高了采购的效率，但早期的解决方式价格昂贵、耗费巨大且由于其封闭性仅为一家服务，尤其令中小供应商和买家却步。因此，真正伙伴间的 EDI 并未广泛开展。

20 世纪 90 年代中后期，随着互联网技术的不断发展，电子商务受到商业界的广泛关注。B2B 电子采购是企业实现电子商务的一个重要环节，它已经成为 B2B 市场中增长最快的一部分。与以往的采购方式不同，B2B 电子采购是指基于或至少部分基于互联网技术的采购方式，它能够使企业通过信息网络寻找合适的供货商和物品，随时了解市场行情和库存情况，编制销售计划，在线采购所需物品，并对采购订单和采购的物品进行在途管理、台账管理和库存管理，实现采购的自动统计分析。

电子商务采购的主要特点是公开性、广泛性、交互性、低成本、高速度。电子商务采购的方式主要有网上招标与网下采购、网上招标与网上采购。

2. 电子商务采购的优势

在国外，电子商务采购已经引起了企业界的足够重视，实施电子商务采购成为建立企业竞争优势所不可或缺的手段。美国三大汽车厂商通用、福特、克莱斯勒合作运营 B2B 电子采购的商务网站，该网站面向所有的汽车零配件供应商，为这三家企业服务的厂商的网上交易额达到 6 000 亿美元以上。Sean 和家乐福联合成立 B2B 电子商务采购系统与沃尔玛竞争，由此可以看出电子商务采购的发展对全球经济的巨大影响。

电子商务采购作为一种先进的采购方式主要体现在：

（1）大大减少了采购需要的书面文档材料，减少了对电话传真等传统通信工具的依赖；提高了采购效率，降低了采购成本。

（2）利用网络开放性的特点使采购项目形成了最有效的竞争，有效地保证了采购产品的质量。

（3）可以实现电子化评标，为评标工作提供方便。

（4）对各种电子信息进行采集整理和分析汇总，可以促进政府采购的信息化建设。

（5）能够更加规范和监督采购操作，大大减少采购过程中的人为干扰因素。

（6）一个成功的电子采购解决方案能为企业制定一套规范的采购流程，有利于加强企业的管理。

（7）不仅能降低采购中的管理成本、缩短采购周期、加强对采购流程以及库存等控制，而且能有效地提供新的供应商信息，降低采购商品的价格。

（8）企业能获得更多与客户需求相关的信息，这使得企业可以实施JIT制造并大幅减少超额库存及昂贵的安全储备的费用。

（9）一个完全统一的在线供应链系统不仅使得企业可以按照前期合同简便准确地从卖主那里采购货物，而且企业还可以通过此供应链在产品设计和生产方面与不同层次的供应商交换修改意见，从而实现供应链采购。

3. 电子商务采购与传统采购的主要区别

电子商务采购是电子商务环境下供应链管理中最重要的环节之一，是以帮助企业实施信息化为总目标，以企业的采购电子化为切入点，帮助企业逐步利用信息技术整合各种资源，提升企业核心竞争力。

电子商务采购相对于传统的采购方式最主要的区别就是电子商务采购采取现代计算机网络的技术，特别是以因特网为工具把采购项目的信息公告、发标、投标、报价、定标等过程放在计算机网络上来进行，与采购相关的数据和信息实现了电子化方式。传统的采购主要通过手工操作，采购双方之间的沟通主要是通过电话传真或登门拜访的形式，整个采购业务流程没有自动化，数据不断被重复输入确认。

在这个过程中难免会出现差错，即使采购小批量零碎的物品都需要经过复杂冗长的批准过程，不仅延长了采购周期，也大大增加了业务成本，并有可能引起采购人员的不满而使用非规范的步骤进行采购。总体而言，传统采购业务流程中存在效率不高、业务成本较高、采购周期延长、对采购控制不强等缺点，无法形成采购中的规模经济效益。相对于传统采购，电子采购具有明显的比较优势：价格透明、效率高、竞争性强、节约成本等。国际网上采购符合采购国际化的趋势，突破了国内采购的限制，以电子商务为平台解决了传统采购模式在国际化过程中所遇到的难以解决的问题。

（二）电子商务采购的步骤

电子商务采购程序主要包括：采购前的准备工作、采购中供需双方的磋商、合同的制定与执行、交付与结算等环节。

1. 采购前的准备工作

对于采购商而言，采购前的准备过程就是向供应商进行宣传和获取有效信息的过程。在网络环境下，将演变成供应商积极地把自己的产品信息资源（如产品规格、价格、质量、技术支持、售后服务等）在网上发布，企业则随时上网查询并掌握自己所需要的商品信息资源。在网络环境中，信息的交流通常是通过登录和浏览对方的网站和主页完成，其速度和效率是传统方式所无法比拟的。采购前的信息交流主要是企业对供应商的产品价格和质量等进行了解。因此，价格和质量在很大程度上决定着采购决策。

2. 采购中供需双方的磋商

传统采购磋商的单据交换可以演变为记录、文件或报文在网络中传输。各种网络工具和专用数据交换协议自动地保证了网络传递的准确性和安全可靠性。企业一旦选择了合适的能保证最佳产品质量、最合理价格、最优质服务的供应商，就可以在网上与其进行磋商、谈判。各种商贸单据、文件（如价目表、报价表、询盘、发盘、订单、订购单应答、订购单变更要求、运输说明、发货通知、付款通知、发票等）在网络交易中都变成了标准的报文形式，整个采购过程得以可视化、透明化、规范化。

3. 合同的制定与执行

磋商过程完成之后，需要以法律文书的形式将磋商的结果确定下来，以监督合同的履行，因此双方必须以书面形式签订采购合同。这样不仅可以杜绝采购过程中的不规范行为，也可以避免因无效合同引起的经济纠纷。由于网络协议和网络商务信息工具能够保证所有采购磋商文件的准确性和安全可靠性，因此双方都可以通过磋商文件来约束采购行为和执行磋商的结果。

4. 支付与结算过程

采购完成以后，货物入库，企业要与供应商进行支付与结算活动。企业支付供应商采购价款的方式主要有两大类：一类是电子货币类，包括电子现金、电子钱包和电子信用卡等；另一类是电子支票类，如电子支票、电子汇款、电子划款等。前者一般主要用于企业与供应商之间的小额支付，后者一般主要用于企业与供应商之间的大额资金结算。

> 扩展阅读

电子商务的三个发展阶段

电子商务的发展大致经过如下三个阶段。

1. 基于 EDI 的电子商务阶段

电子商务数据交换（EDI）又称无纸贸易（Paperless Trade），是指贸易双方按照协议对具有一定结构的标准贸易信息通过数据通信网络，在参与贸易各方计算机之间进行传输和自动处理。EDI 是电子商务的一种重要的技术手段，一般发生在企业与企业之间，在三十多年的发展中始终同贸易相关。为了克服传统人工处理单据和文件带来的劳动强度、差错率及费用等诸多问题，贸易企业开始在国际商务活动中尝试应用计算机来处理活动中所涉及的文件和单证,在这一过程中人们逐渐尝试在贸易伙伴之间或企业内部计算机之间使数据能自动交换,通过不断实践,EDI技术应运而生,EDI就是电子商务的初级阶段。

2. 基于Internet的电子商务阶段

由于EDI信息传输系统的建立需要较大的投资,迫切需要建立一种新的成本低廉且能实现信息资源共享,任何企业间都可以进行即时信息传递的电子信息交换系统,而Internet正好符合这一要求。在Internet基础上建立的电子信息交换系统为所有企业开展电子商务活动提供了更广泛的平台。基于Internet的电子商务具备EDI和Internet的共同优势,因而也有人将通过Internet实现的EDI叫作Internet EDI。

3. E概念电子商务阶段

进入21世纪后,人们逐渐认识到电子商务其实是电子信息技术同商务活动的结合,而电子商务不仅可以同商务活动相结合,还可以同医疗、教育文化、出版、卫生等其他领域结合。对应于不同的E概念产生了不同的电子商务模式,比如B2B、B2C、B2A、C2A等模式。

三、MRP采购模式

(一) MRP概述

1. MRP的概念

物料需求计划(Material Requirement Planning,MRP)是生产企业利用物料清单、库存数据和主生产计划计算物料需求的一套技术。它不但可以制订生产型(制造型、装配型)企业详细复杂的物料投产计划,还可以用来制订外购件的采购计划。

其基本任务是:从最终产品的生产计划(独立需求)导出相关物料(原材料、零部件等)的需求量和需求时间(相关需求),并根据物料的需求时间和生产(订货)周期来确定其开始生产(订货)的时间。

MRP应用的目的之一是进行库存的控制和管理。按需求的类型可以将库存问题分为两种,独立需求和相关需求。独立需求库存是指将要被消费者消费或使用的制成品的库存。相关需求库存是指将被用来制造最终产品的材料或零部件的库存。

2. MRP采购的特点

MRP采购具有以下几个特点:

(1) 需求的相关性。相关性体现在物料需求相互之间、需求与资源之间、需求的品种数量之间、需求时间之间。

（2）需求的确定性。生产计划、采购计划可以精确确定。

（3）计划的精细性。从主产品到零部件，从需求量到需求时间，从出产先后到装配关系都作了明确的规定，无一遗漏或偏差。

（4）计算的复杂性。尤其是主产品结构复杂、零部件数量特别多时，采用计算机 MRP 信息系统可以快速准确地进行计算求解，人工方法无法与之比拟。

（5）低库存与高客户服务的兼得性。企业采用 MRP 系统，库存水平平均可以降低 20%~40%，零部件缺货可以减少 80%，客户服务水平可以达到 95%。

3. MRP 相关概念

为了更好地理解 MRP 的概念，有必要把概念中提到的几个名词解释一下。

（1）物料清单（Bill of Material）是构成父项装配件的所有子装配件、零件及原材料清单，其中包括子项的数量。在某些工业领域，可能称为"配方"、"要素表"或其他名称。为了便于计算机识别，必须把产品结构图转换成规范的数据格式，这种用规范的数据格式来描述产品结构的文件就是物料清单。它说明组件（部件）中各种物料需求的数量和相互之间的组成结构关系。

（2）主生产计划 MPS（Master Production Schedule）是驱动 MRP 的一整套计划数据，它反映出企业打算生产什么，什么时候生产以及生产多少。采用 MRP 管理技术的企业往往会预先建立一份计划，由主生产计划员负责维护。

（3）闭环 MRP（Closed Loop MRP）是由基本 MRP 系统进一步发展的。它把能力需求计划和执行及控制计划的功能也包括进来，形成一个环形回路，称为闭环 MRP。闭环 MRP 是一个完整的生产计划与控制系统。

（4）制造资源计划 MRP Ⅱ（Manufacturing Resource Planning），是对于制订企业的所有资源进行有效计划的一种方法。MRP Ⅱ 包括许多相互联系的功能：经营规划、生产规划、主生产计划、物料需求计划、能力需求计划以及有关能力和物料的执行支持系统。

（5）能力需求计划 CRP（Capacity Requirements Planning），包括资源需求计划与能力需求计划、能力需求计划的依据等。

4. MRP 系统对降低采购成本的作用

（1）周密计划。MRP 计划可以延续到未来某个任意日期，这样不但可以按需采购，而且可以保证足够的采购提前期和采购预算，防止因突发性采购

（紧急采购）而增加额外的采购费用。

（2）设置标准成本。每一个会计年度，企业都必须通过运行 MRP 系统模拟成本，确定标准成本，也就是必须严格控制的成本限额。

（3）控制采购权限，以控制资金流出。MRP 系统可设置每一个采购员的采购物料范围和支付权限，同时规定超过限额的审批层次和权限，以规范采购管理。

（4）控制库存量。在 MRP 系统中，要对每一种物料规定最大储存量和最长储存期限。超过最大值时，系统发出提示信号以便纠正。

（5）跟踪采购订单。系统可提供多种查询途径，如采购单编码、物料号、供应商号、采购员代码、交货日期等，以跟踪采购合同的执行情况。

（6）严格控制付款程序。付款前，系统将自动进行一系列的对比，如物料规格性能、合格数量、交货日期是否与采购单一致，报价单与发票金额是否一致，必须几方面都相符才能执行付款程序，严格控制不良资金流出。

表 5-8　MRP 的应用及预期效益

工业类型	例子	预期效益
存货型组装	由多种零部件构成一个最终产品，然后完成品被存到仓库中以满足客户需求。比如：家电、手表。	高
存货型加工	产品是由设备制成而不是由零件组装的。这些是标准的库存项目，在接到客户订单之前已完工。比如：活塞环、电开关。	低
订单型组装	最终组装是由客户选择的标准部件构成的。比如：发电机、发动机。	高
订单型加工	产品是使用设备根据客户的订单来制造的，这些是一般的工业订单。比如：齿轮、轴承。	低
订单型制造	最终的组装或加工完全取决于客户的指定。比如：重机械工具。	高
流程工业	铸造、橡胶、塑料、特制纸、化学用品、油漆、酒、食品等行业。	中等
信息流	快速、可靠	一般要求

（二）MRP 信息处理系统

MRP 信息处理系统有两种基本的运行方式：全重排式和净改变式。

第一种方式从数据处理的角度看，效率比较高。但由于每次更新要间隔一定周期，通常至少也要一周，所以不能随时反映出系统的变化。第二种方式可以对系统进行频繁的，甚至是连续的更新，但从数据处理的角度看，效率不高。

MRP 系统的传统做法是建立在计划日程全面重排的想法之上，根据这种做法，系统要将整个主生产计划进行分解，求出每一项物料按时间分段的需求数据。

局部分解是使净改变式系统具有实用价值的关键。因为局部分解缩小了每次作需求计划运算的范围，从而可以提高重排计划的频率。由于分解只是局部的，自然作为输出结果的数据也就少了。在净改变式 MRP 系统中，所谓局部分解是从以下两种意义上说的：每次运行系统时，都只需要分解主生产计划中的一部分内容；由库存事务处理引起的分解只局限在该事务处理所直接涉及的物料项目及其下属层次上的项目。

净改变只对当前状态与以往状态的差异进行处理，这一原理使得净改变式系统能够对库存状态的变化迅速地做出反应。

MRP 信息处理系统由三部分组成，即 MRP 的输入、MRP 的输出、MRP 处理过程。

1. MRP 的输入

MRP 的输入有三个文件：

（1）主生产计划 MPS（Master Production Schedule）。主生产计划一般是主产品的一个产出时间进度表。主产品是企业生产的用以满足市场需要的最终产品，一般是整机或具有独立使用价值的零件、部件、配件等。

（2）年度生产计划。主产品出产进度计划来自企业的年度生产计划。年度生产计划覆盖的时间长度一般是一年，在 MRP 中用 52 周来表示。但是主产品的出产进度计划可以不一定是一年，要根据具体的主产品的出产时间来定。但是有一个基本原则，即主产品出产进度计划所覆盖的时间长度要不少于其组成零部件中最长的生产周期。否则，这样的主产品出产进度计划不能进行 MRP 系统的运行。

（3）主产品结构文件 BOM（Bill of Materials）。主产品结构文件不是一个简单的物料清单，它还提供主产品的结构层次、所有各层零部件的品种数量和装配关系。一般用一个自上而下的结构树表示，每一层都对应一定的级别，最上层是 0 级，即主产品级，0 级的下一层是 1 级，对应主产品的一级零部件，这样一级一级往下分解，一直分解到最末一级 n 级，一般是最初级的原材料或者外购零配件。

每一层各个方框都表示三个参数：组成零部件名、组成零部件的数量、库存文件。

组成零部件的数量是指构成相连上层单位产品所需要的本零部件的数量，同时也决定了相应的提前期。（所谓提前期，包括生产提前期和订货提前期。）

库存文件也叫库存状态文件。它包含各个品种在系统运行前的期初库存量的静态资料，但它主要提供并记录 MRP 运行过程中实际库存量的动态变化过程。

由于库存量的变化是与系统的需求量、到货量等各种资料变化相联系的，所以库存文件实际上提供和记录各种物料的各种参数随时间发生的变化。

2. MRP 的输出

MRP 输出，包括了主产品及其零部件在各周的净需求量、计划接受订货量和计划发出订货量三个文件。

（1）净需求量是指系统需要外界在给定的时间提供的给定物料的数量。这是物资资源配置最需要回答的主要问题，即到底生产系统需要什么物资、需要多少、什么时候需要。

（2）计划接受订货量是指为满足净需求量的需求，应该计划从外界接受订货的数量和时间。

（3）计划发出订货量是指发出采购订货单进行采购，发出生产任务单进行生产的数量和时间。

3. MRP 处理过程

MRP 的整个处理过程可以分成以下几步：

（1）准备。在运行 MRP 之前，要做好以下几个方面的准备工作：确定物料编码，包括主产品和零部件的编码；确认主产品出产进度计划 MRP，它被表示成主产品各周的出产量；确认主产品的结构文件 BOM，它被表示成具有层级结构的树形图；准备好主产品及其所有零部件的库存文件，特别是各自的期初库存量、计划到货量。

（2）逐级处理。

（3）输出计划发出订货量。

（三）MRP 的基本计算模型

物料需求计划（MRP）的制订需要三个关键信息：MPS（主生产计划）、BOM（物料清单）、库存记录。在 MRP 的制订过程中，库存记录的计算方法构成了 MRP 的基本计算模型。因此，我们主要介绍 MRP 中的库存记录形式，以及如何计算和使用 MRP 的库存记录。

MRP 中的库存记录又称为 MRP 表格。MRP 表格在很多方面都与 MPS

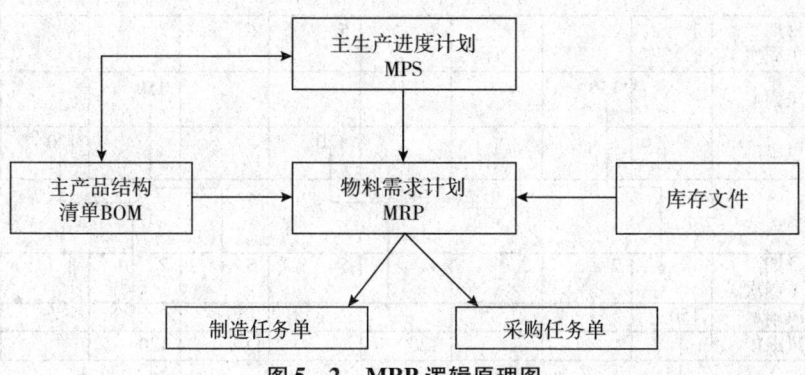

图 5–2　MRP 逻辑原理图

记录表格类似。它所包括的内容有：计划因子、粗需求量、预计入库量、现有库存量、计划订货入库量和计划发出订货量等。它与 MPS 类似，将未来的需求分成一个个时间段来表示，这种时间段的单位通常是周，但有时也用日或月来表示。为了便于理解，下面结合一个实例来说明 MRP 表格的计算过程。

某电风扇制造公司，其两种主要产品（即企业要出厂的最终产品）是电风扇 A 和 B，其需求大致稳定：产品 A 每周需 30 个，产品 B 每周需 20 个。这两种产品都需要用到一种电子部件 C。因此，对 C 的平均需求量是每周 50 个。A 和 B 的装配期是 1 周。

图 5–3 是电风扇 A 和 B 的主生产计划表格以及部件 C 的库存记录表格（尚未完成）。这种表格没有标准格式，该例所用的是一种常见格式。

如图 5–3 中左上方通常要标出产品名称及其性质（图中表明 C 是电子部件），右上方表示计划因子，通常包括三项：生产批量、生产周期和安全库存量。在本例中，C 的批量是 230 个，生产周期为 2 周，安全库存量为 50 个。这些计划因子的量都需要预先选定。当这些值发生变化以后，管理人员必须及时更新库存记录。下面首先来看库存记录的内容和确定方法。

1. 粗需求量

上例中未来 8 周的粗需求量如图 5–3 所示。其需求量是根据 C 的最终产品 A 和 B 的主生产计划所决定的，但有时候需要加上一些作为配件（更换件）使用的量。

对 C 的需求之所以比 MPS 中 A、B 的时间提前 1 周，是因为 MPS 中所表示的各周的量实际上是指当周应该完成的量。但由于生产或装配是需要一个周期的，因此该生产指令的发出必须给出这部分时间的提前量。在该例中，第 2 周需 150 个 A，其装配周期为 1 周，故第 1 周应发出生产订单，开始装

供应链管理实务

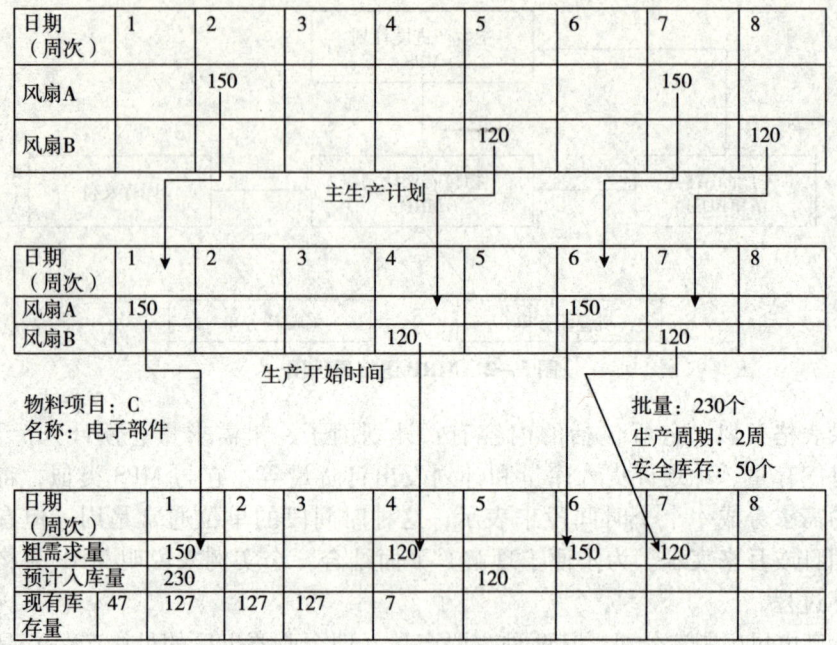

图 5-3 部分完成的电子部件 C 的 MRP 库存记录

配。图 5-3 中的第 2 个表格表示的是考虑了生产周期之后，MPS 生产订单发出的时间和生产量。同样，MRP 库存记录中粗需求量是指当周应准备好的量，比如，为了在第 2 周装完 150 个 A，第 1 周必须准备好 150 个 C。

2. 预计入库量（Scheduled Receipts，SR）

预计入库量是指订单已发出，但货尚未收到的量。对于外购件，它现在可能处于几种状态之一：买方刚发出订单，供应商正在加工；正在从供应商至卖方的途中；已到买方，买方正在验货等。对于自加工件，它的可能状态包括：正在生产现场被加工，等待它的原材料和零件的到达，正在机床前排队等待加工，正从一个工序移至下一个工序等。第 1 周需 150 个 C，其生产周期为 2 周，故至少在 2 周之前发出该生产的订单，但通常不会比提前 2 周更早地发出订单。

3. 现有库存量（POH）

现有库存量概念与 MPS 中的概念相同，指每周需求被满足之后手头仍有的库存量。该记录随着每周进货或出货的情况而更新，未来各周的 POH 则可计算得出。其计算公式为：

$$L_t = L_{t-1} + S_{R1} + P_{R1} + G_{R2}$$

式中，I_t—t 周末的 POH；
SR，t—t 周的预计入库量；
PR，t—t 周的计划订货入库量；
GR，t—t 周的粗需求；

可见，上式与 MPS 中的计算方式是一致的，即 $SR,t+PR,t$ 相当于 MPS 量，GR,t 相当于 max（Ft，COt），这里不存在预测值或订单值的选择，因为需求是相关的、确定的。图 5-3 中只给出了前 4 周的 POH，在第 4 周，POH 只剩 7 个，少于所要求的 50 个安全库存量，这是一个要求生产的信号，即要求增加 PR 的信号。

4. 计划订货入库量（Planned Receipts，PR）

计划订货入库量的含义是，计划订货或生产，但订单尚未发出的订货量。这个量的意义是要保持 POH 的量不低于安全库存（在 MPS 中未考虑安全库存，保持 POH 非负即可）。对于某些不需要安全库存的中间物料，则如同 MPS，其意义是要保持 POH 非负。在库存记录中所表示的 PR 量应包括这两种情况。

PR 的确定方法如下：

（1）在 POH 出现短缺（或为负值或小于安全库存量）的当周制订一个 PR 量，其值的大小应是 POH 大于等于安全库存。

（2）继续计算其后各周的 POH，当又出现短缺时，制订下一个 PR 量。

这两个步骤反复进行，直至整个计划期的 POH 记录和 PR 记录格都填满。

5. 计划发出订货量（Planned Order Release，POR）

计划发出订货量实际上是说明订单的发出时间或开始生产时间。之所以将其称为"××量"，是因为这种对时间的说明在库存记录中是通过将该订单的量记入相应的时间栏内来说明的。该时间的基本计算式是：到货时间减去生产量周期。利用这一项较容易地导出构成某项物料的 BOM 中下一层物料的粗需求量。

第三节 供应商关系管理

一、供应商关系管理概述

（一）供应商关系管理的基本概念

进入 21 世纪，全球经济一体化，企业经营全球化，以及客户需求个性化，令企业在提高产品质量、降低运营成本、快速响应全球市场需求变化方面,面临来自市场层面持续不断的压力。大多数企业由于相当依赖于对外采购产品与服务,其对供应商的依赖性非常之大。如何全面地管理与供应商之间的关系,便成为企业相当重视的一个课题。

正如客户关系管理(CRM)是用来改善与客户的关系一样,供应商关系管理(Supplier Relationship Management)是用来改善与供应商的关系的;它是一种致力于实现与供应商建立和维持长久、紧密伙伴关系的管理思想、软件技术解决方案和新型管理机制;它通过对双方资源和竞争优势的整合来共同开拓市场,扩大市场需求和份额,降低产品前期的高额成本,实现互利共赢;同时它又是以多种信息技术为支持和手段的一套先进的管理软件和技术,它将先进的电子商务、数据挖掘、协同技术等信息技术紧密集成在一起,为企业产品的策略性设计、资源的策略性获取、合同的有效洽谈、产品内容的统一管理等过程提供了一个优化的解决方案。实际上,它是一种以"扩展协作互助的伙伴关系、共同开拓和扩大市场份额、实现互利共赢"为导向的企业资源获取管理的系统工程。

著名咨询公司高德纳(Gartner)对供应商关系管理(SRM)的定义如下:供应商关系管理是用于建立商业规则的行为,以及企业为实现盈利而对于和不同重要性的产品/服务供应商进行沟通的必要性的理解。

还有些组织把供应商关系管理(SRM)作为电子采购的更新换代或者明确将其定义为一个"沿着价值链架起产品开发、外包、供应规划,以及采购等相关作业"的集成化的解决方案。SRM需要企业在内部和外部的协作。在企业内部,SRM有助于打破企业对待供应商常见的排队处理方式。最终,SRM将增强企业优化供应商关系的能力,以此让企业推出好的客户解决方案,并促进利润的大幅增长。

根据Gartner的观点,企业采用供应商关系管理能带来如下好处:

(1)优化供应商关系。企业可以依据供应商的性质以及其对企业的战略价值,对不同供应商采取不同的对待方式。

(2)建立竞争优势,并通过合作,快速地引入更新、更好、以顾客为中心的解决方案,增加营业额。

(3)扩展、加强与重要供应商的关系——把供应商集成到企业流程中。

(4)在维持产品质量的前提下,通过降低供应链运营成本来促进利润提升。

(二)实现供应商关系管理解决方案的关键技术

1. 数据仓库(Data Warehousing)

数据仓库是SRM的基础,是满足系统对各方面数据的要求。传统的数据库技术是以单一的数据资源,即数据库为中心,进行事务处理、批处理、决策分析等各种数据处理工作,主要划分为两大类:操作型处理和分析型处理或信息型处理。操作型处理也叫事务处理,是指对数据库联机的日常操作,通常是对一个或一组记录的查询和修改,主要为银行业务服务,注重响应时间,及数据的安全性和完整性;分析型处理则用于管理人员的决策分析,经常要访问大量的历史数据。

传统数据库系统已经无法满足数据处理多样化的要求,也无法满足 SRM 对业务的运作以及整个市场相关行业的情况分析,无法作出有利的决策。这种决策需要对大量的业务数据包括历史业务数据进行分析才能得到,而数据仓库就是一个作为决策支持系统和联机分析应用数据源的结构化数据环境,所要研究和解决的问题就是从数据库中获取信息,目的是数据挖掘。

2. **数据挖掘**(Data Mining)

在数据仓库中进行数据挖掘是 SRM 系统接口的核心,是 SRM 中实现数据分析的技术基础。

数据仓库中信息数据量非常大,这些数据中大部分用于内部统计和账务核算,想找出与供应商相关的有价值的信息,以及找出这些信息的关联,就需要对大量的数据进行深层分析,从而获得有利于商业运作、提高竞争力的信息。数据挖掘就是从海量数据中,抽取出潜在的、有价值的知识、模型或规则的过程,挖掘出更有价值的信息。

数据挖掘的过程:操作环境→数据仓库→内部仓库→数据分析。

3. **商业智能,数据分析**(Online Analytical Processing)

数据挖掘可以把企业现有的供应商分成不同的类,在每个类里的供应商拥有相似的属性,而不同类里的供应商的属性也不同。有了数据挖掘的基础,通过数据的分析就可以给企业带来一个令人满意的结果,能使企业对供应商的风格及习性有非常深刻的了解。数据挖掘同样也可以帮助我们进行供应商分类,细致而切实可行的供应商分类对企业的经营策略有很大益处。通过对企业内各种业务(产品)的总投入产出分析、不同供应商在各种业务(产品)中的贡献分析,可协助制定针对性的供应策略。通过对不同分支机构经营业绩的分析和评价,可以发现特性,找出差距,分析原因,采取相应的措施,实现业绩的提升和发现新的改进方法。

4. **电子数据交换 EDI 与电子商务**(E-commerce)

与供应商之间的电子数据交换(EDI),是供应商关系管理系统所追求的基本功能。企业的 CRM 与 SRM 应当包含接口功能,支持标准化的数据交换与业务规则,二者分别与上游及下游伙伴的系统连接,就构成了完整的,企业间集成的 SCM 管理系统，这可以说是对所谓"B2B"电子商务的一个操作性诠释。真正的 EDI，需要建立在一些标准的商务模式，包括信息交换的标准之上，传统的 EDI 在这方面经过了多年的探索，但并没有向最初预期的那样迅速普及。目前，新一代的信息交换标准技术 XML 已经被确立，并正在迅速地成熟与完善起来，可以预见，EDI 的真正普及实现，很可能将体现为基于 XML 技术、标准商务规则的 SRM 与 CRM 的集成。

二、供应商的选择与开发

（一）供应商选择的影响因素

传统采购管理往往倾向于一种物料有多个供应商，这样感觉上比较保险。而现代采购管理的趋势是减少供应商的数量，并与之建立互信、互利、互助的长期稳定合作伙伴关系。其优点是：简化采购计划及调配；可以形成经济采购批量，争取优惠；减少供方的专用工艺装备费用；简化运输管理；减少库存，从而有利于控制质量，降低产品的成本。

在选择供应商时，不但要审查供应商所提供产品的质量、价格、履约率和服务，还要了解供应商的技术条件、质量保证体系、生产能力、计划管理和经营方针等方面的情况。在严格认证的前提下，选择少数供应商，并与之建立长期的战略伙伴关系。

（1）质量因素。质量是供应链的生存之本，产品的使用价值是以产品质量为基础的，它决定了最终消费品的质量，影响着产品的市场竞争力和占有率。因此，质量是选择供应商的一个重要因素。

（2）价格因素。价格低，意味着企业可以降低其生产经营成本，对企业提高竞争力和增加利润，有着明显的作用。但是价格最低的供应商不一定就是最合适的，还需要考虑产品质量、交货时间以及运输费用等诸多因素。

（3）交货准时性因素。能否按约定时间和地点将产品准时运至指定地点，直接影响企业生产和供应活动的连续性；也会影响各级供应链的库存水平，继而影响企业对市场的响应速度，影响生产商的生产计划和销售商的销售计划。

（4）服务因素。在采购过程中，需要与供应商进行沟通与交流，这就要求供应商具备交流反馈能力。此外，服务标准和服务改善能力也应成为考察的重点。

（5）品种柔性因素。要想在激烈的竞争中生存和发展，企业生产的产品必须多样化，以适应消费者需求，达到占有市场和获取利润的目的。而产品的多样化是以供应商的品种柔性为基础的，它决定了消费品的种类。

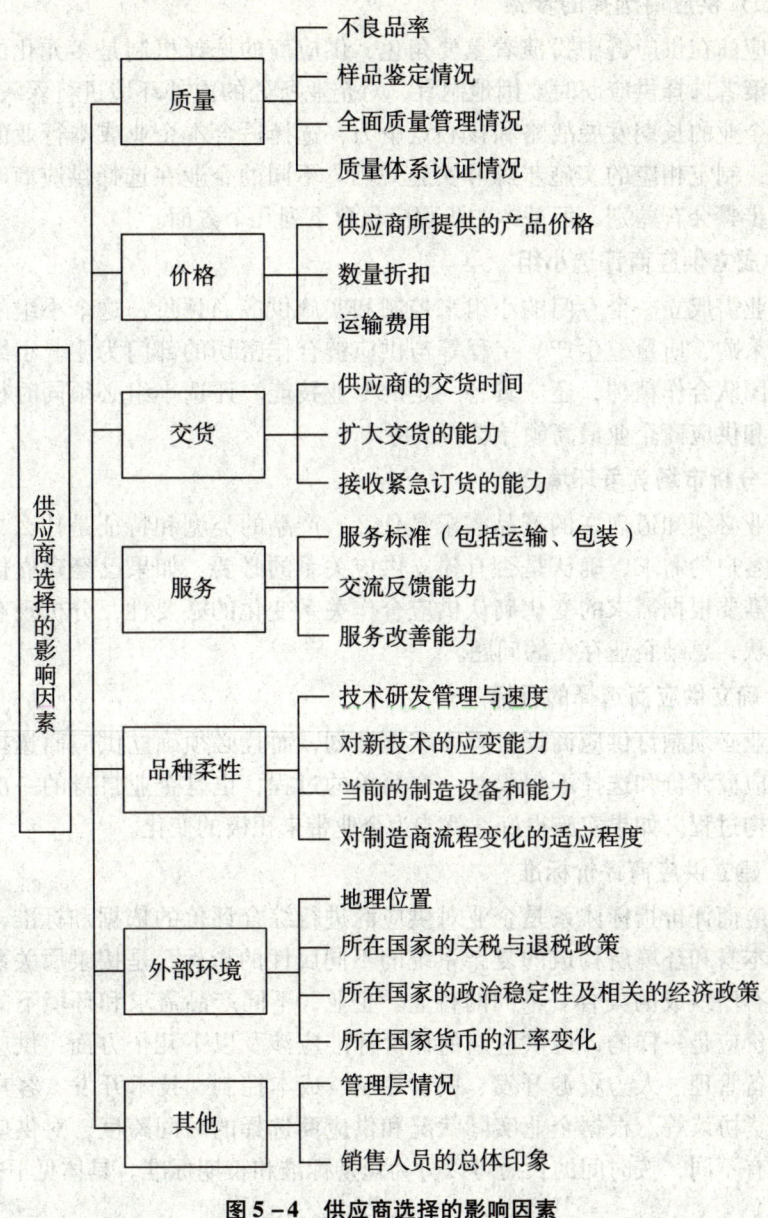

图 5-4 供应商选择的影响因素

(6) 外部环境因素。在经济全球化时代，跨国采购越来越频繁。供应商所在国的经济、政治、海关政策、汇率货币等因素都会影响采购商的经济利益。

(7) 其他影响因素。包括供应商的管理层情况、销售人员的素质等。

（二）供应商选择的步骤

供应商在供应链中扮演着重要角色，供应商的选择机制是多元化的。企业的决策者选择供应商时要因地制宜，对企业所处的内外环境进行深入分析，并根据企业的长期发展战略和核心竞争力，选择适合本企业或本行业的理论和方法，制定相应的实施步骤和实施规则。不同的企业在选择供应商时，所采用的步骤会有差别，但基本的步骤应包含下列几个方面。

1. 成立供应商评选小组

企业需成立一个专门的小组来控制和实施供应商评价，这个小组的组员以来自采购、质量、生产、工程等与供应链合作密切的部门为主。小组组员必须有团队合作精神，还应具备一定的专业技能。评选小组必须同时得到采购企业和供应商企业最高领导层的支持。

2. 分析市场竞争环境

企业必须知道现在的产品需求是什么、产品的类型和特征是什么，以此来确认客户的需求，确认是否有建立供应关系的必要。如果已经建立供应关系，则需要根据需求的变化确认供应合作关系变化的必要性，分析现有供应商的现状，总结企业存在的问题。

3. 确立供应商选择的目标

企业必须制订供应商评价程序实施计划，而且必须确立供应商选择的目标。供应商评价和选择不仅仅是一个简单的过程，也是企业自身的一次业务流程重构过程。如果实施得好，就能为企业带来积极的变化。

4. 建立供应商评价标准

供应商评价指标体系是企业对供应商进行综合评价的依据和标准，是反映企业本身和环境所构成的复杂系统的不同属性的指标，是按隶属关系、层次结构有序组成的集合。不同的行业、企业，不同产品需求和环境下的供应商的评价应是一样的，但供应商的评价标准应涉及以下几个方面：供应商业绩、设备管理、人力资源开发、质量控制、成本控制、技术开发、客户满意度、交货协议等。根据企业实际状况和供应商选择的时间跨度，对供应商的要求也有不同，按时间的长短可以分为短期标准和长期标准。具体见下表。

表 5-9 供应商评价标准

供应商选择的短期标准	商品质量合适、成本低、交货及时、整体服务水平好（安装服务、培训服务、维修服务、升级服务、技术支持服务）、履行合同的承诺和能力等。
供应商选择的长期标准	供应商质量管理体系是否健全、供应商内部机器设备是否先进以及保养情况如何、供应商的财务状况是否稳定、供应商内部组织与管理是否良好、供应商员工的状况是否稳定等。

在确定供应商选择标准时，一定要考虑短期标准和长期标准，并将两者结合起来，才能有利于对供应商进行评价，从而遴选出最合适的供应商。

5. 供应商参与

一旦企业决定实施供应商评选，评选小组应让供应商参与到评选标准的设计过程中，确认他们是否有获得更高业绩水平的愿望。

6. 评选供应商

评选供应商的主要工作是调查、收集、分析有关供应商生产运作的全方位信息。在收集供应商信息的基础上，就可以利用一定的工具和技术方法对其进行评选。

7. 实施供应合作关系

在实施供应合作关系的过程中，市场需求也将不断发生变化。企业可依据实际情况及时修改供应商评选标准，或重新开始供应商评估选择。在重新选择供应商时，应给予新旧供应商足够的时间来适应变化。

（三）供应商选择的方法

应用于供应商选择的方法有公开招标法、协商选择法、ABC成本法、线性规划法、层次分析法（AHP）、模糊综合评判法、神经网络法、TOPSIS法、数据包络分析法（DEA）、成分分析法、灰色综合评价法等。企业可以根据实际情况选择其中的方法加以应用。这里介绍几种较为常用的方法。

1. 直观判断法

直观判断法是指通过调查、征询意见、综合分析和判断来选择供应商的一种方法，是一种主观性较强的判断方法，主要是倾听和采纳有经验的采购人员的意见，或者直接由采购人员凭经验作出判断。这种方法的质量取决于对供应商资料掌握得是否正确、齐全和决策者的分析判断能力与经验。直观判断法运作简单、快速，但是缺乏科学性，受掌握信息的详尽程度限制，常用于选择企业非主要原材料的供应商。

2. 考核选择法

考核选择法是在对供应商充分调查了解的基础上，再进行认真考核、分析比较而选择供应商的方法。

供应商的调查可以分为初步供应商调查和深入供应商调查。每个阶段的调查对象都有一个供应商选择的问题，而且选择的目的和依据是不同的。

初步供应商调查对象的选择非常简单，基本依据就是其产品的品种规格、质量价格水平、生产能力、运输条件等。满足这些条件的供应商就是初步供应商调查的对象。

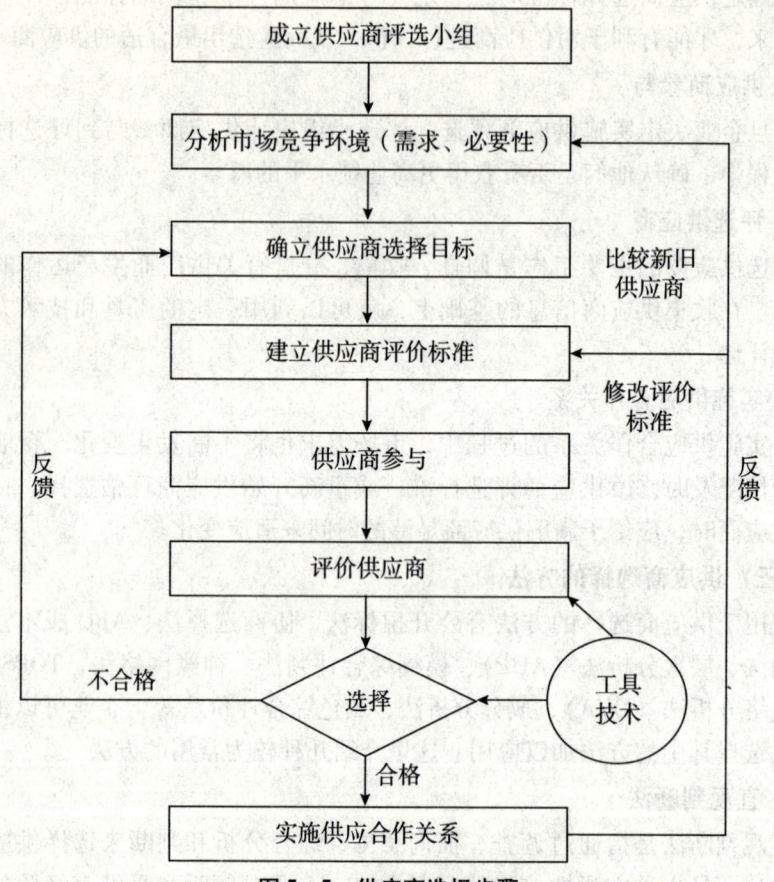

图 5–5 供应商选择步骤

深入供应商调查对象的选择,是基于影响企业的关键产品、重要产品的供应商。对这些供应商要进行深入地研究考察考核,选择标准主要是企业的实力、产品的生产能力、技术水平、质量保障体系和管理水平等。

在对各个评价指标进行考核评估之后,还要进行综合评估,将以上各个指标进行加权平均计算得到的一个综合成绩,可以用下列公式计算:

$$S = \sum W_i P_i / \sum W_i \times 100\%$$

其中:S 是综合指标;P_i 是第 i 个指标;W_i 是第 i 个指标的权数,根据各个指标的相对重要性而主观设定。S 作为供应商表现的综合描述,值越高的供应商表现就越好。

通过试运行阶段,得出各个供应商的综合成绩后,基本上就可以确定最终供应商了。

3. 招标选择法

当采购物资数量较大、供应市场竞争激烈时，可以采用招标方法来选择供应商。采购方作为招标方，事先提出采购的条件和要求，邀请众多供应商参加投标，然后由采购方按照规定的程序和标准择优选择交易对象，并与中标方签订采购协议。招标过程必须公开、公正和择优。

4. 协商选择

在可选择的供应商较多、采购单位难以抉择时，也可以采用协商选择方法，即由采购单位选出供应条件较为有利的几个供应商，同他们分别进行协商，再确定合适的供应商。和招标选择方法相比，协商选择方法因双方能充分协商，因而在商品质量、交货日期和售后服务等方面较有保证，但由于选择范围有限，不一定能得到最便宜、供应条件最有利的供应商。当采购时间较为紧迫，投标单位少，供应商竞争不激烈，订购物资规格和技术条件比较复杂时，协商选择方法比招标选择方法更为合适。

➡ 扩展阅读

从买卖到伙伴关系

自 20 世纪末以来，学术界对"供应商"这一课题进行了大量的研究，如 Timothy M. laseter 在《平衡的资源》（"Balanced sourcing" 1998, by Booz – Allen & Hamilton Inc.）一书中阐明了传统的买卖关系的供应商和长期的业务伙伴关系的供应商的区别，提出了"Partner suppliers"（合作伙伴供应商）的概念；Dave znelson, Patricia E. Moody and Jonathan Stegner 在其合写的《采购机器——前 10 家公司如何利用最好的实践管理他们的供应链》（"The Purchasing Machine – How the top ten companies use best practices to manage their supply chain" 2001, by Simon & Schuster, Inc）一书中通过对 247 位采购经理的调查研究，剖析了传统采购观念及流程的缺陷，对如何获得策略资源和与供应商结成战略伙伴的问题给出了深刻的讨论和建议；1990 年，麻省理工学院国际汽车研究小组发表著名的《改变世界的机器》（The Machine That Changed the World）一书，全面总结了日本经营管理方式的特点，其中专门论述了日本企业与供应商的关系，指出日本制造业在 20 世纪 80 年代末竞争力强的缘由之一就是因为日本有独特的零部件外协系统；Charles C. Poirier 的《高级供应链管理》（"Advanced supply chain management" 1999, by Berrett – Koehler Publisher, Inc.）一书更是通过沃马特和 P&G 所提出的钻石型伙伴关系等实例强调了建立伙伴关系的重要性，必须在企业内首先形成一个由多部门人员组成的工作小组，同时要求供应商也成立一个相应的小组，双方再共同合作，等等。在这些论著中，特别强调了要将企业之间的"敌对"关系转变为"信任"关系。

随着理论界的不断深化研究，企业在这些新的观念和理论的指导和推动下，在过去数年中正快速地放弃传统上以交易为基础的买卖关系，并且大幅削减供应商的数目，企图以少量但能维持长久关系的供应商，取代原先庞大的供应商数目。比如，福特汽车公司将其供应商的数目由5.2万家减少至0.5万家；公共电力与煤气服务公司则和1500家供应商解约；史考特航空公司（Scott Aviation）将该公司供应商由800家缩减至不到500家，而且还要继续减少。

（四）供应商开发的操作流程

开发新供应商程序包括明确需求、编制供应商开发进度表、寻找新供应商的资料、初步联系、初步访厂、报价、正式工厂审核、产品质量认证和最后确定合格供应商等环节。

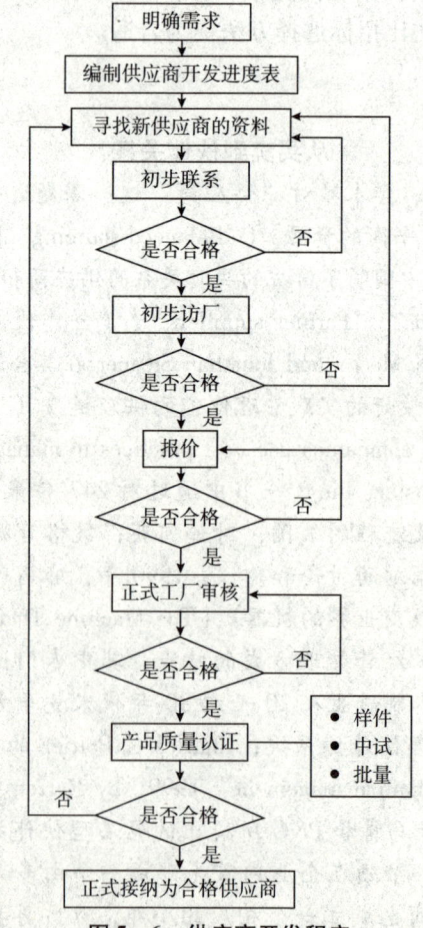

图5-6 供应商开发程序

1. 明确需求

主要包括生产对物料技术、质量及交货期的要求，现有供应商满足供货要求的能力与质量状况，需要新供应商具备哪些能力等。

2. 编制供应商开发进度表

供应商开发进度与生产需求计划、新产品开发与配套要求及供应商开发易难程度直接相关。一般可按开发供应商的步骤编制一份时间进度表（参见表 5-10），这样不仅可以使开发新供应商的具体工作明确化，而且也可以尽量减少计划日期的延误。

表 5-10 供应商开发进度表

序号	内容	进度日期										
		1周	2周	3周	4周	5周	6周	7周	8周	9周	10周	11周
1	寻找新供应商的资料	→										
2	提供资料与面试会谈		→									
3	资质评审			→								
4	报价				→							
5	确定供应商考察对象					—→						
6	制作并送交工装样品							→				
7	评估首批产品								→			
8	评估小批量产品									→		
9	评估中批量产品										→	
10	合格供应商评估											→

3. 寻找新供应商的资料

明确对新供应商的需求后，便可依照编制的进度表开展具体工作，寻找新供应商的资料或信息是第一步。获得所需信息的方式有很多，比如，访问国际互联网、参加各种展览会等。一般而言，通过各种方式获得的供应商会有多家，可根据企业对新供应商的各方面要求进行初步筛选，留下 3-5 家供应商进行下一步接触与了解。

4. 初步联系

应使用恰当的联系方法与供应商取得联系。一般而言，初次接触尽可能采用电话联系，应跟供应商的接洽人员清楚表达与他们联系的目的、自己的需求，做到初步了解该供应商的产品。

跟供应商电话联系取得初步的信息后，可以要求距离较近的供应商见面洽谈，应让供应商带上企业简介、相关的样品甚至行业解决方案以取得较好的会谈效果。面谈时不仅要尽可能多地从供应商那里得到信息，同时也要将企业对预购原材料的要求尽可能向供应商准确说明，必要时可带供应商参观生产现场，有利于供应商对预购产品要求的进一步理解。

对于距离较远的供应商，可让其邮递资料及样品，以加深了解。

可要求供应商填写一份"供应商调查问卷"，作为下一步甄选的依据。

表 5-11 供应商调查问卷

```
日期_____    调查员_____         编号_____
1. 厂商名称_____ 电话_____    电子邮箱_____
   厂址_____    邮政编码_____
2. 负责人_____  总经理_____       副总经理_____
3. 联络人_____  职称_____
4. 厂商规模：
   ①职员_____      ②总雇用人数_____    ③资本_____
   ④厂房面积_____  ⑤总动力_____        ⑥已设立_____（年）
5. 编制：
   ①技术部门：□有 □无 工程师_____人 技术员_____人
   ②生产部门：直接人员_____人，管理人员_____人
     间接人员_____人
   ③品质管理部门：□有 □无 技术人员_____ 检验员_____人
   ④主管部门：□有 □无 职员_____人 对_____负责
6. 财务状况：
   ①往来银行_____
   ②估计营业额：去年_____ 今年_____ 明年_____
   ③主要客户：_____。
7. 生产能力与承制本公司产品能力：
   ①有无生产设备：□有 □无 是否足以生产：□是 □否
   ②模具可否自行设计：□可 □否
   ③可否自行制作模具：□可 □否 制作能力如何：□足够自用 □可代他厂加工
     □不足自用 精确性 □良 □不佳
8. 主要产品制造及设备：
9. 厂房平面图：
```

第五章 供应链采购与供应商管理

5. 初步访厂

这一步骤可以根据实际情况选择进行。如果采购人员提前对供应商的工厂缺乏初步了解,万一供应商的实际生产现场很差,势必会影响供应商遴选工作。初步访厂目的是要得到一个对该供应商的初步总体印象,为下一步工作提供依据。

6. 询价

在对供应商资质审核及初步掌握其基本情况后,应发一份询价单给供应商要求报价。询价单内容包括物料名称、币种、价格术语、交货周期、最小交货量、交货地、付款条件等,以便让供应商进一步得到此物料的一些基本情况,为采购人员比价创造有利条件。

7. 正式工厂审核

对符合资质、价格和交货条件的潜在供应商,采购方组织采购、质保和工程技术人员前往供应商工厂进行现场考察和审核。审核内容包括质量保证能力、产品开发能力、供货能力、价格水平、服务水平和管理水平等。

 案例

本田公司与其供应商的合作伙伴关系

本田公司与供应商之间是一种长期平等合作、相互信赖的伙伴关系。如果供应商达到本田公司的业绩标准就可以成为它的终身供应商。本田公司也在以下几个方面提供支持帮助:

(1) 2 名员工协助供应商改善员工管理。

(2) 40 名工程师在采购部门协助供应商提高生产率和质量。

(3) 质量控制部门配备 120 名工程师解决进厂产品和供应商的质量问题。

(4) 在塑造技术、焊接、模铸等领域为供应商提供技术支持。

(5) 成立特殊小组帮助供应商解决特定的难题。

(6) 直接与供应商上层沟通,确保供应商的高质量。

(7) 定期检查供应商的运作情况,包括财务和商业计划等。

(8) 外派高层领导人到供应商所在地工作,以加深本田公司与供应商相互之间的了解及沟通。

本田与 Donnelly 公司的合作关系就是一个很好的例子。本田美国公司从 1986 年开始选择 Donnelly 为它生产全部的内玻璃,当时 Donnelly 的核心能力就是生产车内玻璃,随着合作的加深,本田公司建议 Donnelly 生产外玻璃。在本田公司的帮助下,Donnelly 建立了一个新厂生产本田的外玻璃。它们之间的交易额在第一年为 500 万美元,到 1997 年就达到 6 000 万美元。

表 5-12 供应商审核表

供应商审核表					
厂家资料	公司名称		公司地址		电话
	工厂地址		负责人		电话
	营业执照号码		经营品种		
	员工人数	管理：	人，生产：	人	
调查及评分					

调查内容	质量保证能力 30%			产品开发能力 20%		供货能力 20%			价格水平 20%			服务水平 5%		管理水平 5%	
	质量管理体系	进料质量控制	生产过程质量控制	检测标准及检测手段	技术人员素质	新产品开发成果	与其他企业配套创新能力	设备规模、生产能力	交货稳定性应变能力	设备维护	运输条件、配套距离	价格竞争能力	原材料、制造成本	降低成本的潜力	结算期限	流通加工能力	信息服务	售后服务	组织制度	现场管理	财务状况、经营状况
总分	10	10	5	5	5	10	2	3	10	5	2	3	10	3	2	5	2	1	2	2	2	1
备注																					

评审组长：　　　　日期：　　年　月　日

 课后习题

1. JIT 采购主要有哪些特点？
2. 试论述供应商选择的主要步骤。

参考答案

1. JIT 采购主要有哪些特点？

　　JIT 采购的主要特点有订单驱动、信息同步、质量零缺陷、零库存、VMI。

2. 试论述供应商选择的主要步骤。

　　供应商选择的主要步骤包括：成立供应商评选小组、分析市场竞争环境、确立供应商选择的目标、建立供应商评价标准、供应商参与、评选供应商、实施供应合作关系。

第六章 客户关系管理

【导入案例：康宁公司的 CRM 失败案例】

欧文斯康宁（Owens Corning）是一家财富500强公司，总部位于俄亥俄州底特律河岸边。20世纪90年代初期，康宁公司并购了很多小公司，以扩展隔热系统产品线；同时，公司高层开始借助著名形象设计公司建立家居专家的新定位。这些扩展造成了客户服务体系的广泛化和多层次化，经常会有同一个客户信息在几个数据库中混乱地复制，每个复制信息都被重新组织在不同的产品线之下。

康宁公司决定开始实施 CRM 系统。但过程却并不顺利。

CRM 工作在每次看上去要取得进展时被打断。比如，有一个试点项目是在波兰的新屋顶产品测试过程中，进行 CRM 模型测试。但这个项目因为康宁公司决定在全球范围内快速推出该产品而被搁浅。

更加令人沮丧的是，大部分应该投入到 CRM 上的预算被挪用到更大的 ERP 项目中去了。这个项目用统一的平台取代了康宁原来200个各不相同的计算机系统，以支撑全球各地不同业务部门的运作。ERP 项目持续了7年，花费2800万美元。

2001年年中，康宁的 ERP 项目成功完成，它开始在互联网上从叫作"居家专家"的家庭服务产品开始实施客户事务处理项目。但它已经错失了很多时间，一位帮助过康宁公司的 CRM 倡导者说："对康宁公司而言，我已经无法估计在六七年中没有实施 CRM 的损失是多少。"

学习目标

● 通过本章学习,了解客户关系管理的概念和作用,掌握供应链客户关系管理系统的结构和构建原则,熟悉其功能和模块。

第一节 客户关系管理概述

一、客户关系管理的概念及作用

(一)客户关系管理的概念

客户关系管理(Customer Relationship Management, CRM)是指通过培养企业的最终客户、分销商和合作伙伴对本企业及其产品更积极的偏爱或偏好,留住他们并以此提升企业业绩的一种营销策略。同时,它也是一个不断加强与客户交流,不断了解客户需求,并不断对产品及服务进行改进和提高以满足客户需求的连续的过程。

客户关系管理从广泛的意义上讲是指,在企业的运营过程中不断积累客户信息,并使用获得的客户信息来制定市场战略以满足客户个性化需求。客户关系管理注重的是与客户的交流,企业的经营是以客户为中心,而不是传统的以产品或以市场为中心。客户关系管理的目的已经从以一定的成本取得新客户转向想方设法地留住现有客户,从取得市场份额转向取得客户份额,从发展一种短期的交易转向开发客户的终身价值。

值得关注的是,客户关系管理从产生到现在,一直处于争论与探讨之中。无论是 CRM 的概念,还是 CRM 的体系框架,到目前为止都没有定论。

比如,Gattner Group(1999)最早提出 CRM 的定义:客户关系管理是整个企业范围内的一个战略,这个战略的目标通过组织细分市场,培养客户满意行为,将从供应商到客户的系列处理过程联系在一起,使得利润、收益、客户满意程度最大化。

Peppers 等(1999)提出,CRM 就是关系营销及一对一营销,企业可以利用所收集到的或者客户反馈的信息,改变对个别客户的行为。

NCR 公司认为,CRM 是企业的一种机制。企业通过与客户不断地互动,为客户提供信息,与客户进行交流,可以了解客户和影响客户的行为,进而留住客户,不断增加企业利润。

客户关系管理是关系营销和关系管理的自然延续，并没有改变关系营销的宗旨——通过建立长期的客户关系来营造企业长期的竞争优势。客户关系管理的出现，把对关系的管理从营销领域扩大到整个企业范围，从一个局部的战略演变成了企业的整体战略。在实现形式上，客户关系管理坚持关系营销的基本理念，吸收了数据库营销、全面质量管理（TQM）和流程再造（BPR）等领域的思想。在先进信息技术的支持下，使企业对客户关系的管理更加主动、积极和可靠。

客户关系管理是企业总体战略的一种，它采用先进的数据库和其他信息技术来获取客户数据，分析客户行为和偏好特性，积累和共享客户知识，有针对性地为客户提供产品或服务，发展和管理客户关系，培养客户的长期忠诚度，以实现客户价值最大化和企业收益最大化之间的平衡。

客户关系管理具有以下内涵：

（1）客户关系管理也是企业战略的一种，贯穿于企业的每个部门和经营环节，其目的在于理解、预测和管理企业现有的或潜在的客户。客户关系管理涉及战略、过程、组织和技术等各方面的变革，以使企业更好地围绕客户行为来有效地管理自己的经营。

（2）信息技术是客户关系管理的使能者（Enabler）。一些新技术，如知识发现技术、数据仓库技术和数据挖掘技术等，有效地促进了数据获取客户细分和模式发掘。信息技术的引入，使得客户知识的积累和共享更为有效。目前，许多软件公司致力于开发 CRM 软件技术产品，如 SAS、Oracle、Meta Group、Aberdeen Group 等，以辅助企业有效地实施客户关系管理战略。随着 CRM 软件产品在市场上的不断推广，无疑将进一步促进客户关系管理的发展。

（3）客户关系管理始于对客户行为和特性的深入分析，以取得对客户及其偏好、愿望和需求的完整认知，然后应用这些知识去制定营销战略、编制营销计划和开展营销活动。同样，管理客户关系也意味着与客户之间的互动接触。因此，客户关系管理需要设计一个由许多接触点构成的网络，来建立、培养和维持与客户之间长期互利的接触。

（4）客户关系管理的目的是实现客户价值的最大化和企业收益的最大化之间的平衡，即客户与企业的"双赢"。

实施客户关系管理战略，必须衡量所有职能部门的投入（如营销成本、销售成本及服务成本）和产出（如收入、利润和价值）；不断获取和更新客户关系生命周期内有关客户需求、动机和行为的知识；应用客户知识不断地改善业绩；有效地整合营销、销售和服务等活动，以实现统一的目标；采用合适的系统，来支持对客户知识的获取、共享及对客户关系管理有效性的评估；

根据客户需求变化，不断调整营销、销售和服务等投入，以实现利润最大化的目标。

（5）不同的客户具有不同的关系价值，企业必须为最有价值的客户提供最好的服务。虽然那些低价值的客户在数量上占有绝对优势，但对公司的销售和利润贡献却很小。客户关系管理并不是主张放弃这些价值较低的客户，而是强调仔细甄别良性客户关系和恶性客户关系，并加以区别对待。通过对关系的有效识别，发展与特定客户之间良性、长期、互惠的关系，剔除不具有培养前景的恶性客户关系。

> **扩展阅读**

客户关系管理的起源

最早发展客户关系管理理论的是美国，在 1980 年初便有所谓的"接触管理"（Contact Management），即专门收集客户与公司联系的所有信息；1985 年，巴巴拉·本德·杰克逊提出了关系营销的概念，业界对市场营销理论的研究又进入一个新阶段；到 1990 年则演变成包括电话服务中心支持资料分析的客户关怀（Customer care）。

1999 年，Gartner Group Inc. 公司提出了 CRM 概念（Customer Relationship Management，客户关系管理）。Gartner Group Inc. 在早些提出的 ERP 概念中，强调对供应链进行整体管理。

在 ERP 的实际应用中人们发现，由于 ERP 系统本身功能方面的局限性，也由于 IT 技术发展阶段的局限性，ERP 系统并没有很好地实现对供应链下游（客户端）的管理，针对 3C 因素中的客户多样性，ERP 并没有给出良好的解决办法。

另一方面，到 20 世纪 90 年代末期，互联网的应用越来越普及，CTI、客户信息处理技术（如数据仓库、商业智能、知识发现等技术）得到了长足的发展。结合新经济的需求和新技术的发展，Gartner Group Inc. 提出了 CRM 概念。从 20 世纪 90 年代末期开始，CRM 市场一直处于一种爆炸性增长的状态。

（二）客户关系管理的作用

随着市场环境的不断变化，企业要跟踪评估客户就显得更加困难。在这种情况下，传统企业实施客户关系管理就显得十分必要。客户关系管理主要有以下作用。

1. 有利于降低营销成本

在过去，企业通过大众媒体进行的广告促销就能够树立起独特的产品形象，企业无须考虑每个客户的专门需要，只要能保持在电视和报刊上发布广告，就可以塑造自己的品牌。但这往往耗费巨大，一般企业难以效仿。而且在个性化需求时代，通过大众传媒进行促销的效果越来越有限。实施CRM后，企业能够就指定的消费群体进行一对一的营销，用户可以与商家主动沟通，而且成本低，效果好。

2. 有利于提高企业竞争力

在互联网时代，几乎所有的企业都面临同样的战略决策：现在的青少年获得信息的渠道包括网络、移动互联网等，在不久的将来，他们将成长为市场的消费主体，要适应这样的消费者，就需要在竞争中保持优势，开展并加强电子商务、网上订购等服务，并建立基于互联网的客户关系管理系统。

▶ **案例**

美国东北航空公司的倒闭

美国东北航空公司曾经是一家规模颇大的航空企业，拥有多条航线和数量可观的民航飞机，但在20世纪80年代无奈宣布破产。其倒闭不是因为服务质量或其他原因，而是因为当其他航空公司纷纷采用计算机信息系统让全国各地的旅游代理商可以实时查询、订票和更改航班的时候，东北航空公司仍然采用传统的人工运作方式。很快他们就发现在价格和服务方面无法与其他航空公司竞争。别的航空公司及时向客户提供折扣，或在更改航班的时候通知客户，保持每次飞行的客满率，而他们仍然要用昂贵的长途电话方式人工运作。等他们决定投资订票系统的时候为时已晚，最后只能以宣布破产告终。

3. 有利于加强企业内部管理

通过互联网和电话与企业进行交流的用户往往更加没有耐性，他们要求电子邮件能够立刻回复，订单以及快递在途情况可以及时查询，投诉与建议能够及时得到答复，更新修改都要能够及时办到。这就要求企业流程能够在制造、运输、配送、售后服务等各方面与加速流通的用户信息相匹配。

4. 有利于企业科技进步

在经济全球化和客户需求个性化时代，产品的生产正从批量生产（Mass production）向批量定制（Mass customization）转变。批量生产就是广泛运用流水线，细化分工和现代管理形成社会化大生产的制造能力，这种方式是传统企业运用的主流模式。

批量生产让人们摆脱了分散的手工作坊，使人类进入了机械化、电气化、自动化的大生产时代,极大地提高了生产率。但是,随着社会进步,现代社会越来越注重对个性的尊重,注重更高层次的服务质量,批量生产的产品显得规格重复、样式单调。在这种生产模式下,用户的个性化需求受到抑制。

为了让用户更满意,同时保持批量生产带来的低成本和高效率,长期以来人们进行了多种尝试,包括进行市场细分、不断搜集用户反馈、设计可调整流水线和运用自动控制技术等。随着网上订购和电子商务的迅猛发展,以"量身定做"为主要特征的批量定制得到快速发展,越来越多的企业开始提供定制服务,而 CRM 则是专门为此服务的软件系统。

二、客户关系管理的驱动因素

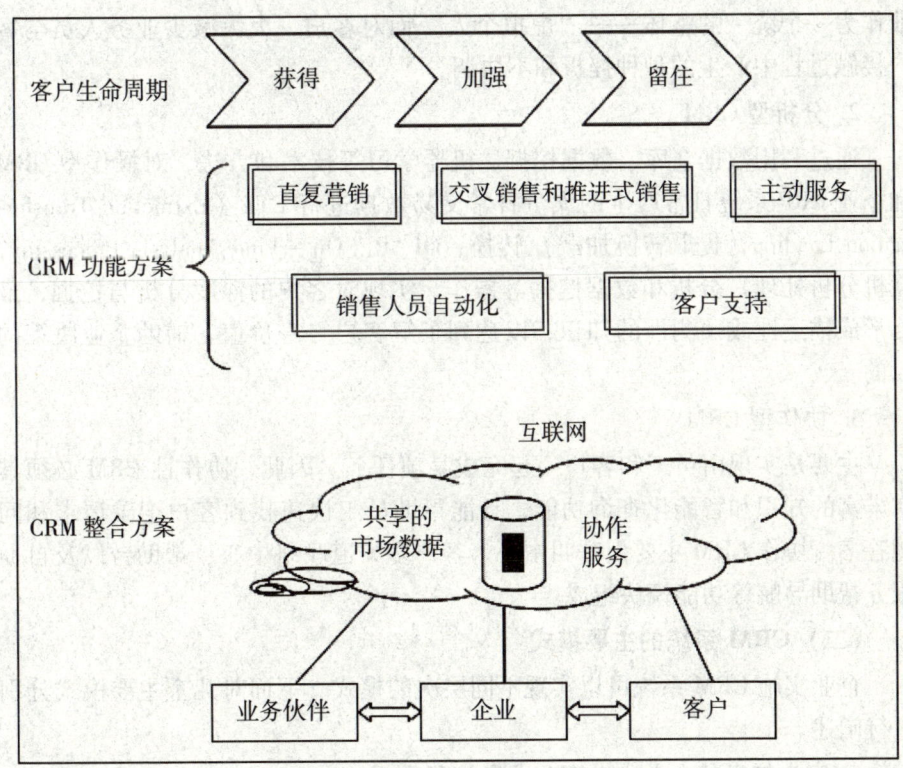

图 6 – 1　客户关系管理的三个阶段

第二节　CRM 系统的组织与实施

一、CRM 系统的分类与主要模式

（一）CRM 系统的分类

按照目前市场上通行的功能分类方法，CRM 应用系统分为操作型（Operational）、分析型（Analytical）和协作型（Collaborative）三类。

1. 操作型 CRM

通过基于角色的关系管理和员工授权个性化为企业销售人员、营销人员、现场服务人员提供在日常工作中共享客户资源，减少信息滞留点，从而使企业作为一个统一的整体——"虚拟个人"面对客户，大大减少业务人员与客户接触过程中产生的种种挫折和不协调。

2. 分析型 CRM

通过利用数据仓库、数据挖掘、机器学习等技术和方法，对操作型 CRM 和企业 ERP 系统日常产生的大量日常交易数据进行 ETL（Extraction Transformation Loading，提取转换加载）转换、OLAP（On-Line Analysis Processing，联机分析处理）分析和数据挖掘等操作，实现对客户的深度分析与挖掘，最终形成描述性或预测性的知识，以达到了解客户终身价值、辅助企业决策的目的。

3. 协作型 CRM

主要是实现由员工和客户一起完成某项任务。因此，协作性 CRM 必须具有丰富的知识和智能化查询功能，且能帮助员工快速找到客户记录请求和问题答案。协作 CRM 主要由呼叫中心、客户多渠道联络中心、帮助台以及自助服务帮助导航等功能模块组成。

（二）CRM 系统的主要模式

企业实施 CRM 系统可以实现不同层次的模式。下面对几个主要模式分别进行阐述。

1. 客户信息的合并、共享与业务流程重组

通过客户信息的合并和共享、经营活动的自动化和系统对经营流程的重组，来节省人力、时间等成本，提高工作效率以及对客户的服务质量。它使销售和营销等手段程序化，减少不必要的失误和消耗。这个层次上的 CRM 可细分为客户信息的合并和共享与业务流形成两个方面。

（1）客户信息合并和共享。客户信息合并是指建立包含诸如联系记录、购买记录、投诉记录、服务记录等企业所掌握的客户所有信息的顾客资料库。这是实现企业范围内对客户信息共享的基础，也是增长客户知识，使零散的客户知识系统化，并被有效应用的先决条件。

（2）业务流程重组。通过业务流的实现，CRM 解决方案应该具有很强的功能，为跨部门的工作提供支持，使这些工作能动态地、无缝地完成。这样的企业流程重组是 CRM 项目实施的重要部分，同样的系统在不同的环境或不同的实施方式下会有不同的结果。

一个实施成功的 CRM 会通过恰当的流程重组给企业带来很大收益。据统计，在传统的电话行销方式中，业务员 40% 的时间用来拨号，23% 的时间用来整理资料，只有 37% 的时间用来和客户交流。采用 CRM 的销售自动化工具，首先可以大大减少资料整理时间，其次借助一些工具甚至可以将拨号时间减少为零，从而将更多的时间专注于和客户的交流中。

2. 建立基于 CTI 技术的呼叫中心、电子商务网站、自助服务网站

（1）基于 CTI 技术的呼叫中心。现代企业的竞争优势已经逐渐从产品本身转向先进的服务手段，竞争方式也开始表现在对客户的全面争夺，并且越来越多的企业开始将呼叫中心视为在竞争中必不可少的成功要素。现代企业对呼叫中心有高度严格的期望和要求：呼叫中心能提供每周 7 天、每天 24 小时的全天候服务；能为客户提供包括传统的语音、IP 电话、电子邮件、传真、文字交谈、视频等在内的多种通信方式选择；能提高其业务代表和管理人员工作效率；能维护客户忠诚度，让客户感受到价值；能为企业搜集市场情报、客户资料，扩大销售基础，提高经济效益。

（2）电子商务门户和自助网站。基于因特网的电子商务和自助服务网站通过提供顾客网上的自助购物和自助服务，为企业节约了大量的销售和支持费用。

对拥有大量客户的大型企业而言，服务费用的支出是一笔很大的费用。自助服务网站的建立，方便顾客随时查询的同时，节省了大量的营销成本。

3. 实现客户智能

客户智能的第一层含义，是通过一定的技术手段对呼叫中心或在线门户提供实时支持，搜集顾客数据，识别、区分顾客，针对不同顾客采取不同的策略，实现"一对一"营销或个性化服务，从而提高客户的满意度、忠诚度、信任度和利润贡献度。

统计数字表明，68% 的顾客与卖主关系的终止是因为对客户服务的不满，一个公司的 80% 的收入来自回头客。统计还表明，吸引一个新顾客的成本是挽留一个老顾客的 5-10 倍,对现存顾客投入会使顾客忠诚度大大提高。而 CRM 的客户智能可以针对不同的顾客采取不同的服务策略,保持对企业最有价值的客户,通过尽可能满足每个客户的特殊需求,特别是重要客户的需求,建立起长期稳定的客户关系,提高客户的满意度和利润贡献度,为企业带来忠诚和稳定的客户群,从而提高企业的竞争力,并创造良好的收益。

客户智能的第二层含义,是对大量的客户数据进行收集分析,从而把握顾客的需求,了解市场规律,推动企业开发出具有市场竞争力的新产品和服务。

➡ **扩展阅读**

CRM 与 ERP 的异同

ERP(Enterprise Resource Planning,企业资源计划)是"一套将财会、分销、制造和其他业务功能合理集成的应用软件系统"。一般而言,ERP 系统包括生产计划、物料需求计划、能力需求计划、订单处理、采购管理、销售计划、仓库管理、财务会计及报表等功能。可见 ERP 能够帮助企业创造最好的物流管理,理顺企业内部流程,为企业的发展打下坚实的基础。

CRM 和 ERP 在基本功能上是不同的。CRM 作为一个专门管理企业前台的软件,可以帮助企业增加销售收入,提高企业的市场能力和运作效率。ERP 节省的成本是可计量的、有限的,而 CRM 将直接带来公司收入的增长,且增长不可限量。CRM 的出现使企业可以全面地观察其外部客户,确切地知道客户的真正需求,并且根据客户需要开展有针对性的市场营销活动,提供完善的服务。

目前,在国内 CRM 的三大应用领域:营销、销售、服务;CRM 的三大应用渠道:电话、呼叫中心、网络。

二、CRM 系统构建的原则及实施的目标

(一) CRM 系统构建的原则

一般而言,企业在供应链环境下构建 CRM 软件系统,应该遵循以下原则:

1. 将客户与供应链链接起来

构建客户关系管理系统,首先要在供应链成员之间共享交易数据,以保证较低的库存水平;同时,也可以通过正确的数据与一线员工联系起来。一线员工接到订单信息之后,应该清楚地了解并不断更新库存和产品数据,据

第六章 客户关系管理

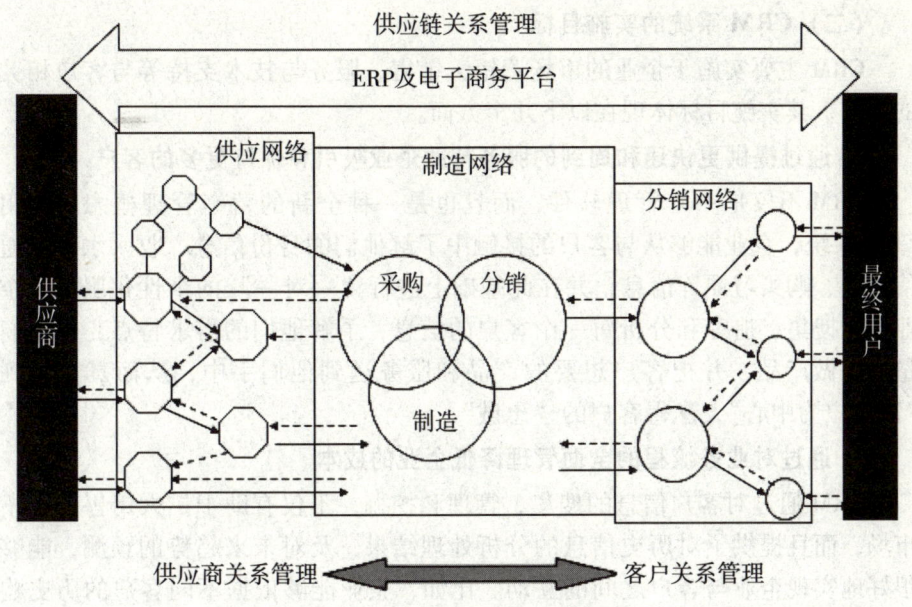

图6-2 供应链关系管理示意图

此为客户提供准确的交付信息。

2. **支持企业由"科层制"向"流层制"管理模式的转变**

科层制企业的组织结构和功能设置使得组织内服务客户的不同活动被分割开来,难以将客户信息完整地反馈回组织,这在一定程度上阻碍了客户关系的建立。流层制的管理模式打破了以功能划分的组织边界,使得组织将精力集中于以客户为中心而不是企业内部组织活动。流层制的管理模式促进了前端活动,即上游供应链的集成,其中也包括跨组织的活动,大大地提高了客户支持供应链的能力。

3. **倾听市场需求信息并及时传达给整条供应链**

客户关系管理使企业通过新的业务模式和营销策略,利用最新的信息技术,使供应链上的供应活动建立在市场需求数据之上,从而扩大企业经营活动范围,及时把握新的市场机会,获得更多的市场份额。

4. **全面管理企业与客户之间的各种关系**

企业与客户之间的关系不仅包括单纯的销售过程中的业务关系,如合同签订、订单处理、发货、收款等,而且包括企业营销及售后服务过程中的各种关系,如市场推广过程中与潜在客户关系等。对企业与客户之间的各种关系进行全面管理,将会显著提升企业营销能力、降低营销成本,并控制营销过程中可能导致客户抱怨的各种行为。

（二）CRM 系统的实施目标

CRM 主要实施于企业的市场营销、销售、服务与技术支持等与客户相关的部门，其实施目标体现在以下几个方面。

1. 通过提供更快速和周到的服务帮助企业吸引和保持更多的客户

CRM 不仅是一套管理软件，而且也是一种全新的营销管理概念。利用 CRM 系统，企业能够从与客户的接触中了解他们的身份信息、收入水平、通信地址、购买习惯等信息，并在此基础上进行"一对一"的个性化服务。企业通过搜集、追踪和分析每一个客户的信息，了解他们的需求特点，为他们量身定做产品，并把客户想要的产品和服务送到他们手中，从而真正做到"以客户为中心"，赢得客户的"忠诚"。

2. 通过对业务流程的全面管理降低企业的成本

CRM 通过对客户信息的搜集、管理和挖掘，不仅有助于扩大销售和开拓市场，而且提供了对历史信息的分析处理结果，及对未来趋势的预测，能够很好地实现企业与客户之间的互动。比如，企业能够依据不同客户的历史购买行为，分析他们的不同偏好，预测他们未来的购买意向，据此分别对他们实施差异化的营销活动，避免大规模广告的盲目高额投入，从而使企业的营销成本降到最低，并提高营销的成功率。

3. 通过电话呼叫中心能够提供故障申报、业务受理、用户投诉等服务的完全自动化

用户只需拨打一个统一的电话号码即能得到"一站式"的服务，从而避免以往拨打多个电话，问题仍得不到解决的局面。电话呼叫中心将每一事件从申报、受理、调度、处理的每一个环节完全控制在事先编排好的计算机逻辑中，并通过计算机进行跟踪、控制。这样，一方面避免了人为因素，提高了服务质量；另一方面明确了每个相关部门、每个员工的职责，将工作纳入了一个统一的管理轨道。电话中心的每一个用户应答电话均通过同程录音方式详细地记录在系统中，做到有据可查，责任清晰。

三、CRM 系统设计的主要功能模块

一个成功的 CRM 系统应该是集数据整合、数据挖掘、客户分析为一体的系统；它以客户为中心，通过分析、建模、客户沟通、个性化、最佳化以及接触管理等模块，为企业提供完善的客户关系管理平台。

从技术的角度，CRM 是通过有效整合企业资源、流程，建立面向客户的业务和流程的信息系统。CRM 通过前端以客户为中心的工作流和后端客户智

能地整合，为提升客户价值提供一个信息支撑平台。

从业务的角度，CRM建立面向客户的营销、销售和服务流程，从而实现与客户的有效互动。

从客户的角度，CRM为保持客户体验的一致性，通过持续监测、评估和改进与客户的互动过程，最大限度地提高客户满意度和忠诚度。

利用最新的信息技术，针对企业销售、营销与服务三个客户交互业务领域的CRM需求而设计出的各种软件功能模块的组合。整个系统通过对多点客户联系渠道的整合以及对条块型业务功能的流程整合，最大化地实现CRM所蕴含的商业理念。

根据以上所述，CRM系统必须具备以客户为中心的营销业务处理能力、对客户的差异分析能力、客户价值分析能力、反馈跟踪服务能力等。同时，还需具备客户信息管理、联系人管理、时间管理、潜在客户管理、销售管理、电话销售、营销管理、电话营销、客户服务等，有的软件还包括了呼叫中心、合作伙伴关系管理、商业智能、知识管理、电子商务等基本功能。

1. 客户信息管理

客户基本信息，与此客户相关的基本活动和活动历史，联系人的选择，订单的输入和跟踪，建议书和销售合同的生成，客户的分类，客户信用限度的分析与确定等。

2. 联系人管理

联系人概况的记录、存储和检索；跟踪与客户的联系，如时间、类型、简单的描述、任务等，并可以把相关的文件作为附件；客户的内部机构的设置概况等。

3. 时间管理

设计约见、活动计划；进行事件，如会议、电话、电子邮件、传真；备忘录；进行团队事件安排；查看团队中其他人的安排，以免发生冲突；把事件的安排通知相关的人；任务表；预告/提示；记事本；电子邮件等。

4. 潜在客户管理

业务线索的记录、升级和分配，销售机会的升级和分配，潜在客户的跟踪。

5. 销售管理

组织和浏览销售信息，如客户、业务描述、联系人、时间、销售阶段、业务额、可能结束时间等；产生各销售业务的阶段报告，并给出业务所处阶段、成功的可能性、历史销售状况评价等信息；对销售业务给出战术、策略上的支持；对地域（省市、邮编、地区、行业、相关客户、联系人等）进行维护；把销售员归入某一地域并授权；地域的重新设置；根据利润、领域、优先级、时间、状态等标准,用户可定制关于将要进行的活动、业务、客户、联系人、约见等方面的报告;销售费用管理;销售佣金管理;应收账款管理。

6. 电话销售

电话本;电话列表,并把它们与客户、联系人和业务建立关联;把电话号码分配到销售员;记录电话细节,并安排回电;电话内容草稿;电话录音,电话统计和报告;自动拨号。

7. 客户服务

服务项目的安排、调度和重新分配,事件的升级,跟踪与某一业务相关的事件,事件报告,服务协议和合同,订单管理和跟踪,问题及其解决方法的数据库。

8. 呼叫中心

呼入呼出电话处理,互联网回呼,呼叫中心运行管理,电话转移,路由选择,报表统计分析,通过传真、电话、电子邮件、打印机等自动进行资料发送,呼入呼出调度管理,客户投诉管理。

9. 电子商务

个性化界面、服务,网站内容管理;店面,订单和业务处理,销售空间拓展,客户自助服务,网站运行情况的分析和报告。

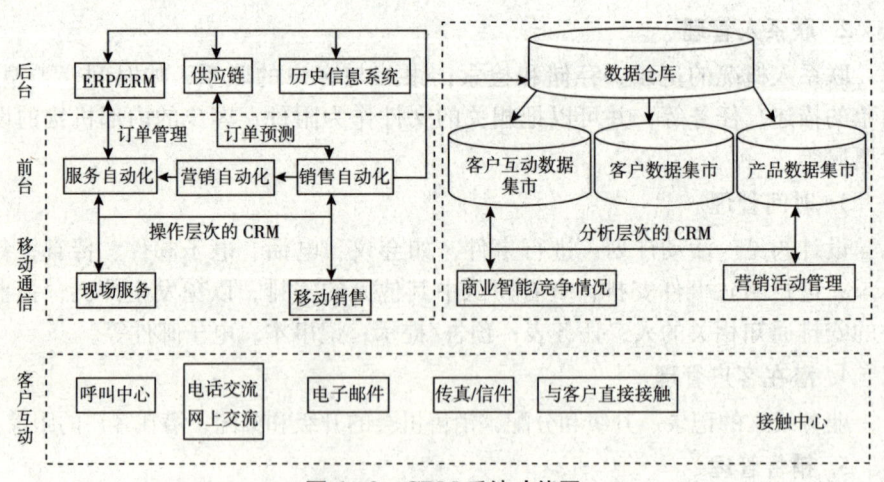

图 6-3 CRM 系统功能图

四、CRM 项目实施的程序

CRM 的实施是一个系统工程,用系统科学的方法对其进行分析,可以得到 CRM 实施的路线图(图 6-4)。

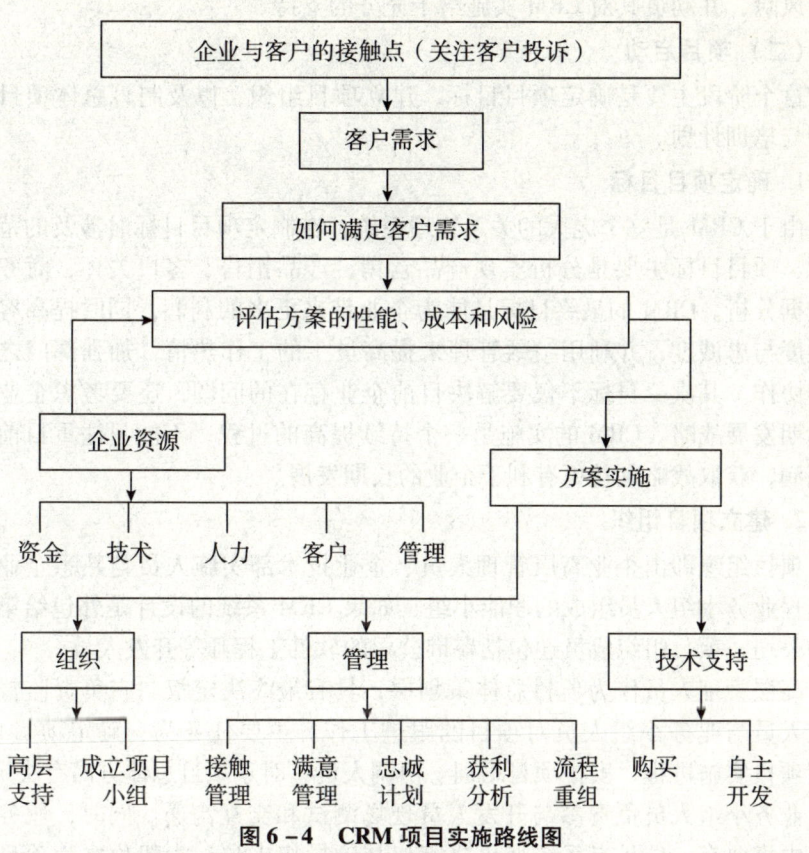

图 6-4 CRM 项目实施路线图

一般而言，CRM 项目的实施具有如下程序。

（一）准备阶段

这一阶段主要是为 CRM 立项做好准备，主要是确定项目目标与范围，制订项目大致计划与项目培训计划。要让企业领导者意识到 CRM 是种管理理念，目的在于改善企业与客户之间关系的新型管理机制。CRM 是一种战略，表现为管理创新，它需要全体员工的共同参与。CRM 项目取得企业领导者的重视极其重要，此举往往决定系统成败的关键。

1. 确定项目目标与范围

CRM 应用范围主要在于对客户的市场营销管理，销售管理、售后管理、财务管理及客户关怀与支持。

2. 制订项目发展计划与前期项目培训

制订 CRM 项目发展的大致计划，并对企业中高层领导进行培训，让其理解 CRM 的理念及价值、目前存在的机遇与挑战、同行业 CRM 成功案例及存在的风险,并动员其对 CRM 实施给予充分的支持。

(二)项目启动

这个阶段主要是确定项目目标,建立项目组织,以及制订总体项目开发计划与培训计划。

1. 确定项目目标

由于 CRM 是一个庞大的关系管理系统,在制定项目目标时涉及的范围比较广。项目目标主要是分析实现产品营销、产品销售、客户关怀、商务智能和数据分析。CRM 的最终目标是能为企业带来更多的利润,同时提高客户的满意度与忠诚度,并利用绩效管理来提高员工的工作热情,加强部门之间的团结协作。其次,目标不仅要解决目前企业存在的问题,还要考虑企业的中长远期发展战略。CRM 的实施是一个持续提高的过程,不能只注重目前的短期利润,获取战略利益更有利于企业的长期发展。

2. 建立项目组织

项目组织即由企业高层管理人员、企业技术部实施人员与熟悉企业各业务流程业务小组人员组成的职能小组。如果 CRM 系统的设计是外包给第三方咨询公司,项目组织成员还包括咨询公司的软件工程师等开发人员。

高层管理人员作为项目总体策划层,具有最终决定权。它负责监督项目实施人员与业务小组人员对项目的跟进工作。主要任务为:确定项目目标、控制项目实施进程、安排项目培训、协调人员、对于项目总体方向有决定权。

业务小组人员负责参与开发人员现场测试和交互沟通。同时,业务小组人员中需要有一位具有系统变更决策权与领导权人员,一般称之为项目业务总监,该人员必须具有丰富的管理经验,具有清晰的思路与大局观,以及良好的沟通能力和勇于创新的精神。项目业务总监负责督促业务人员跟进系统测试进展情况,确保系统流程顺利、稳步推进,同时,还要负责系统后期的上线实施,以及督促企业其他人员配合、支持以确保系统能够顺利进展。

3. 制订项目开发计划

通过任务分解,把项目分为不同的阶段,确保每个阶段的交付成果,每个阶段又都有总体计划与实际进展情况,确保项目进度跟踪。项目可以划分模块,每个模块或几个模块划归为一个小组长负责,由小组长再去分配具体任务与跟踪。

4. 制订培训计划

项目培训是确保项目能够正常实施的关键,对于培训要分阶段进行。

(三)项目需求研讨

这个阶段主要是系统分析师、系统架构师入驻业务部门进行深入调研、探讨，要求系统分析师具有总体全局意识，能勾画出整个业务蓝图。系统分析师的任务是将业务需求转为书面报告，其间需要不断地分析、沟通，找出潜在问题。需求分析在项目开发周期里有着举足轻重的地位，具有决策性、方向性、策略性的作用。最后将形成一份需求文档及概要文档，如果文档通过一致评审，项目就可以进入下一阶段。

（四）开发阶段

这个阶段是项目周期里时间最紧的一个阶段。项目经理必须做好项目规划、分解系统模块及任务、人员安排、开发人员业务培训及技术培训。开发阶段的最终交付成果就是系统模型。

（五）测试阶段

测试阶段一般分为两个阶段。

1. 内部测试

通常就是小组成员之间相互测试彼此的模块，以此发现模块开发人员本身未能发现的问题，同时还包括系统的集成压力测试。

2. 业务人员测试

这个阶段的测试就是让原先规划好的系统模型得以呈现。但同时也难免发现一些不足之处，如果需要更改需求及相关功能，这个时候就需要业务决策人员即项目业务总监能够一起研讨，根据项目风险控制决定是否需要更改需求等问题。

（六）系统上线阶段

系统上线需要准备上线文档、上线步骤，及系统应急措施等相关问题的文档形成。在上线之后，还需要不断地调试及改进。同时，一个很重要的工作就是需要说服销售、营销、服务人员改变工作习惯。

一套软件系统的成功实施，将推进企业管理方式和业务流程上的根本变革。从这个意义上讲，CRM 不仅给企业带来了新的管理系统，更带来了 Internet 时代企业发展的新思想、新战略，使企业跨入"以客户为中心"的营销时代。

▶ **扩展阅读**

CRM 系统实施过程中需要注意的问题

从 1999 年开始，客户关系管理（CRM）得到了各方面的诸多关注，国内外很多软件商（如 Oracle、中圣等）推出了以客户关系管理命名的软件系统，有一些企业开始实施以客户关系管理命名的信息系统。从理论上而言，CRM 适合于所有企业，但在实施应用中，应结合企业具体实际情况来进行，在实施 CRM 过程中需要注意以下主要问题。

1. 转变传统管理观念

企业要想生存和发展，必须转变为以客户为中心的企业，以赢得更多的客户，保留最好的客户，增强对市场机会的把握能力，不断开拓新的市场。

2. 合理调整组织结构

许多企业的组织结构已远远不能适应 CRM 系统运行的要求，这就要求企业合理调整组织结构。

3. 业务流程重组

CRM 应用能否取得成效在很大程度上取决于 BPR 工作，这是 CRM 应用成功难点之所在。

4. 高层领导支持

5. 派一个掌握本企业全局情况的人参与实施 CRM

6. 建立适合本企业的 CRM，不求大而全。

7. 利用适用技术，不求顶尖技术。

课后习题

1. 试论述客户关系管理的概念。
2. CRM 系统构建的原则是什么？

参考答案

1. 试论述客户关系管理的概念。

客户关系管理（Customer Relationship Management，CRM）指通过培养企业的最终客户、分销商和合作伙伴对本企业及其产品更积极的偏爱或偏好，留住他们并以此提升企业业绩的一种营销策略。

2. CRM 系统构建的原则是什么？

CRM 系统构建的原则主要有：将客户与供应链链接起来；支持企业由"科层制"向"流层制"管理模式的转变；倾听市场的需求信息，及时传达给整条供应链；全面管理企业与客户之间的各种关系。

第七章 供应链库存管理

【导入案例：年轻的戴尔遭遇库存危机】

1. 库存过量

戴尔（Dell）出现库存过量的背景是，公司成立才4年多，就顺利地从资本市场筹集了首期资金3000万美元。戴尔开始大量投资存储器，但一夜之间形势逆转，导致重大存货风险。

戴尔公司当时大量购买存储器的原因主要有：

（1）戴尔成长良好，只看到机会，忽视了风险。

（2）戴尔当时刚刚上市，募集了数千万美元的资金，导致戴尔急于为资金寻找出路。

2. 存货风险

戴尔每年的采购金额已经高达200多亿美元，假如出现库存金额过量10%，就会出现20亿美元的过量库存，一则会占用大量的资金，二则库存若跌价10%，就会造成2亿美元的损失。

3. 库存过量引发重大省思

存货过量的风险是直接引导戴尔确立"摒弃存货"原则的基础：一是充分利用供应商管理库存，降低自身的库存风险；二是通过强化与供应商的合作关系，并利用充分的信息沟通降低存货风险。在经历风险之后，戴尔才深刻认识到库存周转的价值。在互联网技术出现之后，戴尔公司又进一步完善了库存管理模式，并丰富了"信息代替存货"的价值内涵。

学习目标

● 通过本章学习,了解库存管理的概念、目标以及传统库存控制技术,掌握 VMI 及 JMI 的特点及实施过程。

第一节 库存管理的基本原理与方法

一、库存管理概述

(一)库存的概念及分类

1. 库存的概念

库存(Inventory)是指处于储存状态或运输过程中,为了应付不确定需求而储备的物品。合理的库存不但能够保证生产和销售的连续性,提高资金的周转率,降低市场风险和物流成本,而且更重要的是能够提高服务水平,增强市场竞争力。

从物流系统观点看,流速为零的物料就是库存。库存是为满足未来需要而暂时闲置的资源,资源的闲置就是库存,与这种资源是否存放在仓库中没有关系,与资源是否处于运动状态也没有关系。

一般而言,库存是指暂时闲置的用于将来目的的资源,如:原材料、半成品、成品、机器、人才、技术等(闲置的资源)。比如汽车运输的货物处于运动状态,但这些货物是为了未来需要而暂时闲置的,这就是库存,是一种在途库存。

库存具有整合需求和供应,维持各项活动顺利进行的功能。一般而言,企业在销售阶段,为了能够及时地满足市场需求,加快市场响应时间,需要持有一定的库存;在采购生产阶段,为了能够保证生产过程的稳定性和连续性,也需要持有一定的库存。从整个供应链而言,下一环节是上一环节的客户,上一环节又是下一环节的供应商,在这种关系下,每一个环节都持有一定量的库存。

2. 库存的分类

从不同的角度,可以将企业库存划分为不同的库存形态,具体内容如下。

(1)按库存所处的状态分类

按照库存所处的状态分类,可以分为:原材料和外购件库存,半成品库存及在制品（work in progress）库存，成品（Finished-goods）库存，备品、备件、工具、工艺装备库存，在途库存（in-transit inventory）。

（2）按库存的作用分类

按照库存的作用分类，可以分为：周转库存（循环库存），周期性批量购入所形成的库存（订货周期，即两次订货之间的间隔时间；订货批量，即每次订货的数量）；安全库存，因需求和提前期的不确定性，需要持有超过周转库存的那部分库存称安全库存；调节库存（也称季节性库存）；在途库存，企业在途库存的多少取决于运输时间和该时间内的平均需求。

（3）按库存物品所处的状态

按照库存物品所处的状态，可以分为静态库存和动态库存两类。

（4）按企业日常经营需要分类

除了上述库存分类外，企业库存根据日常经营需要，可将库存分为八大类。

经常库存：满足日常需要并随需求量减少至ROP（Re-Order Point，再订货点）时补货。

安全库存：为防止不确定因素而准备的缓冲库存。

生产库存：处于加工状态的毛坯料、零部件、半成品等。

运输库存：处于运输状态或为运输目的而临时储存的物品。

季节性库存：为满足特定季节的特定需求而建立的库存。

促销库存：为对应企业促销活动的预期销售而建立的库存。

投机库存：企业为避免涨价或从涨价中获利而建立的库存。

积压库存：因品质变坏或没有市场销路的商品库存。

（二）库存的作用及弊端

关于库存，有这样一种说法："库存是一个必要的恶魔。"也就是说，库存的存在有利有弊。库存在理论和现实中具有两面性。从理论上而言，库存不仅不会创造价值，还会因占用资源而增加企业的成本，本身是一种浪费；从企业的经营现实来看，库存不可避免，因为不具备彻底消除库存的条件，所以又要求保持合理水平的库存，以保证生产的正常进行。

1. **库存的作用**

库存的作用主要在于能有效地缓解供需矛盾，使生产尽可能均衡，有时甚至还有"奇货可居"的投机功能。具体而言，库存的作用包括以下几项。

（1）改善服务质量。持有一定量的库存有利于调节供需之间的不平衡，保证企业按时交货，快速交货，能够避免或减少由于缺货或供货延迟带来的损失，这有助于提升企业的客户服务能力。

（2）节省订货费用。订货费用是指订货过程中为处理每份订单和发运每批订货而产生的费用，这种费用与订货批量的大小无关。因此，如果通过持有一定量的库存增大订货批量，就可以减少订货次数，从而减少订货费用。

（3）节省作业交换费用。作业交换费用是指生产过程中更换批量时调整设备所产生的费用，这种作业不增加任何附加价值。作业的频繁更换会损耗设备和消耗工人的大量时间，新作业刚开始时也容易出现较多的产品质量问题，这些都会导致成本增加。而通过持有一定量的在制品库存，可以加大生产批量，从而减少作业交换次数，节省作业交换费用。

（4）提高人员与设备的利用率。持有一定量的库存可以从三个方面提高人员与设备的利用率：减少作业更换时间；防止某个环节零部件、中间件供应缺货导致生产中断；当需求波动或季节性变动时，使生产均衡化。

2. 库存的弊端

对于企业而言，虽然库存有着诸多的作用和好处，但是如果出现不合理的库存，同样会给企业的生产运营带来损失甚至危害。一般而言，库存给企业带来不利的影响主要包括：

（1）占用大量资金。库存属于闲置的资源，这会令企业的大量资金沉淀于仓库之中。

（2）发生库存成本。库存成本是指企业为持有库存所需花费的成本。库存成本包括：占用资金的利息、储藏保管费（仓库费用、搬运费用、仓库管理人员费用等）、保险费、库存物品价值损失费用（丢失或被盗、库存物品变旧、发生物理化学变化导致价值的降低）等。

（3）掩盖企业生产经营中存在的问题。比如，掩盖经常性的产品或零部件的质量制造问题，当废品率和返修率很高时，一种很自然的做法就是加大生产批量和提高在制品、完成品库存；掩盖工人的缺勤、技能训练差、劳动纪律松弛和现场管理混乱问题；掩盖供应商的供应质量、交货不及时问题；掩盖企业计划安排不当、生产控制不健全问题等。生产经营中的诸多问题，都有可能通过高库存来掩盖。因此，在JIT等先进生产方式中，把库存当作"万恶之源"，尽量通过减少库存来暴露生产经营中潜藏的问题，从根本上解决问题，不断提高生产经营系统的市场适应能力。

（三）库存管理的目标

库存管理涉及各个方面的管理，库存管理的目标就是防止超储或缺货，在企业现有资源的约束下，找出库存最佳点，以最合理的成本为用户提供所期望水平的服务。

为了保证企业的正常经营活动，库存是必要的，但同时库存又占用了大量的资金。怎样既保证经营活动的正常进行，尽量满足消费者的各种需要，同时又使流动资金的占用达到最少，是管理人员需要关注的问题。

二、传统库存控制技术

（一）库存控制系统的构成

库存控制系统的构成，包括库存的需求特性、供应特性、进货方式（补充库存的方式）、库存控制系统中的费用（成本）等。

1. 需求特性

库存的需求特性，包括确定性需求、随机性需求、不确定性需求以及独立需求与相关需求。

（1）确定性需求。需求量和时间是已知的、确定的。同时包括连续的均匀需求、非均匀需求（离散需求）等。

（2）随机性需求。"量"、"时间"不知，但其概率分布函数可知。

（3）不确定性需求。"量"、"时间"均无法确定。

（4）独立需求与相关需求。其中，独立需求是由市场决定的，为不可控需求，每个品种之间的需求是不相关的；相关需求是由其他产品或品种的需求决定的，是可以直接计算出来的需求。

2. 供应特性

库存控制系统的供应特性包括三个方面，即订货提前期、起订点、采购价格和折扣。

（1）订货提前期。发出订单到物料入库所经历的时间，供货时间一般受合同约束。

（2）起订点。供应部门规定的最低订购数量，这对库存控制系统是一个约束。

（3）采购价格和折扣。直接影响选择供应商和确定订货批量的决策。

3. 进货方式

传统库存控制系统的进货方式，主要有定量订货方式、定期订货方式等。

（1）定量订货方式。订货批量每次不变，订货间隔期随需求量的变化而变化。

（2）定期订货方式。订货间隔期固定不变，每次订货量随需求量的变化而变化。

4. 库存控制系统中的成本

在传统库存控制系统中,有三大类成本对库存决策起到决定性作用,即库存存储成本、订货成本、缺货成本。

(1) 库存存储成本(Holding Cost,CH)。物品存放在库房里所引起的费用,如物品的资金占用利息、保管员的工资福利、库房租金、保险费、水电费等。与存货单元的价格成正比。

(2) 订货成本(Ordering Cost,CO)。处理一笔订货业务的平均成本,只与订货次数有关。

(3) 缺货成本(Shortage Cost,CS)。由于缺货造成的损失。

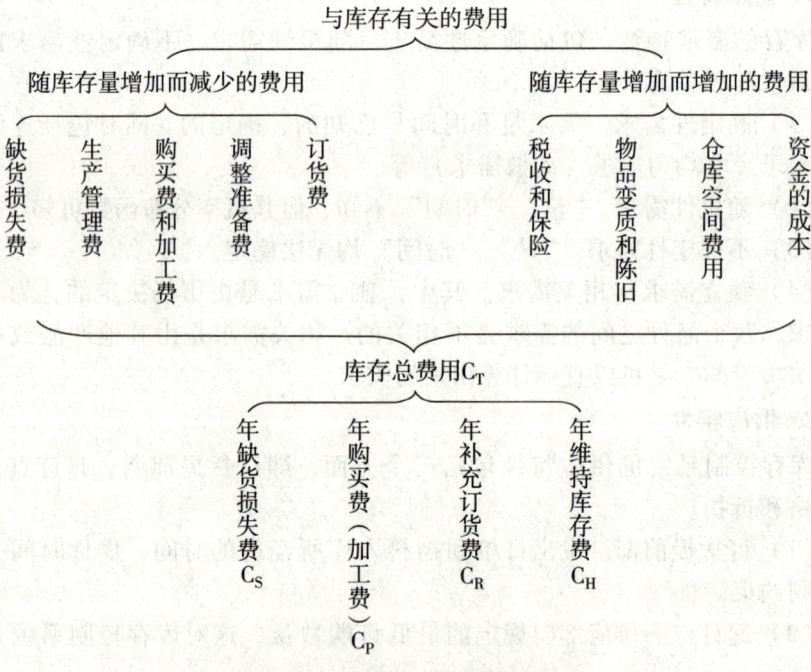

图7-1 库存控制系统中的费用

(二) 库存控制的基本决策

从本质上说,库存控制的基本决策主要包括以下内容。

(1) 两次订货间隔时间的确定(即存储周期)。

(2) 每次订货的订货批量的确定。

(3) 每次订货提前期的确定。

(4) 库存控制程度的确定,如满足用户需求的服务水平的控制。

库存控制决策的目标是在企业现有资源约束下,用最低的库存成本满足预期的需求。以下是几种常见的传统库存管理方法：60 天订货法则、ABC 分类法、订货点法、经济订货批量法、离散订货批量法。而常见的订货策略有：t - 循环策略、(t, S) 策略、(s, S) 策略、(t, s, S) 策略。

可见传统的控制策略，采用的信息基本上来自企业内部，没有体现出集成思想。因此，如何建立有效的库存控制方法，并能体现供应链管理的集成思想，是供应链库存控制的重要内容。

（三）传统库存控制模型

传统的库存系统有两个基本的模型：定量订货模型（也称经济订货批量，EOQ 或 Q 模型）和定期订货模型（也有不同称谓，如定期系统、定期盘点系统、固定订货间隔期系统以及 P 模型）。除此之外，还有 ABC 分类管理模型、随机存储控制型模型等。

1. 经济订货批量模型

订货批量是指消耗一次订货费用用于一次采购某种产品的数量。经济订货批量（Economic Order Quantity，EOQ），就是按照库存总费用最小的原则确定出的订货批量，这种确定订货批量的方法就称为经济订货批量法。

基本经济订货批量问题是库存管理中最简单，但却是最重要的一个内容，它揭示了许多库存决策方面的本质。

基本经济订货批量问题是在以下假设中进行讨论的：需求是已知常数，即需求是均匀的；不允许发生缺货；订货提前期是已知的，且为常数；交货提前期为零，即瞬时交货；产品成本不随批量而变化（没有数量折扣）。

EOQ 的推导步骤：首先，确定一个存货周期的总成本；其次，把存货周期的总成本除以存货周期，得出单位时间总成本；最后，求得经济订单批量，确定单位时间最小化的总成本。

2. 定期订货模型

定期订货模型有不同称谓，如定期系统、定期盘点系统、固定订货间隔期系统以及 P 模型等。其基本思想是确定特定的一个点 R，当库存水平到达这个点时，就应当进行订购且该订单的数量为 Q。（订购点 R 往往是一个既定的数）。

（1）库存水平。可定义为目前库存量加上已订购量减去延期货量。

（2）定期订货模型的特点。只在特定时间进行盘点（如每周一次或每月一次）；每期定购量不尽相同，大小取决于各时期库存使用率；安全库存应保证在盘点期内和从发出订单到收到货物的提前期内都不发生缺货。

（3）基本函数关系式：

年总成本 = 年采购成本 + 年订购成本 + 年持有成本

$$TC = DC + (D/Q)S + (Q/2)H$$

式中：TC——年总成本

　　　D——需求量（每年）

　　　Q——订购批量［最佳订购批量称为经济订购批量（Economic Order Quantity，EOQ）］

　　　S——生产准备成本或订购成本

　　　R——再订购点

　　　L——提前期

　　　H——平均库存水平下，单位产品的持有和存储成本

表7-1　定量订货模型与定期订货模型的比较

特征	定量订货模型	定期订货模型
订购量	Q是固定的（每次订购量相同）	Q是变化的（每次的订购量不同）
订货点	固定	可变
何时订购	当库存量降低到订货点R时发出订购请求	订购的间隔是固定的，每隔一个固定的间隔期T，就可发出订购请求，即在盘点期到来时进行订购
检查周期	可变	固定
库存记录	每次出库都记录	只在盘点期记录
需求率	固定/可变	固定/可变
前置时间	固定/可变	固定/可变
库存大小	比定期订货规模小	比定量订货模型大
存货类型	价格昂贵，关键或重要物资，且该物资易于采购，并且具备进行连续检查的条件	一般的物资，供货渠道较少或供货来自物流企业的物资，需定期盘点、采购或生产的物资；具有相同供应来源的物资

3. ABC 分类管理模型

有些公司管理着10万种以上的存货，如果对每种存货的有关因素都彻底检查一遍，需要耗费很长时间和大量人力。在这种情况下，通常采用 ABC 分类法对存货进行分类。根据年使用费的多少来分类，对于年费用支出高的物料，可以给予最多的注意，这些物料，采用永续盘存法来保证精确的控制存货。因为，对物料来说哪怕是多1个月的存货，都会增加不少开支；而价廉

且用量较小的物料，多保持 3 个月的存货，也不如精确控制它们所需要的费用大。

ABC 分类法的基本原理是：按照所控制对象价值的不同或重要程度的不同将其分类，分别采取不同的管理方法。这种方法对很多问题都具有普遍指导意义，对大量聚合体的分类研究有共同的指导作用，尤其是在库存管理中，是一个重要的管理手段。因为，企业的库存种类往往很多，但其价值并不一样，有的很昂贵，有的很便宜，因此把它们分成 ABC 三类（或根据情况的不同，分成两类或四类），分别进行管理。表 7-2 中的 A 类物品应尽可能从严控制，保持完整和精确的库存记录，给予最高的优先处理权等；而对于 C 类物品，则可以尽可能简单地控制。

ABC 分类方法的步骤如下：计算得出未来一年中每项物料的年采购金额；按递减序列对物料进行排序；把物料种类变成累积百分比，比如 1000 种物料中，有 280 种即为 28% 的累积百分比；从高到低把物料年总开支累加起来；最后决定物料种类累积百分比所对应的累加年总开支占总开支的比率。

通常情况下，少数几种最贵的物料开支之和占相当高的总开支百分比。占 20% 的 A 类物料的合计年使用金额可能占总金额的 80%，而占 30% 的 B 类物料的年使用金额可能占 15%，剩下的物料的年使用额只占 5%。一般情况下，A 类物料通常采用固定批量存货系统的永续盘存法，C 类物料采用时间间隔较大的 S-s 法控制存货。

表 7-2 ABC 分类法

	A	B	C
品种种类	约 20%	约 30%	约 50%
所占金额	约 80%	约 15%	约 5%

ABC 分类法的操作十分简单，在库存管理中应用得很普遍。但需要注意的一个问题是，在库存管理中，ABC 分类法一般以库存价值为基础进行分类的，它并不能反映库存品种对利润的贡献度、紧迫性等情况；而在某些情况下，C 类库存缺货所造成的损失也可能十分严重。因此，在实际运用 ABC 分类法时，需具体、灵活地根据实际情况来操作。

4. 随机存储控制型模型

确定型存储问题中，货物的需求是确定的，订货费用和计划期的存储费用都是已知的，甚至缺货的成本都作为常数来考虑。

而随机型存储问题最重要的特点是需求量是随机的，订货策略较复杂。

单时期随机需求问题中最典型的是所谓报童问题。在实际生产过程中，经常会遇到一些随时间、地点、背景不同而发生变化的事物，比如报纸的销售问题。如果报纸的销售量小于需求量，则会给报童带来缺货损失，失去一部分潜在客户，一部分报纸失销（为简化计算，在本模型中我们忽略缺货损失）；如果报纸的销售量大于需求量，则会导致一部分报纸被退回报社，给报童造成一部分退货，减少盈利。因此，在实际考虑中，应使报纸的购入量尽可能地吻合需求量，减少报童损失，获得更大的盈利。我们在库存管理实践中，在一个时期只订货一次以满足整个进期的需求量，这种模型称之为单时期随机需求模型。

多时期库存模型是考虑时间因素的一种随机动态库存模型，与单时期库存模型的不同之处在于，每个周期的期末库存货物对于下周期仍然可用。

（四）传统库存控制存在的问题

1. 缺乏整体观念

供应链的整体绩效取决于各个供应链的节点绩效之和，而传统库存控制中各部门相互独立，有各自独立的目标，而有些目标和供应链的整体目标是无关的，甚至是冲突的。

2. 信息传递系统不完善、效率低

目前许多企业的信息系统并没有很好地集成起来，当供应商需要了解用户的需求信息时，常常得到的是延迟或不准确的信息。

3. 给供应链整体运作带来问题

供应链运作中存在诸多的不确定因素，如原材料的质量、运输时间、需求的变化等。

除此之外，还包括对用户服务的理解与定义不恰当、不准确的交货状态数据、库存控制策略简单化、缺乏合作与协调性等。

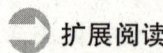 扩展阅读

库存管理的衡量指标

管理学中有一种说法：管理是从衡量开始的。因此，在库存管理中，管理者也需要用一些指标对库存进行监控和衡量，使其保持在一个适当的水平。衡量库存的方法有多种，比如，库存物品的种类、数量和重量等。但是，在管理中具有重要意义的衡量指标有：平均库存值，可供应时间和库存周转率。

平均库存值指全部库存物品的价值之和。之所以用"平均"二字，是因为这一指标一般是指某一时间段内（而不是某一时刻）库存所占用的资金。这一指标可以告诉管理者，企业资产中的多大部分是与库存相关联的。

一般来说，制造业企业大约是25%，而批发、零售业有可能占到75%。管理人员可根据历史数据或同行业的平均水平来评价本企业的这一指标是过高还是过低。但是，一个不可忽视的因素是市场需求，也就是说，必须从满足市场需求的角度来考虑库存管理的好坏。为此，下面的两个指标可能更重要。

可供应时间是指现有库存能够满足多长时间的需求。这一指标可用平均库存值除以相应时间段内单位时间（如每周，每月等）的需求来得到，也可以分别用每种物料的平均库存量除以相应时间段内单位时间的需求量来得到。在有些情况下，后者更具现实意义。比如，在有些企业，根据物料可获得性的不同，有些物料的库存量为两周的用量，而另外一些物料的库存量可能只是两、三天的用量。

库存周转率可用下式表示：

库存周转率 = 年销售额/年平均库存值

需要注意的是，上面公式的分子分母的数值均应指相同时间段内的数值。

库存周转越快表明库存管理的效率越高。相反地，库存周转越慢意味着库存占用资金量越大，保管等各种费用也会大量发生。库存周转率对企业经营中至关重要的资金周转率指标也会产生极大的影响。库存周转率到底保持在哪个数值最为合适，往往难以一概而论，很多北美制造业企业为一年6~7次，而有些日本企业，可达一年40次之多。在中国，有的企业一年仅周转2次。

第二节　供应链环境下的库存问题

一、供应链中的"牛鞭效应"与库存波动

在本书的第一章中，我们讲述了一个"啤酒游戏"的案例，啤酒游戏中的三个环节：零售商、批发商和制造商由于中间的信息传递不及时，同时处于割裂的状态导致最终游戏中的三个环节都出现了客户资源流失及库存大量囤积的问题。

啤酒游戏所揭示的沿供应链上游方向需求波动程度不断放大的现象，被美国著名的供应链管理专家李豪（Hau L. Lee）教授称为"牛鞭效应（bullwhip effect）"。在英语中，"bullwhip"是指旧时赶牛或牲口用的粗而长的鞭，而"牛鞭效应"是对需求信息在供应链传递中扭曲的一种形象的描述。试着想象客户手中拿着一根鞭子，购买心理不停地改变，就像执鞭者手中的鞭子

各个环节也跟着不停地摆动,鞭子越长鞭末摆动的幅度就越大。

"牛鞭效应"的基本思想是:当供应链上的各节点企业只根据来自其相邻的下级企业的需求信息进行生产或者供应决策时,需求信息的不真实性会沿着供应链逆流而上,产生逐级放大的现象。当信息达到最源头的供应商时,其所获得的需求信息和实际消费市场中的顾客需求信息发生了很大的偏差。由于这种需求放大效应的影响,上游供应商往往维持比下游供应商更高的库存水平。

▶ 扩展阅读

P & G 是如何发现需求放大效应的

需求放大效应最先由宝洁公司发现。1995年,宝洁公司(P & G)在研究其产品"帮宝适"纸尿布的市场需求时,发现该产品的市场需求是相当稳定的,零售商那销售量的波动也不大,但分销商向宝洁公司下的订货量却大幅度波动,其波动程度比市场零售量的波动要大得多,而宝洁公司向其供应商3M公司订货的数量波动程度更大。

牛鞭效应产生的原因很多,比如来自销售渠道中商品价格的不稳定。价格波动反映了一种商业行为:"预先购买(Forward Buy)"。价格波动是由于一些促销手段造成的,如价格折扣、数量折扣、赠票等,这种商业促销行为使许多推销人员预先采购的订货量大于实际的需求量。因为如果库存成本小于由于价格折扣所获得的利益,销售人员当然愿意预先多买,这样订货方式没有真实地反映需求变化,反而产生需求放大现象。

短缺博弈是这样一种现象:当需求大于供应量时,理性的决策是按照用户的订货量比率分配现有的库存供应量,比如,总的供应量只有订货量的50%,合理的配给办法是所有的用户获得其订货的50%。此时,用户为了获得更大份额的配给量,故意地夸大其订货需求,当需求降温时,订货又突然消失。这种由于个体参与的组织的完全理性经济决策导致的需求信息的扭曲最终导致需求放大。我们在这里解释需求放大现象的本质特征,目的就是想说明供应链管理中库存波动的渊源和库存管理的新特点。采用传统的库存管理模式不可能解决诸如需求放大现象这样一些新的库存问题。

牛鞭效应牵涉到整个产业链。抵消牛鞭效应的最好方法是将这个鞭子缩得越短越好:加强供应链上企业的合作,减少信息传递过程中的扭曲,变原来独自搜集需求信息为实现供应链企业间信息共享。

二、供应链的不确定性对库存的影响

(一) 供应链中的不确定性

供应链上的不确定性有两种表现形式：衔接不确定性和运作不确定性。

1. 衔接不确定性

企业之间或一个企业内部各部门之间的不确定性，就是供应链衔接的不确定性，它主要体现在企业之间或企业内部各部门之间的合作上。

在供应链上，各节点企业之间普遍存在着各种不同程度的衔接不确定性。

供应链上各节点企业的需求、生产或供应是根据下游节点企业的订单、其自身生产系统的能力和市场各个方面的信息来进行需求预测的，最后进行安排生产和供应的。这种预测不但要受到下游节点企业需求放大原理的影响和其自身生产系统供给能力的约束，还要受到政策、产业等外部环境、市场发展不确定的制约。同时，还会因为供应链上各节点企业的预测手段及工具的不一致而使供应链上节点企业之间的衔接不确定性更明显。因此，表现出来的需求、生产及供给计划带有企业模糊边界的不确定性制约。

即使在供应链信息集成程度较高的情况下，各种不同程度的衔接不确定性也会不同程度存在。供应链信息集成程度较高的情况主要表现在供应链上普遍采用 VMI、联合库存管理、CPFR 及其他多级库存管理策略。这些库存策略也并不能完全消除供应链上的衔接不确定性。一是这些先进的供应链库存管理策略都有其运用的前提假设和限制条件。如 VMI 要求供应链上的供应商要具有很强的信息集成和分析、决策能力。二是这些策略的运用都有其自身的及历史的发展过程，它们的运用是联系的、动态的过程，供应链要达到供应水平最高状态下的零库存的理想目标需要长期努力的过程。

2. 运作不确定性

节点企业内部的生产系统的不确定性，主要体现在系统运行不稳定和控制失效。系统运行不稳定是由组织内部缺乏有效地沟通、协调和控制机制所致；控制失效是由于组织管理不稳定和不确定造成的。而环境不确定性，是指自然环境、人文环境、政策环境、产业环境的变化给供应链带来的不确定性。

节点企业内部立足于企业目标，根据其对下游节点企业的订单、企业内部生产系统的稳定性及其他市场信息来制订生产计划，然后通过组织、控制和协调，将生产计划付诸实施。在生产过程中，生产计划与生产实际总会因为生产系统的不确定性而产生各种偏差，这种生产系统的不确定性可以表现为原材料或零部件供给的不确定性、生产工人到位的不确定性和机器运行的不确定性等诸多状况。另外还有一个重要的原因不可忽略，那就是决策。决策可以分为程序性决策和非程序性决策。非程序性决策更加剧了企业内部生产系统的不确定性。

同样，即使在信息集成很高的情况下，也不可能完全避免节点企业内部的生产系统的不确定性。节点企业内部立足供应链目标，根据其对供应链上市场需求预测制订生产计划并付诸实施。在这种情况下，节点企业内部也不可能消除不确定性，因为通过以上分析可知，节点企业对终端用户的需求预测是不可能完全准确的，生产计划与实际的市场需求量之间总存在着或大或小的偏差。节点企业作为一个系统将不可避免地受到外界环境的影响，生产控制系统的处理对象实际上是在多种不确定因素的共同作用之下。

（二）供应链的不确定性与库存的关系

1. 衔接不确定性对库存的影响

传统供应链的衔接不确定性普遍存在，集中表现在企业之间的独立信息体系（信息孤岛）现象。

企业为了各自利益往往会进行资源的自我封闭（包括物质资源和信息资源），人为地增加了企业之间的信息壁垒和沟通障碍。企业不得不为应付不确定性而建立安全库存，不合理库存的存在实际就是信息的堵塞与封闭的结果。

通过建立战略伙伴关系并实行信息共享，可以在一定程度上缓解或消减衔接不确定性。

2. 运作不确定性对库存的影响

在传统企业的生产决策过程中，供应商或销售商的信息是生产决策的外生变量，因而无法预见到需求或供应的变化信息，至少是延迟的信息。同时，库存管理的策略也是考虑独立的库存点而不是采用共享的信息，因而库存成了维系生产正常运行的必要条件。

当生产系统形成网络时，不确定性增加，造成库存进一步增加。

通过建立战略伙伴关系，可以消除或缓解运作不确定性对库存的影响。

3. 供应链的不确定性与库存

在供应链管理模式下，库存管理的最高理想是实现供应链各成员企业的无缝连接，消除供应链之间的高库存现象，甚至实现零库存。但就实际而言，由于供应链中产生库存的原因多种多样，尤其是供应链中普遍存在的不确定性，实现供应链的零库存还需要经历一个很长的企业发展过程。在以供应链集成思想对库存管理的方法论上，更多的要立足于供应链及库存发展的实际。

供应链上的不确定性的存在无法完全避免。解决供应链的不确定性有两个方法，一是信息集成，加大供应链上信息交流与共享的广度和深度，有效地降低供应链上的库存成本，提高供应链的服务供给能力；二是在供应链上设置必要的安全库存，有效地弥补信息集成发展的阶段性，但不能完全消除供应链上不确定性的弱点。

（三）供应链管理环境下库存控制的目标

供应链管理下的库存控制是在动态中达到最优目标，在满足顾客服务要求的前提下，力求尽可能地降低库存，提高供应链运行效率。供应链管理环境下的库存控制包括以下目标。

1. 库存成本最低。企业通过降低库存成本才能降低企业乃至供应链总体成本、增加盈利和增强竞争能力。

2. 库存保证程度最高。企业有很多的销售机会，相比之下压低库存意义不大，这就特别强调库存对其他生产经营活动的保证，而不强调库存本身的效益。企业通过增加生产以扩大经营时，往往选择这种控制目标。

3. 不允许缺货。企业因技术、工艺条件决定不允许停产，则必须以不缺货为控制目标，才能保证不停产。企业某些重大合同必须以供货为保证，否则受到巨额赔偿时，可制定不允许缺货的控制目标。

4. 限定资金。企业必须在限定资金预算的前提下实现供应，这就需要以此为前提进行库存的一系列控制。

5. 快捷。库存控制不依本身经济性来确定目标，而依靠大的竞争环境的系统要求确定目标，这常常出现以最快速度实现进出货为目标来控制库存。

第三节　供应链管理环境下的库存控制模式

传统的库存控制方法着眼于在企业内部库存控制，即侧重于使单个企业的库存总费用最低。从单一库存角度看，这种控制方法有一定的适用性，但从供应链整体角度看，单一企业库存控制的方法显然存在问题。因此，在供应链管理环境下就必须采用新的库存控制模式。

供应链管理环境下的库存控制模式，主要包括供应商管理库存（VMI）模式，联合库存管理（JMI）模式，协同规划、预测和补给（CPFR）模式。

一、供应商管理库存（VMI）模式

（一）供应商管理库存的概念及特点

1. 供应商管理库存的概念

供应商管理库存（Vendor Managed Inventory，VMI），是指供应商等上游企业基于其下游客户的生产经营、库存信息，对下游客户的库存进行管理与控制。具体而言，VMI 是一种以用户和供应商双方都获得最低成本为目的，

在一个共同的协议下由供应商管理库存,并不断监督协议执行情况和修正协议内容,使库存管理得到持续地改进的合作性策略。

这种库存管理策略打破了传统的各自为政的库存管理模式,体现了供应链的集成化管理思想,适应全球性竞争市场变化的要求,是一种有代表性的库存管理思想。

供应商管理库存的实施包括前期准备阶段、实施阶段和评估阶段。

2. 供应商管理库存的特点

(1) 合作性。VMI 模式的成功实施,客观上需要供应链上各企业在相互信任的基础上密切合作。

(2) 互利性。VMI 追求双赢的实现,即 VMI 主要考虑的是如何降低双方的库存成本。

(3) 互动性。VMI 要求企业在合作时采取积极响应的态度,以实现反应快速化,并努力降低因信息不畅而引起的库存费用过高的状况。

(4) 协议性。VMI 的实施,要求企业在观念上达到目标一致,并明确各自的责任和义务。具体的合作事项都通过框架协议明确规定,以提高操作的可行性。

(二) 供应商管理库存实施前的准备

供应商管理库存实施前的准备工作主要包括目标分析、协议的制订和资源准备。

1. 实施供应商管理库存的目标分析

根据经济效益和库存分析,供应商管理库存双方企业的目标主要在以下几个方面:

(1) 降低供应链上的产品库存。

(2) 降低买方企业和供应商成本,并提升利润。

(3) 提高双方合作程度和忠诚度。

(4) 提升企业的核心竞争力。

2. 供应商管理库存协议的制订

买方和供应商企业应签订合作协议,就供应商管理库存实施过程中的责任和义务进行详细约定,一般包括以下内容。

(1) 为实施供应商管理库存所投入的成本由买方企业和供应商按比例共同承担。

(2) 实施供应商管理库存所带来的供应链利益的上升,应由双方共享;特别是在双方企业的实施供应商管理库存的前期阶段,可能会使得供应链上升的利润大部分被买方企业所获取。因此,在短期内买方企业应该让渡部分利润给供应商来保证其实施供应商管理库存的积极性和信心。

（3）在整个供应商管理库存实施的过程中，需要制定一系列条款来规范双方的行为。比如，例外条款的拟订：一旦出现意外事件需要及时通告双方，及通告的渠道和方式；付款条款的拟订：包括付款方式，付款期限的规定等；罚款条约的拟订：包括供应商如果在运输配送中出现差错，将如何对其实施罚款；买方企业如果传送错误的产品销售信息将如何对其实施罚款等。

（4）关于操作层面的协议。供应商和买方企业通过协议，来确定实施供应商管理库存过程中前置时间、订单处理时间、最低到货率、补货点等一系列操作层面的问题。

3. 实施供应商管理库存的资源准备

制定实施目标和合作协议之后，还必须就实施过程中所需要的一些资源进行准备。

（1）电子数据交换（EDI）系统。EDI 是确保买方企业与供应商之间数据传输和共享的必要设施和技术。

（2）自动销售点信息（POS）系统。实施 POS 系统提高了资金的周转率，可以避免缺货现象，使库存水平合理化。

（3）ID 代码。供应商要有效地管理买方企业的库存，必须对买方企业的商品进行正确识别，为此对供应链商品进行编码，通过获得商品的标识（ID）代码并与供应商的产品数据库相连，以实现对买方企业商品的正确识别。

（4）连续补给程序。连续补给程序策略将零售商向供应商发出订单的传统订货方法，变为供应商根据买方企业库存和销售信息决定商品补给数量的方法。这是一种实现 VMI 管理策略的有力工具和手段。为了快速响应买方企业"降低库存"的要求，供应商通过和买方企业建立合作伙伴关系，主动提高向买方企业供货的频率，使供应商从过去单纯地执行买方企业的采购订单变为主动为买方企业分担补充库存的责任。在加快供应商响应买方企业需求的同时，也使买方企业减少了库存水平。

除此之外，还包括实施供应商管理库存所必需的物流方面的配套支持等。

（三）供应商管理库存的实施

供应商管理库存的实施阶段最为重要，也最为复杂，包括买方企业和供应商之间的信息沟通、工程流程设计、组织结构调整等内容。

1. 实施供应商管理库存的信息沟通

实施供应商管理库存首先必须在买方企业与供应商之间建立一个良好的信息沟通平台。一般情况下，适用于供应商管理库存的信息系统必须建立在 EDI 的基础之上。

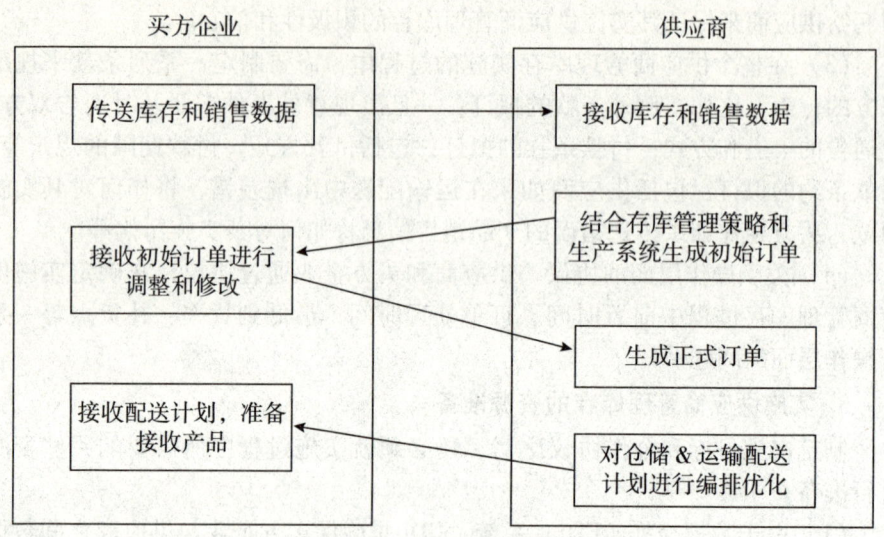

图 7-2　VMI 的数据传输

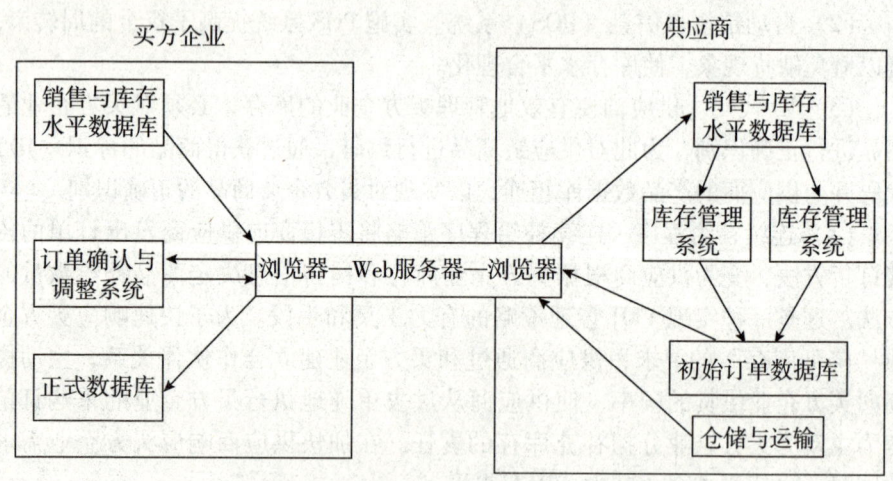

图 7-3　VMI 基于 Internet/Intranet 基础上的信息系统结构

2. 供应商管理库存的工作流程设计

买方企业和供应商在实施 VMI 的过程中，必须对 VMI 的工作流程重新设计，以保证整个策略的顺利实施。

（1）VMI 实施对信息系统的要求

在实施 VMI 时，许多企业往往实施了不同的 ERP、CRM 等系统。从信息系统角度来看，VMI 实施需要信息系统的响应模块支持，模块功能应包括预测、分销订单、配送（补货）单、拣货和财务管理功能。

图7-4描述了信息系统标准 VMI 实施模型。模型假定分销商仓库应用了协同商务软件、当前存活结余、按时上传分销商信息系统。该信息接下来用于执行配送需求计划（DRP），从而确定补货时间。

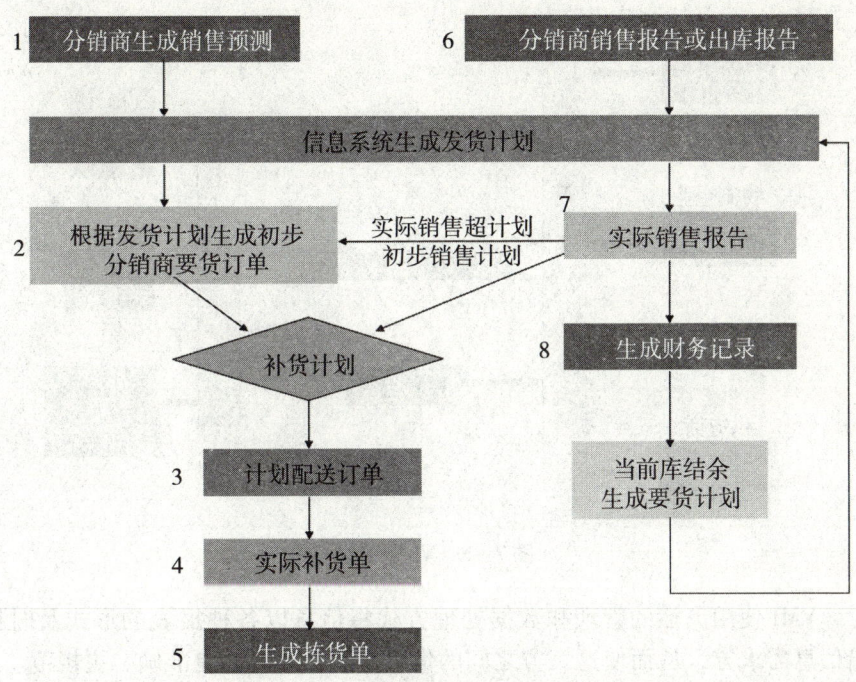

图7-4　VMI 作业信息系统流程

步骤1：首先从分销商处接受销售预测报告。该信息用于生成供货方发货计划，供应商以发货计划的形式通知分销商。

步骤2：根据送货计划，生成初步分销商要货订单，即实际补货订单，这也是结算依据。

步骤3：DRP 运行后，信息系统生成计划配送单，即供应商向分销商的补货单。

步骤4：供应商应该将信息传送给分销商，经确认，计划配送单就转换为计划收货，即实际的配送单。

步骤5：生成拣货单。供应商通过拣货、包装并运送至分销商仓库。

步骤6：当分销商将商品卖出后，将销售报告传送给供应商。

步骤7：分销商生成实际销售单；最后，信息系统将销售记录转换为财务记录用于结算。

(2) VMI 工作模式

VMI 系统将原材料供应商、物流企业以及制造商实时生产信息统一到 Internet 网络资源平台（参见下图）。

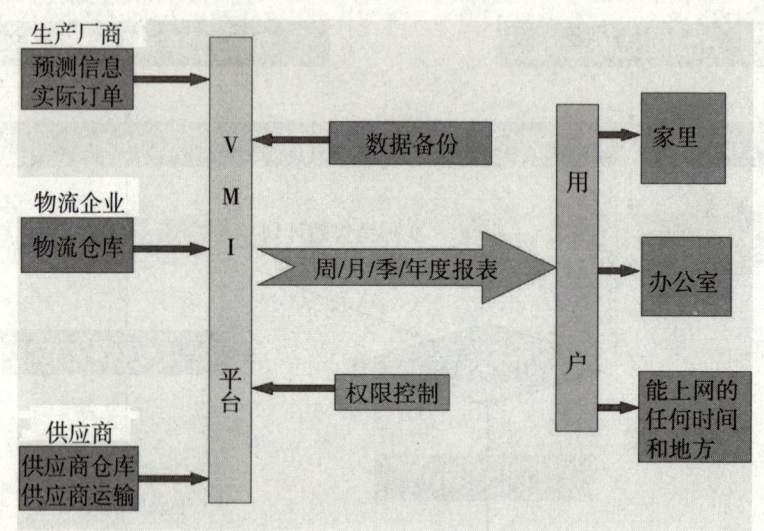

图 7-5　VMI 工作模式

VMI 使用灵活的管理和数据处理方式将信息以各种报表的形式及时提供给信息需求方，从而使这三方之间的信息交流更及时、更准确、更规范。

用户可以在任何时间、任何地点通过 Internet 来访问 VMI 信息，实时地了解当前的库存和需求情况，大大降低了企业的物流成本。

(3) VMI 作业流程

VMI 系统主要考虑两个模块：

一是需求预测计划。即使用统计工具来确认实际需求，目的要协助供货商，针对销售何种商品、销售给谁、以何种价格销售、何时销售等需求作出计划。

二是补货配送计划。指派可利用的成品库存以平衡顾客服务需求，及产品出货能达到的成本效益。通过实际实施库存的配置，配销需求计划能改善顾客服务，降低库存水准及最小运输成本。最主要的是有效地管理库存量。

VMI 系统是将配送及供应单位整合于持续补货循环，补货活动如下图。

——依顾客存货水准及销售状况制订需求预测计划，经统计后提出建议订购量；

——依建议订购量，订购管理系统发出补货通知单，由客户进行订单

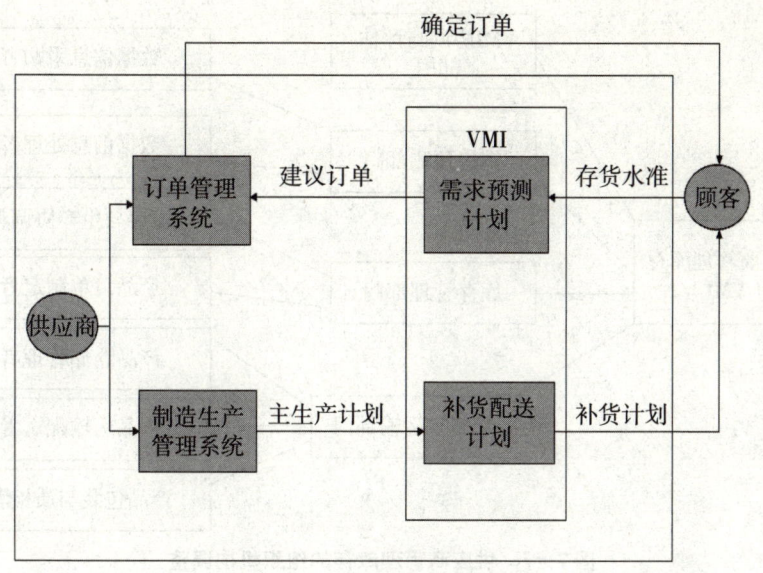

图 7-6　VMI 概念性架构图

确认；

——依订单管理系统、制造管理系统排定主生产计划，以生产计划排定配送计划；

——依配送计划将补货计划通知客户并进行实际补货。

3. 供应商管理库存的组织结构调整

买方企业和供应商实施供应商管理库存后，为了适应新的管理模式，需要根据新的工作流程来对组织机构进行相应的调整。比如买方企业和供应商需要共同组建一个工作团队，设立一些新的职能部门等。

（四）供应商管理库存的实施评估

依据双方企业之间制定的目标，就一些具体经济指标对实施前后进行对比评估，如果达到预期效果则进入全面实施阶段，如果没达到则返回改进与完善。供应商管理库存的实施评估主要包括以下内容：

（1）确定评估的目标对象：供应商管理库存的实施。

（2）确定评估的指标：主要是根据供应商管理给买方企业和供应商可以带来的利益进行设立。

（3）确定评估指标在整个评估系统中的权重。

（4）评价的等级与量化数据。

（5）实际工作中不断调整、改进与完善问题。

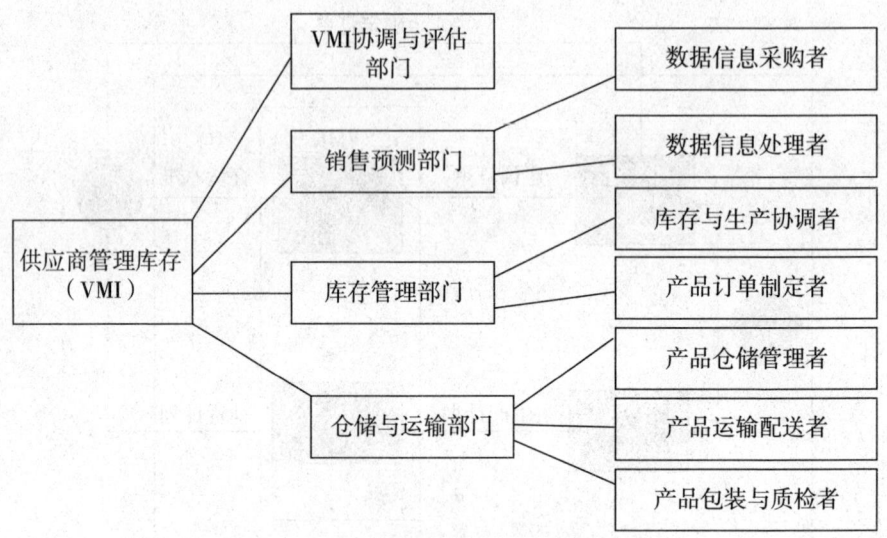

图 7-7 供应商管理库存的组织机构调整

> 案例

台湾雀巢与家乐福的 VMI 实施案例

一、案例背景

雀巢公司始创于 1867 年,总部位于瑞士威伟市(Vevey),旗下拥有 200 多家子公司,500 多家工厂,全球员工总数约有 22 万名,主要产品涵盖婴幼儿食品、营养品类、饮料类、冷冻食品及厨房调理食品类、糖果类、宠物食品类等。

家乐福公司成立于 1959 年,全球拥有 9061 家店,24 万名员工。

台湾雀巢在 2000 年 10 月开始与家乐福公司合作,制订建立供应商管理库存系统的计划,目标是要提高商品的供货率,降低家乐福库存持有天数,缩短订货前置期以及降低双方物流作业的成本。

二、VMI 的实施

(一)前期计划阶段

1. 确定计划范围。

(1)确定计划时间。双方计划于一年内建立一套 VMI 系统并运行。具体而言,分为系统与合作模式建立阶段以及实际实施与提高阶段。第一个阶段约占半年的时间,包括确立双方投入资源、建立评估指标、分析并讨论系统的要求、确立系统运作方式以及系统设置。第二个阶段为后续的半年,以先导测试方式不断修正使系统与运作方式趋于稳定,并根据评估指标不断发现并解决问题,直至不需人工介入为止。

(2) 确定双方工作小组。在人力投入方面,雀巢与家乐福双方分别设有专人负责,其他包括如物流、业务或采购、信息等部门则是以协助的方式参与,并逐步转变物流对物流、业务对采购以及信息对信息的团队运作方式。

(3) 经费投入。在家乐福方面主要是构建 EDI 系统的投入,雀巢方面除了构建 EDI 外,还引进了一套 VMI 的系统。

2. 确定计划目标。

雀巢对家乐福物流中心产品到货率达 90%,家乐福物流中心对零售店面产品到货率达 95%,家乐福物流中心库存持有天数下降至预计标准,以及家乐福对雀巢建议性订单的修改率下降至 10% 等。

(二) 子计划阶段

具体细分至两个子计划阶段。

1. 阶段一:可行性评估、认可。

(1) 评估双方的运作方式与系统,探讨合作的可行性:合作前双方评估各自的运作能力、系统整合、信息实时程度、彼此配合的步调是否一致等。

(2) 高层主管承诺与团队建立:双方在最高主管的认可下,由部门主管出面协议细节并作出内部投入的承诺,确定初步合作的范围,开始进行合作。

(3) 密切的沟通与系统建立:双方人员每周至少会面一次讨论具体细节,并且逐步确立合作方式与系统,包括补货依据、时间、决定方式、建立评分表、系统选择与建置等。

(4) 同步化系统与自动化流程:不断地测试,使双方系统与作业方式及程序趋于稳定,成为每日例行性工作,并针对特定问题作出处理。

(5) 持续性训练与改进:回到合作计划的本身,除了使相关作业人员熟练作业方式和不断改进作业程序外,还要不断思考库存管理与策略问题以求改进,长期不断进行下去,进一步研究针对促销品的策略。

在系统建置方面,雀巢与家乐福公司采用 EDI 进行数据传输,雀巢公司的 VMI 管理系统则采取外购产品的方式来建立。考虑家乐福的推荐、法国及其他国家雀巢公司的建议以及对系统的具体要求等,雀巢选用 Infule 的 EWR。

2. 阶段二:方案运作。

三、VMI 实施效果

雀巢对家乐福物流中心产品到货率由原来的 80% 左右提升至 95%(超越目标值),家乐福物流中心对零售店面产品到货率也由 70% 左右提升至 90% 左右,而且仍在继续改善中;库存天数由原来的 25 天下降至目标值以下;在订单修改率方面也由 60% –70% 的修改率下降至现在的 10% 以下。

二、联合库存管理（JMI）模式

（一）联合库存管理的特点

VMI 是一种供应链集成化运作的决策代理模式，它把客户的库存决策权代理给供应商，由供应商代理分销商或批发商行使库存决策的权力。JMI 则是一种风险分担的库存管理模式。

联合库存管理（Jointly Managed Inventory，JMI）是一种在供应商管理库存的基础上发展起来的上游企业和下游企业的权利责任平衡和风险共担的库存管理模式。JMI 体现了战略供应商联盟的新型企业合作关系，强调了供应链企业之间的互利合作关系。

JMI 把供应链系统管理集成为上游和下游两个协调管理中心，库存连接的供需双方从供应链整体观念出发，共同参与并制订库存计划，实现供应链的同步化运作，从而部分消除了由于供应链环节之间的不确定性和需求信息扭曲现象导致的供应链的库存波动。JMI 在供应链中实施合理的风险、成本与效益平衡机制，建立合理的库存管理风险的预防和分担机制、合理的库存成本与运输成本分担机制和与风险成本相对应的利益分配机制，在进行有效激励的同时，避免供需双方的短视行为及供应链局部最优现象的出现。

JMI 的风险分担机制表明，如果把各地的需求集合起来处理，就可以降低需求的变动性。因而，当把不同地点的需求汇集起来时，一个顾客的高需求很可能被另一个顾客的低需求所抵消，需求变动性的降低能够降低安全库存量。

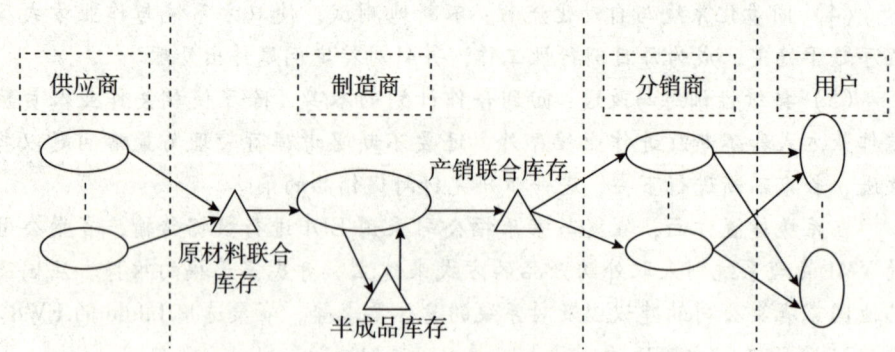

图 7-8　JMI 的供应链模型

具体而言，JMI 模式在以下几个方面具有自身的特点。

1. 合作伙伴之间共享库存管理信息

信息是企业的一项重要资源，而缺乏信息沟通也是库存管理中出现问题的主要原因。JMI 通过在上下游企业之间建立起一种战略性的合作伙伴关系，实现了企业间库存管理上的信息共享。这样既保证供应链上游企业可以通过下游企业及时准确地获得市场需求信息，又可以使各个企业的一切活动都围绕着顾客需求的变化而开展。

2. 供应链成员企业共担风险共享利润

JMI 实现了从分销商到制造商到供应商之间在库存管理方面的一体化，并实现成本、风险、利益合理分配，可以让三方都能够实现准时采购（即在恰当的时间、恰当的地点，以恰当的数量和质量采购恰当的物品）。准时采购不仅可以减少库存，还可以加快库存周转，缩短定货和交货提前期，从而降低企业的采购成本。

3. 供应链成员共同参与并制订库存计划

JMI 打破了传统的各自为政的库存管理局面，体现了供应链的一体化管理思想。JMI 强调各方的同时参与，共同制订库存计划，共同分担风险，能够有效的消除库存过高以及"牛鞭效应"。

4. 供应链成员之间建立战略联盟

JMI 的实施是以分销商、制造商和供应商之间的充分信任与合作为基础展开的。因此，JMI 的有效实施既加强了企业间的联系与合作，又保证了这种独特的由联合库存管理而带来的企业间的合作模式不会轻易地被竞争者模仿，为企业带来竞争优势。

（二）联合库存管理的实施

在具体的实施过程中，JMI 模式面临的主要挑战包括建立和协调成本较高、企业合作联盟的建立较困难、建立的协调中心运作复杂、联合库存的管理需要高度的监督等。

JMI 模式的主要实施步骤如下。

1. 分析物料供应商的现状并确定联合库存管理合作伙伴

利用 KPI（Key Performance Indicator，关键绩效指标）等技术和方法对供应商进行评级，选取级别最高的若干个物料供应商作为联合库存管理模式的合作方。供需双方应本着共担责任与风险、共享利润与效益的原则，通过协商达成共同的合作目标。

2. 建立灵活高效的供应链协调管理机制

进行联合库存管理的双方或多方，需建立供需协调管理机制，明确各自的目标和责任，建立合作和沟通的渠道，为供应链的联合库存管理机制提供条件。

3. 建立供应链各方的共同愿景

进行联合库存管理模式运作的供应链各方必须本着互惠互利的原则，理解供需双方在市场目标中的共同之处和冲突点，通过协商形成共同的发展愿景。

4. 建立合理的风险、成本与效益平衡机制

要有效运行基于协调中心的联合库存管理，必须建立公平合理的利益分配机制，并对参与协调库存管理中心的各个企业、各级供应部门进行有效的激励，加强协作性和协调性。

5. 建立联合库存的协调控制方法

联合库存管理中心担负着协调供应链各方利益的角色，起着协调整个供应链的作用。联合库存管理中心需要对库存优化的方法进行明确确定，包括库存如何在多个需求商之间调节与分配，库存的最大量和最低库存水平，安全库存的确定，需求的预测等。

6. 建立完整而精确的库存数据收集系统

由生产厂商中心控制供应链各个节点的库存情况，并据此随时调整生产与配送计划。这种数据采集系统可以建立在 WEB 的基础上，可以单独开发自己的 Intranet 系统。在生产组织拥有一定成品库存的前提下，根据销售预测严格执行 JIT 生产，不生产多余的库存。

7. 发挥第三方物流系统的作用

实现联合库存管理可借助第三方物流来具体实施，把库存管理部分功能外包给专业的物流公司，使企业将资源、精力集中于核心业务，加强供应链的敏捷性和协调性，提高服务水平和运作效率。

三、协同规划、预测和补给（CPFR）模式

（一）协同规划、预测和补给的特点

在全球经济一体化时代，市场需求快速多变，信息技术高度发展，企业面临着交货期越来越短、产品和服务要求越来越高的竞争压力。于是，协同规划、预测与补给模式应运而生。

协同规划、预测与补给（Collaborative Planning, Forecasting and Replenishment, CPFR）是一种协同式的供应链库存管理技术，通过共同管理业务过程和共享市场需求信息来密切供需双方的伙伴关系，提高预测的精确度，改进计划和补货的过程和质量，从而达到减少库存、提高消费者满意度和供应链运行效率的目的。CPFR 既是一种管理模式，也是一个软件系统，整个模式是通过一套软件系统的运行来实现的。

CPFR 管理模式起源于美国。北美行业间商业标准化委员会 VICS（The Voluntary Inter－industry Commerce Standards Association）是北美推进 CPFR 的

标准化机构，它赋予 CPFR 的概念是"灵活运用因特网和 EDI 技术，大量减少供应链间的成本，并大幅度提高对消费者服务水平的服务模型"。

CPFR 的特点主要表现为以下几个方面。

1. 协同

CPFR 要求供需双方长期承诺公开沟通、信息分享，从而确立其协同性的经营战略。协同的方式包括合作协议签署的保密、纠纷与沟通机制的建立、供应链计分卡的确立以及共同激励目标的形成（比如供需双方的销量和盈利率等）。

2. 规划

包括合作规划（品类、品牌、关键品种等）以及合作财务（销量、订单满足率、定价、库存、安全库存、毛利等）。此外，还需要双方协同制订促销计划、库存政策变化计划、产品导入和中止计划以及仓储分类计划等。

3. 预测

CPFR 强调买卖双方必须作出最终的协同预测，同时还强调双方都应参与预测反馈信息的处理和预测模型的制定和修正，特别是如何处理预测数据的波动等问题。

4. 补货

根据 VICS 的 CPFR 指导原则，协同运输计划是补货的主要执行依据。此外，例外状况的出现也需要转化为存货的百分比、预测精度、安全库存水准、订单实现的比例、前置时间以及订单批准的比例，所有这些都需要在双方公认的计分卡基础上定期协同审核。

扩展阅读

CPFR 产生的背景

CPFR 的形成始于沃尔玛所推动的 CFAR，CFAR（Collaborative Forecast And Replenishment）是利用 Internet 通过零售企业与生产企业的合作，共同作出商品预测，并在此基础上实行连续补货的系统。后来，在沃尔玛的不断推动之下，基于信息共享的 CFAR 系统又朝 CPFR 发展，CPFR（Collaborative Planning Forecasting and Replenishment）是在 CFAR 共同预测和补货的基础上，进一步推动共同计划的制订，即不仅合作企业实行共同预测和补货，同时将原来属于各企业内部事务的计划工作（如生产计划、库存计划、配送计划、销售规划等）也由供应链上的各企业共同参与。

1995 年，沃尔玛与其供应商 Warner-Lambert、管理信息系统供应商 SAP、供应链软件商 Manugistics、美国咨询公司 Benchmarking Partners 等 5 家

公司联合成立了工作小组，进行 CPFR 的研究和探索。1998 年美国召开零售系统大会时又加以倡导，后来参与实验的零售企业有沃尔玛、凯马特和威克曼斯，生产企业有 P&G、金佰利、HP 等 7 家企业。从 CPFR 实施后的绩效看，Warner–Lambert 公司零售商品满足率从 87% 提高至 98%，新增销售收入 800 万美元。在 CPFR 取得初步成功后，组成了由零售商、制造商和方案提供商等 30 多个实体参加的 CPFR 委员会，与 VICS 一起致力于 CPFR 的研究、标准制定、软件开发和推广应用工作。由于 CPFR 巨大的潜在效益和市场前景，一些著名的企业软件商，如 SAP、Manugistics、i2 等开发了 CPFR 软件系统和从事相关服务。

（二）协同规划、预测和补给的实施

CPFR 的实施共分为规划阶段、预测阶段和补给阶段，以及 9 个步骤。

1. 签订业务框架协议

供应商、生产商、分销商和零售商等供应链上下游企业共同协商签订一个业务框架协议，主要内容包括合作的发展战略、共同目标、任务与职责、业务规则、绩效评价、保密协议和资源授权等。这是一个实施 CPFR 所有业务活动的顶层设计。

2. 共同制订实施计划

由供应链各方基于业务框架协议拟定 CPFR 的实施计划，制定分类任务、各步骤目标、实施策略，以及合作项目的管理细节（比如订单最小批量、交货期、订单间隔和提前期等）。

3. 基于市场需求信息生成销售预测

基于分销商、零售商的 POS 系统或其他相关市场需求信息，对未来一定时期内单独或共同的业务进行分析预测，并据此对支持共同业务计划的市场销售作出预测。

4. 识别和判断分布在销售预测约束之外的事件

如果有销售预测的例外事件发生，那么就需要对销售预测作出调整或其他处理。任何一个事件是否为例外，都需要依据在步骤 1 中得到合作各方共同认定的准则来进行识别和判断。

5. 协同处理销售预测中的例外事件

如果发现销售预测中的例外事件，合作各方需要通过查询共享数据、采用各种交流方式协同解决和处理，并将由此产生的变化反馈给步骤 3，创建新的销售预测。

6. 生成订单预测

通过合并 POS 数据、因果关系信息与其他预测数据和库存策略，产生一

个支持共享销售预测和共同业务计划的订单预测,提出分时段的实际需求数量,并通过产品及接收地点反映库存目标。订单预测周期内的短期部分用于产生订单,长期部分用于计划。

7. 识别订单预测中的例外事件

根据在步骤1中已建立例外准则来识别和判断例外事件,如果是例外事件,到下一步去处理这些事件,否则转到步骤9生成订单。

8. 协同处理订单预测中的例外事件

如果发现订单预测中的例外事件,合作各方需要通过查询共享数据、采用各种交流方式进行调查研究,然后协同解决订单预测中的例外情况,并将由此产生的变化反馈给订单预测步骤6。

9. 生成订单并完成补货

将订单预测转变为已承诺的订单,订单生成可由生产商或分销商根据自己的资源、能力和系统来完成。这样,就完成了一次补货工作。

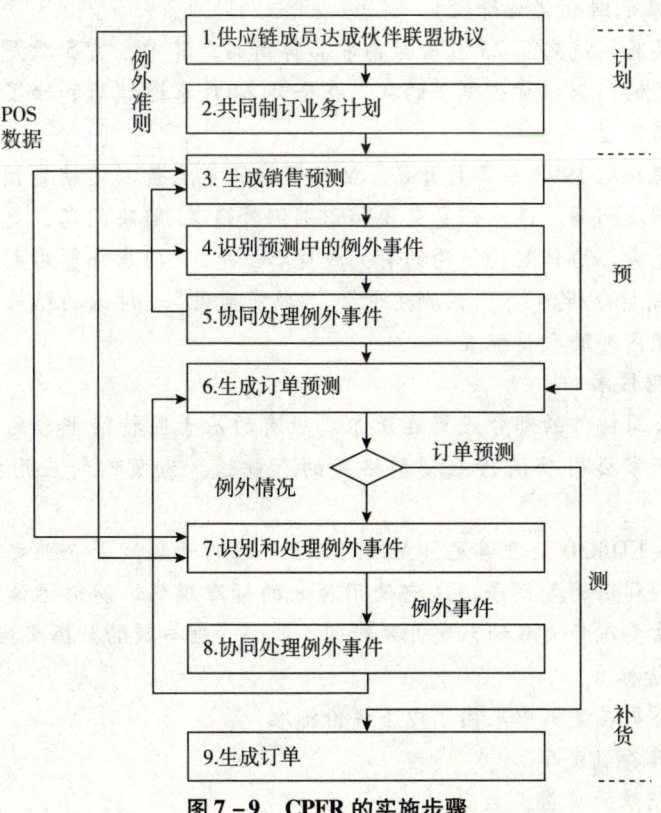

图7-9 CPFR的实施步骤

 案例

沃尔玛与供应商合作的 CPFR 典型案例

沃尔玛（Wal-mart）和萨拉利（Sara Lee Branded Apparel）公司的案例是沃尔玛与供应商共同成功的主要案例之一，与供货商进行信息交换使双方获得成功。

1. 建立 CPFR 流程

两家公司应用 CPFR 主要有三个步骤：

(1) 制定销售预测。

(2) 识别有关销售预测的例外情况。

(3) 销售预测例外情况的协作/解决问题。

两家公司按照行业模型所表示的商务流程和技术格式，确认了全部步骤的有效性。两家公司通过共同商务计划的讨论，确认了是否主要的输入数据按照技术格式的要求，以及商业上的主要需求全部按照模型的要求。

2. 对象范围（实施阶段）

为了实验，选定了 23 款女性内衣品牌商品。其中，有 5 款是新产品，在小规模类型的门店配货；剩下的款式在全部 2400 家连锁店和除了小规模门店以外的门店配货。

协作架构从 1998 年 7 月开始。协作目标的重点是制定销售预测、识别例外情况和解决问题。适应信息交换和识别例外情况/解决问题，更新了销售预测并继续完善。协作架构讨论的有关成员职位是，"门店补货的主管"、"销售部长"、"销售分析师"、"预测主管"、"物流主管"。讨论的结果是调整了两家公司组织内部的人员配置。

3. 应用技术

两家公司协作的部分设置在沃尔玛原有的基于因特网平台的供应商通信系统内。两家公司确认行业模型格式的有效性，为案例的应用提供了宝贵经验。

VICS-EDI830 处理单元（ANSI X.12 标准的子集）是企业之间为了传送销售预测所利用的数据手段。它使用原来的标准规格，能够迅速地确定协作体制，不需要花费太多的系统开发时间，能够管理多数的数据交换结构。

4. 评价标准

两家公司在案例中采用了以下评价标准。

(1) 库存满足率。

(2) 门店的库存天数。

(3) 预测的精度。

(4) 销售的机会损失。

开始实施的 24 周之后，两家公司目标对象项目的销售额提高了 32%。随着门店库存周转率提高 17%，门店的库存满足率提高了 2%，门店的库存减少了 14%。

5. 投入的经营资源

两家公司各个部门的成员都参加了案例，其中包含两家公司的"信息系统"部门和"销售/商品补充"部门的上级管理人员。最初的案例中需要的工作人员是，"信息系统（多个应用开发团队）"、"预测/商品补充"、"物流"、"市场"、"供应链"、"销售"的各部门成员。而且没有为了上马该项目而增加人员。

协作范围扩大，应用沃尔玛公司的零售链决策支持系统（Retail Link Decision Support System）进行详细的分析。

6. 案例效果总结

经过 24 周的试行，成功地改善了下列指标：

(1) 库存量：改善 2% 的店内库存。
(2) 每周持有库存水准：改善 14% 店内库存水准。
(3) 更准确的预测：反映在库存与销售的改善上。
(4) 降低缺货率：提升 32% 的销售量，增加 17% 的商品周转率。

课后习题

1. 传统库存控制模型主要有哪些？
2. 供应链管理环境下库存控制的目标是什么？
3. 试论述供应商管理库存的概念及特点。

参考答案

1. 传统库存控制模型主要有哪些？

传统库存控制模型主要有经济订货批量模型、定期订货模型、ABC 分类管理模型、随机存储控制型模型等。

2. 供应链管理环境下库存控制的目标是什么？

供应链管理环境下库存控制的目标主要有库存成本最低、库存保证程度最高、不允许缺货、限定资金、快捷。

3. 试论述供应商管理库存的概念及特点。

供应商管理库存（Vendor Managed Inventory，VMI），指供应商等上游企业基于其下游客户的生产经营、库存信息，对下游客户的库存进行管理与控制。其主要特点有合作性、互利性、互动性、协议性。

第八章 供应链生产计划与控制管理

【导入案例：美的集团生产计划的变革】

MRP Ⅱ实施前，美的集团一直采用手工制订生产计划的方式，即生产科生产计划、车间生产计划和产品销售计划的生产作业三级计划，这些计划对迅速变化的市场显然不能胜任，并且易造成产品积压或供不应求。美的集团风扇厂年产量将近1100万台，所需物种多达上万种之多，同时生产和经营机构也很庞大。

美的集团随即决定斥资上千万元全面实施MRP Ⅱ工程。

1. 确立现代企业管理理念

美的集团确立了"以科学为本，以实用为主"的实施策略，将对MRP Ⅱ基础上的实施贯彻纳入中高层领导的考核，美的内部迅速统一思想，对项目的成功实施起到了关键的作用。

2. 保证生产销售的快速反应能力

与Oracle公司合作实施的MRP Ⅱ系统拥有多种灵活的计划和执行能力，能对企业的生产进行配套的供求管理。Oracle系统中的供应链计划（Supply Chain Plan）则利用分销清单和来源准则同步计划整个生产流程，使生产和采购随时响应市场的需求，避免了生产采购的盲目性，解决了新订单不能及时交货、库存产品积压和库存资金占用太多等一系列问题，使企业能对市场迅速反应，从而及时调整产品结构，缩短生产周期，提高企业的生产率。Oracle的销售订单管理功能还能为每个销售渠道建立相应的服务策略，使各销售点能通过查询存货、调拨信息确认订单，以确保一些复杂订单的可行和正确。

3. 完善特耗的控制

项目实施后，美的能通过市场需求信息来确定物料的需求时间和需求量，并结合国内外市场的物料供应情况和企业自身的生产经营信息，来最终确定物料的采购提前期、最佳订货批量和制品定额，使企业的物流、资金流和信息流得到统一的管理。

4. 建立科学的生产作业流程

Oracle的生产制造管理系统采用新方法优化了企业的生产过程。它不仅同时支持高度混合式生产制造的流程处理，还能将设计、生产、市场和用户多方面协调统一，通过先进的模拟能力，使企业得以先行评测整个业务流程，再根据预测结果配置灵活的生产计划；它的供给管理、生产管理、成本管理与质量管理的协调配合工作，不仅保障了产品的质量，控制了成本，还大大缩短了产品开发周期和制造周期，使企业生产流程的管理具备高度的灵活性和可靠性。

学习目标

● 通过本章学习，识别传统的生产计划与控制和供应链管理环境下生产计划与控制各自的特点及其差距。理解供应链管理环境下生产管理组织模式和集成生产计划与控制模型。理解供应链管理环境下生产计划与控制的几种先进模式：精益生产、敏捷制造、大规模定制。

第一节 供应链管理思想在生产系统中的拓展

随着经济全球化、贸易自由化和信息技术的快速发展，企业的竞争环境变得更加复杂和不确定，具体表现为产品需求由少品种、大批量、单一化转向多品种、小批量、个性化，产品的生命周期越来越短，消费者的需求越来越呈现个性化特点。这就对供应链生产系统管理乃至整个供应链管理提出了更高的要求，并促使生产系统的有关概念、生产模式、计划与控制和物流管理等方面不断有新的发展。

一、传统企业生产系统面临的挑战

传统的企业生产系统追求的是大量生产方式，主要依靠规模效益来实现企业利润目标,即按标准化、系列化和通用化要求,力争在大批量生产条件下降低生产成本,提高生产效率和企业效益,它适宜于经济高速增长、需求相对稳定的市场环境。在供应链管理环境下,传统的企业生产系统显示出许多缺陷,主要表现如下。

(1) 生产系统设计没有考虑供应链的影响。传统的制造企业的生产系统在设计时只考虑生产过程本身,而没有考虑生产过程以外的因素会对企业竞争力施加的影响。

(2) 供、产、销系统没有形成"链"。在传统的运作模式下,供、产、销等企业的基本活动各自为政、相互脱节,物流和信息流经常失真、扭曲、变形。

(3) 内部各部门片面追求自身利益。由于激励机制以部门目标为主,孤立地评价、考核部门业绩,造成企业内部各部门注重自身利益,缺乏全局观念,较少考虑整个企业和供应链整体利益。

(4) 在市场响应、用户服务和企业间协作等方面缺乏完善的评价标准与激励机制。

(5) 各个相关企业生产系统之间没有形成相互协调的整体系统。企业与各供应商、消费者之间没有协调一致的生产计划与控制机制,无法进行有效衔接。

(6) 面对市场不确定性变化,没有建立有效的跟踪与控制系统,缺乏供应链柔性。

(7) 企业与供应商、销售商没有形成紧密的合作伙伴关系。往往从短期效益出发,挑起供应商之间、销售商之间的价格竞争,最终影响相互之间的信任与合作。

二、供应链管理中生产系统的有关概念

(一) 企业资源

传统的企业生产计划将企业资源局限于企业内部。在供应链管理中,企业资源被分为内部资源和外部资源,企业资源优化的空间由企业内部扩展至企业外部,即从供应链整体的、系统的角度进行资源优化和拓展。

(二) 企业能力

企业能力也是企业的一种资源。传统的企业资源概念只把企业内部的生产、仓储、分销、运输和信息加工等方面的能力作为企业的能力资源。供应链管理则把企业能力的范围扩展至供应链中全部节点企业的能力和供应链整体能力上,比如,供应链系统中的企业可以通过外包或联盟等形式

利用其他企业的生产、分销和仓储等方面的资源，以此来增强自己在这些方面的能力。

（三）生产计划

生产计划是指企业为了生产出符合市场需要或消费者要求的产品，所确定的在何时生产，在哪个车间生产以及如何生产的总体计划。企业的生产计划是根据销售计划制订的，同时又是企业制订物资供应计划、设备管理计划和生产作业计划的主要依据。生产计划工作的主要内容包括：调查和预测社会对产品的需求，核定企业的生产能力，确定目标，制定策略，选择计划方法，正确制订生产计划、库存计划、生产进度计划和计划工作程序，以及计划的实施与控制工作等。

主生产计划（Master Production Schedule，MPS）是确定每一具体的最终产品在每一具体时间段内生产数量的计划。这里的最终产品是指对于企业而言最终完成、要出厂的完成品，它要具体到产品的品种和型号。这里的具体时间段，通常是以周为单位，在有些情况下，也可以是日、旬、月、季。主生产计划是独立需求计划，详细规定生产什么、什么时段应该产出。主生产计划根据客户订单和市场预测，把经营计划或生产大纲中的产品系列具体化，使之成为执行物料需求计划的主要依据，起到了从综合计划向具体计划的承上启下的过渡作用。

（四）提前期

提前期是生产计划中一个重要的变量，是指产品或零部件在各工艺阶段投入的时间比最后完工出产的时间所提前的天数。对一个产品而言有一个交货期，而对这个产品的下一级部件而言，完工日期必须先于产品交货期，而对于部件的下一级零件来说，完工日期又先于部件的提前期，如此一级级往下传递。在产品结构树梢上的零部件或原材料必然交货期最早。

提前期的概念主要是针对"需求"提出的，是生成 MPS、MRP 和采购计划的重要数据。在供应链管理中，提前期的固定与否不再重要，重要的是交货期。也就是说，供应链管理强调准时——准时采购、准时生产、准时配送，目的在于及时准确地送达产品以满足用户需求。

（五）生产系统

供应链管理中的生产系统与传统的企业生产系统有所不同。生产系统可以分为企业内部生产系统和多个相关企业组成的生产系统，供应链管理涉及的重点是多个相关企业组成的生产系统。供应链生产系统由法律上独立的企业组成，它们依靠合作关系而彼此联系，其合作重点在于生产过程和物流过程。

三、生产模式的含义与变革

自 20 世纪 50 年代起，大批量生产模式使欧美制造业获得了前所未有的快速发展。但随着全球经济一体化的不断发展和人们生活水平的不断提高，市场环境发生了巨大的变化，消费者需求日趋主体化、个性化和多样化。相应地，企业的管理思想、经营理念以及满足社会需求、为社会提供产品和服务的生产技术和工业生产模式也随着这种变化而不断发展。生产模式已成为影响企业竞争力的重要因素，生产模式的变革与选择也成为供应链管理的一个关键。

（一）生产模式的基本含义

生产模式是指生产者对所投入资源要素、生产过程以及产出物的有机、有效组合和营运方式的一种总体概括，是对生产运作管理中的战略决策、系统设计和系统运行管理问题的全面综合。

20 世纪 80 年代以前，生产模式主要指企业内部的生产方式，是一个企业将投入转化为产出的方式。不同的生产方式在产品特征、客户需求特征、物流特征、设备特征和制造特征等方面存在着很大的差异。从实质上看，传统的企业生产模式的研究对象是单个企业产品开发、生产和经营的过程。随着经济全球化和信息技术的发展，企业生产模式已由原来的实体企业延伸到虚拟企业，进而延伸到企业所在的供应链。因此，供应链中的企业生产模式是企业在产品开发、生产和经营活动中所采取的战略、生产哲理、生产与管理方法、生产手段及规则等的综合表现形式，其本质是对组成生产系统的各种生产资源进行有效配置，并规定生产资源之间的协调关系和运行方式。生产模式的影响因素主要有市场、生产技术、信息技术、生产资源与人力资源、地域和民族文化传统等。

（二）生产模式的变革

从企业发展进程来看，生产模式大体上经历了从单件生产到大量生产再到多品种小批量多批次生产的三次重要变革，它们反映了生产力的发展、技术的进步、市场的变化和供应链管理的发展。

1. 单件生产模式

目前国内外有些企业采用这种生产模式，大部分企业的目标市场集中在豪华的、性能各异或独特的单件产品上。

2. 大量生产模式

大量生产模式特征是生产具有互换性的、较少品种的标准产品，采用流水生产线和专用设备，以及科学的工时定额和标准的操作方法等进行大规模生产。

3. 多品种、小批量、多批次生产模式

此类生产模式是通过及时调整产品品种和数量，以适应市场需求的变化。目前，这类生产模式主要有准时制生产（精益生产）、敏捷制造、柔性生产、计算机集成制造、智能制造等。

生产模式变革的根本目的在于，更有效地集成制造资源，为供应链提供技术和管理支持，从而提高企业乃至整个供应链的竞争力。因此，从总体上看，当代生产模式正面临着以下重大变革：从以技术为中心向以人为中心转变，从传统的作业顺序向并行工作方式转变，从按功能划分的固定组织形式向动态的、自主管理的团队工作形式转变，从质量和成本竞争战略向快速响应市场的时间竞争战略转变，从金字塔式的多层次生产管理结构向扁平的网络组织结构转变。

四、传统生产计划和控制与供应链管理思想的差距

传统的企业生产计划是以企业的物料需求为中心展开的，缺乏和供应商的协调与合作，企业的计划制订没有考虑供应商以及销售商的实际情况，不确定性对库存和服务水平影响较大，库存控制策略因难以获取准确的市场需求信息而无法及时调整。

（一）决策信息来源的差距

决策信息来源的差距也可以表述为决策信息多源化，资源信息则是指生产计划决策的约束条件。

生产计划的制订要依据一定的决策信息，即基础数据。在传统的生产计划决策模式中，计划决策的信息来自两个方面：市场需求信息与资源信息。需求信息又来自两个方面：用户订单与需求预测。通过对用户订单及需求预测的综合，得到制订生产计划所需要的需求信息。

供应链管理环境下需求信息和企业资源的概念与传统概念有很大不同。信息多源化是供应链管理环境下的主要特征，多源信息是供应链环境下生产计划的特点。在供应链环境下资源信息既来自企业内部，也来自供应商、销售商和用户。

（二）决策模式的差距

决策模式的差距表现在决策群体性、分布性方面。传统的生产计划决策模式是一种集中式决策，而供应链管理环境下的决策模式是分布式的、群体决策过程。

基于多代理的供应链系统呈现为一种立体的网络形式，各个节点企业地位平等，有其自身的数据库和领域知识库。在形成供应链时，各节点企业拥有暂时性的监视权和决策权，每个节点企业的生产计划决策都受到其他企业

生产计划决策的影响，需要一种协调机制和冲突解决机制来解决各节点企业间生产计划决策的问题。

一个企业的生产计划发生改变时，其他供应链成员企业的计划也需要作出相应的改变，供应链因此而得以对市场需求作出同步化的响应。

（三）信息反馈机制的差距

信息反馈机制的差距，也可以表述为信息反馈机制的多样化，主要表现在递阶、链式反馈与并行、网络反馈等方面。在供应链管理环境下，生产计划信息的传递不是沿着企业内部的递阶结构（权力结构），而是沿着供应链的不同节点方向（网络结构）传递。

传统的企业生产计划的信息反馈机制是一种链式反馈机制，信息反馈是企业内部从一个部门到另一个部门呈直线式传递，由于递阶组织结构的特点，信息的传递一般是从底层向高层信息处理中心（权力中心）反馈，形成和组织结构平行的信息递阶的传递模式。

供应链的运行是以团队工作为特征的多代理组织模式，具有网络化结构特征，其信息管理方式不是递阶管理，也不是矩阵管理，而是网络化管理。为了做到供应链的同步化运作，供应链企业之间信息的交互频率也比传统企业之间信息传递的频率大得多，因此需要采用并行化信息传递模式。

（四）计划运行环境的差异

计划运行环境的差异性主要表现在计划运行环境的复杂多变化上，即不确定性和动态性。

复杂多变的环境增加了企业生产计划运行的不确定性和动态性。而传统生产计划以固定的环境约束变量应付不确定的市场环境，以不变应万变，缺乏必要的柔性。

在供应链管理环境下，要求生产计划与控制系统必须因应市场需求的变化，因此具有更高的柔性和敏捷性。比如，提前期的柔性、生产批量的柔性等。

供应链管理环境下的生产计划涉及的多是订单化生产，这种生产模式具有更强的动态性与灵活性，具有更高的柔性和敏捷性，使企业能对市场需求变化作出快速反应。

第二节　供应链管理环境下生产计划与控制的影响因素及特点

一、供应链管理环境下生产计划编制的影响因素

在供应链管理环境下，影响生产计划编制的因素和约束条件有很多，主

要包括柔性约束、生产进度和生产能力。

(一) 影响生产计划编制的柔性约束

Slack N. 于 1987 年首次提出了供应链柔性的概念。他认为，供应链柔性是指供应链对顾客需求作出反应的能力。Sabri 等指出，供应链柔性主要包括生产柔性和分销柔性。生产柔性用生产能力和生产能力利用之差衡量，分销柔性用现实的分销量和顾客需求之差衡量。Voudouris 认为供应链柔性可以用作业资源的能力富余来反映。马士华指出，供应链柔性对于需方而言，代表了对未来变化的预期；对于供方而言，它是对自身所能承受的需求波动的估计。

为了减少市场环境的不确定性和供应链本身的不确定性所带来的不利影响，管理者一般要采取多方面的对策来获得供应链的柔性。供应链的柔性是指供应链快速而经济地应对生产经营活动中各种不确定性的能力。增强供应链柔性会增加供应链管理的难度，比如，增强供应链柔性会增加生产计划编制与实施的复杂性和难度等。因此，在制订生产计划时应充分考虑供应链中各种柔性约束条件。

1. 流程

从流程的角度看，贯穿供应链全过程的供应、制造、物流以及相应的信息系统都应具备一定柔性。

(1) 制造系统柔性。是指为应对外部竞争环境变化，在现有的供应链资源条件下，低成本快速地生产出满足市场需求的质量优良产品的能力，包括机床柔性、产品柔性、加工柔性、工序柔性、运行柔性、产量柔性、扩展柔性和生产柔性等。

(2) 物流系统柔性。是指在外部竞争环境条件变化的情况下，以合理的成本，采用合适的运输方式，在合适的时间，将合适的产品或资源配送至合适地点，以满足市场需求或合作伙伴需要的能力。

(3) 信息系统柔性。供应链是一个动态的组织结构，经常会发生各个层面的重组或重构，信息柔性子系统能够作出相应地调整以适应新的变化。柔性信息系统具有可重组、可重构、模块化、可扩展以及热插拔等特性。

(4) 供应系统柔性。根据市场需求或合作伙伴的需要改变供应计划有利于提高服务水平及加强供应链协同能力。具有供应柔性的供应链能够根据需要适时调整生产计划，改变零件或产品的产量、产能、种类或组合以满足合作伙伴或用户的需要。

2. 经营管理

从经营管理方面考虑，产品研发、组织设计、战略决策和文化构建也需要增加相应的柔性。

(1) 研发柔性。针对外部市场环境的变化，企业必须以合理的成本水平迅速开发出满足市场需求的不同种类新产品，新产品推出的速度越快，付出的成本越低，其具有的柔性就越好。良好的研发柔性使系统能够及时地发掘市场机遇，并能不断地采用新科技、新方法、新材料更好地提高研发柔性。

(2) 组织柔性。柔性组织是一种松散灵活的、具有高度适应能力的组织形式，能够弥补传统企业刚性组织适应性不足的弱点。供应链的柔性组织是一种动态的、扁平化、网络化的组织结构，能根据外部环境的变化及时作出相应的调整。柔性组织是供应链柔性系统的有机组成部分，也是其他柔性要素的基础和组织保障。

(3) 战略决策柔性。相较于传统决策过程，柔性决策研究主要具有以下特点：参与决策的决策者是有限理性的，决策目标是柔性的；决策者的偏好是柔性的；决策的约束条件往往是柔性的，随着决策过程的进行，约束条件往往也会发生变化；柔性决策的目标是得到满意解决，决策过程中逐步放宽约束条件。

(4) 文化柔性。企业文化是企业运营的灵魂，是知识形态生产力转化为物资形态生产力的根本。为建立与系统柔性相适应的企业文化，企业应改变传统的具有高度牢固度、一致度和系统和谐性的硬性文化，建立适应柔性要求的新型柔性文化体系。

3. 供应链合作关系

供应链柔性将柔性从单个企业内部扩展到整个供应链，柔性不再仅局限于单个企业。在供应链合作伙伴之间也需要关注更多的"柔性"问题。

(1) 合作关系柔性。在供应链管理环境下，供应链内部的合作伙伴实行资源共享，实现供应链核心能力的有机集成。资源柔性是指在各种不确定性情况下，为满足市场的各种需求，以合理的成本水平快速地整合调度资源实现优化配置。良好的伙伴关系能够提高资源配置的效率，以较低的成本实现供应链资源的快速优化配置，提高资源柔性。较好的资源柔性能够增强整个供应链的竞争能力。

(2) 柔性利益分配。供应链是一种以市场机遇为主要驱动力，并具有生命周期的组织结构。供应链中的每一个成员其根本目的是为了获取一定的商业利益，合理的利益分配机制是供应链运作是否成功的关键因素。柔性利益分配机制是符合供应链特点的分配机制，供应链的运作过程是动态发展的，因此，在利益分配上要充分考虑这一特点，使利益的分配机制具有合理性和激励性。

(3) 柔性合同。柔性合同（flexibility contract）又称动态合同，相较于传统的确定性合同，它在内容上提供了许多根据市场变化情况和合同进展情况而定的灵活性选择条款。柔性合同一般不采取一次性合同，合同的执行分阶段进行，根据前一阶段合同的履行情况，确定下一阶段履行的条款或合同。柔性合同还包括配套的动态检查机制、激励机制、利益/风险分配机制、清算机制。

（4）人力资源柔性。在供应链生命周期的各个阶段，经营目标和管理重点不尽相同，对应的人力资源管理的侧重点也应相应作出调整，以适应不同阶段对人力资源管理的不同要求。

（二）影响生产计划编制的生产进度

生产进度控制又称生产作业控制，是指在生产计划执行过程中，对有关产品生产的数量和期限的控制，其主要目的是保证完成生产作业计划所规定的产品产量和交货期限指标。生产进度控制是生产控制的基本内容，狭义的生产控制就是指生产进度控制。

生产进度控制的基本内容主要包括：投入进度控制、工序进度控制和出产进度控制。其基本过程主要包括：分配作业、测定差距、处理差距、提出报告等。

生产进度控制贯穿整个生产过程，从生产技术准备开始到产成品入库为止的全部生产活动都与生产进度有关。一般而言，人们习惯将生产进度等同于出产进度，这是因为客户关心的是能否按时得到成品。因此，企业一般重点关注产成品的完工进度，即出产进度。

生产进度信息是企业检查生产计划执行状况的重要依据，也是滚动制订生产计划过程中用于修正原有计划和制订新计划的重要信息。在供应链管理环境下，生产进度计划属于可跟其他供应链成员共享的信息。

生产进度信息的作用在于：一方面，供应商通过了解制造商的生产进度情况实现准时供应。企业的生产计划是在客户订单以及对未来需求作出预测的基础上制订的，它与生产过程的实际进度一般是不同的，生产计划信息往往无法实时反映物流的运动状态。供应链企业可以借助现代网络与信息技术，使实时的生产进度信息能与合作方共享。上游企业可以通过信息共享了解下游企业真实需求信息，并灵活主动地安排生产和调拨物资，下游企业则可以避免不必要的库存。

另一方面，原材料和零部件的供应是企业进行生产的必要条件之一，供应商修正原有计划时应该考虑到制造商的生产状况。在供应链管理环境下，制造商可以适时了解到供应商的生产进度和物资情况，然后适当调整生产计划，使供应链上的各个环节紧密地衔接在一起。其意义在于可以避免供应链

第八章 供应链生产计划与控制管理

各成员企业之间出现供需脱节的现象,从而保证供应链的整体竞争力。

(三) 影响生产计划编制的生产能力

制造企业完成一份订单离不开上游供应商的支持,因此,在编制生产计划时要尽可能利用上游企业的生产能力。一般情况下,企业在现有的技术水平和组织条件下都具有一个最大的生产能力,但最大的生产能力并不等于最优生产负荷。在上下游企业间形成稳定的供应关系后,供应商从自身利益出发,更希望所有与之合作的制造商在同一时期的总需求与自身的原材料或零部件的供应能力相匹配。上游企业的这种对生产负荷量的期望可以通过合同、协议等形式反映出来,即上游企业提供给每一个下游相关企业一定的生产能力,并允许一定程度上的浮动。这样,在下游企业编制生产计划时就必须考虑到上游企业在这一能力上的约束。

从供应链角度分析产能,不仅要分析供应链各个环节的生产能力,而且要考虑物流的产能,即物流环节的仓储能力、配货能力以及运输能力。下面结合一则案例来加以说明。

某快速消费品生产企业生产大众生活必需品棉花姑娘牌系列棉签。目前,棉花姑娘牌系列棉签的市场销量不断递增,市场年增长率达到40%。在销售增长的同时公司产能开始显得紧张,企业下属的几个工厂基本上按照生产线设计的最大产能计划生产,勉强能够满足市场需求。按照最大产能进行生产使得企业的生产变得刚性,无法适应市场变化的要求。比如,每年的寒暑假期间及中秋春节期间,市场的需求量比全年平均日需求量上升大约一倍,为了保持旺季的市场正常供应,企业必须在市场淡季的时候保持满负荷的生产,为旺季储备资源。

淡季为旺季备货的直接后果是库存增加,仓储费用上升。部分货物需要存放在供应商仓库或者在异地城市租用临时仓库,大大增加了管理的难度。由于产能限制,导致供应链总体效率下降,进而导致产品滞销风险增加和企业运营风险增加。

从供应链角度考虑,企业不仅要生产出满足市场需求的产品,还要把产品送到用户手中,不仅要考虑产品物理化学特性的变化,还要考虑产品空间位置的变化。由于物流环节的仓储、配货以及运输业务可以通过外包解决,企业一般没有对物流能力予以特别重视,但是物流能力也会对供应链的整体运作施加重要的影响。

比如案例中的企业:由于企业库存较大,同时在市内没有一个足够大的中心仓库能够满足企业的物流需求,企业租用了6家物流公司的仓库。在很多情况下,客户一张订单要订购多个品种的产品,很少有一个仓库能够满足客户订单上的所有品种需求。于是，一张订单往往需要分拆到多家物流公司提货，物流公司送货的车辆需要到多个地点才能为客户配齐货物。同时，由于缺乏调度导致各个仓库配货能力的不足，运输车辆需要在各个仓储地点排长队等待提货，这导致物流效率大大降低，增加的运输成本也会通过物流价格变化最终由企业承担。

物流公司增加仓储面积以及提高配货能力需要巨大的投入。对于该快速消费品生产企业而言，未来的生产基地将主要在城市远郊，除非企业与物流公司建立长期的战略合作伙伴关系，为物流企业提供长期的存储以及运输业务，否则物流公司不可能将仓库建于生产基地旁边。对于制造企业而言，与物流企业形成战略伙伴关系属于供应链规划的一部分，也是企业建立长期物流能力的重要举措，同企业自身生产产能规划一样重要。与物流公司形成长期的伙伴关系对于企业而言大有裨益：物流公司能够放心为企业的物流需求进行基础设施投资，满足企业各项物流能力需求；降低物流相关业务复杂程度，有利于提高物流业务水平。如果只有一家物流公司提供服务，可以避免前面提到的业务复杂性，还可以通过信息系统集成等多种方式提高业务运作水平。

前面提到的约束理论在此也有所反映：整个供应链产出由供应链产能最薄弱的环节决定，利用程度由供应链的"瓶颈"决定，非瓶颈环节的改善无助于整个供应链产出的提高，瓶颈控制了库存和产销率。

案例中，该企业可以通过物流能力的优化来提高生产能力。比如，按照市场需求生产而不是备货生产，从而降低企业的库存总体拥有水平，减少存储点数量，将从物流优化释放出来的企业能力转化为生产能力，提升企业核心竞争力。

在大多数情况下，让生产能力在短时期内进行大幅度调整并非一件易事。生产能力往往具备一定的柔性，企业能够通过一定的手段调整生产能力的柔性。尽管有些方法并不适用于某些类型的企业，比较通用的方法是：

（1）利用闲暇时间和增加工作时间。

（2）适当改变劳动力规模。

（3）寻求供应链合作伙伴的合作。

（4）加强全球协同与资源配置。

通过建立生产能力的柔性策略，在面对客户订单变化时，制造企业能够以更快速的响应来满足市场需求。当然，生产能力的柔性也有限度，任何以无限能力为假设的计划系统，必然会造成整个供应链运行混乱，甚至会降低供应链的反应能力。

二、供应链管理环境下生产计划的特点

供应链管理环境下的企业生产计划与传统的企业生产计划有很大差别,具体表现在生产计划的信息组织与决策等方面。

(一)生产计划的信息组织与决策

在供应链管理环境下,供应链成员企业之间进行协同合作,围绕市场需求进行生产运作,这一系列过程离不开信息的实时反馈。信息的实时反馈使企业生产与供求关系同步进行,消除不确定性对供应链的影响,保证上下游企业生产的协调一致。

在供应链管理环境下,生产计划的信息组织与决策表现出如下特征:

1. 开放性

经济全球化以及贸易自由化使企业进入全球开放市场,无论是基于虚拟企业的供应链还是基于供应链的虚拟企业,开放性是当今企业组织发展的主要趋势。供应链是一种网络化组织,供应链管理环境下的企业生产计划信息已跨越了组织界限,形成开放性的信息系统。决策的信息资源来自企业的内部与外部,并与其他供应链成员进行共享。

2. 动态性

供应链环境下的生产计划信息具有动态的特性,随市场需求的变化而适时调整。为了适应不断变化的市场需求,要求生产计划具有更多的柔性和敏捷性。

3. 集成性

供应链是集成的企业,是扩展的企业模型,因此,供应链环境下的企业生产计划信息是不同信息源的信息集成,集成了供应商、销售商、消费者和竞争对手的信息。

4. 群体性

供应链是分布式的网络化组织,具有网络化管理的特征。因此,供应链环境下的生产计划决策过程具有群体性特征。供应链企业的生产计划决策过程是一种群体协商过程,企业在制订生产计划时不但要考虑企业本身的资源和利益,同时还要考虑合作企业的需求与利益。

5. 分布性

供应链企业的信息来源从地理上而言是分散的,信息资源跨越部门和企业,甚至跨越国家,通过 Internet/Intranet、EDI 等信息通信和交流工具,企业能够把分布在不同区域和不同组织的信息进行有机地集成与协调,保证供应

链活动协调一致地进行。

（二）生产计划编制过程的新特点

在供应链管理环境下，企业的生产计划编制过程有一些新的特点。

1. 具有纵向和横向的信息集成过程

纵向是指供应链自下游向上游的信息集成，横向是指生产相同或类似产品的企业之间的信息共享。

在生产计划过程中，上游企业的生产能力信息在生产计划的能力分析中独立发挥作用。通过在主生产计划和投入出产计划中分别进行粗、细能力平衡，上游企业承接订单的能力和意愿都反映到了下游企业的生产计划中。同时，上下游企业的生产进度信息一起被作为滚动编制计划的依据，其目的在于保持上下游企业间生产活动的协调一致。

外包决策和外包生产进度分析是集中体现供应链横向集成的环节。外包中所涉及的企业都能够生产相同或类似的产品，或者说在供应链网络上是属于同一产品级别的企业。企业在编制主生产计划时所面临的订单，在两种情况下可能转向外包：一是企业本身或其上游企业的生产能力无法承受市场需求波动所带来的负荷，二是所承接的订单通过外包所获得利润大于企业自行生产的利润。无论在何种情况下，都需要承接外包企业的基本数据来支持企业的获利分析，以确定是否外包。同时，由于企业对该订单的客户有着直接的责任，因此，也需要承接外包企业的生产进度信息来确保对客户的产品供应。

➡ **案例**

某企业的生产计划信息流程改造

1. 存在的生产计划信息流问题

某公司接到某个订单后信息流处理过程如下：客户下达订单后，6月1日销售部对订单进行登记，并开始进行合同评审。由于财务经理出差，6月6日才完成财务评审。同一天将合同转交给技术部评审，技术部根据产品的技术要求规范，将确认条件写出来。6月7日合同被转至采购部，采购部计算出耗量、控量等成本指标后，开出采购订单交给公司副总经理审批，6月10日得到批准。6月21日各车间接到生产计划。整个订单处理过程花费了整整20天时间，比客户要求的出货时间延误了11天。

该企业的生产计划信息流程处理过程可以发现很多问题：

（1）信息属于串联式，在财务部门没有审核之前，其他部门毫不知情，无法预先作出准备。

（2）产品的技术与BOM（物料清单）要求没有数据库，每次都需重复编写。

（3）经历的部门过多，任何一个部门经理不在，信息就断流。

（4）由于信息流时间长，当生产计划明确后，留给生产组织的时间变短，因此需要预先库存物料、半成品来满足交货。

2. 生产计划信息流程解决方案

为了缩短信息流处理时间，该公司采取了一些有效的改进措施。

（1）将所有客户、产品进行编码，产品实现标准化，包括规格、尺寸、材质等技术要求，制定消耗量标准 BOM（物料清单）构成表。

（2）建立关键产能数据库。

如下图所示，通过信息流改造之后，当客户下达订单后，销售部只需要输入产品的编码，就可获得完整的虚拟订单，马上就可生成生产计划以及详细的原材料采购订单。经过这样的处理后，整个信息流的处理时间仅仅需要 2 天。

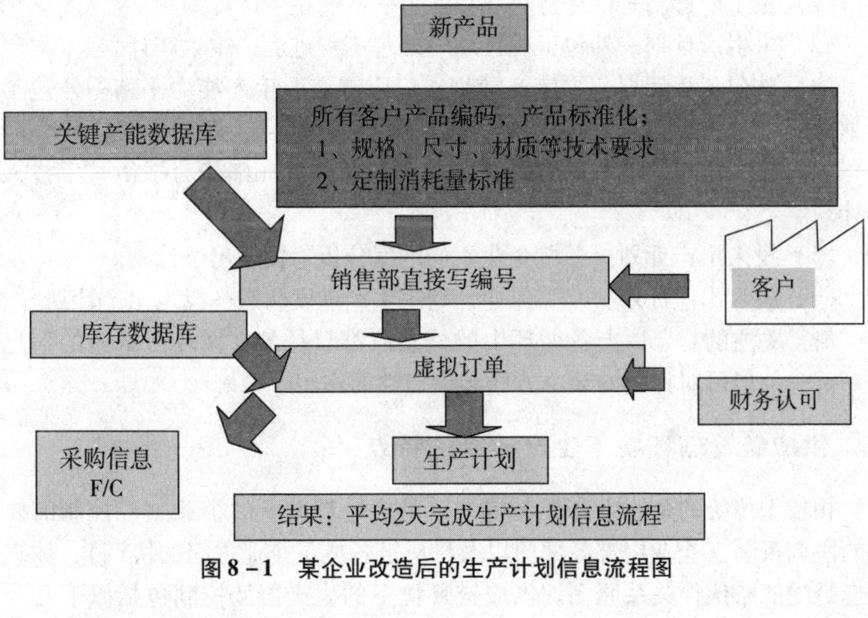

图 8-1 某企业改造后的生产计划信息流程图

2. 丰富了能力平衡在计划中的作用

在通常的概念中，能力平衡只是一种分析生产任务与生产能力之间差距的手段，企业要根据能力平衡的结果对计划进行修正。在供应链管理环境下，能力平衡在制订生产计划过程中发挥了以下作用：

（1）为修正主生产计划和投入出产计划提供依据，这也是能力平衡的传统作用。

（2）能力平衡是进行外包决策和零部件及原材料急需外购的决策依据。

（3）在主生产计划和投入出产计划中所使用的上游企业能力数据，反映了其在合作中所愿意承担的生产负荷，可以为供应链管理的高效运作提供保证。

（4）在信息技术的支持下，对本企业和上游企业的能力状态的实时更新使生产计划具有较高的可行性。

3. 计划的循环过程突破了企业限制

在企业独立运行生产计划系统时，一般有三个信息流的闭环，而且都在企业内部：

（1）主生产计划—粗能力平衡—主生产计划。

（2）投入出产计划—能力需求分析（细能力平衡）—投入出产计划。

（3）投入出产计划—车间作业计划—生产进度状态—投入出产计划。

在供应链管理下生产计划的信息流跨越了企业，从而增添了新的内容：

（1）主生产计划—供应链企业粗能力平衡—主生产计划。

（2）主生产计划—外包工程计划—外包工程进度—主生产计划。

（3）外包工程计划—主生产计划—供应链企业生产能力平衡—外包工程计划。

（4）投入出产计划—供应链企业能力需求分析（细能力平衡）—投入出产计划。

（5）投入出产计划—上游企业生产进度分析—投入出产计划。

（6）投入出产计划—车间作业计划—生产进度状态—投入出产计划。

值得关注的是，以上各循环中的信息流都只是各自循环所必需的信息流的一部分，但可对计划的某个方面起决定性的作用。

三、供应链管理环境下生产控制的特点

相较于传统的企业生产控制模式，供应链环境下的企业生产控制需要更多的协调机制（企业内部各部门以及供应链各成员企业之间的协调），体现了供应链的战略伙伴关系原则。供应链环境下的生产协调控制包括以下几个方面内容。

（一）生产进度控制难度增大

生产进度控制的目的在于依据生产作业计划，检查零部件的投入和出产数量、出产时间和配套性，保证产品能准时装配出厂。相较于传统生产模式的进度控制，供应链环境下的许多产品是协作生产的和转包业务生产的，其控制的难度更大，必须建立一种有效的跟踪机制进行生产进度信息的跟踪和反馈。

（二）供应链的生产节奏控制更为严格

供应链正常运行时，要求上游企业准时为下游企业提供必需的零部件和原材料。如果供应链中任何一个企业无法准时供应，都会导致供应链运行不畅甚至断裂，导致供应链对市场需求的响应能力下降。因此，严格控制供应链的生产节奏对供应链的顺畅运行非常关键。

在当今以市场需求驱动为主的竞争环境下，制造商必须具有处理不确定性事件的能力。要做到这一点，企业的制造流程、数据模型、信息系统和通信基础设施必须无缝连接，这就要求建立面向供应链工程的同步化生产计划。供应链的同步化能使生产计划的修改或执行中的问题在整个供应链上获得共享与支持，物料和其他资源的管理也能在实时的同步化方式下进行。

（三）提前期管理影响更大

基于时间的竞争是自20世纪90年代兴起的一种新的竞争策略，具体到企业的运作层，主要体现为提前期的管理，这是实现QR、ECR策略的重要内容。在供应链环境下的生产控制中，提前期管理是实现快速响应市场需求的有效途径。缩小提前期，提高交货期的准时性是保证供应链获得柔性和敏捷性的关键。缺乏对供应商不确定性的有效控制是供应链提前期管理中的一大难点，因此，建立有效的供应提前期的管理模式和交货期的设置系统是供应链提前期管理中值得重点关注的问题。

（四）库存控制和在制品管理采用新模式

库存在应付需求不确定性时能发挥积极的作用，但库存同时又会造成资金积压和资源浪费。在供应链管理模式下，实施多级、多点、多方管理库存的策略，对提高供应链整体库存管理水平、降低制造成本有着重要意义。JIT采购、供应商管理库存（Vendor Managed Inventory，VMI）、联合库存管理等是供应链库存管理的新模式，对存货管理与库存控制具有重要作用。因此，建立供应链管理环境下的库存控制体系和运作模式不仅能提高供应链的库存管理水平，同时也是供应链企业生产控制的重要手段。

（五）信息实时共享并反馈

在供应链环境下，企业之间进行协同合作，围绕市场需求进行生产，必须依赖市场需求信息的传递与共享。信息的传递与共享促使企业生产与供求关系同步进行，有利于消除不确定性对供应链的影响，保证上下游企业生产的协调一致，提升供应链运行质量。

企业将市场需求信息转化为企业的订单信息，企业内部以及供应链上其他企业的一切经营活动都围绕这个订单进行。信息的传递与共享，贯穿于供应链上各个企业的各个生产环节，通过信息的传递与共享让企业在生产计划与控制过程中对自己的订单进行全面监督与协调检查,有效地计划订单的完成日期和完成工作量度,并对订单进行跟踪监控。企业将各个环节中产生的信息及时集成到公共的信息平台与其他企业共享,相关企业则可以根据实时信息进行一定范围内的生产计划调整。事后分析订单完成情况,对原计划进行比较分析,并采取针对性的改进措施。

(六) 供应链成员协同合作程度更高

供应链管理基于"竞争—合作—协调"机制,以分布式企业集成合作和协调为保证。企业的决策不再局限于个别的企业框架中,各个企业相互独立又相互依存,在生产进度与节奏控制、库存控制、提前期管理和信息共享等多方面都需要更为有效地协同合作,更好地协调各方利益,实现生产系统的有效控制。

在供应链环境下,企业的决策需与供应链其他成员相互协商,其目的在于使信息在供应链中的传递更加高效,减少因信息失真而导致生产与实际需求不符现象的发生,使整个供应链真正做到以顾客的需求为中心,快速响应市场的需求变化。

供应链上企业生产计划决策信息的来源不再局限于企业内部,还来自供应链上其他不同企业。在供应链管理环境下,各企业围绕客户需求这个主线,相互进行信息交换和数据共享,保证同一供应链上的企业进行有效地协同合作与控制。

随着市场竞争环境的不断转变,供应链上的企业不再是单一角色,一个企业往往承担多种身份,因此,供应链各成员企业必须相互协同,在实现共同利益的基础上更加紧密地合作,提高整个供应链的竞争优势。

 案例

戴尔(DELL)的生产计划与控制体系

戴尔有一套较完善的 i2 Tradematrix 套件,集成了包括供应商关系管理、供应链管理、客户关系管理等几个特殊应用模块,供应链管理中的工厂生产计划使戴尔对市场需求的响应速度很快,能够每 3 天就做一个计划,并能实现基于直销方式的及时生产(JIT)。戴尔在供应链管理过程中,充分体现了协调合作的管理思想,几乎每天都要与上游主要供应商分别交互一次或多次。在生产运营中,客户的需求发生变化时,戴尔也能很快通过与供应商的协调合作及时进行调整,所有来自客户的最新信息都能及时反馈给供应商,以便供应商据此调整自己的生产计划。一接到订单,戴尔就迅速根据订单制订生产进度计划,并将物料需求信息传达给供应商或者戴尔后勤供应中心,并给

工厂下达基于供应商的生产进度计划表,而供应商和后勤供应中心在指定的时间将材料运送至工厂,从而实现实时生产。

戴尔的生产计划信息模块集成了五个方面的应用,并体现了企业对信息的实时跟踪与反馈。通过企业的工程材料加工和成本跟踪(Engineering Materials Processing And Cost Tracking, EMPACT)的应用,跟踪企业的小批量订单,并将信息传入企业的运行数据仓库(ODS),由于库中汇集了各种数据,并集成了历史数据用以预测分析,因而能实时地支持生产决策。同时,企业的订单管理系统将订单信息发送给加工工厂,加工进度跟踪编码系统会创建一个唯一的标签号,用以对订单的完成情况进行实时追踪。运行数据仓库与加工进度跟踪系统之间也不断进行信息数据的交换,两者也将生产报告传至工厂的管理部,同时会将调整的生产计划传回加工进度跟踪系统中。在整个信息系统中能够实现对订单的实时跟踪反馈,使企业的生产更符合最终用户的需要,从而使生产更加高效。

第三节 供应链管理环境下生产计划与控制的总体模型

相较于传统的生产计划与控制,供应链的生产计划与控制十分复杂。传统的企业生产计划以单个企业的物料需求为中心而展开,缺乏与供应商之间的协调,企业的计划制订没有考虑供应商以及销售商的实际情况,不确定性对库存和服务水平影响较大,库存控制策略也难以发挥作用。

而在供应链环境下,一个企业的生产计划和控制涉及供应链中的多家企业,不仅要考虑企业内部,更要从供应链的整体出发,进行全面的优化控制,跨越以单个企业物料需求为中心的生产管理界限,充分了解和掌握市场需求,并与供应商实现信息的共享与集成,获得柔性敏捷的市场响应能力。由于企业之间的协同较企业内部协同的难度大,因此,在进行生产计划制订和实施控制时不能按照传统的信息模式来集成,需要在整体考虑供应链各成员企业特征的基础上,围绕市场需求进行信息集成。同时,为了保证生产的同步性和实时响应性,还应有一套生产协调机制和控制系统对供应链各成员企业进行实时跟踪和信息反馈。

在生产计划与控制系统的集成研究中,目前较完善的理论模型是马士华教授于1995年提出的一个三级集成计划与控制系统模型,即把生产计划(MPS)、物料需求计划(MRP)和作业计划三级计划与订单控制、生产控制和作业控制三级控制系统集成于一体。

该模型的核心在于提出了制造资源网络和能力状态集的概念,对制造资

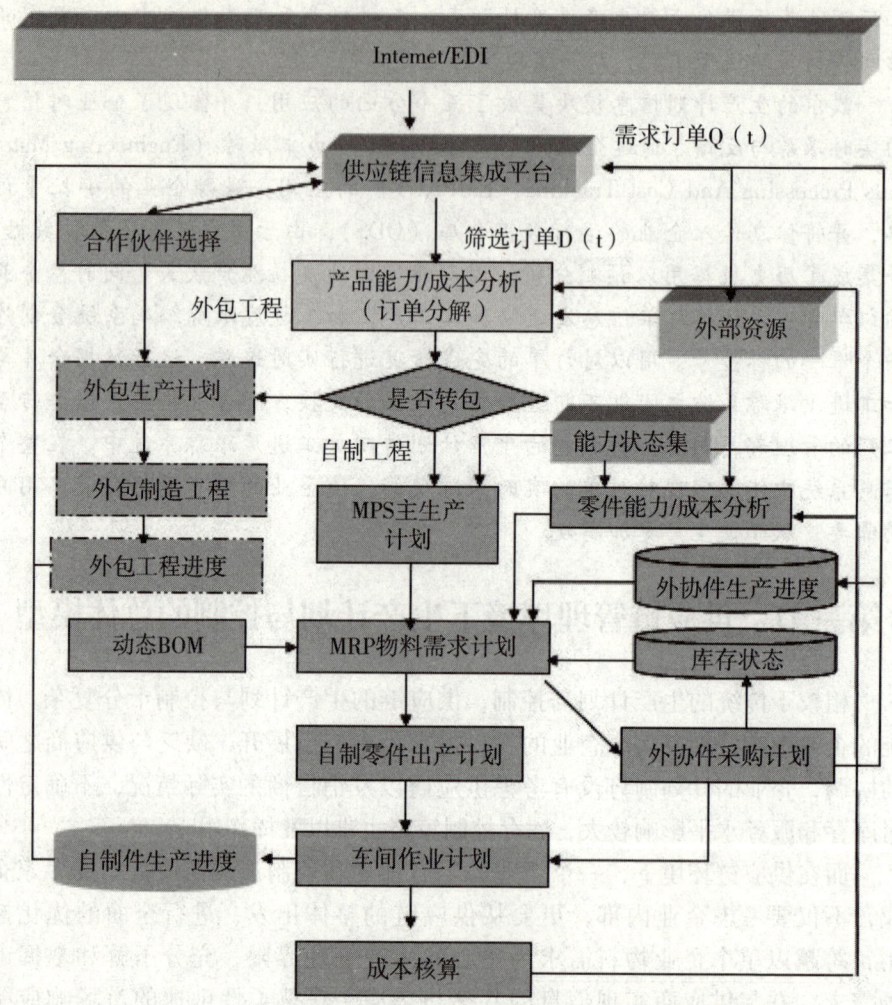

图8-2 供应链环境下的集成生产计划与控制总体模型

源网络的建立和生产计划提前期的设置提出了相应模型和算法,并在MRPⅡ软件开发中运用了这一模型。

该模型体现了以下几个方面内容:

(1)在生产计划系统中提出了基于业务外包和外部资源利用的生产决策和算法模型,使生产计划与控制系统更适应以客户需求为导向的多变的市场环境的需要。生产计划控制系统更加灵活,具有更大的柔性,更能适应企业的需要。

(2)体现了关于供应链管理模式下的生产计划的三点基本要求,即同步化、协作化和信息共享的要求。

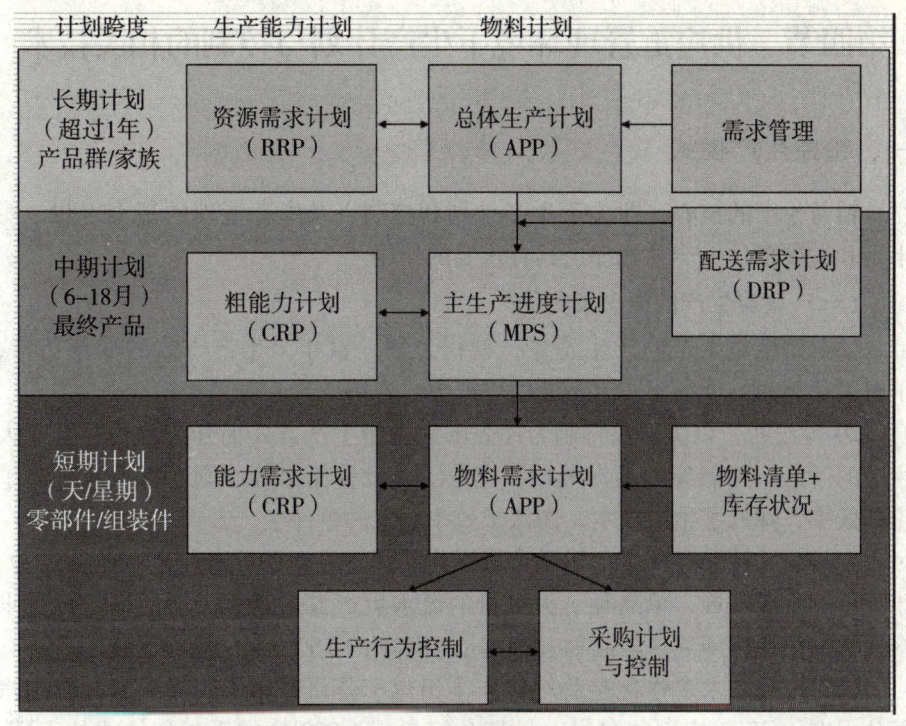

图8-3 生产计划与控制系统

（3）丰富了生产计划的内容，并且扩展了生产计划决策空间。生产计划突破了传统的生产计划的优化空间，实现了资源优化空间的横向拓展。

（4）突出了多级协调在生产计划中的作用。主生产计划、物料需求计划，以及生产作业计划的制订都能够通过决策协调、信息协调、运作协调解决相关问题，实现面向供应链的生产计划的优化与控制。

（5）体现了生产计划与控制的信息共享。核心企业与供应商、零售商和分销商通过现代的信息平台进行信息共享、集成和数据交换，体现了供应链企业之间更为紧密的协作关系，为整个供应链增加了柔性。信息的实时共享避免了原有模式下信息传递过程中的信息失真现象，减少整个供应链上的波动幅度，更好地控制了供应链上的库存。

（6）将成本管理从传统的单个企业核算扩展到整个供应链的生产计划中，将传统的事后结算分析扩展为生产计划的决策信息支持，真正体现了供应链管理的整体利益。

第四节 供应链管理环境下生产计划与控制的相关技术

一、精益生产模式

精益生产的核心,即关于生产计划和控制以及库存管理的基本思想,对丰富和发展现代生产管理理论具有重要的作用。

(一)精益生产的概念及内涵

要了解精益生产的产生背景,就得了解一百年来生产方式的变革历程,了解工业革命的象征——汽车业的生产方式变革。

20世纪初,以美国福特制为代表的大批量生产方式揭开了现代社会化大生产的序幕,其倡导标准作业、专业分工、批量流水等原则,极大地提高了生产效率,降低了生产成本,淘汰了效率低下的单件生产方式。

二战后,社会进入了市场需求多样化的新阶段,要求工业生产向多品种、小批量的方向发展,单品种、大批量的流水生产方式不能灵活适应市场需求多样化,企业必须寻求多品种、小批量条件下的生产方式。

面对市场需求多样化趋势,日本丰田汽车公司开始了积极探索。丰田汽车公司在1937年成立的时候,只是个年产量4 000辆的手工作坊式的工厂,整个日本汽车市场都是美国的通用和福特的天下。二战后,日本转入战后经济恢复期,丰田更面临着极大的生存危机,当时日本汽车业的劳动生产率还不到美国的九分之一。丰田生产方式的创始人丰田喜一郎认为,一定是日本人在生产中存在严重的浪费和不合理现象,只要消除了这些现象,劳动生产率就应该成为现在的10倍。从此,丰田走向一种彻底消除浪费,创造价值之路。

这种理念后来发展成为丰田生产方式。到了1982年,通用人均生产6辆汽车,而丰田却达到了55辆;通用的人均利润是1 400美元,而丰田的人均利润达到14 000美元。

丰田JIT(Just In Time)生产方式被美国麻省理工学院数字国际汽车计划组织(IMVP)的专家赞誉为精益生产(Lean Production,LP)。精,即少而精,不投入多余的生产要素,只是在适当的时间生产必要数量的市场急需产品(或下道工序急需的产品);益,即所有经营活动都要有益有效,具有经济性。

精益生产既是一种以最大限度地减少企业生产所占用资源和降低企业管理和运营成本为主要目标的生产方式,同时它又是一种理念,一种文化。

精益生产的实质是管理过程，包括人事组织管理的优化，大力精简中间管理层，进行组织扁平化改革，减少非直接生产人员；推行生产均衡化同步化，实现零库存与柔性生产；推行全生产过程（包括整个供应链）的质量保证体系，实现零不良；减少和降低任何环节上的浪费，实现零浪费；最终实现拉动式准时化生产方式。

精益生产的特点是消除一切浪费，追求精益求精和不断改善。去掉生产环节中一切无用的东西，每个工人及其岗位的安排原则是必须增值，撤除一切不增值的岗位。精简是它的核心，精简产品开发设计、生产、管理中一切不产生附加值的工作，旨在以最优品质、最低成本和最高效率对市场需求作出最快速的响应。

精益生产方式是一种受到当前工业界广泛赞誉的先进生产组织体系和方式，其基本原理和诸多方法，对促进制造业的发展具有积极的意义。

扩展阅读

福特制与丰田制的比较

"福特制"与"丰田制"属于两种完全不同的生产方式，二者的区别见表8-1。产业集群特别适用于具有规模经济效益、关联产业多、配套环节多的汽车产业。当代发达国家的汽车工业集群大都以"丰田制"为主要发展途径，除了日本丰田以外，还有美国底特律、德国慕尼黑等。我国长春汽车在发展过程中也经历了从传统的"福特制"向"丰田制"的演化。

表8-1 福特制与丰田制的比较

	福特制	丰田制
活动范围	范围小，多数公司定位在国内	范围大，一般为全球范围，注重合作
生产方式	大批量、少品种、集中化生产方式	小批量、多品种、分散化生产方式
产品特征	注重共性、数量，成本与数量成反比	注重个性、服务，成本与数量无关或很小
管理模式	严格、细化管理，高度集权	以人为本，知识管理，信息和知识共享
创新模式	靠一个创新获得长时间的垄断利润	不断创新，视创新为机遇
价值来源	从数量上获得价值	从协作中获得价值
供应链	以制造为中心	以客户价值增量为中心

（二）精益生产管理方法的特点

精益生产管理方法具有以下特点。

1. 拉动式（pull）准时化生产（JIT）

——以最终用户的需求为生产起点。

——强调物流平衡，追求零库存，要求上一道工序加工完的零件立即可以进入下一道工序。

——组织生产运作是依靠看板进行，即由看板传递工序间需求信息。

——生产节拍可由人工干预、控制，保证对后工序供应的准时化。

——由于采用拉动式生产，生产中的计划与调度实质上是由各个生产单元自己完成的，在形式上不采用集中计划，但操作过程中生产单元之间的协调极为必要。

2. 全面质量管理（Total Quality Management，TQM）

——强调质量是生产出来而非检验出来的，由过程质量管理来保证最终质量。

——生产过程中对质量的检验与控制在每一道工序中进行，保证及时发现质量问题。

——如果在生产过程中发现质量问题，可以根据情况立即停止生产，直至问题解决，从而保证不出现对不合格品的无效加工。

——对于出现的质量问题，一般是相关的技术与生产人员组成工作小组，一起协作，尽快解决。

3. 团队工作法（Teamwork）

——每位员工在工作中不仅要执行上级的命令，更重要的是积极地参与，起到决策与辅助决策的作用。

——组织团队的原则并不完全按行政组织来划分，而主要根据业务的关系来划分。

——团队成员强调一专多能，要求能够比较熟悉团队内其他工作人员的工作，保证工作协调顺利进行。

——团队人员工作业绩的评定受团队内部评价的影响。

——团队工作的基本氛围是信任，以一种长期的监督控制为主，避免对每一步工作的核查，提高工作效率。

——团队的组织是变动的。针对不同的事务，建立不同的团队，同一个人可能属于不同的团队。

4. 并行工程（Concurrent Engineering）

——在产品的设计开发期间，将概念设计、结构设计、工艺设计、最终需求等结合起来，保证以最快的速度和按照要求的质量完成。

——各项工作由与此相关的项目小组完成。进程中小组成员各自安排自身的工作，但可以定期或随时反馈信息，并对出现的问题协调解决。

——依据适当的信息系统工具，反馈与协调整个项目的进行。利用现代CIM技术，在产品的研制与开发期间，辅助项目进程的并行化。

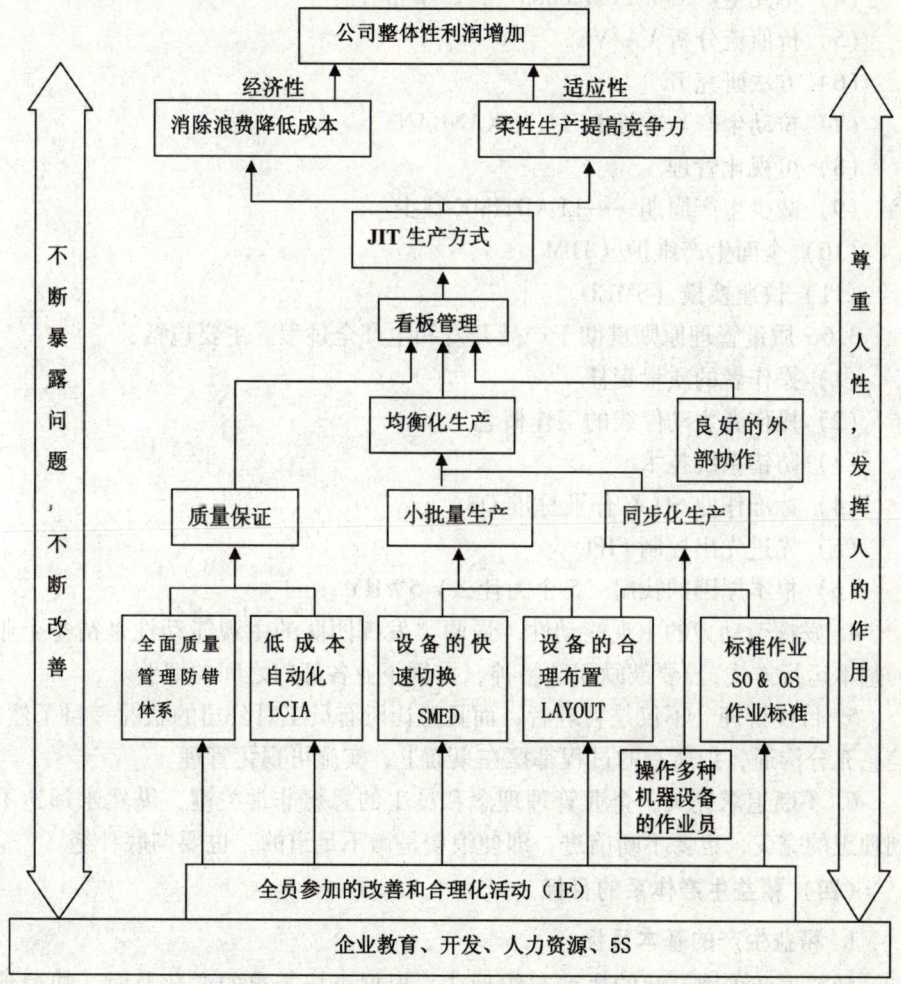

图8-4 精益生产的结构体系及主要项目

（三）精益生产管理方法的要求

实施精益生产的六个主要方面和要求分别是：

1. 实施精益生产的基础——通过5S活动来提升现场管理水平。
2. 准时化生产——JIT生产系统。

在顾客需要的时候，按顾客需要的量，提供需要的产品。由一系列工具来使企业实现准时化生产，主要工具有：

(1) 平衡生产周期——单件产品生产时间 Takt Time = Cycle Time
(2) 持续改进 KAIZEN（Continuous Improvement）
(3) 一个流生产——One Piece Flow
(4) 单元生产 Cell Production——U 型布置
(5) 价值流分析 VA/VE
(6) 方法研究 IE
(7) 拉动生产与看板 PULL & KANBAN
(8) 可视化管理
(9) 减少生产周期——LEADTIME 减少
(10) 全面生产维护（TPM）
(11) 快速换模（SMED）

3. 6σ 质量管理原则贯彻于产品开发和生产全过程。主要包括：
(1) 操作者的质量责任
(2) 操作者主动停线的工作概念
(3) 防错系统技术
(4) 标准作业 SO & 作业标准 OS
(5) 先进先出控制 FIFO
(6) 根本原因的找出（5 个为什么）5WHY

4. 发挥劳动力的主观能动性，强调"发挥团队的主观能动性是精益企业的基本运行方式"。要鼓励团队精神，推倒企业各部门之间的墙壁。

5. 目视管理。不仅是管理者，而且要让所有员工对公司的状况一目了然。信息充分沟通，把所有的过程都摆在桌面上，实施可视化管理。

6. 不断追求完美。企业管理理念和员工的思想非常关键，纵然永远达不到理想的完美，也要不断前进，即使浪费是微不足道的，也要彻底杜绝。

（四）精益生产体系的目标

1. 精益生产的基本目标

精益生产采用灵活的生产组织形式，根据市场需求的变化及时、快速地调整生产，依靠严密细致深入的管理，通过"彻底排除浪费"，防止过量生产来实现企业的利润目标。为实现这一基本目标，精益生产必须能很好地实现以下三个子目标：零库存、高柔性（多品种）、零缺陷。

2. 精益生产的子目标

(1) 零库存

一个充满库存的生产系统，往往会掩盖系统中存在的各种问题。库存是生产系统设计不合理、生产过程不协调、生产操作不良的集中表现，"零库存"是精益生产追求的主要目标之一。

(2) 高柔性

高柔性是指企业的生产组织形式灵活多变，能因应市场需求的变化及时组织多品种生产。精益生产方式以高柔性为目标，力求实现高柔性与高生产率的高效统一。为此，精益生产必须在组织、劳动力、设备三方面表现出较高的柔性。

组织柔性：在精益生产方式中，决策权力分散下放采用以项目小组为基础的动态组织结构。

劳动力柔性：精益生产方式的劳动力是能操作多种机器设备的多能工，在市场需求发生波动时，可通过适当调整多能工的操作来适应短期的变化。

设备柔性：与刚性自动化的工序分散、固定节拍和流水生产的特征相反，精益生产采用适度的柔性自动化技术（数控机床与多功能的普通机床并存），以工序相对集中，没有固定节拍以及物料的非顺序输送的生产组织方式，使精益生产在中小批量生产的条件下，接近大量生产方式由于刚性自动化所达到的高效率和低成本，同时具有刚性自动化所缺乏的灵活性。

(3) 零缺陷

精益生产的目标是消除各种引起不合格品的原因，在加工过程中每一工序都要求达到最高水平，追求零缺陷。追求产品质量要有预防缺陷的观念，凡事第一次就要做好，严格遵守质量控制体系。

二、敏捷制造技术

(一) 敏捷制造的概念及内涵

20世纪80年代以来，随着信息技术的飞速发展，制造业的竞争日趋激烈，新产品、新技术、新材料的出现和交替速度越来越快，用户在追求高质量的同时必然要求生产品种多、交货期短、价格合理、售后服务好、无环境污染。如何敏捷地利用高新技术快速开发新产品、重组资源组织生产、满足用户"个性化产品"的需要，就成为企业能否赢得市场竞争并获得持续性发展的关键。在这样的背景下，20世纪90年代初，美国通用汽车公司（GM）和李海大学（Le high University）的艾柯卡（Iacocca）研究所共同提出了一种全新的生产管理模式——敏捷制造，它综合了JIT、MRPⅡ等先进的生产管理模式的优点，能系统全面地满足高效、低成本、高质量、多品种、迅速及时、动态适应、极高柔性等生产管理目标要求。

敏捷制造是指以柔性生产技术和动态联盟结构为特点，以高素质、协同良好的工作人员为核心，实施企业间的网络集成，形成快速响应市场的社会化制造体系。

敏捷制造利用人工智能和信息技术，以先进的柔性制造技术为基础，通过企业内、外的多功能项目组，组建虚拟公司。这一多变的动态组织结构可以把全球范围内的各种资源，包括人力资源集成在一起，实现技术、管理和人的集成，从而能在整个产品的生命周期中最大限度满足用户需求。敏捷制造的目标是快速响应市场的变化，在尽可能短的时间内向市场提供适销对路的环保型产品，换取长期的经济效益。为了适应变化的市场和取得竞争优势，企业不能仅仅依靠自身的有限资源，而且必须采用标准化和专业化的计算机网络和信息集成基础结构，以分布式结构连接各类企业，构成虚拟制造环境。同时，在虚拟制造环境内动态选择成员，组成面向任务的虚拟公司，从而合理利用各企业的资源和技术进行快速生产。

当出现某种机遇时，若干核心的组织者联合参与者迅速形成一个新型虚拟企业，在市场消失后能迅速解散，参加新的重组。这样优化组织的企业以最快的速度从企业内部某些部门和企业外部不同公司中选出设计、制造该产品的优势部分，企业接受的新任务不再受人力、物力等资源的限制，而企业之间的优势互补和动态联盟能大大节省资源，能以最低的材料和能源消耗，开发市场所需的绿色产品；同时，获得市场信息的企业不必顾虑企业自身的业务能力，而可以借助于联盟以最快的速度满足市场需求。另外，在这种竞争-合作的前提下，怎样选择合作伙伴、采取何种合作方式、合作伙伴是否愿意共享数据和信息等问题都经过企业慎重考虑；同时，在产品设计、选择加工手段和原料时，重视环境保护项目和约束，报废的产品和剩余的废料在企业重组的过程中提高了重新利用率。因此，敏捷制造是工程技术、管理技术等综合技术支持下的企业及企业间的动态集成，是计算机集成制造系统CIMS发展的延续。

(二) 敏捷制造技术的特点

1. 与精益生产等其他先进制造模式相比较

与精益生产等其他先进制造模式相比较，敏捷制造的主要特征表现为以下几个方面。

(1) 以满足敏捷性用户需求，获得利润为目标。以竞争能力和信誉为依据，选择组成动态联盟的合作伙伴。敏捷制造系统促使企业采用较小规模的

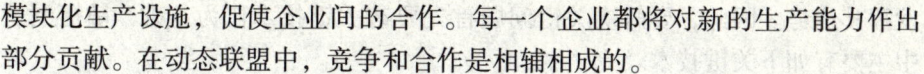

模块化生产设施，促使企业间的合作。每一个企业都将对新的生产能力作出部分贡献。在动态联盟中，竞争和合作是相辅相成的。

（2）基于合作间的相互信任、分工协作、共同目标来有力地增强整体实力。敏捷制造根据客户需要和社会经济效益组成了未来企业组织的最高形式——虚拟企业。参与虚拟企业的各个企业的组成和体系结构具有前所未有的柔性。

（3）把知识、技艺、信息投入最底层生产线。

2. 与传统的大批量生产方式相比较

与传统的大批量生产方式相比，敏捷制造的主要特征表现为以下几个方面。

（1）高度柔性的、模块化的、可伸缩的生产制造系统。敏捷制造所形成的柔性生产系统虽然规模不大，但生产成本与批量无关，在同一系统内可生产出的产品种类却是无限的。

（2）为订单而制造的生产方式。在信息交换及通信联系方面，敏捷制造中具有一个能将正确的信息在正确的时间传递给正确的人的"准时信息系统"，并通过信息高速公路与国际互联网络将全球范围内的企业相联通。

（3）柔性化、模块化的产品设计方法。敏捷制造的质量观念已变成使整个产品生命周期内的用户满意，企业将把产品质量持续跟踪到产品报废为止。

（4）具有高素质的劳动者。在敏捷制造中，解决问题靠的是人，不是单纯的技术，敏捷制造系统的能力将不受限于设备，而只受限于劳动者的想象力、创造力及技能。

（5）基于信任的雇佣关系。雇主与雇员之间为了长远利益而和睦相处。每个员工都具有一定的敏捷性，都愿意并善于与别人合作。

（6）基于任务的组织与管理。敏捷制造企业的基层单位是"多学科群体"的项目组，是以任务为中心的一种动态组合。敏捷制造强调权力分散，把职权下放到项目组，提倡一种"基于统观全局"的管理模式。同时，要求各个项目组都能了解企业全局，明确工作的目标和任务的时间要求，而完成任务的中间过程则完全可以自主。

（7）对社会的正效应。敏捷制造不但关心企业本身的效益，而且非常关心社会问题，比如环境污染、生态破坏、能源浪费及失业等。敏捷制造要全面消除企业生产给社会造成的负面影响，企业必须完全服务于社会。

（三）敏捷制造的关键技术

在敏捷制造系统中，人、组织和技术是三个最基本的要素。敏捷制造模式的构筑和实施需要多种技术支持，制造模式要和先进技术相匹配才能充分发挥其优势。因此，要解决关键问题首先要有关键技术作为基础，敏捷制造中主要有如下关键技术。

1. 并行工程（Concurrent Engineering，CE）技术

该技术强调工作流程的并行进行，并非常见的串行反馈循环工作方式；强调团队工作精神，要求与工作项目有关的各方面专家协同解决问题。产品的设计过程、生产准备过程甚至加工过程可以同步进行，不仅可缩短新产品的开发周期，还可以及早发现并修改设计方案存在的问题，从而有效降低成本，提高产品质量。

2. 虚拟制造（Virtual Manufacturing，VM）技术

虚拟制造技术的基本思想是将制造企业的一切活动，如设计过程、加工过程、装配过程、生产管理、企业管理等建立与现实系统完全相同的计算机模型，然后利用该模型模拟运行整个企业的一切活动并进行参数的调整，在求得最佳运行参数后再进行实际制造活动，以确保整个运行都在最佳状态。与快速原型制造技术 RPM 相比较，虚拟制造对提高产品质量，降低产品成本，缩短设计制造周期，改进设计运行状态都起着十分重要的作用。

3. 网络技术

实现敏捷制造，企业需要有通信连通性，按照企业网——全国网——全球网的步骤实施企业的网络技术。利用企业网实现企业内部工作小组之间的交流和并行工作；利用全国网、全球网共享资源，实现异地设计和异地制造，及时地、最优地建立动态联盟。基于网络的企业资源计划管理系统和商品供应链系统也为敏捷制造的实施提供了必需的信息。

4. 模块化技术

该技术主要有组织机构的模块化、工艺系统的模块化、产品的模块化。

（1）组织机构的模块化通过多功能小组来实现。根据市场需求的不同，企业能够动态地重构其组织结构，用多功能小组动态快速地重新组织设计队伍、生产队伍和管理机构，从而实现组织机构的敏捷化。

（2）工艺系统的模块化是利用模块化部件构造企业的工艺装备，可以根据生产需求的变化重新使用这些模块化部件，将生产系统升级或重新配置加工机器。

（3）预先对产品进行模块化设计，用户就可以根据自己的喜好提出诸如色彩、造型和功能等方面的要求，而制造企业可以选用合适的模块迅速地组装产品并交付用户。

5. 系统集成技术

信息及其交换的标准化和开放式体系结构是实现系统整体集成的关键。

敏捷制造的系统集成所要面对的是连续变化的动态系统，在系统集成运行的条件下，保证系统各部分功能的独立性，同时在不影响系统其他部分运行的情况下，独立进行系统的改进和升级。

6. 动态联盟

动态联盟是面向产品经营过程的一种动态组织结构和企业群体集成方式。作为实现敏捷制造的重要组织手段，其实质是综合社会各方面的优势，实现企业间的动态集成。它使企业新产品开发能力大大提高，能充分发挥出企业不同部门的最高水平，减少资源的浪费。

7. 产品数据管理（Product Data Management，PDM）技术

各种商业信息、制造信息、研究信息等要有相应的合适的数据库系统进行管理，以便企业管理更完善、更符合全球化的发展和竞争机制。PDM 是一种从数据库基础上发展起来的信息集成技术，能管理所有与产品相关的信息和所有与产品相关的过程。从广义上讲，它可以覆盖整个企业在产品的市场需求、研究与开发、产品设计、工程制造、销售、服务与维护等各个领域、全生命周期中的产品信息。

三、大规模定制模式

1970 年，美国未来学家阿尔文·托夫（Alvin Toffler）在《Future Shock》一书中提出了一种全新的生产方式的设想：以类似于标准化和大规模生产的成本和时间，提供客户特定需求的产品和服务。1987 年，斯坦·戴维斯（Start Davis）在《Future Perfect》一书中首次将这种生产方式称为"Mass Customization"，即大规模定制（MC）。1993 年，B. 约瑟夫·派恩二世（B·Joseph Pine II）在《大规模定制：企业竞争的新前沿》一书中写道："大规模定制的核心是产品品种的多样化和定制化急剧增加，而不相应增加成本；范畴是个性化定制产品的大规模生产；其最大优点是提供战略优势和经济价值。"

我国学者祈国宁教授认为，"大规模定制是一种集企业、客户、供应商、员工和环境于一体，充分利用企业已有的各种资源，在标准技术、现代设计方法、信息技术和先进制造技术的支持下，根据客户的个性化需求，以大批量生产的低成本、高质量和效率提供定制产品和服务的生产方式"。

大规模定制的基本思想在于通过产品结构和制造流程的重构，运用现代化的信息技术、新材料技术、柔性制造技术等一系列高新技术，把产品的定制生产问题全部或者部分转化为批量生产，以大规模生产的成本和速度，为单个客户或小批量多品种市场定制任意数量的产品（Pine and Boynton，

1993)。

大规模定制生产方式集成了诸如时间的竞争、精益生产和微观销售等管理思想的精华,其方法模式得到了现代生产、管理、组织、信息、营销等技术平台的支持,因而更能适应网络经济和经济技术全球一体化的竞争环境。

(一) 大规模定制企业的核心能力表现

大规模定制企业的核心能力表现为其能够低成本、高效率地为顾客提供充分的商品选择空间,从而最终满足顾客的个性化需求。在满足客户个性化需求上,传统的定制企业也能做到,但传统的定制生产模式往往只能生产有限品种的产品,企业的产品定位建立在有限数量的极个别的顾客需求上。

一般而言,大规模定制企业需要在以下几个方面进行核心能力的细分、构建与提升。

1. 准确获取顾客需求的能力

MC 企业通过电子商务、客户关系管理的有效整合来提升其准确获取顾客需求的能力。电子商务使供需双方跨越中间环节,有助于 MC 企业及时准确地获取客户需求信息。电子商务系统提供了制造商与客户、制造商与合作伙伴快速沟通的平台,创造了 MC 企业理解和引导客户需求、与顾客及合作伙伴一起进行定制产品设计的基础条件。大规模定制企业通过实施一对一营销,能够系统、全面、准确地获取客户个性化的需求,使客户需求定制信息在各部门传递共享,针对这些定制信息安排设计和生产。

2. 面向 MC 的敏捷产品开发设计能力

要满足多样化和个性化的客户需求,就必须具备敏捷的产品开发设计能力。敏捷产品开发设计能力是指,企业以快速响应市场变化和市场机遇为目标,结合先进的管理思想和产品开发方法,采用设计产品族和统一并行的开发方式,对零件、工艺进行通用化,对产品进行模块化设计以减少重复设计,使新产品具备快速上市的能力。MC 企业通过面向产品族的设计能力、模块化设计能力、并行工程、质量功能配置能力和产品配置设计能力的有效整合来构建和提升大规模定制企业的敏捷产品开发设计能力。大规模定制的产品设计不再是针对单一产品进行,而是面向产品族进行设计。它的基本思想是开发一个通用的产品平台,利用它能够高效地创造和产生一系列派生产品,使得产品设计和制造过程的重用能力得以优化。

(1) 模块化设计能力。模块化设计是对产品进行市场预测、功能分析的基础上,划分并设计出一系列通用的功能模块,然后根据客户的不同要求,选择和组合不同模块,从而生成具有不同功能、性能或规格的产品。模块化设计把产品的多样化与零部件的标准化有效地结合了起来,充分利用了规模经济效益和范围经济效益。

（2）并行工程。要求产品开发人员从一开始就考虑产品整个生命周期中从概念形成到产品报废处理的所有因素，包括质量、成本、进度计划和用户的要求。并行工程是基于时间的竞争提出的设计方法，可大大缩短产品的开发时间，充分考虑了产品的可制造性、可装配性，是大规模定制所需要的设计能力。

（3）质量功能配置能力。产品族规划中常采用 QFD（Quality Function Deployment，质量功能展开）技术，它从质量保证的角度出发，通过一定的市场调查方法获取客户需求信息，采用矩阵图解法将客户需求的实现过程分解到产品开发的各个过程和各职能部门，通过协调各部门的工作以保证产品的最终质量，使设计和制造的产品能真正满足客户的需求。

（4）产品配置设计能力。产品配置设计是根据客户需求确定产品结构和物料清单（BOM），配置出相应的定制产品。在大规模定制模式下，产品配置设计可以方便地配置出满足客户需求的产品，实现设计的快速响应，缩短了订单响应时间。

3. 柔性的生产制造能力

多样化和定制化的产品对企业的生产制造能力提出了更高的要求。传统的刚性生产线是专门为一种产品设计的，因此不能满足多样化和个性化的制造要求。MC 要求企业具备柔性的生产制造能力，它主要是通过企业柔性制造系统（Flexible Manufacturing System，FMS）与网络化制造的有效整合及采用柔性管理来构筑、提升其柔性的生产制造能力。FMS 是由数控加工设备、物料运储装置和计算机控制系统等组成的自动化制造系统。它是一种高效率、高精度和高柔性的加工系统，能根据加工任务或生产环境的变化迅速进行调整，以适宜于多品种、中小批量生产。

网络化制造是一种基于 Ethernet（以太网）的企业联盟式的制造模式。网络化制造通过改变企业的组织结构形式和工作方式，提高企业的工作效率、缩短产品的开发周期及提升企业的柔性制造能力。大规模定制生产企业通过 FMS 与网络化制造的有效整合所形成的柔性生产是一种市场导向型的按需生产。其优势是增强大规模定制企业的灵活性和应变能力，缩短产品的生产周期，提高设备的利用率，改进产品质量。企业要形成柔性的生产制造能力需要实施与之相应的柔性管理。柔性管理即在动荡变化的环境下针对市场的复杂多变性、消费需求的个性偏好，实施富有弹性的快速反应的动态管理。

（二）大规模定制的基本类型

大规模定制分为按订单销售（Sale‐To‐Order）、按订单装配（Assemble

-to-Order)、按订单制造（Make-to-Order）和按订单设计（Engineer-to-Order）四种类型。

1. **按订单销售**

按订单销售又可称为按库存生产（Make-to-Stock），这是一种大批量生产方式。在这种生产方式中，只有销售活动是由客户订货驱动的，企业通过客户订单分离点（Customer Order Discoupling Point, CODP）位置往后移动而减少现有产品的成品库存。

2. **按订单装配**

按订单装配是指企业接到客户订单后，将企业中已有的零部件经过再配置后向客户提供定制产品的生产方式，如模块化的汽车、个人计算机等。在这种生产方式中，装配活动及其下游的活动是由客户订货驱动的，企业通过客户订单分离点（CODP）位置往后移动而减少现有产品零部件和模块库存。

3. **按订单制造**

按订单制造是指接到客户订单后，在已有零部件的基础上进行变型设计、制造和装配，最终向客户提供定制产品的生产方式，大部分机械产品属于此类生产方式。在这种生产方式中，客户订单分离点（CODP）位于产品的生产阶段，变型设计及其下游的活动是由客户订货驱动的。

4. **按订单设计**

按订单设计是指根据客户订单中的特殊需求，重新设计能满足特殊需求的新零部件或整个产品。客户订单分离点（CODP）位于产品的开发设计阶段。较少的通用原材料和零部件不受客户订单的影响，产品的开发设计及原材料供应、生产、运输都由客户订单驱动。企业在接到客户订单后，按照订单的具体要求，设计能够满足客户特殊要求的定制化产品，供应商的选择、原材料的要求、设计过程、制造过程以及成品交付等等都由客户订单决定。

 案例

海尔：扁平化敏捷制造模式

1. 案例背景

海尔对商业模式的探索主要有两方面：战略和组织架构。战略上，变成了"人单合一双赢"的模式。"人"就是员工，"单"就是员工的用户，"双赢"就是这个员工为用户创造的价值以及他所应该得到的价值。在这个理论下，海尔的8万多员工一下子变成了2000多个自主经营体的"小海尔"模式，一般最小的自主经营体只有7个人，把原来的金字塔模式给压扁了。

2. 模式解读

(1) C2B+顾客需求 DIY：C2B 是以聚合消费者需求为导向的反向电商模式。以销定产，零库存的情况下先销售然后进行高效的供应链的组织，或供应链的组织已经完成，必须根据销售的情况来决定生产计划。C2B 预售同时针对用户加入个性化 DIY 元素，利用在海尔商城设立"立刻设计我的家"和"专业设计师"平台实现买家的个性化创意。

(2) 实现以销定产，2000 多个自主经营体的"小海尔"扁平化支撑，打造敏捷供应链。

(3) 物流方面：海尔在全国共有 83 个仓库，定制产品的生产下线到用户家中控制在 5-7 天，海尔日日顺已在全国建立 7600 多家县级专卖店，26000 个乡镇专卖店，19 万个村级联络站，在 2800 多个县建立了配送站，3000 多条配送专线，6000 多个服务网点。其运营策略是：真正的库存在路上；服务整合，送装一体；一张物流网服务线上线下多渠道。

(4) 阿里投资海尔日日顺后，海尔的供应链平台将陆续面向社会化，为整个电商物流服务。

课后习题

1. 传统生产计划和控制与供应链管理思想的差距表现在哪几个方面？
2. 供应链管理环境下生产计划编制过程的特点有哪些？
3. 供应链管理环境下生产控制有哪些特点？

参考答案

1. 传统生产计划和控制与供应链管理思想的差距表现在哪几个方面？

传统生产计划和控制与供应链管理思想的差距主要表现在决策信息来源的差距、决策模式的差距、信息反馈机制的差距、计划运行环境的差异。

2. 供应链管理环境下生产计划编制过程的特点有哪些？

供应链管理环境下生产计划编制过程的特点有具有纵向和横向的信息集成过程、丰富了能力平衡在计划中的作用、计划的循环过程突破了企业的限制。

3. 供应链管理环境下生产控制有哪些特点？

供应链管理环境下生产控制的特点主要有生产进度控制难度增大、供应链的生产节奏控制更为严格、提前期管理影响更大、库存控制和在制品管理采用新模式、信息实时共享并反馈、供应链成员协同合作程度更高。

第九章 供应链物流管理

【导入案例：7-11便利店的配送系统】

起初，7-11并没有自己的配送中心，其货物配送依靠批发商来完成。以日本的7-11为例，早期日本7-11的供应商都有自己特定的批发商，而且每个批发商一般都只代理一家生产商，这个批发商就是联系7-11和其供应商间的纽带，也是7-11和供应商间传递货物、信息和资金的通道。对于7-11而言，批发商就相当于自己的配送中心，它所要做的就是把供应商生产的产品迅速有效地运送到7-11手中。为了自身的发展，批发商需要最大限度地扩大自己的经营，尽力向更多的便利店送货，并且要对整个配送和定货系统作出规划，以满足7-11的需要。

渐渐地，这种分散化的由各个批发商分别送货的方式无法再满足规模日渐扩大的7-11便利店的需要，7-11开始和批发商及合作生产商构建统一的集约化的配送和进货系统。在这种系统之下，7-11改变了以往由多家批发商分别向各个便利点送货的方式，改由一家在一定区域内的特定批发商统一管理该区域内的同类供应商，然后向7-11统一配货。集约化配送有效地降低了批发商的数量，减少了配送环节，为7-11节省了物流费用。

后来，7-11建设了自己的共同配送中心并代替了特定批发商，分别在不同的区域统一集货、统一配送。配送中心有一个网络配送信息系统，分别与供应商及7-11店铺相连。为了保证不断货，配送中心一般会根据以往的经验保留4天左右的库存，同时，中心的信息系统每天都会定期收到各个店铺发来的库存报告和要货报告，配送中心把这些报告集中分析，最后形成一张张向不同供应商发出的订单，由电脑网络传给供应商，而供应商则会在预定时间之内向中心派送货物。7-11配送中心在收到所有货物后，对各个店铺所需要的货物分别打包，等待发送。第二天一早，派送车就会从配送中心鱼贯而出,择路向自己区域内的店铺送货。

配送中心的优点还在于7-11从批发商手上夺回了配送的主动权,7-11能随时掌握在途商品、库存货物等数据,同时也掌握了财务信息和供应商的其他信息,对于一个零售企业来说,这些数据都是至关重要的。

有了自己的配送中心,7-11就能和供应商谈价格了。7-11和供应商之间定期会有一次定价谈判,以确定未来一定时间内大部分商品的价格。一旦确定价格,7-11就省下了每次和供应商讨价还价这一环节,也为自己节省了费用。

学习目标

● 通过本章学习,了解现代物流的分类及功能,理解并掌握电子商务的物流流程,了解并掌握运输方式的选择方法、承运商的选择方法以及运输线路的选择方法。

第一节 物流管理概述

物流连接供应链的各个企业,是企业间相互合作的纽带。供应链管理赋予物流新的意义和作用,将物流、商流、信息流、资金流有效集成并保持高效运作,是供应链管理的重要目标。

前面一些章节分别介绍了库存管理和采购管理等物流相关内容,本章主要介绍电子商务物流以及基于供应链的运输管理等内容。

一、现代物流概念及分类

(一)现代物流的概念

"物流"一词最早起源于美国,而中国对物流的定义源自日本。1979年6月,中国物资经济学会派代表团参加在日本举行的第三届国际物流会议,第一次把"物流"这一概念介绍到了国内。2001年4月,我国颁布了第一个关于物流的国家标准:《中华人民共和国国家标准物流术语》(GB/T 18354)。在国家标准中,"物流(Logistics)"被定义为:物品从供应地向接受地的实体流动过程。根据实际需要,物流将运输、储存、装卸、搬运、包装、流通加工、配送、信息处理等基本功能实施有机结合。

物流业虽然是一种十分古老的行业,但在工业化时代以前一直不为人们所重视。随着经济全球化和信息技术的迅猛发展,企业生产资料的获取与产品营销范围日趋扩大,社会生产正由小范围向一个地区、一个国家甚至全世界扩张,经济的全球化要求有与之相适应的现代物流业。现代物流对增强综合实力和企业竞争能力,提高经济运行质量与效益,实行可持续发展,推进我国经济体制与经济增长方式的根本性转变,具有非常重要而深远的意义。

现代物流(Modern Logistics)是指将信息、金融、运输、仓储、库存、装卸搬运以及包装等物流活动综合起来的一种新型的集成式管理,其任务是尽可能降低供应链上物流的总成本,为顾客提供最好的服务。

现代物流的概念具有以下内涵。

1. 现代物流的宗旨是"以客户为中心",强调尽可能满足顾客的各种需求。

2. 现代物流强调物流的"整体性和系统性",包含回收和废弃物流、生产物流、销售物流等。现代物流管理范围是从原材料采购到生产全过程直至营销活动的全程的统一、协调、管理、控制。

3. 现代物流重视物流信息和物流金融的重要作用。现代物流不仅是实物流程的管理,更重要的是所有相关信息流、资金流的管理与控制。

4. 现代物流管理是将VMI、JIT等先进管理技术嵌入整个企业活动的价值链的全过程当中。

(二) 现代物流的分类

社会经济领域中物流活动无处不在,许多有本身特点的领域都有自己特征的物流活动。虽然存在各种物流基本要素,但是由于物流对象不同,物流流向不同,物流范围不同,形成了不同类型的物流。

1. 按生产经营过程中所处的作用可划分为:供应物流、生产物流、销售物流、回收物流、废弃物流

供应物流是指企业生产所需的一切物资(包括原料、辅料、燃料、零部件、半成品等)的采购、进货运输、仓储、保管、物品发放等作业过程。

生产物流是指原材料、燃料、辅料、外购件投入生产后,经过下料、发料、运送到各个加工点和存储点,以在制品的形态,从一个生产单位(车间)流入另一个生产单位(车间),按照规定的生产工艺过程进行加工、储存的全部生产过程。生产物流的形式和规模取决于生产的类型、规模、方式和生产的专业化与协作化水平。

销售物流是指在销售活动中,完成其产品从生产地到用户所在地的时间和空间转移的过程。销售物流是企业赖以生存和发展的关键条件,是连接消费者及市场的桥梁,具有很强的服务性。

回收物流是指不合格品的返修、退货以及周转使用的包装容器从需求方返回到供应方所形成的物品实体流动过程。回收物品品种繁多，流通渠道也不规则，且多有变化，管理和控制的难度比较大。

废弃物流是指将经济生活中失去使用价值的物品，根据实际需要进行收集、分类、加工、包装、搬运、储存等，并分送到专门处理场所时形成的物品实体流动过程。废弃物流往往没有经济效益，但有不可忽视的社会效益，如有利于环境保护和生态循环。

2. 按照物流活动的空间范围可划分为：地区物流、国内物流、国际物流

地区物流是指地区局部范围内的物流活动，如广州物流、长三角物流等。地区物流系统对于提高该地区企业物流活动的效率，促进区域产业经济快速发展，以及保障当地居民的生活，甚至推进节能减排、城市交通畅通等方面都具有不可缺少的作用。

国内物流是指全国范围内的物流活动。国家作为一个政治经济实体，所制定的各项政策法规都应该从自身整体利益出发，为全国民众服务。物流业已成为国民经济的一个重要行业，其发展应该纳入国家总体规划的框架内。国家在物流现代化的推进过程中主要发挥行政调控作用，制定物流方面的各种政策法规，制定物流各领域的作业标准等。

国际物流是不同国家之间的物流活动。国际物流是国际贸易的重要组成部分，各国之间的相互贸易最终是通过国际物流来实现的。全球经济一体化是当前世界经济的发展趋势，这意味着国家与国家之间的经济交流越来越频繁，各个国家也将更加重视国际物流的发展。

3. 按照物流系统的性质可划分为：社会物流、行业物流、企业物流

社会物流是指以一个社会为范畴面向社会为目的的物流活动。这种社会性很强的物流往往是由专门的物流承担人承担的，社会物流的范畴是按社会经济的大领域。社会物流研究再生产过程中随之发生的物流活动，研究国民经济中物流活动，研究如何形成服务于社会、面向社会又在社会环境中运行的物流，研究社会中物流体系结构和运行，因此带有全局性和广泛性。

行业物流是指超出一家企业但又在同一行业内运行的物流。同一行业中的企业是市场上的竞争对手，但是在共同促进行业物流系统方面又可以相互协作，使参与的企业共同受益。目前，我国的行业物流主要由各个行业协会开展调研及制定标准，比如广州物流与供应链协会就组织了广州的华新集团、南方物流、广州商储等企业探讨广州的城市配送标准制定等问题，取得了广泛的效果。

企业物流是指货物实体在企业内部的流动。企业是向社会提供产品和服务的经营实体。制造企业要购进原材料、零部件、半成品，经过生产加工后再销售出去；商业企业要先进货，然后再销售出去，这些都离不开物流活动。

二、物流管理与供应链管理的区别

美国物流管理协会（后更名为美国供应链管理协会）在1998年对物流定义修改后，明确地声明物流管理是供应链管理的一部分，即"物流是供应链过程的一部分，它是计划、执行和控制从源点端到消费端上的快速、有效的货物、服务以及相关信息的存储和流动，以满足客户的需求"。这说明，物流管理是为供应链管理服务的，但物流的效率、效果、质量和速度都直接影响着供应链运作的流畅性。

中国物流与采购联合会在2004年也曾明确地指出：物流管理是供应链管理的一部分，物流业的发展更依赖于供应链理论指导。物流涉及原材料、零部件、半成品等在企业之间的流动，是企业之间的价值流过程，不涉及生产制造过程的活动。供应链管理包括物流活动、制造活动及销售活动，涉及从原材料到产品交付最终用户的整个增值过程。供应链是物流、商流、信息流、资金流的统一体，物流管理是供应链管理体系的重要组成部分，管理好物流将推动供应链管理体系的健康运行。

（1）从物理范畴来看，供应链是一个由众多机构（如企业、工厂、仓储中心、物流园区、批发市场、港口等）、交通工具（卡车、火车、飞机、轮船等）、物流信息系统、金融结算和交易系统等连接在一起的综合网络系统；而物流则是供应链上产品与服务移动所发生的活动和事件。

（2）从学科发展来看，供应链管理思想的形成与发展，是建立在多个学科体系（系统论、企业管理等）基础上的，其理论根基远远超出了传统物流管理的范围。供应链管理还涉及许多制造管理和销售管理的理论和内容，其内涵比传统的物流管理更丰富，覆盖面更加广泛。

（3）从管理的层次上来看，供应链管理包括公司许多不同层次上的活动，从战略层到战术层，一直到作业层。战略层处理的是对公司有着长远影响的决策，这包括关于仓库和制造工厂的数量、布局和能力以及产品在供应链网络中流动等方面的决策；战术层处理的决策一般每季度或每年都要更新，这些决策包括采购和生产决策、库存策略和运输策略；作业层的活动指日常决策，如生产计划、估计提前期、安排运输路线、装车、搜集市场反馈信息等。物流管理在层次上没有供应链管理这么多，也没有这么深入，在管理范围上是局部的。

（4）供应链管理的目的在于追求效率和整个系统的费用有效性，使系统总成本（包括从运输和配送成本到原材料、在制品和产成品的库存成本）达到最小。而物流管理的运作在这方面是局部和个别地进行的。

（5）供应链管理把对成本有影响的每一方以及在产品满足客户需求的过程中起作用的每一方都考虑在内，其管理的范围不仅包括采购/销售物流和生产物流等正向物流，还包括回收物流、退货物流、废弃物流等反向物流。并且，采购/销售物流不仅是单阶段的物流（如供应商到制造商、制造商到批发商、批发商到零售商、零售商到用户的相对独立的采购/销售物流活动），而且包括供应链渠道内成员从原材料获取到最终用户产品分销整个过程的采购/销售物流活动；而物流管理只考虑自己路径范围内的业务，其管理的主要对象是采购/销售物流和生产物流，追求局部利益最大化。物流管理主要涉及组织内部商品流动的最优化，而供应链管理则重视供应链上下游企业的协同合作及整条供应链的最优化。

三、现代物流的基本功能和增值功能

（一）现代物流的基本功能

现代物流的基本功能是指物流活动应该具有的基本能力，以及通过对物流活动最佳的有效组合，形成物流的总体功能，以达到物流的最终经济目的。现代物流的基本功能主要包括包装、装卸搬运、运输、储存保管、流通加工、配送、物流信息等。

1. 包装

包装功能是指为了维持产品状态、方便储运、促进销售，采用适当的材料、容器等，使用一定的技术方法，对物品包封并予以适当的装潢和标志的操作活动。包装层次包括个装、内装和外装三种状态。个装是到达作用者手中的最小单位包装，是对产品的直接保护状态；内装是把一个或数个个装集中于一个中间容器的保护状态；外装是为了方便储运，采取必要的缓冲、固定、防潮、防水等措施，对产品的保护状态。

包装在物流系统中具有十分重要的作用。包装是生产的终点，同时又是物流的起点，它在很大程度上制约物流系统的运行状况。对产品按一定数量、形状、重量、尺寸大小配套进行包装，并且按产品的性质采用适当的材料和容器，不仅制约着装卸搬运、堆码存放、计量清点是否方便高效，而且关系着运送工具和仓库的利用效率。

2. 装卸搬运

装卸搬运功能是指在同一地域范围进行的，以改变物品的存放状态和空间位置为主要内容和目的的活动。装卸搬运功能作为各个环节的结合部，是整个物流活动不可缺少的组成部分。

3. 运输

运输功能是指借助运输工具，通过一定的线路，实现货物空间移动，克服生产和市场需要的空间分离，创造空间效用的活动。运输和储存是物流的两大支柱，物流过程的其他活动，如包装、装卸搬运、物流信息都是围绕着运输和储存来进行的。在物流过程的各项活动中，运输是关键，起着重要作用。

4. 储存保管

储存又称物品的储备，具有以备再用的性质，是指在社会再生产过程中，离开直接生产过程和消费过程而处于暂时停滞状态的那一部分物品。物品的储备是生产社会化、专业化不断提高的必然结果，是保证社会再生产过程连续不断进行的物质技术条件，它与社会再生产过程相适应，既存在于流通领域，又存在于生产领域和消费领域。保管是储存的继续，是保护储存物品的价值和使用价值不受损害的过程。其主要任务是防止外部环境对储存物品的侵害，保持物品性能完好无损。因此，物品的储存是保管的前提，保障储存物品能够以备再用。只要有物品的储存，就要对物品进行保管。

5. 流通加工

流通加工功能是指在流通过程中，根据客户的要求和物流的需要，改变或部分改变商品形态的一种生产性加工活动。流通加工是流通中的一种特殊形式，其目的是为了克服生产加工的产品在形质上与客户要求之间的差异，或者是为了方便物流提高物流效率。

6. 配送

配送是按客户的要求，进行货物配备送交客户的活动。配送是一种直接面向客户的终端运输，客户的要求是配送活动的出发点。配送的实质是送货，但它以分拣、配货等理货活动为基础，是配货和送货的有机结合形式。

7. 物流信息

物流信息指的是反映物流各种活动内容的知识、资料、图像、数据、文件的总称，包括物流活动的主要商务管理过程：接受订单、订单处理、仓库管理、末端配送以及每一环节的异常处理及进行物流内部和外部的业务结算过程；质量信息服务，如质量监察、用户投诉处理、货件的跟踪查询和客户关系等。

物流信息功能是指对物流信息的搜集、传递、存储、处理、分析等活动。物流信息是企业的决策依据，并对整个物流活动起指挥、协调、支持和保障作用。

（二）现代物流的增值功能

一般认为，增值服务是指根据客户需要，为客户提供超出常规服务范围的服务，或者采用超出常规服务方法提供的服务。

目前，国内物流企业能提供的增值服务主要包括以下几种。

1. 承运人型增值服务

承运货物运输的快运公司、快递公司、集装箱运输公司，最适宜从事此类增值服务。如：从收货到递送的货物全程追踪服务；电话预约当天收货；车辆租赁服务；对时间敏感的产品提供快速可靠的服务；含相关记录报告；对温度敏感的产品提供快速可靠的服务，如冷藏、冷冻运输、含相关记录报告；配合产品制造或装配的零部件、在制品及时交付；被客户退回的商品回收运输服务；运输设备的清洁或消毒等卫生服务；信誉好的承运人甚至可以为客户提供承运人的评估选择，运输合同管理服务等。

2. 仓储型增值服务

材料及零部件的到货检验；材料及零部件的安装制造；提供全天候收货和发货窗口；配合客户营销计划进行制成品的重新包装和组合，如不同产品捆绑促销时提供商品的再包装服务；满足客户销售需要而提供的成品标记服务，如为商品扣价格标签或条形码或便利服务，如为成衣销售提供开箱加挂衣架重新包装的服务，对于超市型客户而言，这种服务很有市场；商品退回的存放并协助处理追踪服务；为食品、药品类客户提供低温冷藏服务，并负责先进先出；利用仓单质押为客户提供物流金融服务，为金融企业提供货物监管服务；利用保税仓为客户提供保税仓储服务等。

3. 货运代理型增值服务

该服务主要包括订舱租船、包机、包舱、托运、仓储、包装；货物的监装、装卸、集装箱拼装拆箱、分拨、中转及相关的短途运输服务，报关、报验、报检、保险，内向运输与外向运输的组合，多式联运、集运含集装箱拼箱。

4. 信息型增值服务

以信息技术为优势的物流服务商可以把信息技术融入物流作业安排当中，比如：向供应商下订单，并提供相关财务报告；接受客户的订单，并提供相关财务报告；利用对数据的积累和整理，对客户的需求预测，提供咨询支持；运用网络技术向客户提供在线数据查询和在线帮助服务。

5. 第四方物流增值服务

向客户提供全面意义上的供应链解决方案；对第三方物流企业的管理和技术等物流资源进行整合优化，对物流作业流程进行再造，甚至对其组织结构进行重组；对客户物流决策提供咨询服务等。

第二节 电子商务物流管理

随着互联网的快速发展，商品交换场所呈虚拟化发展趋势，商品的交换方式、速度和效率都发生了很大变化。市场范围随着互联网的无边界延伸，得到了极大的扩展。但是，一切商品交换活动的最终完成，都必须落实在实物的传递和送达这一物流配送活动过程，只有实物送达交易的购买方，商务活动才算完成。物流配送承担着将虚拟活动转变为现实的职能，对电子商务的发展起着关键作用。

一、电子商务的物流特点

电子商务（Electronic Commerce，EC）是指人们利用电子化手段进行以商品交换为目的的各种商务活动。电子商务的主要经营模式有B2C、B2B、C2B（Consumer to Business，消费者与企业之间的电子商务）、C2C、B2G（Business to Government，企业与政府之间的电子商务）等几种。其中，B2C、B2B和C2C三种经营模式较为常见。

电子商务企业具有共同的物流特点：交易区域整体分散、部分集中，技术水平、物流信息系统要求较高，产品的销售数量波动较大且不容易控制。下面分别对B2C、B2B和C2C三种电子商务经营模式的物流特点进行简单地介绍。

（一）B2C的物流特点

B2C（Business to Consumer，企业与消费者之间的电子商务）是指企业利用网络交易平台与用户/买家进行商品交易活动的商业模式。

在B2C模式下，企业通过互联网为消费者提供一个新型的购物环境——网上商店，消费者则通过网络浏览网上商店并进行选择购买以及支付货款。这种购物模式彻底改变了传统的面对面交易和"一手交钱，一手交货"的购物方式，节省了客户和企业的时间和空间，大大提高了交易效率。

B2C电子商务的典型网站有天猫商城、当当网、京东商城等。

B2C电子商务企业主要销售日常消费品，其产品种类繁多、特性复杂，购买者大多数为零散的消费者，配送区域分散、配送频率较高、配送批量小，物流成本容易增加。

（二）B2B的物流特点

B2B（Business to Business，企业与企业之间的电子商务）是指供、求企业之间及协作企业之间利用网络交易平台向供应商订货、传递各种票据，从而使商务活动全程实现电子化的商业模式。

企业与企业之间的电子商务是电子商务交易的主体。由于电子商务在供货、库存、运输、信息流、资金流等方面已经大大提高了企业效率，许多企业都热衷于尝试和推动 B2B 交易模式。商贸企业由于没有生产环节，电子商务活动几乎覆盖了整个企业的经营管理活动，是最需要利用电子商务的。通过 B2B 网站，商贸企业可以更及时、准确地获取消费者信息，从而准确订货、减少库存，并提高效率、降低成本，获取更大的商业利益。

B2B 模式电子商务的典型网站有阿里巴巴、中国制造网、慧聪网、敦煌网等。

B2B 电子商务企业交易额大，交易次数少，规格相对统一以及产品种类简单；减少了供应商环节，减少了订货成本以及周转时间；客户的物流个性化服务要求不明显，物流成本较容易控制。

（三）C2C 的物流特点

C2C（Consumer to Consumer，消费者与消费者之间的电子商务）是指买卖双方通过交易平台直接进行交易，平台本身只提供交易空间，不接触商品也不参与货币结算，不负责库存也不负担运费。这些交易平台为很多消费者提供了在网上开店的机会，使得越来越多的人利用 C2C 模式进行个人创业。

C2C 交易模式最早在美国诞生。我国则是在 1999 年成立易趣网，开创了 C2C 交易模式的先河。2003 年 5 月，阿里巴巴投资 4.5 亿元人民币成立淘宝网。此后，中国 C2C 的发展开始突飞猛进。

C2C 电子商务单笔交易额度一般较小，配送比较频繁，多点辐射，交易范围不容易掌握，因此，这种交易多采用快递服务门到门配送。

二、电子商务的物流流程

在电子商务模式下，消费者通过上网浏览页面点击购物，完成商品所有权的交割过程，即商流过程，但交易商品和服务远未结束，物流实际上是以商流的后续者和服务者的姿态出现在整个电子商务的交易过程中。

一般而言，电子商务条件下的物流流程主要分为以下几个方面。

（1）客户通过网络确定订单。企业通过网络将商品信息展示给客户，客户通过浏览器访问网站，选择需要购买的商品，并填写订单。

（2）企业联系客户确认订单。企业通过订单确认客户，告之收费方法，同时通知自己的应用系统组织货源。

（3）电子结算，资金转移。客户通过电子结算与金融部门交互执行资金的转移。

（4）双方确认资金转移结果。金融部门通过电子邮件、手机短信（或其他方式）通知买卖双方资金转移的结果。

（5）企业安排送货至客户手中。企业组织货物，并送达至客户手中。

（6）退货及后续处理。客户因某种原因可能请求退货或换货，企业应制订相应的退货及换货处理政策。

退货可集中由配送企业送回原仓储地点，由专人清理、登记、查明原因，如是产品质量问题应进行抽样检验，超出相应标准则及时通知采购作业流程停止向厂家或供应商订货，并通知销售部门将网页上有关货物的信息及时下线，尚未超标则作为验收不合格物品，进行退货处理；如退货还可继续使用，可进入库存，重新开始新的仓储管理配送过程。

从上述电子商务的实际流程中，可以看出电子商务是集信息流、商流、资金流、物流为一体的商品交易过程。

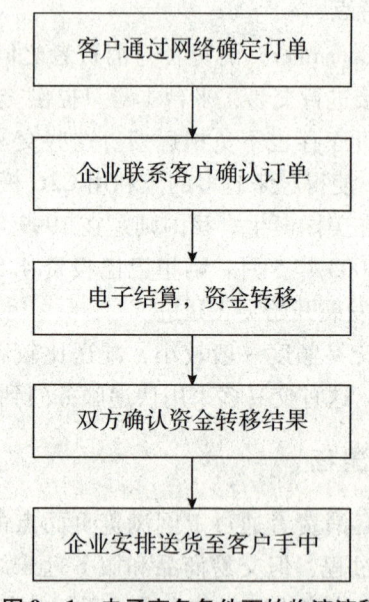

图9-1　电子商务条件下的物流流程

> 扩展阅读

Dell 的电商物流流程

Dell 的电子商务型直销方式对用户的价值包括：一是可以满足用户个性化的产品需求；二是 Dell 精简的生产、销售、物流过程可以省去一些中间成本；三是用户可以享受到完善的售后服务，包括物流、配送服务，以及技术支持等售后服务。

Dell 提供了跟踪和查询消费者订货状况的接口,供消费者查询从发出订单到订货送到消费者手中整个过程状况。

1. 订货阶段

首先是订货处理。接到网上订货后,Dell 的订货人员会对订单进行初步检查。比如检查是否填写齐全、订单的付款条件,并按付款条件将订单分类,对付款方式则进行确认,只有确认通过的订单才会立即自动发出零部件的订货并转入生产数据库中,订单也才会立即转到生产部门进行下一步作业。用户可以对产品的生产制造过程进行跟踪。

2. 预生产阶段

在正式开始生产之前,需要等待零部件的到货。预生产的时间主要取决于供应商的仓库中是否有现成的零部件。

3. 生产阶段

该阶段包括配件准备、装配、测试、装箱、发运等步骤。发运步骤将顾客所订货物发出,并按订单上的日期送到指定的地点。

三、电子商务的物流运作模式

信用、支付、物流这三个环节是电子商务平台发展的三大关键因素,现在信用平台大多有假一赔十、全国联保、发票等,支付有支付宝、快钱等支付系统,但是物流并没有随着电子商务的发展而发生变化。信息服务提供商更多地从如何建立电子商务信息服务网络、如何提供更多的信息内容、如何保证网络的安全性、如何方便消费者接入、如何提高信息传输速度等方面考虑问题,至于电子商务在线服务背后的物流体系的建立问题则考虑较少。在这个用户体验至上的时代,物流这个电子商务的瓶颈环节,已经成为电子商务巨头们决心打造的新的核心竞争力。

电子商务物流业务的具体实施有多种模式可以选择。实际上,电子商务中商流、信息流、资金流都可以在网上进行的情况下,物流体系的建立应该被看作是电子商务的核心部分。

(一)垂直一体化模式

垂直一体化,也称为纵向一体化,即从配送中心到运输队伍,全部由电商企业自己整体建设,它将大量的资金用于物流设施、运输车队、仓储体系建设,并自主组织与管理具体物流业务。

垂直一体化模式改变了传统电子商务企业过于注重平台运营而轻视物流配送的状况,将较多的资金和精力转投物流体系建设,希望以在物流方面的优势提高在电商业务中的竞争力。

1. 垂直一体化物流运营模式的优势

（1）有利于增强电子商务企业对物流的控制力。完全自营物流优点主要在于可以帮助企业摆脱第三方物流束缚，解决物流的瓶颈问题，结束与第三方物流代理公司间无休止的议价。

（2）能够完全服务于企业经营战略且具有区域优势，有利于企业自身的发展壮大。一个新兴电子商务企业，业务量一般规模较小，往往很难与专业的物流公司达成较好的服务价格。

（3）有效保证服务质量且提升企业形象。电商企业的交易洽谈和购买以及支付等是在虚拟环境下进行的，客户的消费体验有限，基本都是流程式操作，价格适宜且页面美观，很难进一步提升消费体验。因此，物流环节就成了提升顾客满意度的一个关键，及时送货、贴心包装，使顾客获得完美消费体验，从而提升企业形象。

（4）节约物流成本。完全自营物流会降低外包代理公司给企业带来的物流风险，并且当企业自营物流发展至一定规模与水平时，将产生横向比较优势，即可节约物流成本。

2. 垂直一体化物流运营模式的不足

企业自己组建物流系统面临着许多困难，完全自营物流系统模式其本身也存在着一些不足。

（1）资金占用多、投资规模大、周期长。大部分电商企业物流硬件设施较贫乏，建立一套完善物流配送系统需要较大投入，在企业发展早期难以和产出成正比，资金占用较多，易产生资金链断裂现象。

（2）业务覆盖范围比较有限。大范围建造物流配送中心及建设物流配送队伍需要较多的资金投入，必然会带来较大投资风险。对于大多数电子商务企业，特别是规模较小的中小企业而言，完全自营物流业务范围无法覆盖企业的整个交易网络。

（3）需要具备较强综合物流管理能力。企业完全自营物流和物流代理企业相比较存在专业障碍。企业若想完全自营物流并具有横向比较优势，必须增强企业自身综合物流管理能力。物流作为商业活动中的一个重要环节，越来越呈现出专业化趋势。

（4）投资风险较大。完全自营物流要有相应业务量来保证，业务量不够，完全自营物流设施会大量闲置，增加企业开支、加大企业经营风险。

（二）轻资产模式

轻资产的物流运营模式是指电商企业集中资源与精力在核心业务上，将其他非核心业务外包给专业的物流服务供应商的物流运作管理模式。这是完全相反于垂直一体化模式的物流模式，电商企业只做自己最擅长的事情，比如营销、产品开发、网络技术等。

1. 轻资产模式的优势

轻公司、轻资产模式具有以下优势：

（1）物流覆盖区域较广泛。外包物流企业服务网点常遍布各个大中小城市，可实现门对门物流配送服务。

（2）减少投资、减轻企业负担、降低物流成本。此模式可减少固定资金投入，提高企业资金周转，降低企业物流运营成本，实现经济效益。

（3）有利于社会物流资源充分利用。与其每家电子商务建一套自有物流体系，倒不如把所有物流集中到一家更为专业的物流企业来解决。

（4）培养企业核心竞争力。完全外包物流运营模式可使企业集中力量发展其主营业务，把企业有限资源集中配备至核心业务，有利于培养企业核心竞争能力。

2. 轻资产模式的不足

（1）企业对物流控制力偏低、对物流代理企业依赖性增强。企业的物流业务完全外包给其他的物流代理公司，使企业丧失了物流业务控制主动权，某种程度上会受到物流外包企业制约。

（2）物流服务具有一定的风险性与不确定性。物流业务外包使企业失去对顾客的直接接触，无法为顾客提供个性化服务，对于企业培养稳定客户具有一定的风险性及不确定性。

（3）如果第三方的物流服务出现问题，势必连累电商企业本身。曾有统计数据称，第三方物流的投诉率是电商企业自建物流的12倍。因此，这种合作模式需要具备较高的合作风险管控能力。

（三）物流联盟模式

物流联盟是一种介于完全自营物流与完全外包之间的运营模式，即电商企业自建物流中心和掌控核心区域物流队伍，而将非核心区域物流业务进行外包。随着这种模式的发展，有的电商企业和物流企业彼此提供有优势的物流配送服务，形成一种协作型配送模式，包括配送共同化、物流设施设备和技术利用共同化及物流管理共同化。

1. 物流联盟模式的优势

一般而言，组建物流联盟有以下几个方面的优势。

（1）迅速拓展市场。物流联盟可以完成企业的全国甚至全球物流配送，使业务在全球范围内迅速展开。

（2）降低企业运营风险。单个电子商务企业力量有限，如果几个企业联合起来，对于突如其来的风险，能共同承担，减少企业经营风险，加强抵御风险的能力。

（3）降低物流成本。物流合作伙伴经常沟通合作，相互信任承诺，减少交易成本和降低物流成本。

（4）提高企业的物流能力。企业相互组成联盟优势互补，达到逐步完善物流能力的目的，使物流业向着专业化及集约化方向发展，提高整个企业的竞争能力。

2. 物流联盟模式的不足

（1）稳定性不容易控制。企业实行物流联盟实现了整体利益的最大化，但具体环节上不一定都能实现利益最大化，可能会打击一些企业的积极性，使得联盟不稳固。

（2）整合优势不容易发挥。横向联盟企业的不足之处在于，须有大量商业企业加盟，有大量商品存在，才能发挥整合作用与集约化处理优势。

（3）物流配送不容易标准化。合作伙伴的众多，各类商品配送方式集成化与标准化并不是一个可简单解决的问题。

（四）云物流模式

云物流模式是指借鉴云计算的概念，充分利用分散、不均的物流资源，通过某种体系、标准和平台进行整合，从而为我所用、节约资源。相关的概念还有云快递、云仓储。

比如，阿里巴巴系的电商企业一直注重在电商平台的运营、交易，而对于物流没有投入太多资源。但随着交易量的日益倍增，物流的短板更加明显，因此，阿里系开始了一系列的物流整合动作，比如投资百世物流、菜鸟物流，同时确定和推荐德邦物流和佳吉快运为第三方物流商。此外，还在北京、上海、广州和深圳、成都建立了大型配送中心，在其他20个省市建立了区域性配送中心。

从理论上而言，云物流实现了"三化"：

1. 社会化。快递公司、派送点、代送点等成千上万的终端都可以为我所用。

2. 节约化。众多社会资源集中共享一个云物流平台，实现规模效应。

3. 标准化。一改物流行业的小、散、乱，建立统一的管理平台，规范服务的各个环节。

云物流模式希望利用订单聚合的能力来推动物流体系的整合，包括信息整合、能力整合。但目前，云物流只是提供了一个信息交换平台，解决了供给能力的调配问题，但不能从根本上改变行业配送能力的整合问题、服务质量问题、物流成本及物流效率的控制问题。如何整合和管理好云资源，这也是云计算、云制造面临的共同问题。

第三节 基于供应链的运输管理

在供应链管理环境下，运输管理与决策主要包括运输方式的选择、运输服务供应商的选择、运输线路选择、运输成本控制等内容。

一、运输在供应链中的地位及作用

运输是指产品从一地到另一地的动态过程，或者说从供应链的始端到客户终端的过程。由于产品很少是在同一地方生产并消费（使用）的，因此运输成为供应链中耗费最多的环节。

供应链任何环节的成功与其合理使用运输密切相关，运输已成为全球供应链中不同阶段中的重要纽带。无论是原材料、燃料、零部件、在制品，还是产成品；无论是在原材料采购过程中、生产制造过程中，还是在流通销售过程中，要想实现增值都离不开运输。

通常生产企业与原材料、燃料的供应商并不在同一区域内，即使在同一区域内，也存在一定的空间距离。因此，在供应链过程和采购原材料、零部件、燃料的过程中，需通过运输功能的发挥，将其从区域外或区域内的供应商所在地运达制造商的仓库内。在生产过程中，原材料零部件或在制品随着生产的进行在各车间、各工序间不停地移动，实际也是处于运输状态。成品出入库也都是通过运输完成。

在流通领域，运输作业尤为重要。因为流通必然伴随移动，而移动的载体就是运输。流通领域内，如果没有及时、高效地运输，就难以达到顾客满意，从而降低服务水平，最终导致整个供应链条上利润的下降。日本"7-11"的成功是与其在整个供应链管理中采用了高反应能力的运输系统分不开的，只有这样才能保证一天之内几次从供应商处补充订货，并以高效、快捷的运输服务把产品送到顾客手中。沃尔玛运用一套有效的反馈运输体系来降低其海外成本。随着电子商务全球化，亚马逊等在线百货零售商依托有效的运输机制，并以送货上门的形式为顾客提供便利。

二、运输方式的选择

运输决策在物流决策中具有十分重要的作用。在我国，目前供应链中运输成本要占到物流成本的 35%–50%。对许多商品而言，运输成本要占商品价格的 4%–10%。

一般而言，运输决策具有选择运输方式、选择承运商（物流服务供应商）、运输网络设计等步骤。我们首先来介绍运输方式的选择。

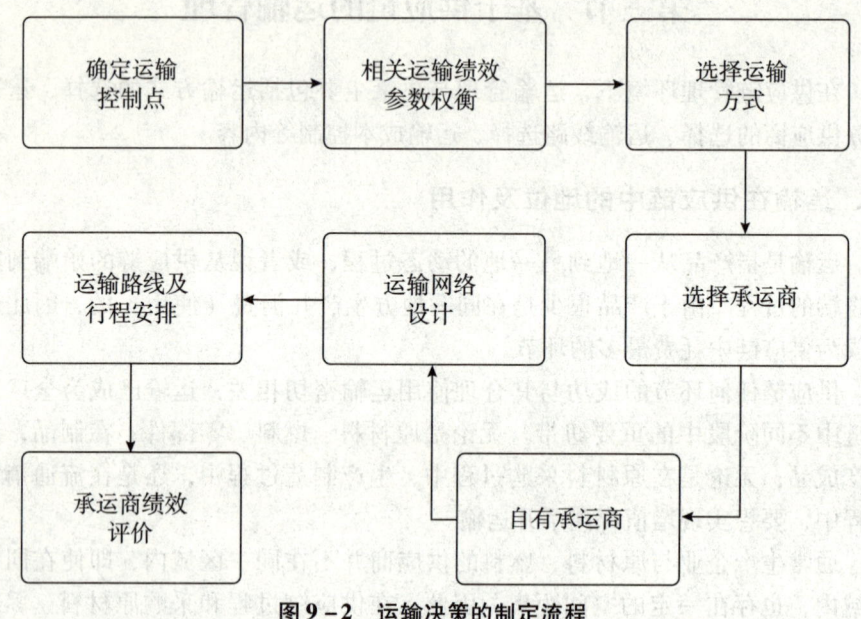

图 9–2　运输决策的制定流程

（一）运输方式的主要经济技术特征

选择运输方式就是要在不同运输方式之间权衡比较，并确定最适合自身特点的运输方式。对某些物品而言，选择运输方式的决策并不困难。比如，海外运输通常采用远洋轮船；大宗货物或液态货物，如原材料或化学制剂通常采用铁路运输。

常见的运输方式决策涉及在铁路运输和汽车承运商、铁路运输与内陆河运以及公路运输与航空运输之间的比较与权衡。各种运输方式都具有各自的优点和缺点。

1. 航空运输

航空运输是指利用飞机运送货物的现代化运输方式。近年来，采用航空运输的方式日趋普遍，航空货运量越来越大，航空运输的地位日益提高，对高价值、易腐坏产品很适用，也适用一些紧急供应，如医药品供应等。优点体现在速度快、安全性好，不易丢失、失窃或损坏，节省包装等费用、加快资金周转等。缺点是投资大、运量小、运费比较高、易受天气影响，对运载物资的大小和重量限制较多。

2. 卡车（公路）运输

公路运输，是指以公路为运输线，利用汽车等陆路运输工具完成货物位移的运输方式。它是国内货物运输的主要方式之一，既是独立的运输体系，也是车站、港口和机场物资集散的重要手段。

公路运输生产点多、面广，最显著的运营特点是它的灵活性。表现在：空间上的灵活性，可以实现门到门运输；时间上的灵活性，可以实现即时运输，即根据货主的需求随时启运；批量上的灵活性，公路运输的启运批量最小；运行条件的灵活性，公路运输的服务范围不仅在等级公路上，还可延伸到等级外的公路，甚至许多乡村便道的辐射范围，普通货物装卸对场地、设备没有专门的要求；服务上的灵活性，能够根据货主的具体要求提供有针对性的服务，最大限度地满足不同性质的货物运送需求。

公路运输的特点是成本相对较低，对于 500 公里以内距离，卡车运输一般被认为是最不昂贵、最灵活的和最快捷的运输模式，适用于即时制送货。缺点是受天气、劳动力不稳定和交通条件影响较大。

3. 铁路运输

铁路运输是利用铁路进行货物运输的方式，在国际货运中的地位仅次于海洋运输。铁路运输与海洋运输相比，一般不易受气候条件的影响，可保障全年的正常运行，具有高度的连续性。铁路运输还具有载运量较大、运行速度较快、运费较低廉、运输准确、遭受风险较小的优点。有毒物料以及钢材等大宗物资一般采取铁路运输的方式。

铁路运输也存在缺陷。如运输受轨道的限制，不能到达所有的地方，且铁路建设投资大，在一定程度上的应用受到限制。

4. 水路运输

水路运输是指利用船舶等浮运工具，在水域沿航线载运货物的一种运输方式，包括内陆水运和深海运输。相较于其他几种运输方式，水路运输具有成本低、能耗省、过程长、运量大等的明显优势。水路运输是国际运输、国际贸易中最主要的运输方式。

水路运输受自然条件的限制与影响大，即受海洋与河流的地理分布及其地质、地貌、水文与气象等条件和因素的明显制约与影响；对综合运输的依赖性较大，河流与海洋的地理分布有相当大的局限性，仅限于有内陆水运网络和港口的地方可以使用。此外，水路运输速度较慢，并且至少需要三次运输过程：工厂—港口—港口—交货地。

5. 管道运输

管道运输是一种以管道输送流体货物的一种方式。货物通常是液体和气体,是统一运输网中干线运输的特殊组成部分。有时候,气动管(pneumatic tube)也可以做到类似工作,以压缩气体输送固体舱,而舱内装着货物。管道运输石油产品比水运费用高,但仍然比铁路运输便宜。大部分管道都是被其所有者用来运输自有产品。

就液体与气体而言,凡是在化学上稳定的物质都可以用管道运送。因此,废水、泥浆、水,甚至啤酒都可以用管道传送。另外,管道对于运送石油与天然气十分重要,有关公司会定期检查其管道,并用管道检测仪(pipe line in section gauge)做清洁工作。

管道运输的优点是成本相对较低,可以连续流动,系统能够完全自动化,不干扰人类的活动,适用于大量液体和气体。缺点是管道初建成本昂贵,尤其是当货物必须大量转运时或者不再需要管道运输时,这种运输方式显得很不灵活。

(二)影响运输方式选择的主要因素

由于各种运输方式和运输工具都有自己的特点,而且不同特性的货物对运输的要求也不一样,因此,要制定一个选择运输方式的标准较为困难。但我们可以根据物流运输的总目标,考察影响运输方式选择的主要因素,从而为我们的运输方式选择作参考依据。

一般而言,运输方式的选择受运输物品的种类、运输量、运输距离、运输时间、运输成本等因素影响。

1. 商品性能特征

商品性能特征是影响企业选择运输工具的重要因素。一般而言,粮食、煤炭、钢材等大宗货物适宜选择水路运输或铁路运输,电子产品、宝石以及节令性商品等宜选择航空运输,石油、天然气、碎煤浆等适宜选择管道运输。

2. 运输速度和运输距离

运输速度的快慢、运输路程的远近决定了货物运送时间的长短。而在途运输货物犹如企业的库存商品,会形成资金占用。一般而言,批量大、价值低、运距长的商品适宜选择水路或铁路运输,而批量小、价值高、运距长的商品适宜选择航空运输,批量小、距离近的适宜选择公路运输。

3. 运输的可得性

不同运输方式的运输可得性也有很大的差异,公路运输最可得,其次是铁路,水路运输与航空运输只在港口城市与航空港所在地才可得。

4. 运输的一致性

运输一致性指在若干次装运中履行某一特定的运次所需的时间与原定时间或与前 N 次运输所需时间的一致性。它是运输可靠性的反映。近年来,托运方已把一致性看作是高质量运输的最重要的特征。如果给定的一项运输服务第一次花费两天,第二次花费了6天,这种意想不到的变化会给生产企业带来严重的物流作业问题。厂商一般首先要寻求实现运输的一致性,然后再提高交付速度。如果运输缺乏一致性,就需要安全储备存货,以防预料不到的服务故障。同时,运输一致性还会影响买卖双方承担的存货义务和有关风险。

5. 运输的可靠性

运输的可靠性涉及运输服务的质量属性。对质量而言,关键是要精确地衡量运输可得性和一致性,这样才有可能确定总的运输服务质量是否达到所期望的服务目标。运输企业如要持续不断地满足顾客的期望,最基本的是要承诺不断地改善。运输质量往往是经仔细计划,并得到培训、全面衡量和不断改善支持的产物。在顾客期望和顾客需求方面,基本的运输服务水平应该现实一点,必须意识到顾客是不同的,所提供的服务必须与之相匹配。

6. 运输费用

企业开展商品运输工作,必然要付出一定的财力、物力和人力,各种运输工具的运用都要付出一定的费用。因此,企业进行运输决策时,要受其经济实力以及运输费用的制约。比如,企业经济实力弱,就不可能使用运费高的运输工具,如航空运输,也无法自建一套运输系统来进行商品的运输工作。

7. 市场需求的缓急程度

在某些情况下,市场需求的缓急程度也决定着企业应当选择何种运输工具。市场急需的商品需选择速度快的运输工具,如航空、高铁或汽车直达运输,以免贻误时机;反之,则可选择成本较低而速度较慢的运输工具。

(三) 运输方式选择的成本比较法

一般而言,所付运输服务的成本与该运输服务水平导致的相关间接库存成本之间达到平衡的运输服务就是最佳服务方案。也就是说,运输的速度和可靠性会影响托运人和买方的库存水平(订货库存和安全库存)以及他们之间的在途库存水平。如果选择速度慢、可靠性差的运输服务,物流渠道中就需要预留更多的库存,这样做的直接后果是库存持有成本升高,抵消运输服务成本降低的情况。因此,方案中最合理的应该是,既能满足顾客需求,又能使服务总成本最低。

下面通过一个实例来说明。某公司欲将产品从坐落位置 A 的工厂运往坐落位置 B 的公司自有的仓库,年运量 D 为 700 000 件,每件产品的价格 C 为 30 元,每年的存货成本 I 为产品价格的 30%。公司希望选择使总成本最小的运输方式。据估计,运输时间每减少一天,平均库存水平可以减少 1%。各种运输服务的有关参数如下(表 9-1):

表 9-1 各种运输服务的有关参数

运输方式	运输费率（元/件）R	运达时间（天）T	每年运输批次	平均存货量（件）Q/2
铁路	0.10	21	10	100 000
驮背运输	0.15	14	20	50 000×0.93
卡车	0.20	5	20	50 000×0.84
航空	1.40	2	40	25 000×0.81

（注：安全库存约为订货量的1/2。）

在途运输的年存货成本为 ICDT/365，两端储存点的存货成本各为 ICQ/2，但其中的 C 值有差别，工厂储存点的 C 为产品的价格，购买者储存点的 C 为产品价格与运费率之和。

运输服务方案比选见表 9-2。

表 9-2 运输服务方案比选表

成本类型	计算方法	运输服务方案	
		铁路	驮背运输
运输	$R \times D$	(0.10×700 000) = 70 000	(0.15×70 000) = 105 000
在途存货	ICDT/365	(0.30×30×700 000×21)/365 = 363 465	(0.30×30×700 000×14)/365 = 241 644
工厂存货	ICQ/2	(0.30×30×100 000) = 900 000	(0.30×30×50 000×0.93) = 418 500
仓库存货	ICQ/2	(0.30×30.1×100 000) = 903 000	(0.30×30.15×50 000×0.93) = 420 593
总成本		2 235 465	1 185 737

表 9-3 运输服务方案比选表

成本类型	计算方法	运输服务方案	
		卡车	航空
运输	$R \times D$	(0.20×700 000) = 140 000	(1.4×700 000) = 980 000
在途存货	ICDT/365	(0.30×30×700 000×5)/365 = 86 301	(0.30×30×700 000×2/365 = 34 521

续表9-3

成本类型	计算方法	运输服务方案	
		卡车	航空
工厂存货	ICQ/2	(0.30×30×50 000×0.84) =378 000	(0.30×30×25 000×0.81) =182 250
仓库存货	ICQ/2	(0.30×30.2×50 000×0.84) =380 520	(0.30×30.4×25 000×0.81) =190 755
	总成本	984 821	1 387 526

由上例表9-2、表9-3的计算可知,在4种运输服务方案中,卡车运输的总成本最低,因此应选择卡车运输。

三、承运商的选择

一般而言,承运商的选择有以下基本步骤。

(一) 承运商选择的范围界定

首先,要确定运输发生的地理范围,选择在这些区域运输业务发展较好的承运商;然后,根据自己企业物品运输的要求,如物品属性、运送批量和体积、运输频率、运送时间等,圈定适合运输企业物品的承运商范围。

(二) 确定承运商选择指标

企业选择的承运商在一定程度上与企业之间的关系是战略伙伴关系,承运商的好坏不仅会影响企业战略目标的实现,而且在一定程度上会影响企业竞争力。因此,选择承运商要慎重,并事先确定企业选择承运商的标准。一般情况下,企业选择承运商可在长期项目和短期项目上分别制定不同的选择标准。

企业在选择承运商时,应该考察以下关键指标。

1. 规模:首先应该考察承运商的运营规模,其运输网络是否能够覆盖企业需求;承运商是否正规,有无营业执照和行业资质等。

2. 服务:考核承运商的服务措施是否完善、在行业中是否有良好的口碑、能否上门取货、是否送货上门、对在途货品的保养以及货品的在途安全性。

3. 运费:在运价方面,同一运输线路上与其他承运商比较是否有价格优势。此外,对于货品的包装大小,承运商和公司必须有统一的标准,规定大件、中件、小件的标准必须明确、细致。运费的计算标准应尽量统一、简单、清晰。

4. 运输周期:承运商应保证当天的货品当天配发,上门取货的次数应根据公司的需求而定,货品应在合理的运输周期内准确送达。

5. 理赔能力:承运商须具备一定的理赔能力。若运输途中出现丢货、损货(由不可抗拒因素造成的除外,如地震、雪灾等)的情况,理赔机制应该完善,在最短的时间内完成赔偿。

(三)发布承运商选择信息

信息发布的面越广,越有利于选择合适的承运商。可选择物流信息交易平台、互联网、报纸等媒体发布信息。信息内容要明确说明需要运输物品的属性、运送体积大小、运送的频次、运送的数量等相关信息,并要求有意向的承运商提交企业的经营状况、运输资源,甚至运输方案等信息。

(四)邀请承运商竞标

对有响应的承运商进行筛选,初选规模考虑为实际需要数量的3倍左右。对初选入围的承运商发出竞标邀请。

(五)与承运商进行洽谈

与出价比较合理,并有意向结成伙伴关系的承运商进行洽谈,以进一步了解相关情况。

(六)确定承运商并签订运输合同

确定承运商并签订运输合同。也可以先让其试运行,考察其短期运作水平,3-6个月之后再考虑是否签订长期合同。

四、运输线路的选择

运输线路的选择影响到运输设备的利用和人员的安排,正确地确定合理的运输线路可以降低运输成本和缩短运输时间。因此,运输线路的选择优化也是运输合理化的一个重要内容。物流运输线路,从起点到终点,常见的有不成圈的直线、丁字线、交叉线和分支线,还有形成闭合回路的环形线路(环形线路包括有一个圈和多个圈的)。物流运输线路主要有以下几种基本类型。

(一)最短路径法

最短路径法是针对单一装货地和单一卸货地的物流运输线路优化方法。

如图9-3是天仁运输公司签订了的一项运输合同,要把A城的一批棉签运送到J城,天仁公司根据这两个城市之间可选择的行车线路绘制了公路网络。其中A点表示装货地,J点是卸货地。此类运输线路的特点是A点和J点是两个点,不重合。这是运输活动中的一种情况。

在图9-3中,天仁运输公司要在装货地A点满载货物到J点卸货。B、C、D、E、F、G、H、和I是网络中的站点,站点之间以线路连接,线路上标

第九章 供应链物流管理

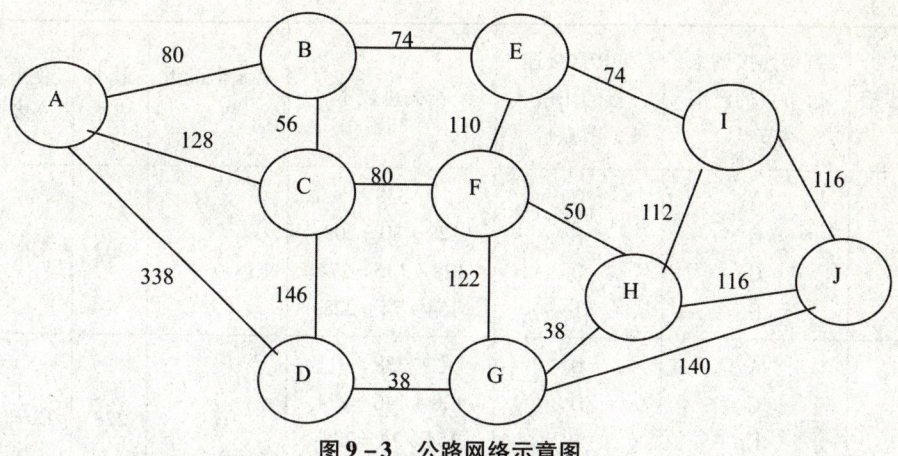

图 9-3 公路网络示意图

明了两个站点之间的距离。

从图 9-3 可以看出，从 A 地到 J 地，有很多条线路可以选择。然而，运输线路选择优化的任务就是要找出使总路程的长度最短的线路。这就是运输规划中的最短线路问题，通常称为最短路径法，或者称最短路线方法。即列出最短运输线路计算表（如表 9-4），分步骤地计算。通过比较，选择最近的线路运输。

表 9-4 最短运输线路计算表

步骤	直接连接到未解节点的已解节点	与其直接连接的未解节点	相关总成本	第 n 个最近节点	最小成本	最新连接
1	A A A	B C D	80 128 338	B	80	AB*
2	A A B B	C D E C	128 338 80 + 74 = 154 80 + 56 = 136	C	128	AC
3	A B C	D E F	338 80 + 74 = 154 128 + 80 = 208	E	154	BE*

续表 9-4

步骤	直接连接到未解节点的已解节点	与其直接连接的未解节点	相关总成本	第 n 个最近节点	最小成本	最新连接
4	A C C E	D F D I	338 128 + 80 = 208 128 + 146 = 274 154 + 74 = 228	F	208	CF
5	A C E F	D D I H	338 128 + 146 = 274 154 + 74 = 228 208 + 50 = 258	I	228	EI*
6	A C F I	D D H J	338 128 + 146 = 274 208 + 50 = 258 228 + 116 = 344	H	258	FH
7	A C F H H I	D D G G J J	338 128 + 146 = 274 208 + 122 = 330 258 + 38 = 296 258 + 116 = 374 228 + 116 = 344	D	274	CD
8	D F H I	G G J J	274 + 38 = 322 208 + 122 = 330 258 + 116 = 374 228 + 116 = 344	G	322	DG
9	G H I	J J J	322 + 140 = 462 258 + 116 = 374 228 + 116 = 344	J	344	IJ*

步骤 1，在图 9-3 可以看出，装货地 A 即是起点，是第一个已解的节点。与 A 点直接连接的未解的节点有 B、C 和 D 点。B 到 A 的距离最短，因此是唯一的选择，成为已解的节点。

步骤 2，是找出距离已解 A 点和 B 点最近的未解节点。只要列出距各个已解节点最近的连接点,则有 A-C,B-C。注意从起点通过已解节点到某一节点所需的路程应该等于到达这个已解节点的最短路程加上已解节点与未解节点之间的路程。即从 A 经过 B 到达 C 的距离为 80+56=136 公里,而从 A 直达 C 的距离为 128 公里。现在 C 点也成为已解节点。

步骤 3,要找出与各已解节点直接连接的最近的未解节点。在图 9-3 上可见,在与已解节点 A、B、C 直接连接的有 D、E、F 三个点,自起点到三个候选点的路程分别是 338、154、208 公里,其中连接 BE 的路程最短,为 154 公里。因此,E 点为所选。

重复上述过程,直至到达终点 J,即步骤 9。由此得到最优线路为 A-B-E-I-J,最短的路程是 344 公里。

最短路径法可以利用计算机进行求解。把运输网络中的线路(有的称为链)和节点的资料都存入数据库中,选好起点和终点后,计算机很快就会算出最短路径。

此计算结果称为单纯的最短距离路径,并未考虑各条线路的运行质量(比如交通是否通畅等),也不能说明穿越网络的最短时间。因此,对运行时间和距离都设定权数就可以比较得出具有实际意义的线路。

(二)起点与终点为同一地点的物流运输线路

在运输生产实践中,车辆完成运输之后往往要回到起点。比如,配送车辆从仓库送货至零售点,然后返回仓库,再重新装货;当地的配送车辆从零售店送货至顾客,再返回;送报车辆的运行路线;垃圾收集车辆的运行路线等,这类问题求解的目标是寻求访问各点的次序,以求运行时间或距离最小化。始发点和终点相合的路线选择问题通常被称为"旅行推销员"问题,对这类问题应用经验探试法比较有效。

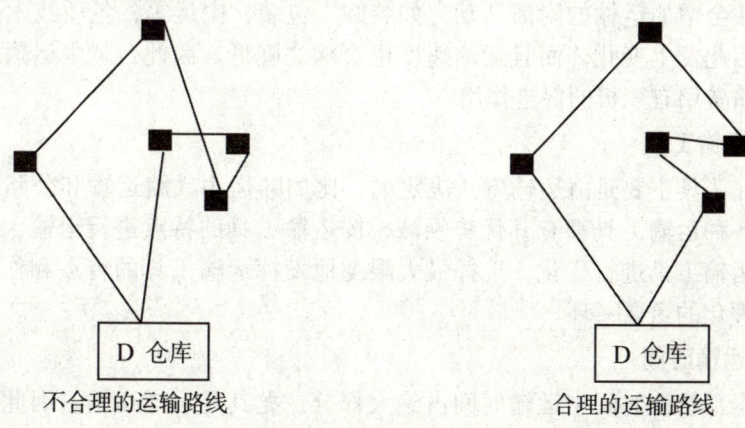

不合理的运输路线　　　　合理的运输路线

图 9-4　运输路线示意图

当运行路线不发生交叉时,经过各停留点的次序是合理的。同时,如有可能应尽量使运行路线形成泪滴状。图9-4所示是通过各点的运行路线示意图,其中迂回交叉是不合理的运行路线,各个点顺畅连接是合理的运行路线。根据上述两项原则,物流人员可以很快画出一张路线图,而如用电子计算机计算反而需要花费更多时间。当然如果点与点之间的空间关系并不真正代表其运行时间或距离(如有路障,单行道路,交通拥挤等),则使用电子计算机寻求路线上的停留点的合理次序更为方便。

五、运输合理化

由于运输是物流中最重要的功能要素之一,物流合理化在很大程度上依赖于运输合理化。

物流过程的合理运输,是指从物流系统的总体目标出发,选择合理的运输方式和运输路线。即运用系统理论和系统工程原理和方法,选择合理的运输工具和优化运输路线,以最短的路径、最少的环节、最快的速度和最少的劳动消耗组织好运输活动。

(一)影响运输合理化的关键因素

影响物流运输合理化的因素很多,起决定作用的有以下五个方面。

1. 运输距离

运输过程中,运输时间、运输周转时间、运输货损以及运费等若干技术经济指标都与运输距离有很大的关系,运输距离的长短是判断运输是否合理的一个最基本的因素。

2. 运输环节

运输环节越多,运费越高,运输货损率也随之增加。每增加一个运输环节,往往会增加运输的附属活动,如装卸、包装、搬运等,各项技术经济指标也会因此发生变化,而且运输速度也会随之降低。因此,减少运输环节对节省运输费用有积极的促进作用。

3. 运输工具

运输工具主要是由运输方式决定的,比如陆运中铁路运输和公路运输的选择。各种运输工具都有其优势领域,按运输工具的特点进行运输、装卸作业,对运输工具进行优化,选择最大限度地发挥运输工具的特点和作用,是运输合理化的重要一环。

4. 运输时间

在全部物流时间中运输时间占绝大部分,尤其是远洋运输。因此,运输时间的缩短对整个流通时间的缩短起决定性作用。此外,运输时间缩短,还要加速运输工具的周转,充分发挥运力效能,提高运输线路通过能力,不同程度地改善不合理运输。

5. 运输费用

运费在全部物流费用中占很大的比例,运费高低在很大程度上决定整个物流系统的竞争能力。实际上,运费的相对高低,无论对货主还是对物流企业都是运输合理化的一个重要的标志。运费的高低也是各种合理化措施是否行之有效的最终判断依据之一。

(二)运输合理化的实施途径

1. 合理配置运输网络

在规划运输网络时,应合理配置仓库、物流中心、配送中心以及中转站、货运站、港口、空港等物流节点。比如,企业为了确保市场占有率,就需要考虑配送中心、仓库如何布局,密度多大,相距多远;运输业务是全部外包,还是自己承担一部分等。企业对这些问题都需要统一进行统筹规划,做到既满足销售的需要,又能减少交叉、迂回、空载运输,从而降低运输成本,提高运输效率。

在设计和利用运输线路时,要进行运输线路优化。在条件允许的情况下,考虑采用集运、直达直线运输、"四就"直拨运输(就厂直拨,就车站、码头直拨,就库直拨,就车、船过载)等运输策略与方法,尽量减少运输中间环节,使运输网络中总的运输线路最短。

2. 选择最佳的运输方式

由于铁路、公路、水路、航空、管道等运输方式各具特点,所以在货物运输中要根据实际情况选用适宜的运输方式。

在中短距离运输中,可以实施铁路公路分流和"以公代铁"运输。这一措施是指在公路运输经济里程范围内,或者在经过论证,超出通常的平均经济里程范围,尽量利用公路进行货物运输。目前,我国"以公代铁"运输在杂货、日用百货运输及煤炭运输中较为普遍,运输里程一般在200km以内,有时可达700 – 1000km。

运输方式确定以后,还要考虑具体运输工具的选择问题,如公路运输中要选择什么样的汽车车型(大型、轻小型或冷藏、货柜等专用车辆),是用自有车辆还是选择运输公司的车辆等。

3. 提高车辆运行效率

努力提高车辆的运行率、实载率,减少车辆空载、迂回运输、对流运输、重复运输、倒流运输现象,缩短等待时间或装运时间,提高有效运输时间,从而有效促进运输的合理化。

提高运输工具实载率是运输合理化的一种有效方式。运输工具实载率包括两方面含义：一是单车实际载重与运距之乘积和标定载重与行驶里程之乘积的比率；二是车船的统计指标，即一个时期内车船实际完成的货物周转量占车船载重吨位与行驶公里乘积的百分比。物流系统的"配送"和车辆"配载"就是提高车辆实载率的有效方式。

4. 发展社会化运输体系

社会化运输的含义是发展运输的大生产优势，实行专业分工，改变一家一户自成运输体系状况。个体户卡车司机式的运输生产，车辆自有、自我服务、不能形成规模，且动量需求有限，难于自我调剂，因而容易经常出现空驶，动力选择不当（因为运输工具有限，选择范围太窄）和不能满载等不合理现象，且配套的接、发货设施和装卸搬运设施也很难有效运行。

目前，我国铁路运输的社会化运输体系较为完善，而公路运输由于小生产作业方式非常普遍，所以是发展社会化运输体系的重点。社会化运输体系中，各种联运体系是其水平较高的方式。

5. 采用先进的运输技术装备

不断开发特殊运输技术和采用先进的运输工具是实现运输合理化的重要途径。比如：利用专用散装及罐车可以解决粉状、液态物运输损耗大、安全性差等问题；袋鼠式车皮、大型半挂车可以解决大型设备整体运输问题；"滚装船"可以解决车载货的运输问题；集装箱船比一般船能容纳更多的箱体，集装箱高速直达车船加快了运输速度等，这些都是通过运用先进的科学技术来实现合理化。运输合理化还要利用现代化信息系统，依靠先进的信息技术的支撑。

6. 采用合理的运输策略和模式

要实现运输合理化，还必须采用合理的运输策略。比如，企业可根据实际情况，尽量采用直达运输、"四就"直拨运输、共同配送、集运等策略。

随着运输业以及物流技术的发展，应大力推广一些先进的运输模式与方法，如多式联合运输、一贯托盘化运输、集装箱运输、散装化运输、智能化运输、门到门运输等。

 课后习题

1. 试论述现代物流的概念。
2. 如何选择承运商？
3. 运输线路的选择主要有哪些方法？

参考答案

1. 试论述现代物流的概念。

现代物流（Modern Logistics）指的是将信息、运输、仓储、库存、装卸搬运以及包装等物流活动综合起来的一种新型的集成式管理，其任务是尽可能降低物流的总成本，为顾客提供最好的服务。

2. 如何选择承运商？

承运商的选择有以下基本步骤：承运商选择的范围界定、确定承运商选择指标、发布承运商选择信息、邀请承运商竞标、与承运商进行洽谈、确定承运商并签订运输合同。

3. 运输线路的选择主要有哪些方法？

运输线路的选择主要有两种方法。一是最短路径法，针对单一装货地和单一卸货地的物流运输线路优化方法。二是起点与终点为同一地点的物流运输线路选择法。

第十章 供应链信息管理

【导入案例：RFID 揭起新技术竞争】

RFID（Radio Frequency Identification，无线射频识别）能够扫描带有各种货箱的托盘，而无须卸下托盘后再扫描每一个货箱。此外，RFID 标签能够在通过供应链时，添加或删除信息。因此，射频识别被认为是 EDI 的补充，即关键信息在标签中编码，大量数据通过电子方式互换。这对供应链管理极为有利。

2003 年，沃尔玛公司做出了一个重大技术发展决定：着手在其庞大供应链普及 RFID 技术。这项技术可使这家位于美国阿肯色州的全球最大零售企业通过网络追踪商品库存——从中国的供应商一直到遍布世界各地的超市货架。

同年，海尔集团也开始跟踪 RFID 技术。海尔希望发挥 RFID 技术自动识别读写、群读及远距离读取的作用，代替原来的近距离人工条码读取方式，提高工作效率；并在更长远的未来，在一些可能的业务流程中，通过 RFID 标签捕获数据，从而显著提高供应链管理的水平。一旦芯片技术发展到成本显著降低、存储容量足够大的时候，海尔还期望在家电产品中嵌入芯片标签——既记录制造过程中的数据，还可以记录顾客和电器保修的有关信息。

此外，戴尔公司在产品零部件上也安装了 RFID 标签。它可以使网上订单迅速转化为无线射频信号。这些信号可以指示戴尔公司的自动零部件选取机为每台 PC 收集所需要的零部件；它还能把产品组装图传给工人，并补充成品的出货量。戴尔的经理可以在网上监控产品在生产过程中所处的位置。RFID 被看作戴尔胜出同行的绝招之一。

第十章 供应链信息管理

> **学习目标**
>
> ● 通过本章学习,了解供应链信息的构成、特点及供应链信息流运作模式,了解并掌握条码技术、射频设别技术、GIS 技术和 GPS 技术在供应链中的应用。

第一节 供应链管理环境下信息管理概述

一、供应链信息管理的目标与作用

(一) 供应链信息管理的目标

信息贯穿供应链管理的整个过程,在原材料获取、生产安排、产品销售、顾客购买等各个阶段,信息都是决策的关键因素。同时,信息也是供应链中流动最频繁、结构最复杂、变化最快速的一种流,是交易、决策分析、战略计划、管理控制等的依据。在供应链运行过程中,物流、商流、资金流都紧密围绕信息流展开,只有以准确的信息作为决策依据,整个供应链才能高效运作。

在当今信息经济时代,信息成了决定企业生存与发展的关键因素。在供应链管理中,信息管理是其中的一个重要部分。供应链管理的目标是通过信息流将整个供应链上的所有环节的市场、分销、物流、制造和采购活动联系起来,以实现客户服务的高水平,赢得竞争优势。

因此,供应链中信息管理的目标是通过有效管理和控制供应链中信息流及信息流程的各个环节,为供应链各环节业务的开展提供信息支持,及深入开发供应链信息资源的价值,以保证供应链目标的实现和获得额外的信息资源效益。

(二) 信息管理在供应链中的重要作用

供应链管理涉及采购、库存、生产、运输、销售等多个环节,而且每个环节会涉及整个链条上的不同企业、组织和部门,这使得供应链管理需要处理容量越来越大、来源越来越多样化、信息更新越来越快的信息流。要及时、全面、准确地掌握供应链上的信息,并对供应链各个环节实行动态的控制和科学的管理必须依赖信息技术的支撑,供应链管理的产生和发展与信息技术的应用密切相关。总体而言,信息管理在供应链中的重要作用表现在以下几个方面。

(1) 信息贯穿供应链管理运作的各个方面。比如：地理分散的流程团体的网络化，渠道策略和运作的集成，供应链中的存货管理、生产计划、自动补货等，没有信息技术的支持就无法实施。

(2) 供应链管理组织的建立离不开信息技术的支持。传统的组织已无法适应供应链管理的要求，必须建立以流程为基础的供应链组织，才能实现有效的供应链管理。而以流程为基础的组织的建立，不论是虚拟企业、动态协作，还是知识联网都需要信息技术的支持。

(3) 供应链管理强调将企业内外的竞争力与资源集成，而集成的实现离不开网络化的支持、集成和互相补充。

(4) 供应链管理强调信息共享。供应链上合作伙伴只有进行密切合作，共享各种商业信息和竞争情报，才能完全解决由信息传递失真引起的牛鞭效应。

(5) 信息技术嵌入了供应链管理方法的全过程。供应链管理的实践往往先于理论而产生。快速响应（QR）、高效消费者响应（ECR）、高效补货（ER）等典型的供应链管理方法都离不开各种信息技术的应用和支持。

二、供应链信息的构成与特征

（一）供应链信息的构成

在供应链中，各企业是独立的法人，相互之间是一种协议合作关系，每个企业出于自身利益和风险防范的考虑，都不可能交流或分享企业的所有甚至是大部分信息。分析和把握信息的内容构成，是管理信息的前提。供应链信息的构成可从多个角度进行划分，从供应链层次结构的角度划分，包括四个层次：供应链级信息、企业级信息、工作组级信息和个人级信息。而从供应链环节的角度来划分，可以分为以下构成内容。

1. 采购信息

采购信息主要包括供应商基本情况、供应商供货及产品类型、产品价格情况、物料需求计划、物料订购与订单信息等。

2. 生产信息

生产信息包括生产的产品类型、数量、规格、生产时间，以及在哪里生产，怎样生产，生产进度的安排，生产工艺技术、生产成本、物料需求清单等信息。

3. 分销和配送信息

分销和配送信息包括分销商的销售计划、库存状况、物流运送的途径和成本、配送网点的布局和规划等信息。

4. 顾客需求与订购信息

顾客的需求信息可以从顾客的主动表达，如顾客直接当面表述、顾客致电营销中心、顾客通过网络提交等方式来获得；企业也可以通过主动搜集，如市场调查、访问客户等途径获取。现实的销售通过顾客的订购来体现，哪些顾客购买什么货物，在哪里购买，数量多少，价格高低等信息。

（二）供应链信息的特征

供应链中有效信息的特征主要包括以下几个方面。

1. 准确性

信息必须真实准确。只有真实准确地描述供应链状况的信息，才能作为决策的依据。由于供应链中的信息来源多样，信息量大且覆盖范围广，有时很难保证所有信息都很正确，但要求所获取的信息描述的事实至少不犯方向性的错误。

2. 时效性

信息必须能及时获取和利用。即使信息本身真实正确，但如果没有及时地搜集、储存、加工、分析和利用，导致信息描述的事物已经发生了变化，那么就降低甚至失去了信息的价值。

3. 完整性

信息需具备完整性。供应链中的信息应该是所有与供应链管理和决策有关的信息，同时又舍去了那些无关或无用的信息的集合。

4. 不完全性

信息获取的不完全性。客观事实的信息总是不可能全部得到，一方面是由于人的认识程度，另一方面是信息获取成本高于获取价值。因此，我们不可能也没必要获取供应链流程中的所有信息。

5. 动态性

信息量大面广，呈动态变化。供应链组成十分复杂，活动和环节多。同时，供应链中的信息覆盖了供应商、制造商、分销商、物流商等所有环节以及客户，造成信息量大、覆盖面广，而且呈现动态变化更新。

6. 可共享性

信息应该共享。通过共享能有效减少牛鞭效应，实现供应链无缝链接，提升信息的有效性。但各个企业出于自身利益和风险防范等因素考虑，可能不愿将自己的信息完全共享，这使得整个供应链的信息获取成本增加和效率降低。

7. 异步性

信息处理难度大，进程以不可预知的速度向前推进。供应链信息处理的难度不仅因为信息来源不同和信息量大面广，而且由于供应链中各节点企业只是协议合作关系，他们所关注的重点和追求的目标并不相同，有时候还可能存在矛盾和冲突，因而，所传递的信息对于整个供应链管理的价值差异很大。

三、供应链信息流运作模式

在供应链管理中，信息被看成是与商品、资金一样可以传输和流动的企业要素。信息流是信息在供应链上各节点流动的过程，以及为达到最优效率而对信息进行的控制过程。一个成功的供应链信息系统应该使企业内部形成优化的作业流程，企业间形成一种无缝的链接。一般说来，企业管理的基本结构可分为三个层次，从上至下分别为决策层、管理层与操作层，其中操作层是各类信息形成的主要环境。信息的采集、储存、传递和加工处理过程，就是信息流的形成过程。

在现有的相关研究成果中，主要有四种信息流运作模式来组织实现供应链管理中信息的流动：直链式信息传递模式、直链式跨级信息传递模式、网状信息传递模式和集成式信息流运作模式。其中，集成式信息流运作模式也是当前被许多供应链所采纳的信息流运作模式。

（一）直链式信息流模式

由于供应链是由供应商、制造商、分销商、零售商和最终用户组成，这种链状物理结构使得信息交换主要发生在相邻的节点上，即信息呈直链式传递。

信息由顾客、零售商、分销商、制造商、供应商逐级双向传递，这种模式也是供应链信息流的原始运作模式。随着信息技术的不断发展，供应链的管理手段和管理模式也发生了巨大的变革，直链式信息流显现出其自身的局限性。

1. 信息延滞。各节点反应不同步，信息传递效率低。除了起始和终止环节外，其他环节要得到需求信息都必须经过至少一个环节的传递，信息流会发生延滞，从而导致整个供应链对市场变化反应迟钝，造成供应链的不确定性。

2. 信息失真。信息传递的准确性受影响，出现"牛鞭效应"（Bullwhip Effect）。

3. 非相邻节点间的信息沟通难以进行，整体协调性差；不能适应供应链的大型化、复杂化、适时化及动态化的要求。另外，直链式信息流架构降低了系统的灵活性，不符合现代供应链高动态性的要求。

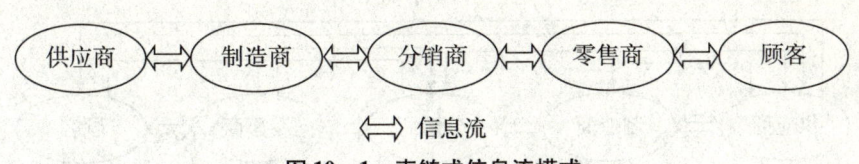

图 10-1　直链式信息流模式

（二）直链式跨级信息流模式

为了克服直链式信息传递模式可能导致的牛鞭效应这一缺陷，下游的零售企业将原来不公开的 POS 系统（销售时点信息系统）单品管理数据提供给厂商和批发商，实现需求信息在供应链上的共享。供应链的信息运行模式也因此演变为跨级传递的模式。这种模式是供应链信息流演变的第一种模式。

这种跨越式的信息传递虽然从某种程度上减小了牛鞭效应的影响，但只改善了需求信息的传递，仍无法摆脱直链信息流模式下的主要缺陷。

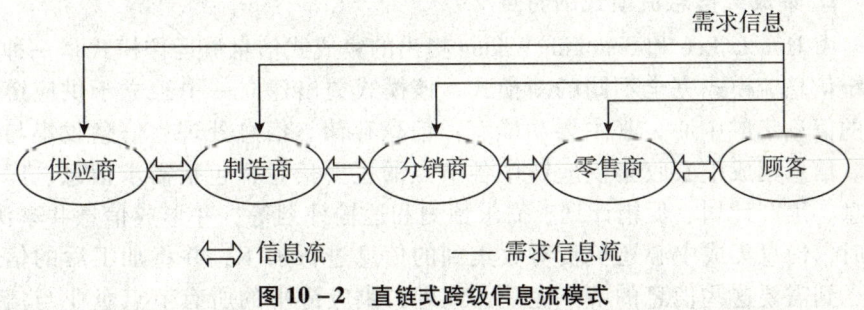

图 10-2　直链式跨级信息流模式

（三）网状信息流模式

日趋激烈的市场竞争要求供应链上各个节点具有灵活性，为此，供应链上的节点不仅希望能够及时了解前后相邻节点的生产情况，还希望能够了解链中非相邻节点的生产情况。通信技术的快速发展，尤其是 Internet 网络的普及和基于 Internet 的电子商务技术的运用，使节点间可以方便地建立起信息通道。这时，供应链中的信息传递模式演变成一种网络状模式。

网状信息流模式是供应链信息流演变的第二种模式，其特点是供应链上各环节对信息的流向及内容有决定权，能灵活掌握信息需求及信息传播的时间、地点和方式，基本上克服了直链模式的缺点，加强了供应链中各级企业之间的联系。但它也引发了新的问题：企业无法从整体上把握信息的流向及内容，每个节点要面对如此多的信息通道，信息处理成本明显增加。同时，信息交流还是以两个节点为基本单位，整体协调性并未得到根

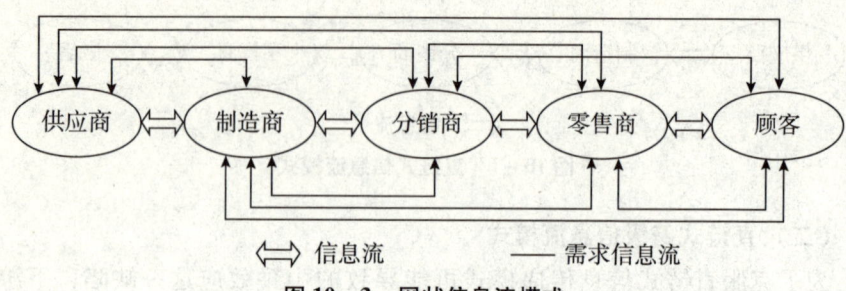

图 10-3 网状信息流模式

本改善。另外，由于缺乏宏观调控能力并导致信息流的混乱及无序，管理效率下降，甚至导致管理失控。

（四）集成式信息流模式

上述三种信息流运作模式各有其不足之处。为更好地实现供应链中信息流的运作，必须采用一种新的模式。

1. 集成式信息流模式的特点

由 Hau L. Lee 和 Seungjin Whang 提出的集成式信息流运作模式是一种与传统信息流模式完全不同的新模式，该模式提出建立一个独立于供应链之外的信息集成中心，其主要功能有：信息存储、信息处理、信息收集与发送。信息集成中心收集供应链中各节点的主要信息，包括需求信息、库存信息、生产计划、促销计划、需求预测和运输计划等，并形成信息共享源。同时，信息集成中心还负责对收集到的信息进行加工，并将加工后的信息发送到需要这些信息的节点企业。此外，供应链中的所有节点企业与信息集成中心建立高速的信息通道，以保证各节点与信息集成中心的信息实时互通，实现所有信息在整个供应链上实时共享。

集成式信息流运作是一种"瘦客户端"的信息处理模式（这里的客户指供应链上的节点企业），它把节点处的大部分信息处理功能独立出来，由信息集成中心集中处理。

相较于其他信息流模式，集成式信息流运作模式主要有以下一些基本特点。

（1）实现供应链上所有节点企业之间信息的实时共享。当供应链局部节点或外部市场需求发生变化时，信息的实时共享保证这种信息可及时传递到整个供应链，使各节点能够及时调整生产和库存，并同步作出反应，提高供应链的快速反应能力。

（2）为所有企业提供了一个信息交流的场所。信息集成中心的建立可以使这些在地理上处于分散的节点企业，共同对某些问题进行探讨和决策。

供应链由原先的分散决策的分散系统转变为一个集中决策的集中系统,从而大大提高了供应链的整体协同能力。

(3)信息集成中心的独立性保证信息流运行的稳定性。信息集成中心独立于供应链之外,不受供应链中某一具体节点企业的控制,也不受节点企业间利益冲突的影响,能保证信息的透明度和信息流运行的稳定性。

(4)增强了供应链的开放性和动态性。面对市场需求结构的变化,供应链要不断进行调整,主要表现为新企业的加入和原有企业的退出。而在新模式下,只要节点企业与信息集成中心建立信息通道即可实现与供应链的物理连接。同时,企业能够很容易地成为多个供应链的成员。

(5)可方便地实现信息外包。在新模式下,信息集成中心把原本由各节点承担的信息处理功能独立出来,并将信息进行集中处理。这样只需将信息集成中心外包即可方便地实现供应链信息外包。

2. 集成式信息流模式的构建

信息流的实现需要一个技术平台,将供、产、销各个环节中的信号、数据、消息、情况等通过电子计算机技术,进行系统的信息处理,并配合决策支持技术,对供应链中涉及的各部门发出协调指令,从而实现供应链管理和决策的高效率、高质量以及低成本目标。

集成式信息流运作模式的物理结构是一种基于 Intranet/Internet 的网络结构。利用 Internet 作为信息共享平台,把供应链的节点企业通过高速数据专用线接到 Internet 骨干网中,通过路由器与自己的 Intranet 相连,再由 Intranet 内主机或服务器为内部各部门提供存取服务。信息集成中心作为 Internet 中的一个节点通过高速数据专用线直接连到 Internet 骨干网中。

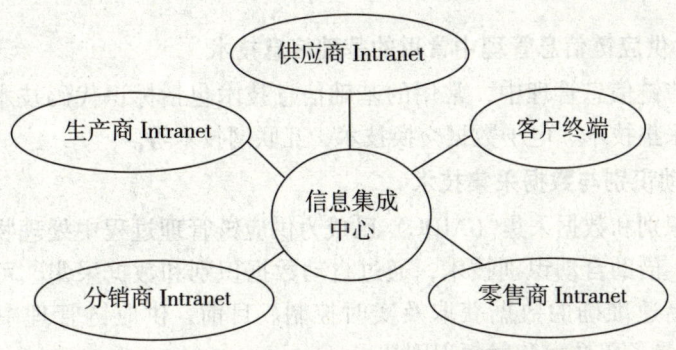

图 10-4 基于 Intranet/Internet 的信息集成模式

信息集成中心的高配置服务器保证其具有高速的数据处理能力和庞大的数据存储能力。在 TCP/IP 协议和 WWW 规范下,节点企业与信息集成中心进行信息交换。

这样就实现了集成式信息流运作模式下的供应链信息流网络的物理构建。供应链实施集成式信息流运作模式，其节点企业可利用 Internet/Intranet 建立以下三个层次的系统，分别对信息进行管理。

（1）外部信息交换。企业首先应建立一个 Web 服务器，通过 Internet 完成企业与其分支机构和合作伙伴的信息沟通与控制，同时实现企业在网上进行售前、售中、售后服务和金融交易。

（2）内部信息交换。企业在建立了硬件框架后，关键就是要决定在 Internet 上共享信息的组织形式，以期完成数据处理、状态统计、趋势分析等工作，这主要涉及企业内部所有部门的业务流程。

（3）信息系统的集成。在集成化供应链管理环境下，要实现企业内部的独立的信息处理系统之间的信息交换，就需要拥有完善的系统之间信息交换的数据接口。通过 Internet 标准化技术，Internet 将以更方便、更低成本的方式来集成各类信息系统，更容易达到数据库的无缝连接，使企业通过供应链管理软件将内外部信息环境集成为一个统一的平台。

第二节 信息技术在供应链中的应用

近年来，信息技术发展迅速，为现代供应链的构建与运行提供了强有力的技术支撑。基于供应链的信息技术整合也越来越受到人们的关注。

一、供应链管理中的基础信息技术和信息管理系统

（一）供应链信息管理中常用的基础信息技术

在供应链信息管理中，常用的基础信息技术包括标识代码技术、自动识别与数据采集技术、电子数据交换技术、互联网技术等。

1. 自动识别与数据采集技术

自动识别和数据采集（AIDC）已成为供应链管理过程中处理物流信息的理想技术。借助自动识别技术，通过自动数据识别和数据采集，可保证供应链各环节高速准确的数据获取及实时控制。目前，供应链管理中最常用的 AIDC 技术是条码技术和射频识别技术。

统一的信息编码是实现供应链中贸易伙伴间的数据交换与共享的基础。没有条码技术，自动识别技术与电子数据交换（EDI）就不可能实现。

射频识别（RFID）技术是一种较新的自动识别技术。由于射频识别技术

的特点是可以非接触识读、可识别高速运动物体、抗恶劣环境、保密性强、可同时识别多个识别对象等,因而广泛应用于制造业及其他不适宜条码标签存在的环境中。在供应链过程控制中,它被广泛应用于运输工具的自动识别(AVI)、物品的跟踪与监视、店铺防盗系统、高速公路收费及智能交通系统(ITS)、生产线的自动化及过程控制等方面。

2. **电子数据交换(EDI)**

EDI 技术是指不同企业之间为了提高经营活动的效率,在标准化的基础上通过计算机网络进行数据传输和交换的方法。EDI 是实施快速响应(QR)、高效消费者响应(ECR)等方法必不可少的技术。目前,几乎所有的供应链管理的运作方法都离不开 EDI 技术的支持。

3. **Internet/Extranet/Intranet 技术**

Internet 是指用 TCP/IP 网络传输协议连接的许多网络集合,它是一个全球性、开放性的信息互联网络,它将世界范围内成千上万个相同或不同类型的计算机和计算机网络连接起来,遵循相同的协议,实现相互之间的通信。互联网技术的蓬勃发展为供应链成员信息共享和交流提供了相对方便、快捷和廉价的基础工具。随着无线上网技术的发展和成熟,供应链成员可以不受空间限制地从事商业活动。

Intranet 是指利用 Internet 技术所建立的企业内部网络,即基于 Internet 的网络协议、Web 技术和设备构成,可供 Web 信息服务以及数据库访问等其他服务的企业内部网。用户使用计算机进行操作,完成数据处理和企业管理各项功能。

Extranet 是采用 Internet 技术在企业及其合作伙伴之间建立的特殊的网络,主要为企业以外的合作伙伴提供信息服务,是 Internet 的延伸或扩展。Extranet 内部,各企业可以通过 WWW 方便地查询与本企业相关的其他企业的数据。

4. **数据库、数据仓库、数据挖掘、联机分析技术**

数据库是存储在一起的相关数据的集合,这些数据是结构化的,无不必要的冗余,能为多种应用服务,这些数据的存储独立于使用它的程序。数据库技术是信息技术的基础,在供应链管理中,数据库技术更是无处不在。从库存管理到客户服务,从成本分析到决策支持,从经营规划到动态联盟等等,数据库技术始终为企业的经营管理工作提供着强有力的支持。

数据仓库就是从不同的源数据中抽取数据,将其整理转换成新的存储格式,为决策目的将数据聚合在一种特殊的格式中。这种支持管理决策过程的、面向主题的、集成的、稳定的、不同时的数据聚合称为数据仓库(Data Ware House)。数据仓库技术为供应链管理(SCM)提供智能化决策信息。

数据挖掘（Data Mining）又称数据开采，就是从大量的、不全的、模糊的、随机的数据中提取隐含在其中的人们事先不知道的，但又是潜在有用的信息和知识的过程。其提取的知识表现为概念（Concepts）、规则（Rules）、规律模式约束等形式。

联机分析处理（On Line Analytical Processing，OLAP），也称多维分析，它是一种数据分析技术，能够完成基于某种数据存储的数据分析功能。

5. 全球卫星定位技术

全球卫星定位系统（GPS）是利用导航卫星进行测时和测距，使地球上的任何用户都能确定自己所处的方位。GPS系统包括三大部分：空间部分——GPS卫星星座；地面部分——地面监控系统；用户设备部分——GPS信号接收机。

在供应链管理中，全球卫星定位系统在各个环节的应用越来越普遍，主要有以下方面的应用：用于汽车定位、跟踪调度、陆地救援，用于内河及远洋船队最佳航程和安全航线的测定、航向的实时调度、监测及水上救援，用于空中交通管理、精密进场着陆、航路导航和监视，用于铁路运输管理等。

6. 地理信息系统

地理信息系统（GIS）是以地理空间数据为基础，采用地理模型分析方法，适时地提供多种空间的和动态的地理信息，是一种为地理研究和地理决策服务的计算机技术系统。

GIS应用于物流分析，主要是指利用GIS强大的地理数据功能来完善物流分析技术。目前已开发出利用GIS为供应链管理提供分析的工具软件。完善的GIS物流分析软件集成了车辆路线模型、最短路径模型、网络物流模型、分配集合模型和设施定位模型等。

（二）供应链信息管理中的信息管理系统

它是指在一些基础信息技术的基础上所开发的支持企业生产、经营管理各个方面的信息系统和应用软件。在具体集成和应用这些系统时，不应仅仅将它们视为一种技术解决方案，而应深刻理解它们所贯彻的管理思想。

1. 销售时点信息系统（POS）

POS是指在商品销售时自动读取设备（收银机）直接读取商品销售信息，并通过通信网络和计算机系统传送至有关部门进行分析加工，以提高经营效率的系统。

2. 电子自动订货系统（EOS）

EOS是指企业间利用通信网络（VAN或Internet）和终端设备，以在线联结方式进行订货作业和订货信息交换的系统。相对于传统的订货方式，EOS

系统可以缩短从接到订单到发出订货的时间，缩短订货商品的交货期，减少商品订单的出错率；有利于降低企业的库存水平，提高企业的库存管理效率；对于生产厂家和批发商而言，通过分析零售商的商品订货信息，能准确判断畅销商品和滞销商品，有利于调整商品生产和销售计划。

3. 产品数据管理系统（PDM）

计算机辅助设计（CAD）、计算机辅助工艺过程设计（CAPP）、计算机辅助工程（CAE）和计算机辅助制造（CAM）等计算机辅助技术主要用于支持新产品设计与制造。随着 PDM（产品数据管理）发展，有效地建立了 CAD、CAPP、CAE、CAM 之间的信息集成，实现供应链上各企业之间正确而快速的数据交换，从而进一步加快产品开发时间，降低各种费用。

4. 企业资源计划（ERP）、制造资源计划（MRPⅡ）等系统

企业资源计划（ERP）、制造资源计划（MRPII）、准时生产制（JIT）主要是用于企业生产控制和库存控制。当然 ERP 的范围更广，已体现出了供应链管理的思想，其应用领域从传统制造业拓展到其他类型的行业。ERP/MRPII/JIT 等技术的应用可以解决企业生产中出现的多种复杂问题，促进了企业业务流程、信息流程和组织结构的变革，提高企业生产和整个供应链的柔性，保证生产及供应链的正常运行。

5. 客户关系管理（CRM）系统

客户关系管理（CRM）的功能模块是客户服务、市场营销、销售。通过将 CRM 应用于企业之间的信息共享，可以提升供应链上各企业之间的服务水平，提高客户满意度、维持较高的客户保留度，对客户收益和潜在收益产生积极的影响等。

6. 电子商务系统

电子商务系统集成了电子数据交换（EDI）、电子支付手段、电子订货系统、电子邮件、传真、网络、电子公告系统、条码、图像处理、智能卡等技术手段。

二、条码技术在供应链中的应用

（一）条码技术概述

条码（Bar Code）又称条形码，是由一组按一定编码规则排列的条、空符号组成的，用以表示一定的字符、数字及符号组成的信息。条码自动识别技术是以计算机技术、光电技术和通信技术的发展为基础的一项综合性科学技术，是信息数据自动识别、输入的重要方法和手段。

条码技术主要由条码、扫描器、阅读器组成。其中，条码是利用光电扫

描阅读设备来实现数据输入计算机的一种代码。

条码技术最早产生于 20 世纪 20 年代。Kermde 发明了最早的条码标识，设计方案非常的简单，即一个"条"表示数字"1"，二个"条"表示数字"2"，以此类推。后来他又发明了由基本的元件组成的条码识读设备：一个扫描器（能够发射光并接收反射光）；一个测定反射信号条和空的方法，即边缘定位线圈；使用测定结果的方法，即译码器。

经过多年的长期研究和应用实践，条码技术现已发展成为成熟的实用技术。条码技术具有以下特点。

1. 信息采集速度快。其速度是键盘录入的 20 倍。

2. 采集信息量大。利用条码扫描，一次可以采集十几位字符甚至几十 KB 的信息，使录入的信息量成倍地增加。二维条码储存信息量大（能储存图片，指纹之类的信息），有利于货物的核对。

3. 准确性高、可靠性高。采用条码技术误码率低于千百万分之一。

4. 制作容易。条码技术相对于其他自动识别技术成本较低、操作简单。

条码技术的出现，不仅在国际范围内为商品提供了一套可靠的代码标识体系，而且为供、产、销等生产及贸易的各个环节提供了一套通用可靠的代码标识技术，为实现商业数据的自动采集和电子数据交换奠定了基础。

条码是按特定格式组合的以不同宽度和间隔平行排列的黑白线条（或称条纹），其线条或间隔代表了某些数字和符号。具体就是按规定的编码原则及符号印制标准将文字、数字等信息在诸如标签、吊牌等平面载体上印制成有光学反射差异的条、点、块状图形，这种图形可用扫描器阅读、识别、解码并传输进计算机。

条码技术是实现 POS 系统、EDI、电子商务、物流管理的技术基础。条码技术包括条码的编码技术、条码标识符号的设计、快速识别技术和计算机管理技术，它是实现计算机管理和电子数据交换不可少的前端采集技术。

条码是由两侧静区、起始字符、左侧数据字符、中间分隔字符和右侧数据字符、校验字符（可选）和终止字符组成的，图 10 - 5 给出了一个条码的完整结构。

（二）条码的分类

条码按照维数可以分为一维条码和二维条码。

1. 一维条码

一维条码是指多条宽度不同的条空按一定规律平行排列组成的条码。应用普通的一维条码，还需通过数据库建立条码与商品信息的对应关系。比如，商品条码：EAN 码（13 位和 8 位）和 UPC 码。物流条码：Code 128 码、ITF

图10–5　条码的符号结构

码、39码、库德巴码等。下面介绍几种较为常见的一维条码。

UPC码：美国统一代码委员会制定的一种商品用条码，主要用于美国和加拿大地区。

图10–6　UPC码

EAN码：国际物品编码协会制定的一种商品用条码，通用于全世界。

图10–7　EAN码

这两种可用于零售和非零售的商品，二者用法相同于物流条码。

ITF–14条码：只用于标识非零售商品，较适合直接印制于瓦楞纸或纤维板上。

39码：主要用于工业、图书及票证的自动化管理，目前使用极为广泛。

图 10-8　ITF-14 条码

图 10-9　39 码

Code 128 码：具有高密度数据和字符串、字符串可变长、内含校验码等特点，广泛运用于企业内部管理、生产流程、物流控制系统等方面。

图 10-10　Code 128 码

2. 二维条码

信息技术进步的一个成果是，从一维条码对物品的"标识"转为二维条码对物品的"描述"。二维码又分为行排式二维条码（2D stacked barcode）和矩阵式二维条码（2D matrix barcode）两种。它是一个多行、连续性、可变长、包含大量数据的符号标识。

多行组成的条码，不需要连接一个数据库，本身可存储大量数据，应用于：医院、驾驶证、物料管理、货物运输等领域。当条码受到一定破坏时，错误纠正能使条码正确解码二维码。

PDF417 二维条码是一种堆叠式二维条码，目前应用最为广泛。PDF417 条码是由美国 SYMBL 公司发明的，PDF（Portable Data File）意思是"便携数据文件"。组成条码的每一个条码字符由 4 个条和 4 个空共 17 个模块构成，故称为 PDF417 条码。

图 10-11 PDF417 二维条码

(三) 条码技术在供应链各个环节的具体应用

自 20 世纪 70 年代开始,条码技术在欧美得到了快速发展和广泛使用。比如,由于 PDF417 二维条码的强自动纠错能力,在实际的包裹运输中,即使条码标签受到不同程度的污损,PDF417 二维条码依然可以正确识读,这使二维条码成为各个国家的邮局、铁路、机场、码头等行业的重点需求之一。美国陆路运输部,新西兰陆路运输部,法国邮局,南非航空货运公司,英国、巴西的快运公司等世界各地的物流机构纷纷采用二维条码技术。

20 世纪 80 年代中期,我国一些高等院校、科研部门及一些出口企业开始研究和推广应用条码技术。一些行业,如图书馆、邮电、物资管理部门和外贸部门也已开始使用条码技术。1991 年 4 月 9 日,中国物品编码中心正式加入国际物品编码协会,中国获分配的前缀码为 "690、691、692"。许多企业获得了条码标识的使用权,越来越多的中国商品开始进入国际市场。

在供应链领域,条码技术的应用主要反映在以下几个方面。

1. 进货管理

企业在进货时可用数据采集器核对产品品种和数量。首先,将所有本次进货的单据、产品信息下载到数据采集器中,数据采集器将提示材料管理员输入购货单的号码,由采集器的应用系统判断这个条码是否正确。如果不正确,系统会立刻向材料管理员作出警示;如果正确,材料管理员再扫描所购材料单上的项目号,系统随后检查购货单上的项目是否与实际相符。接着,材料管理员扫描物料规格信息和标识号的条码。每个物料都有唯一的标识。

2. 生产管理

在条码没有应用时,每个产品在上生产线前,必须手工记载生成这个产品所需的工序和零件,领料员按记载分配号领取物料后,才能开始生产。在每条生产线上,每个产品都有记录表单,每一个工序完成后,填上元件号和自己的工号。手工记载过程工作量大,比较复杂且容易出错,而且不能及时反映产品在生产线上的流动情况。采用条码技术后,订单号、零件种类、产品数量编号都可条码化,在产品零件和装配的生产线上及时打印并粘贴标签。产品下线时,由生产线质检人员检验合格后扫入产品条码、生产线条码号,并按工序顺序扫入工人的条码,对于不合格的产品送维修,由维修确定故障原因,整个过程不需要进行手工记录。

3. 库存管理

条码技术应用于库存管理,避免了手工书写票据和送到机房输入的步骤,同时解决了库房信息陈旧滞后的问题,提高了交货日期的准确性。另外,还解决了票据信息不准确的问题,提高了客户服务质量,消除事务处理中的人工操作,大大提高了工作效率。

4. 出库管理

采用条码识读器对出库货物包装上的条码标签进行识读,并将货物信息输入计算机,计算机根据货物的编号、品名、规格、数量等自动生成出库明细。若发现标签破损或丢失,则按照程序进行人工补贴。此外,将出库货物经过核对,确认无误后,再进行出库登账处理,更新货物库存明细。

5. 产品信息跟踪

对整个供应链进行跟踪。比如,通过跟踪系列、批号和库存,掌握准确的可供应量信息;跟踪货物的出入库情况,掌握分发单位、生产单位的相关信息等。若发现某件产品收到投诉,则可根据条码信息得到产品的生产人员、质检人员、保管人员等的信息,以避免同类事件再次发生,从而提高产品的合格率,也可作为考核员工的标准和激励措施。

三、射频识别技术在供应链中的应用

(一) 射频识别技术概述

射频识别技术(Radio Frequency Identification, RFID),又称电子标签,是众多自动识别技术(磁条识别、语音识别、生物识别、条形码识别)中的一种,是一种可实现无接触信息传递、可工作于各种恶劣环境、并同时收集追踪多个高速运动物体相关信息和数据的自动识别技术,是无线电技术与雷达技术结合的产物。

RFID 是一项 20 世纪 90 年代开始兴起的自动识别技术,被认为是 20 世纪的十大突破性技术之一。RFID 技术最早的应用可追溯到第二次世界大战期间,其在当时的功能是用于分辨出敌方与我方飞机。目前,世界上的飞行安全管制系统仍是以此为概念。在二战结束后的 40 余年里人们很少涉及射频识别技术,直到 1991 年美国的德州仪器公司把射频识别技术应用在畜牧业中;再到 1999 年美国麻省理工学院开始研究使批发商网络受益于这种技术的方法。近年来,随着大规模集成电路、网络通信、信息安全等技术的发展,RFID 技术进入商业化应用阶段,逐渐被应用于工业自动化、商业自动化和物流信息自动化等众多领域。

1. RFID 系统的组成

RFID 系统在具体的应用过程中，根据不同的应用目的和应用环境，系统的组成会有所不同，但从 RFID 系统的工作原理来看，系统一般由信号发射机、信号接收机、编程器、天线等部分组成。

（1）信号发射机。在 RFID 系统中，信号发射机为了不同的应用目的，会以不同的形式存在，典型的形式是标签（TAG）。标签也称射频卡，相当于条码技术中的条码符号，附着在物体上标识目标对象，用来存储需要识别传输的信息。标签由耦合元件及芯片组成，分为存储和发射两个模块。

（2）信号接收机。在 RFID 系统中，信号接收机一般称为阅读器，基本功能是提供与标签进行数据传输的途径。另外，阅读器还提供相当复杂的信号状态控制、奇偶错误校验与更正功能等。标签中除了存储需要传输的信息外，还必须含有一定的附加信息，如错误校验信息等。识别数据信息和附加信息需要按照一定的结构编制在一起，并按照特定的顺序向外发送。阅读器通过接收到的附加信息来控制数据流的发送。一旦到达阅读器的信息被正确地接收和译解后，阅读器通过特定的算法决定是否需要发射机对发送信号重发一次，或者指导发射器停止发信号，这就是"命令响应协议"。使用这种协议，即便在很短的时间、很小的空间阅读多个标签，也可以有效地防止"欺骗问题"的产生。

（3）编程器。只有可读可写标签系统才需要编程器。编程器是向标签写入数据的装置。编程器写入数据一般来说是离线（OFF–LINE）完成的，也就是预先在标签中写入数据，等到开始应用时直接把标签黏附在被标识项目上。也有一些 RFID 应用系统，写数据是在线（ON–LINE）完成的，尤其是在生产环境中作为交互式便携数据文件来处理时。

（4）天线。天线是标签与阅读器之间传输数据的发射、接收装置。在实际应用中，除了系统功率外，天线的形状和相对位置也会影响数据的发射和接收，需要专业人员对系统的天线进行设计、安装。

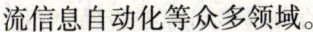 扩展阅读

RFID 在军事上的应用

美国和北大西洋公约组织（NAT）在波斯尼亚的"联合作战行动"中，吸取了"沙漠风暴"军事行动中大量物资无法跟踪造成重复运输的教训，完善了识别跟踪军用物资的新型后勤系统，无论物资是在运输途中，还是存储在某个仓库，各级指挥人员都可以通过该系统实时掌握所有的信息。该系统

途中运输部分的功能就是通过贴在集装箱和装备上的射频识别标签实现的。

2. RFID 的工作原理

RFID 的工作原理是，标签进入磁场后，如果接收到阅读器发出的特殊射频信号，就能凭借感应电流所获得的能量发送出存储在芯片中的产品信息（即 Passive Tag，无源标签或被动标签），或者主动发送某一频率的信号（即 Active Tag，有源标签或主动标签），阅读器读取信息并解码后，送至中央信息系统进行有关数据处理。

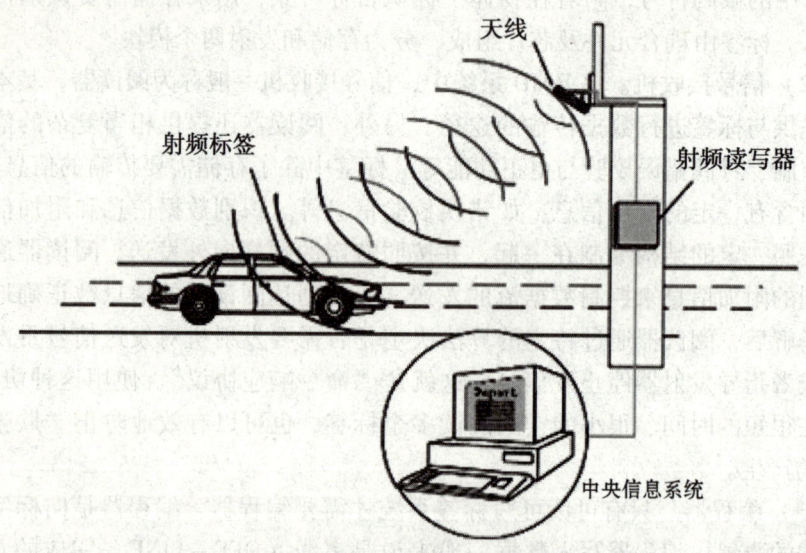

图 10-12　RFID 的工作原理

（二）射频识别技术在供应链各个环节的具体应用

1. 原材料供应

RFID 技术在原材料供应环节的应用主要体现在三个方面。

（1）分销商、零售商可以通过 RFID 将市场需求信息及时传递给制造商。在条码时代，分销商、零售商对于市场需求信息的收集、传递成本非常高，为了满足分销商、零售商即时供货的需求，经常造成制造商超额生产或过量库存。而应用 RFID 技术后，读写器能实时、便捷地采集产品销售信息，从而及时反映市场需求状况，分销商、零售商将此市场需求信息及时传递给制造商，从而促进供应链协作预测、协同规划、预测与补给计划（CPFR）以及准时制生产（JIT）等先进管理方法的实施。

（2）对于材料、备件种类繁多的供应系统，可以运用 RFID 技术来有效、快速地识别物品，从而使得原材料供应更迅速、更准确。

（3）由于 RFID 标签内可以写上生产材料、生产日期、原地、检测时间等详细信息，使得制造商能够很容易地追溯其原材料采购源头，有利于加强对供应渠道的控制。

2. 生产制造

在使用条形码存储信息时，经常会因生产现场的粉尘、高温振动、油污等影响而发生识别错误，而且由于具体信息都存储在数据库里，对网络通信的速率、可靠性等要求很高，当机械发生故障或在油污中不能读取条码时，生产线就会受到影响。

RFID 技术在生产制造环节可提高生产的自动化水平。RFID 标签具有强抗污染能力和强耐久性。在涂料生产、高温、多尘等特殊环境下，RFID 系统仍可对整个生产线上的原材料、零部件、半成品和产成品进行自动识别与跟踪，及时获得产品数量、传送路线、质量控制程度等与组装工艺直接相关的瞬时常数，从而加强对生产过程的管理。特别是在采用 JIT 生产方式的流水线上，读写器能快速地从品类繁多的库存中准确地找出所需的原材料和零部件。另外，写有加工要求的电子标签还可指导流水线上的工人正确操作，当正在组装的产品通过读写器时，读写器就可自动获取 RFID 标签中的数据，并经网络传送到中央数据处理系统中，通过对这些实时数据进行一系列分析，可以使工作人员及时了解物料配送、制造成本、产品质量以及生产技术等多方面的现场运作情况；对于异常情况，还可以通过分析立即提出相应的解决方案。

RFID 技术还可用来加强产品质量管理：如可在装有原材料的包装箱上贴上 RFID 标签，在将此包装箱倒进混装设备中时，如果加入的材料规格不对，就会预警，提示操作者操作有误；作产品次品率分析时，可将次品来源准确地追踪定位在某一点；对于贴有 RFID 标签的零配件或产成品还可自动分拣，只有显示合格标识，才可进入下一个环节，避免了不合格产品进入市场流通。

3. 库存管理

RFID 技术独有的大批量数据同时采集，具有无须精确对位等特点，使企业从大量重复作业中解脱出来。大批量出入库数据通过 RFID 系统实时采集、传递、核对、更新，提高了工作效率和准确度，这使得 RFID 技术在货物入库、存储、盘点、出库各个业务环节都有应用。当货物入库、出库时，大包装内的商品不需打开包装，车辆也可不停下来，读写器会自动识别出入库货物数量，并将读取信息传输到供应链管理系统中，然后更新 RFID 标签内商品的存放地点和状态信息；在存储时，由于 RFID 标签包含了丰富的生产日期、保质期、储存方法以及与其不能共存的商品等信息，可以最大限度减少仓储过程中的耗损，仓库中的某个产品也不会因同类产品过多而被单独过久放置以至过了保质期；盘点也可由读写器自动完成；当库存商品出现不正常移动时，RFID 系统还可报警。

沃尔玛、吉利、宝洁等公司都已经采用 RFID 技术来减少库存错误的发生，并保证商店有一个合理的存货水平。

4. 销售

零售业是 RFID 技术应用的积极推动者，沃尔玛、塔斯科和麦德龙都开始了 RFID 技术的应用。

在零售环节，RFID 技术被大量用于库存清点和员工偷盗损耗控制上。据统计，每年全球零售业因员工偷盗、入店行窃、行政管理上的失误及供应商欺诈带来的损耗总额高达 600 亿美元。而基于 RFID 技术的 EAS、报警系统和 CCTV 系统可有效降低上述损耗。

RFID 技术还能促进"智能商场"的建立。当给所有商品都贴上 RFID 标签，并在货架上配上通过无线局域网（WLAN）直接和货物管理系统相联系的嵌入式扫描器时，货架就成了智能货架。当顾客需要了解某个产品时，产品上贴有的智能标签可立即被读取，并显示有关产品产地、生产日期、厂家、性能介绍等详细信息。以前一批产品在商场的代码都是一样的，无法通过代码判断每一件产品的准确库存周期，而 RFID 技术使每一件产品都有了自己的 ID，使消费者购买更加放心。当物件发生移动时，货架就会自动识别并向系统报告这些货物的移动，并扫描货架上摆放的商品数量，向管理者传递货架上真实的货物信息。当某些货物出现短缺或临近短缺线时，货架会自动触发补充货品的要求；同时，货架还能对某些食品、药品等时效性强的商品进行监控，一旦它们过了保质期，标签就会发出警告，还可以设置一个触发器，以便当有效期将要结束时，降低产品价格。

结合使用 PDA，雇员也可在任何时间、任何地点检查存货，或者直接进入商场或超市的货物管理系统，现场登录产品破损、缺失等信息。通过 RFID 标签提供的详细货物管理信息，连接企业 ERP 系统，仓库出货的实时信息、销售数量以及每层店铺的存货情况、货品需更新信息及报废信息等都可得到实时有效的监控，这会带来很多其他的应用。

RFID 技术还可进行有针对性的促销活动。如在宝马子公司 Mini USA 开展的一个试行项目中，当携带 RFID 钥匙环的驾驶人员经过电子广告牌时，广告牌上的读写器可读取钥匙环 RFID 标签中的唯一 ID 号码，并将这一号码传送到中央信息系统上，信息系统即根据车主的个体信息展示出个性化信息。

5. 售后服务

售后服务涉及退换货、维修、维护和召回等环节，RFID 技术在这些环节均有应用。

在退换货环节，RFID 标签记录产品购买时的相关信息有助于简化消费者退换货手续（如顾客可不再需要保留和提交发票），并可使管理者根据拟退换商品已被消费者使用的时间和剩余的使用寿命来扣除相应款项，从而减少退换货损失。

在维修、维护环节，配件上贴着的 RFID 标签可帮助维修人员迅速找到合适的配件，从而加快维修速度；还可将维修情况实时准确记录在 RFID 标签内。如丰田公司在一些车辆上植入 RFID 标签后，可以记录顾客在车辆保修方面的信息，每次顾客驾车去购买配件或进行车辆保养时，店里安装的读码系统会自动读取标签中的数据，服务人员能立刻了解有关顾客和车辆的服务记录。

四、GIS 技术在供应链中的应用

（一）GIS 技术概述

地理信息系统（Geographic Information System，GIS）是以地理空间数据库为基础，采用地理模型分析方法，适时提供多种空间的、动态的地理信息，为地理研究和地理决策服务的计算机技术系统。

1. GIS 的构成

GIS 由硬件、软件、数据、人员、方法等内容组成。

（1）硬件。GIS 计算机硬件系统组成部分：计算机、数据输入及输出设备、存储设备、地图显示、网络系统。

（2）软件。GIS 软件组成部分：计算机系统软件，GIS 工具软件，GIS 实用软件等。

（3）数据。数据是 GIS 系统最基础的组成部分，要求准确合理。数据包括空间数据和属性数据。空间数据是 GIS 的操作对象，是现实世界经过模型抽象的实质性内容。

（4）人员。GIS 是动态的地理模型，需要人员进行系统地组织、管理、维护和数据更新、系统扩充完善及应用程序开发等。

（5）方法。空间信息的综合分析方法，即应用模型。

2. GIS 的特征

GIS 的主要特征包括存储、管理、分析与位置有关的信息，强调空间分析，通过数据库管理系统将空间数据和非空间数据联系在一起共同管理、分析和应用，成功应用需依靠一定的组织体系（系统管理员、技术操作员等）。

完整的 GIS 供应链和物流分析软件集成了：车辆路线模型、最短路径模型、网络物流模型、分配集合模型、设施定位模型等。

GIS 的基本功能是将表格型数据（无论它来自数据库、电子表格文件或直接在程序中输入）转换为地理图形显示，然后对显示结果浏览、操作和分析。其显示范围可以从洲际地图到非常详细的街区地图，显示对象人口、销售情况、运输线路以及其他内容。

（二）GIS 技术在供应链各个环节的应用

在供应链管理中，运输、配送等物流活动对地理空间有较大的依赖性，采用 GIS 技术建立企业的物流管理系统可以实现企业物流的可视化和实时动态管理。这种可视化是指将各种信息当作一系列不同层次的数据，按照地理特征相联系起来以模拟现实世界，进行地图显示。动态管理包括时间动态和空间动态。时间动态指所有的数据可以实时更新，空间动态指空间图形的显示和分析能力。下面介绍集成 GIS 的供应链在配送、仓储、运输、装卸搬运等方面的具体应用。

1. 配送

配送环节涉及交通状况、地理位置、设施等地理信息。GIS 通过将配送信息、商品信息与地理信息进行集成，实施有效地配送管理，从而达到 GIS 与 MIS 的无缝集成，大大提高了物流配送效率。

为了快速找到用户的准确位置，GIS 的空间定位功能可以很快在地图上把用户的位置标识出来；利用地理行政区域、地形图、交通路况等信息，以及 GIS 的网络分析功能，进行路线选择；根据路线的长度、道路的阻碍因子、车速等，结合 GIS 的统计功能，能够很快计算出沿途所需要的时间，为按时送货到指定地点提供了保证。

2. 仓储

GIS 强大的空间查询和直观的表现形式，能够高效地完成仓储管理。

GIS 在仓储环节的应用表现为能详细反映仓库、货架布局、商品数量和分布等情况，这些信息是适时更新的。在仓储中心的平面电子地图上，详细说明了商品的存放位置，以及每种商品的库存和商品的基本信息。利用 GIS 进行仓储管理，就可以随时查看任何仓库的状态，物料的存放位置，指导物料出入库。

3. 运输

运输跟路线、路况、居民地等地理要素有关，为了作出合理的决策，企业需要以 GIS 为工具，综合各方面的因素，选出最优方案。

4. 装卸搬运

在装卸搬运环节，进行搬运路线的设计是很重要的，搬运路线的优劣直接关系到物流成本的高低。由此,可以通过 GIS 的编辑功能进行路线设计,添加属性字段,利用 GIS 的网络分析功能,综合考虑各种条件因素,进行最优搬运路线的选择。

5. 商业设施、配送中心选址

在店铺、超市、仓库、配送中心等选址的过程中,GIS 也能发挥积极的作用。在确定最佳位置前,依据一定的选址标准,再结合分析方法,对电子地图上的候选位置逐一筛选,最后得出的地址就是所选的位置。在作出选址决策之前,需要对项目进行调研,综合市场需求、政策法规、生产性质、交通运输成本、企业自身特点、资源分配等因素,利用 GIS 的空间分析功能,得出最优选址方案。

五、GPS 技术在供应链中的应用

(一) GPS 的组成及特点

全球定位系统(Global Positioning System,GPS)是指利用通信卫星、地面控制部分和信号接收机对对象进行动态定位的系统。

GPS 能对静态对象、动态对象进行动态空间信息的获取,快速、精度均匀、不受天气和时间的限制反馈空间信息,使在地球上任何地方 GPS 系统的用户,都能计算出其所处的方位(三维空间位置)。

目前全球的 GPS 主要包括美国的 NAVSTAR、俄罗斯的 GLNASS 以及我国的北斗导航系统。目前,美国的 NAVSTAR 应用最广、技术最成熟,下面介绍的 GPS 系统组成主要基于美国的 NAVSTAR 系统。

1. GPS 系统组成

GPS 系统包括三大部分:空间部分——GPS 卫星星座、地面控制部分——地面监控系统、用户设备部分——GPS 信号接收机。

(1) GPS 空间部分

空间卫星系统由均匀分布在 6 个轨道平面上的 24 颗高轨道(距地面约 20000km)工作卫星构成,其中 3 颗是用来及时更换老化或损坏的卫星,以保障整个系统的正常工作。

该卫星系统能够保证地球上任一地点的 GPS 用户都能连续地观测到至少 4 颗卫星,从而提供全球范围从地面到 20000km 高空之间任一载体高精度的三维位置、三维速度和系统时间信息。

(2) GPS 地面监控部分

GPS 地面监控部分包括三个方面。一是主控站。主控站拥有大型电子计算机,接收各监测站的 GPS 卫星观测数据、卫星工作状态数据、各监测站和注入站自身的工作状态数据。二是监测站。它的主要任务是对每颗卫星进行观测，精确测定卫星在空间的位置，定时向主控站提供观测数据。三是注入站。它的作用是接受主控站送达的改正后的卫星导航电文，并将电文注入飞越其上空的每颗卫星。

（3）用户接收系统

用户接收系统包括 GPS 接收机、GPS 数据处理软件两部分。其中，GPS 数据处理软件是 GPS 用户系统的重要部分，主要功能是对 GPS 接收机获取的卫星测量记录数据进行"预处理"，并对处理结果进行平差计算、坐标转换及分析综合处理，从而求得观测站的三维坐标、观测体坐标、运动速度、方向及精确时刻。

2. GPS 的特点

GPS 的主要特点包括定位速度快，精度高；观测时间短；执行操作简便；功能多、应用广；抗干扰性能好、保密性强；全球、全天候工作。

（二）GPS 在供应链中的应用

GPS 在供应链领域中的应用包括以下几个方面。

1. 物流配送

GPS 对车辆的状态信息（包括位置、速度、车厢内温度等）以及客户的位置信息快速、准确地反映给物流系统，由特定区域的配送中心统一合理地对该区域内所有车辆作出快速地调度，从而减少空载车辆的数量和空载时间，增强物流配送的适应能力和应变能力。

2. 车辆调度

操作人员通过在途信息的反馈，车辆未返回车队前即做好待命计划，提前下达运输任务，从而减少等待时间，加快车辆周转；减少空车时间和空车距离；提前预设车辆信息及精确的抵达时间；用户根据具体情况合理安排回程配货。

3. 货物跟踪

通过 GPS 和电子地图系统，可以实时了解车辆位置和货物状况（车厢内温度、空载或重载），真正实现在线监控，提高货物的安全性。

4. 路线优选

地理分析功能可以快速地为驾驶人员选择合理的物流路线，以及这条路线的一些信息。配送货物目的地的位置和配送中心的地理数据结合后，产生的路线将是整体的最优路线。

课后习题

1. 供应链信息的构成包括哪些内容？
2. 供应链信息管理中常用的基础信息技术有哪些？

 参考答案

1. 供应链信息的构成包括哪些内容？

供应链信息的构成内容包括采购信息、生产信息、分销和配送信息、顾客需求与订购信息。

2. 供应链信息管理中常用的基础信息技术有哪些？

供应链信息管理中常用的基础信息技术包括标识代码技术、自动识别与数据采集技术、电子数据交换（EDI）、Internet/Extranet/Intranet 技术、数据库、数据仓库、数据挖掘、联机分析技术、全球卫星定位技术、地理信息系统。

第十一章 供应链绩效评价

【导入案例：戴尔供应链绩效评价案例】

近年来，在全球电脑市场不景气的大环境下，戴尔（DELL）却始终保持着较高的收益，并且不断增加市场份额。

戴尔的成功源于其效率超乎寻常的供应链。归根结底，戴尔的成功归结于其成功的供应链绩效评价和激励机制。

一、戴尔的供应链绩效评价措施

（一）提高顾客满意度

1. 戴尔采用直销模式，顾客可自由选择自己喜欢的配置和要求；通过满足顾客的个性化需求，提高顾客满意度。

2. 戴尔设有专门的客户关系管理系统，顾客从订货到收货只要5到6天，极大地提高了对市场需求的反应能力。

3. 戴尔是第一家提供顾客免费直拨电话技术支持的公司，和顾客建立起了良好的沟通和服务支持渠道。顾客可以随时了解自己所订商品的状况。

（二）严格遴选供应商

1. 供应商考核标准：供应商是否能维持稳定地提供合格的产品、部件或服务。

2. 考核的对象：具有符合标准的质量控制体系，企业必须证明其在成本、技术、服务和持续供应能力等四个方面具有综合的优势。

3. 考核方法：采用"安全量产投放（Safe Launch）"的办法，根据对供应商考核的结果，分阶段地逐步扩大采购其产品或服务的规模，以降低新入选企业供应能力不稳定的风险。

（三）与供应商建立稳定的合作关系

1. 戴尔将市场需求信息及时、快速地反馈给供应商，以便供应商据此调整供应策略。

2. 戴尔在一些流程和管理工具的开发上，充分考虑了与供应商的配合和协同。

3. 戴尔推出一个名为 valuechain.dell.com 的企业内联网，戴尔和供应商共享包括产品质量和库存清单在内的一整套信息。供货商可以通过该网站获得专属其公司的材料报告，随时掌握材料品质、绩效评估、成本预算以及制造流程变更等信息。

4. 戴尔与其供应商建立了信息共享机制。戴尔每天把各种机型 PC 的销售数字，公布于内部网站让供货商查询，了解接下来有哪些零件需求多哪些少，以便供应商更好地管理其库存。

二、戴尔绩效评价实施效果

（1）采用直销模式，越过批发商、分销商和零售商直接与消费者进行沟通，加快了对顾客的响应速度，节省了时间。

（2）通过实施一系列客户关系管理，提高了顾客的满意度，培养了一批忠诚的客户。

（3）通过严格的供应商遴选制度，保证了其产品质量，降低了零部件供应不稳的风险。

（4）与供应商建立了长期稳定的合作伙伴关系。通过与供应商的信息交流与合作，实现了物料的低库存和成品的零库存，减少库存造成的资金沉淀和跌价损失。

（5）优化了整条供应链，保证了供应链各节点顺利有效地运行。

学习目标

● 通过本章学习，了解供应链绩效评价的内容及指标体系架构，了解供应链绩效评价的方法，理解并掌握供应链企业激励机制。

第一节 供应链绩效评价的特点、内容及影响因素

一、供应链绩效评价的特点

在一个需要更多反馈的商业环境中，供应链绩效管理（Supply Chain Performance Management，SCPM）对提高竞争优势和全面业务改进至关重要。

供应链绩效评价是指围绕供应链管理的目标,对供应链整体、各环节(尤其是核心企业运营状况以及各环节之间的运营关系等)所进行的事前、事中和事后分析评价。评价供应链的绩效,是对整个供应链的整体运行绩效、供应链节点企业、供应链上的节点企业之间的合作关系所作出的评价。因此,供应链绩效评价指标是基于业务流程的绩效评价指标。

有效的绩效评价与管理是通过对企业的生产经营活动进行评估,它可以帮助企业发现经营管理中的薄弱环节,提出改进措施和目标,使企业和供应链能够获得成长和进步。

供应链管理是通过前馈的信息流和反馈的物料流及信息流将供应商、制造商、分销商直到最终用户联系起来的一个整体的管理模式,它与传统企业管理模式有着较大区别,在对企业运行绩效的评价上也有许多不同。供应链管理绩效评价与企业管理绩效评价的特点对比,如表11-1所示。

表11-1 供应链管理绩效评价与企业管理绩效评价的特点对比

特点	企业管理绩效评价	供应链管理绩效评价
侧重	单个企业绩效	供应链整体运营绩效
评价的对象	某个具体企业的内部职能部门或者职工个人工作完成情况	企业业务流程评价,能科学、客观地评价整个供应链的运营情况
数据来源	财务结果,在时间上略为滞后	反映动态运营情况
绩效评价指标	基于部门职能,会计数据	基于业务流程,内容广泛,它不仅代替会计数据,还提出一些方法来测定供应链的上游企业是否有能力及时满足企业或市场的需求
实时性	事后分析	实时评价和分析

总体而言,供应链绩效评价具有以下几个特点。

(一)对供应链整体情况和各环节进行描述

既能描述企业供应链的整体情况,又能刻画供应链各个具体环节的运作。供应链绩效评价根据供应链管理运作机制的基本特征和目标,反映供应链整体运营状况和上下节点企业之间的运营关系,而不是孤立地评价某一节点的运营情况。同时,不仅要评价该节点企业的运营绩效,而且还要考虑该节点企业的运营绩效对其上下节点企业或整个供应链的影响。

(二) 基于业务流程的绩效评价

单个企业的绩效评价一般都是基于职能的绩效评价,供应链绩效评价一般是基于业务流程的绩效评价,其目的不仅是要获得企业或供应链的运作状况,更重要的是要找出优化企业或供应链的流程。

(三) 可量化的综合性多指标体系

只有量化的指标才有助于不断地测量和监视,供应链绩效运用多个不同的量化指标来反映供应链的不同绩效。量化指标具有相互冲突的性质,企业在运用这些指标时需要根据自身战略目标情况,并有所侧重。供应链绩效评价包含一些最佳供应链实践和技术手段:最佳实践指的是在供应链某些环节上能采用最好的做法,技术手段指的是最佳实践中常用的技术和工具。

二、供应链绩效评价的内容

供应链绩效评价的内容一般包括以下三个部分:一是内部绩效衡量,二是外部绩效衡量,三是供应链综合绩效衡量。

(一) 内部绩效衡量

内部绩效衡量主要对供应链上的节点企业内部绩效进行评价,着重将企业的供应链活动和过程同以前的作业或目标进行比较。常见的评价指标主要有成本、客户服务、生产率、资产、管理和质量等方面。

(二) 外部绩效衡量

外部绩效衡量主要是对供应链上的企业之间运行状况进行评价。外部绩效衡量的主要指标有用户满意度、最佳实施基准等。

(三) 供应链综合绩效衡量

供应链综合绩效衡量主要从客户服务、时间、成本、资产等方面展开的。

三、供应链绩效评价的影响因素

影响供应链绩效因素主要有企业外部因素和内部因素。

(一) 影响供应链绩效的外部因素

1. 行业

供应链涉及的行业不同,供应链绩效管理的重点也就不同。如以制造企业为主体的供应链和以零售企业为主体的供应链,在供应链管理的侧重点和具体方法上会有所不同,绩效管理的侧重点也就不同。

2. 竞争者

企业竞争对手的战略变化、技术优势、产品和流程的革新、人力资源的整合等都会影响到企业自身的经营战略、组织结构、经营成本等，从而影响企业的供应链绩效。

3. 技术

技术主要是通过产品/服务信息流对供应链的绩效产生影响。先进的技术有利于产品的设计与开发以及服务水平的提高，并能够使供应链适应不断变化的环境，从而提高供应链绩效。

4. 客户

客户需求是影响供应链绩效的重要因素。客户的个性化需求和消费偏好发生变化，会增加企业及其供应链在运作成本和生产周期上的压力。这就要求供应链上的每一个节点企业，在为客户提供优质产品和服务的同时，努力提高管理水平，增加供应链柔性，降低供应链成本。

5. 经济和社会因素

一个国家或地区社会经济发展和市场需求变化，必然对企业以及供应链的产品供应和经营成本产生影响。政治和社会文化环境的变化对企业开拓产品市场、降低经营成本，以及与供应商和客户伙伴关系产生影响，这些都将直接或间接地影响企业及其供应链绩效。

（二）影响供应链绩效的内部因素

1. 运作流程

不同供应链的产品、服务、客户的分布和市场的侧重点各具有不同特点，因此，其业务流程的设计也会有所不同，这将影响到供应链及其管理绩效。

2. 伙伴关系

供应链中的伙伴关系是影响企业以及供应链运作效率和效益的重要因素。供应链伙伴关系紧密，相互之间的信息沟通和相互协作效果好，会促进供应链整体绩效的提高。

3. 组织结构

不同的供应链其结构不同，在产品制造和业务流程上也存在明显的差异，它们将直接影响供应链管理以及供应链绩效管理的目标、战略和范围等。

4. 战略

供应链绩效是供应链战略执行的过程或结果，因此，供应链评价必须以供应链战略目标为标准。

5. 位置

供应链中的各个成员企业规模大小不同，在链中所具有的地位和所发挥的作用也不同，这些都会影响供应链的运作和供应链绩效。

第二节 供应链绩效评价指标体系的架构

一、供应链绩效评价指标的作用

在经济全球化、贸易自由化以及信息网络化的商业环境中,顾客需求瞬息万变,技术创新不断涌现,产品生命周期不断缩短,企业间的竞争重点已逐渐转变成各自供应链体系的效能之争,所比较的则是谁能以最快的速度、最低廉的成本将定制化的产品送交到顾客手上。传统的以财务数据为核心的绩效评价体系弊端日显,而加大非财务指标的比重,重视对产品质量、顾客服务及满意程度的关注已成为现代企业绩效控制改革的方向。同时,信息网络技术的广泛运用,电子商务的迅速发展,使得信息共享成为可能,为建立新的绩效评价体系提供了技术上的可能性。

供应链绩效评价指标的作用主要表现在以下几个方面:

(1) 用于对整个供应链的运行效果作出评价。主要考虑供应链与供应链间的竞争,为供应链在市场中的生存、组建、运行和撤销的决策提供必要的客观依据。其目的是通过绩效评价而获得对整个供应链运行状况的了解,找出供应链运作方面的不足,及时采取措施予以纠正,保证供应链的健康运行。

(2) 用于对供应链上各个成员企业作出评价。主要考虑供应链对其成员企业的激励,吸引企业加盟,剔除不良企业,保持整个供应链的活力。

(3) 用于对供应链内企业与企业之间的合作关系作出评价。主要考察供应链的上游企业(如原材料供应商、能源供应商、制造商)对下游企业(如分销商、零售商)提供的产品和服务的质量,从用户满意度的角度评价上、下游企业之间的合作伙伴关系的好坏。

(4) 除对供应链企业运作绩效的评价外,这些指标还可起到对企业的激励作用,包括核心企业对非核心企业的激励,也包括供应商、制造商和销售商之间的相互激励。

二、建立供应链绩效评价指标体系的原则

供应链从结构到管理都极具复杂性,必须制定和遵循一些基本的原则,选择适当的评价指标,并将其组成完整的体系。绩效评价指标的选择和供应链绩效评价指标体系的构建应遵循如下原则:

(1) 目的性原则。供应链绩效评价指标的选择应以实现供应链战略目标,提高供应链绩效为最终目的。

（2）整体性原则。评价指标要能反映整个供应链的运营情况，而不是仅仅反映单个节点企业的运营情况。

（3）层次性原则。根据整个供应链的各个层次和各个环节的组成情况，选择和确定不同层次的评价指标，这样可以做到全面性与关键性指标的结合。

（4）突出重点原则。对关键绩效指标进行重点分析，能够影响供应链战略目标实现和对供应链整体绩效管理有重大影响的因素都是关键因素，反映这些因素的指标即为关键绩效指标。

（5）可操作性原则。确定指标和指标体系要切实可行，易于操作。评价指标应具有清晰的含义和范围，操作简便，易于人们接受。

（6）规范性原则。绩效评价指标应设计规范、标准统一，便于进行绩效衡量。

三、供应链绩效评价的指标体系

根据供应链绩效评价的范围和指标选择的原则，可以将一些统计指标作为供应链绩效评价的基本指标，如下表所示。

表 11–2　供应链绩效评价的一般性统计指标

客户服务	生产与质量	资产管理	成本
饱和率	人均发运系统	库存周转	全部成本/单位成本
脱销率	人工费系统	负担成本	销售百分比成本
准时交货率	生产指数	废弃库存	进出货运输费
补充订单	破损率	库存水平	仓库成本
循环时间	退货率	供应天数	管理成本
发运错误	信用要求数	净资产回报	直接人工费
订单准确率	破损物价值	投资回报	退费成本

除了这些指标外，还需要设计一些综合性指标。

（一）反映整个供应链业务流程的绩效评价指标

1. 产销率指标

产销率是指在一定时间内已销售出去的产品与已生产的产品数量的比值，即

$$\text{产销率} = \frac{\text{一定时间已销售出去的产品数量}(S)}{\text{一定时间内生产的产品数量}(P)}$$

因为 $S \leq P$，所以产销率小于或等于 1。产销率指标又可以分为如下三个

具体的指标:

(1) 供应链节点企业产销率

该指标反映供应链节点企业在一定时间内的经营状况。

$$供应链节点企业的产销率 = \frac{一定时间内节点企业已销售产品数量}{一定时间内节点企业已生产的产品数量}$$

(2) 供应链核心企业产销率

该指标反映供应链核心企业在一定时间内的产销经营状况。

$$供应链核心企业产销率 = \frac{一定时间内核心企业已销售产品数量}{一定时间内核心企业已生产的产品数量}$$

(3) 供应链产销率

$$供应链产销率 = \frac{一定时间内供应链节点企业已销售产品数量之和}{一定时间内供应链节点企业已生产的产品数量之和}$$

该指标反映供应链在一定时间内的产销经营状况,其时间单位可以是年、月、日。随着供应链管理水平的提高,时间单位可以取值越来越小,甚至可以做到以天为单位。该指标也反映供应链资源(包括人、财、物、信息等)的有效利用程度,产销率越接近1,说明资源利用程度越高。同时,该指标也反映了供应链库存水平和产品质量,其值越接近1,说明供应链成品库存量越小。

2. 平均产销绝对偏差指标

$$平均产销绝对偏差 = \sum_{i=1}^{n} |P_i - S_i| /n$$

式中:n——供应链节点企业的个数;

P_i——第 i 个节点企业在一定时间内已生产产品的数量;

S_i——第 i 个节点企业在一定时间内已生产的产品中销售出去的数量。

该指标反映在一定时间内供应链总体库存水平,其值越大,说明供应链成品库存量越大,库存费用越高。反之,说明供应链成品库存量越小,库存费用越低。

3. 产需率指标

产需率是指在一定时间内,节点企业已生产的产品数量与其上层节点企业(或用户)对该产品的需求量的比值。具体分为以下两个指标:

(1) 供应链节点企业产需率

$$供应链节点企业的产需率 = \frac{一定时间内节点企业已生产的产品数量}{一定时间内上层节点企业对该产品的需求量}$$

该指标反映上、下层节点企业的供需关系。产需率越接近于1,说明上、下层节点企业之间的供需关系协调，准时交货率高；反之，则说明下层节点企业准时交货率低或者企业的综合管理水平较低。

（2）供应链核心企业产需率

$$供应链核心企业的产需率 = \frac{一定时间内核心企业生产的产品数量}{一定时间内用户对该产品的需求量}$$

该指标反映供应链整体生产能力和快速响应市场能力。若该指标数值大于或等于1，说明供应链整体生产能力强，能快速响应市场，具有较强的市场竞争能力；若该指标数值小于1，则说明供应链生产能力不足，不能快速响应市场需求。

4. 新产品开发率

$$新产品开发率 = \frac{在研新产品 + 储备新产品 + 已投产新产品数}{现有产品总数}$$

该指标反映供应链的产品创新能力。指标数值越大，说明供应链整体产品创新能力和快速响应市场能力越强，具有旺盛和持久的生命力。

5. 专利技术拥有比例

$$专利技术拥有比例 = \frac{供应链企业群体专利技术拥有数量}{全行业专利技术拥有数量}$$

该指标反映供应链的核心竞争能力。指标数值越大，说明供应链整体技术水准高，核心竞争能力强，其产品不能轻易被竞争对手模仿。

6. 供应链产品产出（或投产）循环期或节拍指标

当供应链节点企业生产的产品为单一品种时，供应链产品产出循环期是指产品的产出节拍；当供应链节点企业生产的产品品种较多时，供应链产品产出循环期是指混流生产线上同一种产品的产出间隔。由于供应链管理是在市场需求多样化经营环境中产生的一种新的管理模式，其节点企业（包括核心企业）生产的产品品种较多，因此，供应链产品产出循环期一般是指节点企业混流生产线上同一种产品的产出间隔期。它可以分为如下两个具体的指标：

（1）供应链核心企业（或供应商）零部件产出循环期

该循环指标反映了节点企业库存水平以及对其上层节点企业需求的响应程度。该循环期越短，说明了该节点企业对其上层节点企业需求的快速响应性越好。

（2）供应链核心企业产品产出循环期

该循环期指标反映了整个供应链的在制品库存水平和成品库存水平，同时也反映了整个供应链对市场或用户的快速响应能力。核心企业产品产出循环期决定着各节点企业产品产出循环期，即各节点企业产品产出循环期必须与核心企业产品产出循环期合拍。该循环期越短，一方面说明整个供应链的在制品库存量和成品库存量都比较少，总的库存费用比较低；另一方面也说明整个供应链管理水平比较高，能快速响应市场需求，并具有较强的市场竞争能力。

7. 供应链总运营成本指标

供应链总运营成本主要包括通信成本、供应链总库存成本和各节点企业外部运输总费用，它反映了供应链的运营效率。

（1）供应链通信成本。包括各节点企业之间的通信费用，如电子数据交换（EDI）、Intranet 的建设和使用费用，以及供应链信息系统开发和维护费等。

（2）供应链总库存费用。包括各节点企业在制品库存和成品库存费用、各节点之间在途库存费用。

（3）各节点企业外部运输总费用等于供应链所有节点企业之间运输费用总和。

8. 供应链核心企业产品成本指标

该指标是供应链管理水平的综合体现。根据核心企业产品在市场上的价格确定出该产品的目标成本，再向上游追溯到各供应商，确定出相应的原材料和零部件的目标成本。只有当目标成本小于市场价格时，各个企业才能获得利润，供应链才能得到持续发展。

9. 供应链产品质量指标

供应链产品质量是指供应链核心企业以及其他各节点企业生产的产品或零部件的质量，主要包括合格率、废品率、退货率、破损率、破损物价值等指标。

（二）反映供应链节点企业之间关系的绩效评价指标

1. 供应链层次结构模型

供应链的机构属于递阶层次结构，它由不同层次供应商组成，上层供应商是其下层供应商的用户，如图 11-1 所示。

根据供应商层次结构模型，对每一层供应商逐个进行评价，从而发现问题，解决问题，优化整个供应链的管理。

2. 反映供应链上、下节点企业之关系的绩效评价指标

按照供应链层次结构模型，对每一层供应商及其相互关系实施绩效评价，可以用相邻层供应商评价法来评价各级供应商，其基本方法是通过上层供应商来评价下层供应商。由于上层供应商可以看成下层供应商的用户，因此，通过上层供应商来评价和选择与其业务相关的下层供应商更直接、更客观。

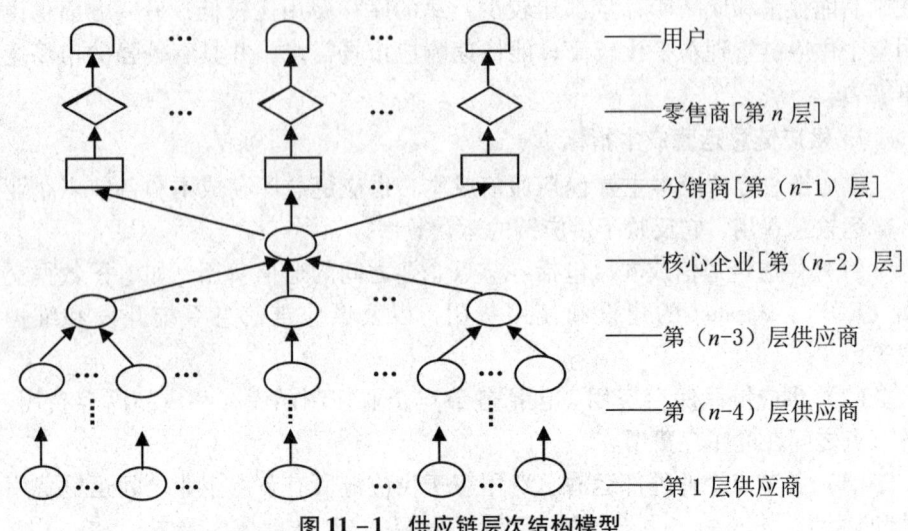

图 11-1 供应链层次结构模型

如此递推，即可对整个供应链的绩效进行有效评价。

满意度指标是反映供应链上、下节点企业之间关系的绩效评价指标，即在一定时间内上层供应商 i 对其相邻下层供应商 j 的综合满意程度 C_{ij}，其表达式如下所示。

满意度 = α_j × 供应商 j 准时交货率 + β_j × 供应商 j 成本利润率 + λ_j × 供应商 j 产品质量合格率

在式中，α_j、β_j、λ_j 为权数，且 $(\alpha_j + \beta_j + \lambda_j)/3 = 1$

在满意度指标中：

（1）准时交货率。准时交货率指下层供应商在一定时间内准时交货的次数占其总交货次数的百分比。供应商准时交货率低，说明其协作配套的生产能力达不到要求，或者是对生产过程的组织管理跟不上供应链运行的要求，反之亦然。

（2）成本利润率。成本利润率是指单位产品净利润占单位产品总成本的百分比。产品成本利润率越高，说明供应商的赢利能力越强，企业的综合管理水平越高。在这种情况下，由于供应商在市场价格水平下能获得较大利润，其合作积极性必然增强，必然对企业的有关设施和设备进行投资和改造，以提高生产效率。

（3）产品质量合格率。产品质量合格率是指质量合格的产品数量占产品总产量的百分比，它反映了供应商提供货物的质量水平。质量不合格的产品数量越多，产品质量合格率就越低，说明供应商提供产品的质量不稳定或质量差，供应商必须承担对不合格产品进行返修或报废的损失，这样就增加了供应商的总成本,降低了利润率。因此,产品质量合格率与产品成本利润率密切相关。同样,产品质量合格率指标也与准时交货率密切相关,因为产品质量合格率越低,产品的返修工作量越大,必然会延长产品的交货期,降低准时交货率。

在满意度指标中,权数的取值可随着上层供应商的不同而不同。但是对于同一个上层供应商,在计算与其相邻的所有下层供应商的满意度指标时,其权数均取相同值。这样,通过满意度指标就能评价不同供应商的运营绩效,以及这些不同运营绩效对其上层供应商的影响。满意度指标值低,说明该供应商运营绩效差,影响了其上层供应商的正常运营,因此,对满意度指标值较低的供应商应作为重点管理对象,要么进行全面整改,要么重新选择供应商。

供应链最后一层为最终用户层,最终用户对供应链产品的满意度指标是供应链绩效评价的一个最终标准。可按如下公式进行计算,即

满意度 = α × 零售商准时交货率 + β × 产品质量合格率 + λ × (实际的产品价格/用户期望的产品价格)

> **扩展阅读**
>
> ### 中国本土的供应链绩效评价参考模型
>
> "中国企业供应链管理绩效水平评价参考模型"(Supply Chain Performance Metrics Reference model,SCPR)1.0 版,是由中国电子商务协会供应链管理委员会(Supply Chain Council of CECA,CSCC)于 2003 年 10 月正式发布,是评价中国企业供应链管理绩效水平,指导中国企业科学而有效地实施供应链管理工程的指导性参考模型,是中国第一个正式的、由全国性行业组织制订并发布的供应链管理绩效水平评价模型。
>
> CSCC 广泛参考了 SCOR、LUMMUS、ROGER 等国外主流的供应链管理绩效体系。
>
> SCOR(Supply Chain Operations Reference model)是由国际供应链协会(Supply Chain Council)支持开发的供应链运作参考模型。供应链研究的权威机构 PRTM 在 SCOR 模型中提出了交货情况、订货满足情况、供应链响应实际、生产柔性等 11 项度量供应链绩效的指标。目前使用的 SCOR 绩效评价指标主要是成本、顾客满意度、柔性和响应度;LUMMUS 等人从供应、转换、交通运输和需求管理四个方面分析了供应链管理平台应用绩效的指标,包括:可靠性、提前期、过程可靠性、加工时间、计划完成情况、订单完成率等等;ROGER 模型则认为客户服务质量是评价供应链管理平台应用绩效的最重要手段,具体包括:有形的外在绩效、可靠性、响应速度、能力、可信性、安全

性和可接近性。

CSCC 吸取了各绩效模型的长处,并结合大量中国企业的供应链实证数据抽象,对来自成熟工业社会的供应链绩效指标作了必要的修改和移植,最终形成了真正适合中国本土企业的供应链管理绩效水平评价参考模型。目前 SCPR 已在许多企业中成功实施应用。

SCPR 从五个方面(见表11-2)科学、定量地评价企业供应链管理水平。

表 11-2

序号	一级指标	说明
1	订单反应能力指标	包含4个二级指标,8个三级指标
2	客户满意度指标	包含3个二级指标,8个三级指标
3	业务标准协同指标	包含4个二级指标,9个三级指标
4	节点网络效应指标	包含4个二级指标,10个三级指标
5	系统适应性指标	包含3个二级指标,10个三级指标

具体包括:从订单实现角度评价企业对客户需求的反应水平的"订单反应能力指标",通过满意度来反映供应链管理绩效的"客户满意度指标",评价供应链上各节点企业的业务上标准协同状况的"业务标准协同指标",反映加入供应链的企业数量、互动能力等因素的"节点网络效应指标",从建设方式、业务适应能力等角度评价企业供应链管理绩效的"系统适应性指标"。

SCPR 五大类共有 45 个三级指标,利用操作简洁、实用的 SCPR 评价软件工具,企业就能够对其供应链绩效水平有一个全面的、定量的评估,了解供应链管理投入的产出效应;准确地描述供应链管理效果和存在的问题,可以帮助企业有针对性地找到供应链管理工程导入方式;在供应链管理建设的各个阶段,持续获得基于 SCPR 的建议和现状评价,以监督、控制实施过程和方向,全面促进与提升供应链管理工程的成功概率。

第三节 供应链绩效评价的方法

供应链绩效评价的方法很多,主要包括层次分析法、ROF 法、供应链运作参考模型法、平衡计分卡法、标杆管理法和作业成本法等。

一、层次分析法

层次分析法是美国运筹学家萨蒂(T. L. Saaty)于 20 世纪 70 年代中期提

出来的。其基本思路是：评价者首先将复杂问题分解为若干组成要素，并将这些要素按支配关系形成有序的递阶层次结构；然后通过两两比较，确定层次中诸要素的相对重要性；最后综合各层次要素的重要程度，得到各要素的综合评价价值，并据此进行决策。层次分析法后来被引入供应链管理领域，成为绩效评价的一种新方法。层次分析法是一种实用的多准则决策分析方法，将定性分析与定量分析相结合，并将决策者的经验判断予以量化，具有实用性、系统性和简洁性的特点。

二、ROF 法

比蒙（Beamon）于 1999 年提出了一种供应链绩效评价的新方法——ROF 法。他使用三个方面的绩效评价指标来反映供应链的战略目标：资源（Resource）、产出（Output）、柔性（Flexibility），这三种指标都具有各自不同的目标。资源评价指标反映了高效生产的关键所在，产出评价指标必须达到很高的水平以保持供应链的增值性，柔性评价指标则要符合供应链快速响应环境变化的要求。三种评价指标的内容是：

（1）资源评价：包括对库存水平、人力资源、设备利用、能源使用和成本等方面的评价。

（2）产出评价：主要包括客户响应、质量和最终产出产品数量的评价。

（3）柔性评价：主要包括范围柔性和响应柔性两种评价。

三、供应链运作参考模型法

供应链运作参考模型（SCOR）是美国供应链协会于 1996 年提出的供应链管理模型。SCOR 模型以应用于所有工业企业为目的，帮助企业诊断供应链中存在的问题，进行绩效评估，确立绩效改进目标，并促进供应链管理相关软件的开发。

SCOR 模型涵盖了供应链中的所有性能指标，为企业规范供应链达到最佳实施以及相关的科技改进进行指导。SCOR 模型描述所有阶段用于满足客户需求的行业行为情况。模型结构基本划分为五大流程模块：计划（Plan）、采购（Source）、生产（Make）、发运（Deliver）和退货（Return）。通过分别描述和界定这些供应链流程模块，SCOR 就可以用最通用的标准把一个实际上非常简单或是极其复杂的供应链流程完整地描述出来。因此，应用 SCOR 模型的规范化标准，就可以完整地描述出一个全球范围或是在某一特定地域内发生的供应链项目，并对其进行改进和完善。

对 SCOR 模型的应用开发包括 3 个基本层次和 1 个附加的执行层次。

SCOR模型中各等级的描述具体如下。

（一）顶级

顶级主要是从企业的战略决策角度定义供应链的范围和内容。SCOR模型主要是分析企业需要达到的绩效目标和战略发展方向，体现企业供应链绩效表现的主要性能指标包括：

1. 交付能力，即按时或提前完成订单/计划的比率、发运速度。
2. 完成订单能力，即订单完成提前期、全部订单完成率、供应链响应时间。
3. 生产的柔性，即供应链管理总成本。
4. 增值生产率，即保修返修成本比。
5. 资金周转时间，即存货供应天数、资金周转次数。

（二）配置级

SCOR模型在配置级层次将描述出供应链流程的基本布局结构。在这个层次里确认企业的基本流程，并将每一个流程都按照SCOR模型的基本流程的分类规则进行定位，可以直观地体现出企业采购—制造—发运的具体过程。每一个流程定义都包括一系列具体的操作步骤。

（三）流程要素级

将配置级所定义的流程进一步分解为连续的流程单元。它定义了企业在其选择的市场中成功竞争的能力，包括流程要素定义、流程要素信息输入与输出、标杆应用、最好实施方案和支持实施方案的系统能力。在第三级中，企业可以微调它们的运作战略。

（四）实施级

实施级主要是流程要素分解，定义了取得竞争优势和适应企业条件变化的方案。

SCOR模型覆盖了从订单到付款发货等所有与客户的交互环节，以及供应商的供应商到客户的客户的所有物流活动。SCOR模型集成了业务流程重组、绩效基准和最优业务分析的内涵，提供了涵盖整个供应链的绩效评价指标（具体包括物流绩效、柔性与响应性、物流成本、资产管理）。

近年来，国外企业应用SCOR模型极大地改进了企业的供应链效率。SCOR模型标准已经帮助它们构建了现有供应链并且发现了低效率的流程环节。当供应链构建之后，就可以对供应链的现状进行评价并且促进企业供应链的最佳实践。

四、平衡计分卡法

平衡计分卡是1992年由哈佛大学商学院教授罗伯特·S.卡普兰和复兴国

际方案总裁戴维·P. 诺顿设计的，是一种全方位的策略性评价指标体系。平衡计分法最突出的特点是：以企业的战略为基础，将各种衡量方法整合为一个有机的整体，它既包含了财务指标，又引入了顾客角度、内部流程、学习和成长这四个方面的指标，使组织能够一方面追踪财务结果，另一方面密切关注能使企业提高能力并获得未来增长潜力的无形资产等方面的进展。这四个指标的结合，构成了内部与外部、结果与驱动因素、长期与短期、定性与定量等多种平衡，如图11-3所示。这样就使企业既具有反映"硬件"的财务指标，同时又具备能在竞争中取胜的"软件"指标。下图描述了这四个方面及其相互之间的关系。

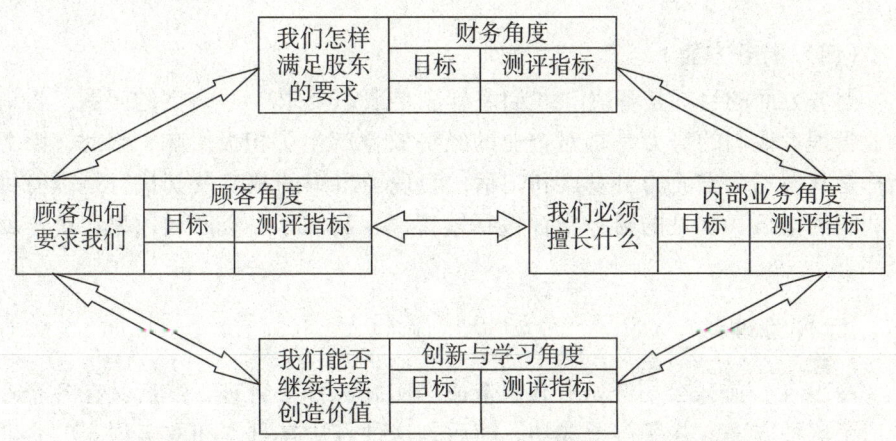

图11-3　平衡计分卡四个方面绩效测评指标的关系示意图

（一）顾客角度

顾客角度首要目标是要解决"顾客如何看待我们"这一类的问题。公司的经营活动如何以顾客为导向是管理者首要考虑问题，平衡计分卡要求管理者把为顾客服务的宗旨转化为具体的测评指标，这些指标能够反映真正与顾客相关的因素，主要包括时间、质量、性能、服务和成本。组织应该明确这些方面应该达到的目标，继而将目标转化为指标。常见的客户指标有送货准时率、客户满意度、产品退货率、投诉数量等。客户指标体现了企业对外界变化的反应能力。

（二）内部业务流程角度

内部业务角度目标是解决"我们必须擅长什么"这一类的问题。以顾客为基础的指标固然重要，但是优异的顾客绩效来自组织运作中的流程、决策和行为。平衡计分卡要求管理者关注可能满足顾客需要的关键的内部经营活动。这方面的指标应该来自对顾客满意度有较大影响的业务流程，包括影响周期、质量、员工技能和生产率等各种因素。常见的内部业务指标有生产率、成本、合格品率、新产品开发率等。

(三) 创新与学习方面

创新与学习方面目标是解决"我们能否持续提高并创造价值"这一类的问题。以顾客和内部业务流程为基础的测评指标,确定了公司认为是在竞争中获胜的最重要参数,但是组织只有通过持续不断地开发新产品、为顾客提供更多价值,以及提高经营效率,才能获得持续性的发展壮大,而这一切无疑取决于组织创新与学习的能力。这方面的测评指标引导组织将注意力投向企业未来成功的基础,涉及人员、信息系统和市场创新等问题。

(四) 财务方面

财务方面的目标是解决"我们怎样满足股东要求"这一类的问题。告诉企业管理者他们的努力是否对企业的经济效益产生了积极影响,因此,财务指标是其他三个方面的出发点和归宿,表现了组织的战略及其执行是否有助于利润的增长。常见的财务指标包括销售额、利润率、资产利用率、资产回报率等。

五、标杆管理法

1979年,施乐公司开始对其制造成本实施标杆法管理,然后又在各企业推广了这种方法,并获得了成功。随后,这种方法在日本和欧美国家的企业中也相继得到了普遍的应用。随着供应链管理的发展,标杆法也逐渐在供应链绩效评价中得到了研究与应用。

(一) 标杆法的含义、特点及种类

1. 标杆法的含义

标杆法是企业将那些出类拔萃企业的绩效作为自己的测定基准,以它们为学习对象,意图迎头赶上并进而超过它们。通过标杆的实施过程,企业可以找到竞争对手的优势,可以利用在标杆过程中获得的知识,创造各种方法,超过竞争对手。行业领先企业也应该经常性地开展标杆活动。一个企业如果不注意其竞争对手的发展,虽然可能在一时占据一定的优势,但不可能在市场上始终处于领先地位。

2. 标杆法的特点

标杆法以定量分析法分析公司现状与其他公司现状,并加以比较。其主要特点在于:将那些出类拔萃的企业作为企业测定基准;除要求测定相对最好公司的企业绩效外,还要发现这些优秀公司是如何取得这些成就的,并将

这些信息作为制定企业绩效目标的考虑因素；它是战略和行动计划的基准；作为企业测定基准的优秀公司也并非局限于同行业中的佼佼者，也可以是各种业务流程活动中已取得出色成绩的企业；标杆法并不总是一定要与竞争对手比较，也要经常与非竞争对手比较。

3. **绩效标杆的种类**

基本的绩效标杆有三种：

（1）战略性标杆。主要是针对竞争对手强调哪些市场、竞争对手的战略、支持竞争对手市场战略的资源水平、竞争对手的竞争优势主要集中在哪些方面等主要问题，将一个企业的市场战略与其他企业的市场战略进行比较，使企业获得领先地位的市场战略。

（2）操作性标杆。以职能性活动的各个方面为重点，找出有效的方法，以便在各个职能上都能取得最好成绩。

（3）支持活动性标杆。企业内的支持功能应该显示出比竞争对手更好的成本效益，通过支持活动性标杆控制内部间接费用和预防费用的上升。

（二）标杆法的实施

1. **实施标杆法的基本要求**

标杆法的成功实施受到多种因素的影响，特别是一些关键性因素的影响。实施标杆法的基本要求有：

（1）绩效标杆被企业全体成员所接受，并受到员工的重视，特别是企业高层领导的支持。

（2）必须注意收集有关数据。

（3）要确定标杆实施效果的定量分析方法。

2. **实施标杆法的步骤**

（1）明确标杆的内容

从改进和提高绩效的角度出发，明确本企业和本部门的主要任务。接着将这些任务具体分解，并确定标杆管理的具体内容。

（2）选择标杆企业（部门）

选择标杆企业应遵循两个原则：选择具有卓越的业绩与经济效益，并采用有效的策略与方法的企业或部门；选择与本企业或部门有相似特点的企业。选择的标准要具有可比性和可操作性。

（3）收集资料和数据

需要收集的资料和数据包括：标杆企业的绩效以及优良的绩效管理方法、措施和管理诀窍等，实施标杆法的企业或部门自身的绩效和管理现状。

资料数据可以来自单个的标杆企业和部门，也可以来自行业、区域、全国乃至全球的某些样本。

资料数据来源主要有：政府统计部门、咨询研究机构、各种协会、消费者、在标杆企业工作过的雇员等。可通过访问、座谈、问卷调查及实地考察等方法获得。

(4) 分析差距

对收集的数据进行比较分析，找出本企业与目标企业在绩效管理水平以及管理措施和方法上的差异。

(5) 制定绩效目标

通过分析数据，可以了解企业（部门）在行业及国内同行中所处的相对位置，明确努力的方向，从而即确定追赶绩效目标，明确应该学习的绩效管理方法和措施等。

(6) 综合与交流

将绩效管理所要达到的目标前景向全体员工通报，并进行反复沟通交流，征询意见，修正已制定的绩效目标，改进计划方案。

(7) 制订具体的实施方案

主要包括计划、实施方法和技术以及阶段性的绩效评估等。

(8) 标杆法的实施与连续进行

标杆管理活动成功开展以后，应被作为企业经营的一项职能活动融入日常工作中。标杆管理活动取得的最终成果应具备两个特点：企业标杆管理应获得与领先企业相同甚至超越领先企业的竞争实力，单独进行的各项标杆管理活动应融合到企业日常经营活动的整体中。

（三）供应链的标杆管理

标杆法在供应链绩效管理中的应用，就是将标杆法管理的思想和工作方法贯穿于供应商、制造商、分销商、第三方物流到最终用户的整个供应链过程，以促进供应链绩效水平的提高。供应链中标杆法的实施应特别注重以下两个方面：

1. 客户服务的标杆管理

供应链管理的目标就是赢得顾客、抢占市场。客户服务标杆一般分为四个阶段：

(1) 明确顾客倾向于把供应链企业与其他哪几家企业进行相互参照，同时划定出比较范围，选定比较企业。

(2) 供应链必须掌握顾客需求及所提供的产品或服务与顾客需求的差距，并找出影响顾客需求的关键因素。一般情况下，影响顾客需求的关键因素是产品特性、价格、质量、交货、服务、灵活性等方面。

(3) 将影响顾客需求的关键因素按照相对重要性进行排序。具体方法是将每一个关键因素细分为多项指标，用以对相关顾客进行调查，同时将指标的重要性进行评定。如表 11-4 所示，在交货这一关键要素方面最重要的是准时交货，其次是按质按量交货，而交货周期则排在最后。

表 11-4 交货分项指标和重要性

指　　标	重要程度
准时交货	6
按质按量交货	4
交货周期	2

(4) 将企业的顾客需求关键因素与各比较企业进行对比，分析顾客的满意程度。比如，顾客对供应链中的企业与 A、B、C 三家同行企业进行对比，满意度评价如表 11-5 所示，其中 5 分表示顾客最满意，3 分表示一般满意，1 分表示不满意。

表 11-5 顾客满意程度

指标	本企业	A	B	C
准时交货	6	5	6	4
按质按量交货	5	4	6	5
交货周期	5	6	5	5

以表 11-5 中各项指标的重要程度为权数，计算各企业的客户满意程度。

供应链企业（本企业）：$6\times6+4\times5+2\times5=66$

A 企业：$6\times5+4\times4+2\times6=58$

B 企业：$6\times6+4\times6+2\times5=70$

C 企业：$6\times4+4\times5+2\times5=54$

在交货方面，顾客对 B 企业最为满意（70），其次是供应链企业（66），不太满意的是 C 企业（54）和 A 企业（58）。

根据上面的分析结果得出，供应链企业应该将 B 企业作为标杆，向 B 企业学习，尽最大努力改进绩效，满足市场的各种需求。

2. 供应链流程的标杆管理

产品是投入的产出结果，要提高供应链的绩效，还要从供应链流程实施标杆管理。实施供应链标杆管理主要解决以下两个关键问题：

(1) 供应链流程识别

产品的原材料占产品成本的一大部分,而市场销售及流通渠道直接影响产品的成本,因此,提高企业绩效不仅要关注企业自身的行为,还要考虑供应链中的供应商、分销商、零售商的经营效率与成本。评价供应商的相对绩效,必须找出工作流程、职能部门的工作效率与行业领先水平。在物流、供应链流程图中,除了要把供应链所有成员企业清晰地表达出来外,还需注意各企业间的界面接触问题。不仅供应商、销售商的行为需要与领先企业相比较,供应链界面也需要与其他竞争力更强的供应链界面相比较,分析其他供应链中的组织是如何有效地在供应商—制造商间传递信息或制造商—销售商间协调生产计划等,以便向他们学习借鉴。

(2) 供应链标杆管理的优先环节

供应链流程需要进行标杆管理的环节很多,因此应确定标杆管理的优先环节。选择优先环节可以从四个方面进行综合评价和选择:

——对战略的影响程度;

——对相关企业的影响程度;

——对标杆管理的主观迫切性;

——对该环节必须进行自制与外购的选择。

第四节 供应链企业激励机制

一、建立供应链企业激励机制的重要性

供应链企业间的关系实际上是一种委托-代理关系,同时也是处于信息优势与处于信息劣势的市场参与者之间的相互关系。信息非对称现象在经济活动中经常发生,许多经济合同就是在信息非对称条件下执行的,因此难免出现道德风险问题。产生道德风险的原因之一在于代理人拥有私有信息:委托人与代理人签订合同时,双方所掌握的信息是相互对称的,至少双方都认为他们自己已经掌握了对方了解的信息。然而,建立委托-代理关系后,委托人无法观察到代理人的某些私有信息,在这种情况下,代理人可能会利用其私有信息采取某些损害委托人利益的行为。委托-代理过程中的风险有多种表现形式,其中最为常见的是不完全信息下决策的风险、代理人的道德风险等。为了克服道德风险带来的危害,委托-代理理论发展了以合作和分担风险概念为中心的信息激励机制理论。

对于委托人而言,只有使代理人行动效用最大化,才能使其自身利益最

大化。要使代理人采取效用最大化行动,就必须对代理人的工作进行有效的激励。因此,委托人与代理人,即制造商和供应商或制造商和销售商之间的利益协调关系,就转化为信息激励机制的设计问题。因此,如何设计出对供应链上的各个节点企业的激励机制,对保证供应链的整体利益就显得十分关键。

 案例

某汽车制造商的激励措施失败案例

某大型汽车制造商为了促进其生产的汽车在市场上的销售,向经销商推出了一项促销激励措施:只要经销商完成一定的销售额,制造商将于年底返回给经销商一笔奖励资金。为了帮助经销商扩大销售,制造商还出面与银行签订了分期付款的协议。此举推行之后,该汽车制造商的汽车销量显著上升,库存量明显下降。但到年底,制造商才发现有问题:经销商为了扩大销售业绩,纷纷下调汽车销售价格,汽车销量虽然大为上升,经销商也获利颇丰,但制造商却损失惨重。

制造商原本期望激励经销商多卖汽车,希望在给自己带来效益的同时,经销商也能获得一定利益。但此激励措施非但没有发挥正常作用,反而给企业造成损失。

导致出现这种情况的原因,就是在实现委托 – 代理过程中的风险所造成的。

二、供应链企业激励机制的特点

激励机制在许多学科中都有讨论。在组织行为学及委托 – 代理理论中都专门研究激励问题。这里我们将激励的概念和范围延伸至整个供应链及其相关企业,从广义的激励角度研究供应链管理环境下的激励和激励机制的建立问题。

根据组织行为学的基本观点,一个人的工作成绩可以用公式表示:工作成绩 = f(能力 × 动机),即一个人工作成绩的好坏,既取决于人的能力,也取决于人的动机。如果一个人的积极性被调动起来,即动机被激发,那么他取得的成绩就大。美国哈佛大学心理学家威廉·詹姆士(William James)在对职工的激励研究中发现按时计酬的职工仅能发挥其能力的 20% – 30%,如果受到充分激励则可以达到 80% – 90%,也就是说,同样一个人在通过充分激励后所发挥的作用相当于激励前的 3 – 4 倍。它反映出这样一个问题:在现代企业中,人们往往不是不会做,而是不积极去做。因此,企业管理的重要问题之一是调动职工的工作积极性,而职工积极性是与个人需要和动机相联

系，并由动机推动的。影响积极性的基本因素是人的需要和动机。只有了解人的需要和动机的规律性，才能预测、引导和控制人的行为，才能达到激励职工、调动职工积极性的目的。这就是"需要－动机－行为－目标"激励模式。

　　从供应链的委托－代理特征去理解，所谓激励，就是委托人拥有一个价值标准，或一项社会福利目标，这些标准或目标可以是最小的个人成本或社会成本约束下的最大预期效用，也可以是某种意义上的最优资源配置，或个人理性配置的集合。现在，委托人希望能够达到这些目标，那么，委托人应该制定什么样的规则，使其他市场参与者（代理人）都能够使利己行为的最后结果与委托人给出的标准一致呢？更进一步地分析，激励就是委托人如何使代理人在选择或不选择委托人标准或目标时，从自身利益效用最大化出发，自愿或不得不选择与委托人标准或目标一致的行动。由于每个经济模型都是一个机制，因此，设计激励机制必然要求既定模型应符合参与约束和激励相容约束。

　　激励是一个心理学范畴，在管理学的应用中，对激励的研究一般限于个人行为的范围。供应链激励因其对象包括团体（供应链和企业）和个人（管理人员和一般员工）两部分而将研究范围扩大为个人的心理研究和团体的心理研究。一般而言，供应链涵盖的社会范围较广，具有社会性，供应链的团体心理就是社会心理。供应链的社会心理作为一个"整体"具有"个体"特性，即个人心理的一般特性，即基于需要产生动机进而产生某些行为以达到目标。但是整体毕竟不是个体的简单相加，供应链的社会心理同时又具有其独特的一面。

　　由于集合了众多各种类型的企业，供应链管理系统往往会存在各种各样的问题：成员企业的积极性不高，核心企业的开拓性不强，有些企业受到竞争压力而丧失进取心等。一个企业如同一个人一样，也有需要、行为、动机和目的，也有心理活动，也会产生惰性，当然也需要激励。供应链激励是供应链管理的一项重要工作。供应链包含组织层（即供应链层）、企业层和车间层等三个层面，可激励对象包括供应链自身、成员企业、企业管理人员、一般员工。其中管理人员和一般员工的激励属于企业激励机制的范畴，因此，供应链激励主要专注于供应链环境下的成员企业。

　　供应链的激励机制包含激励对象（又称激励客体、代理方）、激励的目标、供应链绩效测评（包括评价指标、指标测评和评价考核）和激励方式（正激励和负激励，物质性激励、精神性激励和感情性激励）等内容。事实上，根据供应链激励的特点，供应链的激励机制还隐含了两个内容：供应链协议和激励者（又称激励主体、委托方）。考察激励主体实质是站在什么角度去实现激励行为，达到什么目的。

三、供应链协议

供应链协议（Supply Chain Protocol，SCP）是指将供应链管理工作进行程序化、标准化和规范化的协定。供应链协议为激励目标的确立、供应链绩效测评和激励方式的确定提供基本依据。激励目标要与激励对象的需要相联系，同时也要反映激励主体的意图和符合供应链协议。激励方式视绩效评价结果和激励对象的具体需要而定。

供应链的运作以快速、高效、敏捷等特点而显示出竞争优势，兼容并蓄了 JIT、MRPII、CIMS、FMS（柔性制造系统）等先进管理方法的优点。但是，供应链在运作时存在着安全性、法律法规、协商时间、供应链优化、主动性限制、供应链淘汰机制等现实问题，制约了供应链功能的发挥。针对这几个根本性问题，相应地提出供应链协议，以规范对供应链运作的管理。供应链协议是根据供应链产品生产模式的特点，结合国际贸易协定、ISO9000、EDI、TCP/IP 等多方面知识，将供应链管理工作程序化、标准化和规范化，使供应链系统能有效控制、良好运作、充分发挥功能。简单地讲，供应链协议就是在一系列标准（供应链协议标准，简称 SCP 标准）支持下的拥有许多条目的文本（供应链协议文本，简称 SCP 文本），并且这些文本固化于一个网络系统（供应链协议网络系统，简称 SCPNet）中。供应链协议强调供应链的实用性和供应链管理的可操作性，重视完全信息化和快速响应的实现。

供应链协议的内容分为三个部分：供应链协议文本（SCP 文本）、供应链协议标准（SCP 标准）、供应链协议网（SCPNet）。SCP 文本是供应链管理规范化、文本化、程序化的主体部分，包括 10 个部分：

(1) 定义。
(2) 语法规范。
(3) 文本规范。
(4) 供应链的组建和撤销。
(5) 企业加入供应链的条件、享受权利、应担风险以及应尽义务。
(6) 供应关系的确立与解除。
(7) 信息的传递、搜集、共享与发布。
(8) 供应、分销与生产的操作。
(9) 资金结算。

(10) 纠纷仲裁与责任追究。

SCP 标准包括产品标准、零配件标准、质量标准、标准合同、标准表（格）单（据）、标准指令、标准数据、标准文本以及 SCPNet 标准等，SCP-Net 分为硬件和软件两部分。硬件为：Internet/Intranet/Extranet、客户机、工作站、网管中心。软件为：数据库、网络系统、SCPNet 支撑软件。

在供应链协议环境下，企业以期货形式在 SCPNet 上发布订单（接受订单），寻求供应商（得到销售商）。在这种灵活机制下，保持企业的主动性，并将不能适应的企业从供应链上及时清退；企业以接受 SCP 文本某某条款的形式在供应链中运作，极大地减少加入、组建供应链所需花费的长时间谈判；供应链通过网管中心来协调由于供应链的优化带来的利益问题。网管中心一般设在核心企业，并由核心企业负责管理。在经济活动中，供应链由于有供应链协议的严格规定而实实在在地存在，并广泛地形成供应链与供应链间的竞争。

四、激励机制的内容

从一般意义上而言，激励机制的内容包括激励的主体与客体、激励的目标和激励的模式。

（一）激励主体与客体

激励主体是指激励者，激励客体是指被激励者，即激励对象。激励的主体从最初的业主转换到管理者、上级，到今天已经抽象为委托人。相应地，激励的客体从最初针对蓝领的工人阶层转换到白领的职员阶层，以及今天的代理人。供应链管理中的激励对象（激励客体）主要指其成员企业，如上游的供应商企业及制造商企业、下游的分销商企业及零售商企业等，也包括每个企业内部的管理人员和员工。在这里主要讨论对以代理人为特征的供应链企业的激励，或对代理人的激励。因此，供应链管理环境下的激励主体与客体主要涉及以下几对：

（1）供应链核心企业对供应链成员企业的激励。
（2）制造商（下游企业）对供应商（上游企业）的激励。
（3）制造商（上游企业）对销售商（下游企业）的激励。
（4）供应链对成员企业的激励。
（5）成员企业对供应链的激励。

（二）激励目标

激励目标主要是通过某些激励手段，调动委托人和代理人的积极性，兼顾合作双方的共同利益，消除由于信息不对称和道德行为带来的风险，使供应链的运作更加顺畅，实现供应链企业共赢的目标。

（三）激励模式

一般而言，供应链管理模式下的激励模式主要有以下几种。

1. 价格激励

在供应链环境下，供应链各成员企业间的利益分配主要体现在价格上。价格包含供应链利润在各成员企业间的分配、供应链优化而产生的额外收益或损失在各成员企业间的均衡。

价格对企业的激励具有明显的效果：高的价格能鼓励企业的积极性，不合理的低价会挫伤企业的积极性。供应链利润的合理分配有利于上下游企业间合作的稳定和供应链的顺畅运行。

但价格激励也隐含着一定风险，即逆向选择问题。比如由于过分强调低价格的谈判，制造商往往会选择报价较低的供应商企业，而一些整体水平较高的企业排除在外，最终影响了产品的质量、交货期等。出现这种情况最为根本的原因在于签约前对供应商缺乏了解，没意识到报价越低，意味着违约的风险越高。因此，使用价格激励机制时要考虑周全，不可一味强调低价策略。

2. 订单激励

供应链获得更多的订单是一种极大的激励，更多的订单意味着更多的市场份额和利润。一般而言，一个销售商拥有多个制造商。多个制造商竞争来自销售商的订单，多订单对制造商是一种激励。

3. 商誉激励

商誉是企业的无形资产，来自供应链其他成员企业的评价和在消费者以及公众中的声誉，反映企业的社会地位（包括经济地位、政治地位和文化地位）。委托－代理理论认为，在激烈的市场竞争中，代理人的代理量（决定其收入）决定于其过去的代理质量与合作水平。从长期来看，代理人必须对自己的行为负完全的责任。因此，即使没有显性激励合同，代理人也有积极性努力工作，因为这样做可以改进自己在代理人市场上的声誉，从而提高未来收入。

4. 信息激励

在市场需求瞬息万变的信息时代，信息对企业意味着生存与发展。企业获得更多的有效信息意味着企业拥有更多的市场机会、更多的发展资源。信息对供应链的激励实质属于一种间接的激励模式，但其激励作用不可低估。

5. 淘汰激励

为了使供应链的整体竞争力保持在一个较高的水平，供应链必须建立对成员企业的淘汰机制，同时供应链自身也面临被市场淘汰的风险。优胜劣汰是市场经济发展的规律之一，保持淘汰对企业或供应链都是一种负向激励。对于优秀企业或供应链而言，淘汰弱者使其获得更优秀的业绩；对于业绩较差者，为避免淘汰的危险它需要更好的市场表现。

6. 新产品/新技术的共同开发

新产品/新技术的共同开发和共同投资也是一种激励机制，它可以让供应商全面掌握新产品的开发信息，有利于新技术在供应链企业中的推广和开拓供应商市场。

在传统管理模式下，制造商独立进行产品的研究与开发，只将零部件的最后设计结果交由供应商制造。供应商没有机会参与产品的研究与开发过程，只是被动地接受来自制造商的信息。这种合作方式最理想的结果也就是供应商按期、按量、按质交货，不可能使供应商积极主动关心供应链管理。在供应链管理模式下，企业将供应商、销售商甚至用户结合到产品的研究开发工作中，按照团队的工作方式（Team Work）展开全面合作。在这种环境下，供应链其他成员企业也成为整个产品开发中的一部分，其成败不仅影响制造商，而且也影响供应商及销售商，这就形成了一种激励机制。

7. 组织激励

供应链是一个呈网络结构的组织，在一个较好的供应链环境下，企业之间的合作愉快，供应链的运作顺畅，一个良好组织的供应链对供应链及供应链各个企业都是一种激励。

减少供应商的数量，并与主要的供应商和销售商保持长期稳定的合作关系是制造商采取的组织激励的主要措施。但有些企业与供应商及销售商的合作方式并不稳定，零部件供过于求时和供不应求时对销售商的态度大不相同；产品供不应求时对销售商态度傲慢，供过于求时往往企图将损失转嫁给销售商，因此，得不到供应商和销售商的信任与合作。产生这种现象的根本原因，还是由于企业管理者的头脑中没有建立与供应商、销售商长期战略合作的意识，管理者追求短期业绩的心理较重。如果不能从组织上保证供应链管理系统的运行环境，供应链的绩效就会受到影响。

 课后习题

1. 供应链绩效评价的特点是什么？
2. 反映整个供应链业务流程的绩效评价指标有哪些？

参考答案

1. 供应链绩效评价的特点是什么？

供应链绩效评价的特点是：（1）既能描述企业供应链的整体情况，又能刻画供应链各个具体环节的运作。（2）基于业务流程的绩效评价。（3）是可量化的综合性多指标体系。

2. 反映整个供应链业务流程的绩效评价指标有哪些？

反映整个供应链业务流程的绩效评价指标有产销率指标、平均产销绝对偏差指标、产需率指标、新产品开发率、专利技术拥有比例、供应链产品产出（或投产）循环期或节拍指标、供应链总运营成本指标、供应链核心企业产品成本指标、供应链产品质量指标。

参考文献

1. 马士华，林勇，陈志祥.《供应链管理》，机械工业出版社，2001年.
2. 孙红.《物流信息系统》，武汉理工大学出版社，2005年.
3. 陈修齐.《电子商务物流管理》，电子工业出版社，2010年.
4. 牛玉龙.《美国物流经典案例》，重庆大学出版社，2007年.
5. 杨霞芳.《现代物流技术》，上海财经大学出版社，2009
6. 冯仁德.《电子商务发展的障碍因素分析》，商场现代化，2008年.
7. 宗刚、赵红涛.《物流网络模式研究》，商品储运与养护，2007年第5期.
8. 王宏伟.《电子商务环境下的物流模式分析》，中国商贸，2010年第十二期.
9. 邓玫.《基于电子商务环境的新型物流模式探析》，江苏商论，2009年第二期.
10. 王静，《目前我国电子商务物流模式的选择》，社会科学家，2008年第11期.
11. 宋志刚.《我国电子商务物流配送模式探析》，企业活力，2011年第九期.
12. 冯文龙.《电子商务B2C的物流配送瓶颈及其解决方案》，成都大学学报（社会科学版），2010年第四期.
13. 李贵春，李从东，李龙洙.《供应链绩效评价指标体系与评价方法研究》，管理工程学报，2004年第一期.
14. 马士华，李华焰，林勇.《平衡记分法在供应链绩效评价中的应用研究》，工业工程与管理，2002年第四期.
15. 王弈.《目前供应链信息流存在的问题及改进》，工业工程与管理，2001年第六期.
16. 董凤娜.《供应链信息流研究综述》，物流技术，2005年第五期.
17. 唐小我，傅翀.《供应链管理中的信息流网络》，电子科技大学学报：社会科学版，2002年第二期.
18. 徐文亮，徐青川，乔卓.《VMI下的供应链库存系统分析》，管理现代化，2005年.

19. 王槐林.《物流管理学》,武汉大学出版社,2002 年.
20. (美)唐纳德·J. 鲍尔索克斯等著,林国龙译,《物流管理－供应链过程的一体化》,机械工业出版社,1999 年.
21. 郭海峰.《牛鞭效应——现象、危害、量化和控制》,电子工业出版社,2010 年.
22. 王道平,鲍新中.《供应链管理教程理论与方法》,经济管理出版社,2009 年 4 月.
23. 商金红,刘同利.《供应链管理总监》,中国物资出版社,2011 年 6 月.
24. 王宗湖,王永富,李二敏,冯国岑.《物流管理概论》,对外经济贸易大学出版社,2006 年 3 月.
25. (美)大卫·辛奇,利维等著,季建华等译.《供应链设计与管理——概念、战略与案例研究》,上海远东出版社,2000 年.
26. Michigan State University:21st century logistics:Making Supply Chain Integration a Reality,1999.
27. Andrew J Berger,John L Gattorna:Supply Chain Cybermastery,2001.
28. B. Fleischmann et al:Advances in Distribution Logistics,Springer,1998.
29. 杨永恒,王永贵,钟旭东.《客户关系管理的内涵、驱动因素及成长维度》,南开管理评论,2002 年第二期.
30. 齐佳音,李怀祖.《客户关系管理(CRM)的体系框架分析》,工业工程,2002 年第一期.
31. 李建军.《供应商管理库存(VMI)的实施研究》,商业研究,2007 年第三期.
32. 曹翠珍等著.《供应链管理》,北京大学出版社,2010 年.
33. 邱若臻,黄小原.《供应链渠道协调的收入共享契约模型》,管理学报,2005 年.
34. 崔介何.《企业物流》,中国物资出版社,2001 年.
35. 何明珂.《物流系统论》,中国审计出版社,2001 年.
36. 朱道立,龚国华.《物流和供应链管理》,复旦大学出版社,2001 年.
37. 宋华,胡佐浩.《现代物流与供应链管理》,经济管理出版社,2000 年.
38. (英)马丁.克里斯托弗著,马越译.《物流竞争——后勤与供应链管理》,北京出版社,2001 年.
39. 胜经,梭伦.《库存管理》,中国纺织出版社,2001 年.
40. 丁俊发.《中国物流》,中国物资出版社,2002 年.
41. 崔介何.《电子商务与物流》,中国物资出版社,2001 年.

42. （美）唐纳德·J. 鲍尔索克斯，戴维钉·克劳斯.《物流管理：供应链一体化过程》，机械工业出版社，2001年.
43. 黄福华.《现代企业物流运作与管理》，湖北人民出版社，2001年.
44. 宋力刚.《国际化企业现代物流管理》，中国石化出版社，2001年.
45. 王之泰.《现代物流管理》，中国工人出版社，2000年.
46. 董千里.《高级物流学》，人民交通出版社，1999年.
47. 崔介何.《物流学概论》，中国物资出版社，1997年.
48. 包健民.《物流现代化》，上海交通大学出版社，1997年.
49. 王耀球，施先亮.《供应链管理》，机械工业出版社，2009年.

书目介绍

乐 贸 系 列

书名	作者	定价	书号	出版时间

外贸操作实务子系列

书名	作者	定价	书号	出版时间
1. 外贸全流程攻略——进出口经理跟单手记	温伟雄	33.00 元	978-7-5175-0015-5	2014 年 5 月第 1 版
2. 出口营销实战（第三版）	黄泰山	45.00 元	978-7-80165-932-3	2013 年 1 月第 3 版
3. 外贸实务疑难解惑 220 例	张浩清	38.00 元	978-7-80165-853-1	2012 年 1 月第 1 版
4. 外贸高手客户成交技巧	毅冰	35.00 元	978-7-80165-841-8	2012 年 1 月第 1 版
5. 外贸纠纷处理实务——案例与技巧	熊志坚	35.00 元	978-7-80165-789-3	2011 年 1 月第 1 版
6. 报检七日通	徐荣才 朱瑾瑜	22.00 元	978-7-80165-715-2	2010 年 8 月第 1 版
7. 实用外贸技巧助你轻松拿订单	王陶（波锅涅）	25.00 元	978-7-80165-724-4	2010 年 4 月第 1 版
8. 外贸业务经理人手册（第 2 版）	陈文培	39.00 元	978-7-80165-671-1	2010 年 1 月第 1 版
9. 外贸会计实务精要	疏影	28.00 元	978-7-80165-633-9	2009 年 5 月第 1 版
10. 外贸实用工具手册	本书编委会	32.00 元	978-7-80165-558-5	2009 年 1 月第 1 版
11. 外贸实务经验分享 33 例	沱沱网中文站	28.00 元	978-7-80165-560-8	2009 年 1 月第 1 版
12. 外贸实务案例精华 80 篇	刘德标 吴珊红	29.80 元	978-7-80165-561-5	2009 年 1 月第 1 版
13. 快乐外贸七讲	朱芷萱	22.00 元	978-7-80165-373-4	2009 年 1 月第 1 版
14. 危机生存——十位经理人谈金融危机下的经营之道	本书编委会	22.00 元	978-7-80165-586-8	2009 年 1 月第 1 版
15. 外贸七日通（最新修订版）	黄海涛（深海鱿鱼）	22.00 元	978-7-80165-397-0	2008 年 8 月第 3 版
16. 金牌外贸业务员找客户——17 种方法·案例·评析	陈念祥 张思羽	35.00 元	978-7-80165-543-1	2008 年 8 月第 2 版
17. 出口营销策略（《出口营销实战》升级版）	黄泰山 冯斌	35.00 元	978-7-80165-459-5	2008 年 5 月第 1 版
18. 进口实务操作指南——步骤·实例·经验技巧	中国进口网	55.00 元	978-7-80165-493-9	2008 年 5 月第 1 版

出口风险管理子系列

书名	作者	定价	书号	出版时间
1. 轻松应对出口法律风险	韩宝庆	39.80 元	978-7-80165-822-7	2011 年 9 月第 1 版
2. 出口风险管理实务（第二版）	冯斌	48.00 元	978-7-80165-725-1	2010 年 4 月第 2 版
3. 50 种出口风险防范	王新华 陈丹凤	35.00 元	978-7-80165-647-6	2009 年 8 月第 1 版

| 书名 | 作者 | 定价 | 书号 | 出版时间 |

📖 **外贸单证操作子系列**

	书名	作者	定价	书号	出版时间
1.	跟单信用证一本通	何源	35.00元	978-7-80165-849-4	2012年1月第1版
2.	信用证审单有问有答280例	李一平 徐珺	37.00元	978-7-80165-761-9	2010年8月第1版
3.	外贸单证经理的成长日记	曹顺祥	38.00元	978-7-80165-716-9	2010年3月第1版
4.	外贸单证解惑280例	龚玉和 齐朝阳	38.00元	978-7-80165-638-4	2009年7月第1版
5.	信用证6小时教程	黄海涛（深海鱿鱼）	25.00元	978-7-80165-624-7	2009年4月第2版
6.	跟单高手教你做跟单	汪德	32.00元	978-7-80165-623-0	2009年4月第1版
7.	外贸单证处理技巧（第3版）	屈韬	42.00元	978-7-80165-516-5	2008年5月第1版
8.	进出口单证实务案例评析	袁永友 柏望生	33.00元	978-7-80165-371-8	2006年8月第1版

📖 **福步外贸高手子系列**

	书名	作者	定价	书号	出版时间
1.	巧用外贸邮件拿订单	刘裕	45.00元	978-7-80165-966-8	2013年8月第1版
2.	小小开发信 订单滚滚来——外贸开发信写作技巧及实用案例分析	薄如骢	26.00元	978-7-80165-551-6	2008年8月第1版
3.	外贸技巧与邮件实战	刘云	28.00元	978-7-80165-536-3	2008年7月第1版

📖 **国际物流操作子系列**

	书名	作者	定价	书号	出版时间
1.	货代高手教你做货代——优秀货代笔记（第二版）	何银星	33.00元	978-7-5175-0003-2	2014年2月第2版
2.	国际物流操作风险防范——技巧·案例分析	孙家庆	32.00元	978-7-80165-577-6	2009年4月第1版
3.	集装箱运输与海关监管	赵宏	23.00元	978-7-80165-559-2	2009年1月第1版

📖 **通关实务子系列**

	书名	作者	定价	书号	出版时间
1.	外贸企业轻松应对海关估价	熊斌 赖芸 王卫宁	35.00元	978-7-80165-895-1	2012年9月第1版
2.	报关实务一本通（第2版）	苏州工业园区海关	35.00元	978-7-80165-889-0	2012年8月第2版
3.	如何通过原产地证尽享关税优惠	南京出入境检验检疫局	50.00元	978-7-80165-614-8	2009年4月第3版
4.	海关进出口商品归类基础与训练	温朝柱	36.00元	978-7-80165-496-0	2009年1月第1版
5.	最新报关单填制实用辅导	盛新阳 彭飞	38.00元	978-7-80165-497-7	2008年10月第1版
6.	最新商品归类技巧	赵宏	38.00元	978-7-80165-520-2	2008年9月第1版

书名	作者	定价	书号	出版时间

📖 彻底搞懂子系列

书名	作者	定价	书号	出版时间
1. 彻底搞懂信用证（第二版）	王腾 曹红波	35.00 元	978-7-80165-840-1	2011 年 11 月第 2 版
2. 彻底搞懂中国自由贸易区优惠	刘德标 祖月	34.00 元	978-7-80165-762-6	2010 年 8 月第 1 版
3. 彻底搞懂贸易术语	陈岩	33.00 元	978-7-80165-719-0	2010 年 2 月第 1 版
4. 彻底搞懂海运航线	唐丽敏	25.00 元	978-7-80165-644-5	2009 年 7 月第 1 版
5. 彻底搞懂提单	张敏 赵通	29.80 元	978-7-80165-602-5	2009 年 6 月第 1 版
6. 彻底搞懂关税	孙金彦	29.00 元	978-7-80165-618-6	2009 年 6 月第 1 版

📖 外贸英语实战子系列

书名	作者	定价	书号	出版时间
1. 十天搞定外贸函电	毅冰	38.00 元	978-7-80165-898-2	2012 年 10 月第 1 版
2. 外贸高手的口语秘籍	李凤	35.00 元	978-7-80165-838-8	2012 年 2 月第 1 版
3. 外贸英语函电实战	梁金水	25.00 元	978-7-80165-705-3	2010 年 1 月第 1 版
4. 外贸英语口语一本通	刘新法	29.00 元	978-7-80165-537-0	2008 年 8 月第 1 版
5. 英汉物流词汇精析——结合实务操作	应海新	68.00 元	978-7-80165-517-2	2008 年 5 月第 1 版

📖 外贸谈判子系列

书名	作者	定价	书号	出版时间
1. 外贸英语谈判实战	王慧 吴旻 张海军 蒋晓杰 仲颖	32.00 元	978-7-80165-767-1	2010 年 9 月第 1 版
2. 外贸谈判策略与技巧	赵立民	26.00 元	978-7-80165-645-2	2009 年 7 月第 1 版

📖 国际商务往来子系列

书名	作者	定价	书号	出版时间
国际商务礼仪大讲堂	李嘉珊	26.00 元	978-7-80165-640-7	2009 年 12 月第 1 版

📖 贸易展会子系列

书名	作者	定价	书号	出版时间
外贸参展全攻略——如何有效参加 B2B 贸易商展（第二版）	钟景松	33.00 元	978-7-80165-779-4	2010 年 10 月第 2 版

📖 区域市场开发子系列

书名	作者	定价	书号	出版时间
中东市场开发实战	刘军 沈一强	28.00 元	978-7-80165-650-6	2009 年 9 月第 1 版

📖 国际结算子系列

书名	作者	定价	书号	出版时间
1. 国际结算函电实务	周红军 阎之大	40.00 元	978-7-80165-732-9	2010 年 5 月第 1 版
2. 出口商如何保障安全收汇——L/C、D/P、D/A、O/A 精讲	庄乐梅	85.00 元	978-7-80165-491-5	2008 年 5 月第 1 版

| 书名 | 作者 | 定价 | 书号 | 出版时间 |

📖 **国际贸易金融工具子系列**

书名	作者	定价	书号	出版时间
1. 出口信用保险——操作流程与案例	中国出口信用保险公司	35.00元	978-7-80165-522-6	2008年5月第1版
2. 福费廷	周红军	26.00元	978-7-80165-451-9	2008年1月第1版

📖 **加工贸易操作子系列**

书名	作者	定价	书号	出版时间
1. 加工贸易实务操作与技巧	熊斌	35.00元	978-7-80165-809-8	2011年4月第1版
2. 加工贸易达人速成——操作案例与技巧	陈秋霞	28.00元	978-7-80165-891-3	2012年7月第1版
3. 加工贸易企业关务作业统筹	熊斌	29.80元	978-7-80165-423-6	2009年3月第1版

📖 **乐税子系列**

书名	作者	定价	书号	出版时间
1. 外贸会计账务处理实务——经验·技巧分享	徐玉树	38.00元	978-7-80165-958-3	2013年8月第1版
2. 生产企业免抵退税实务——经验·技巧分享(第二版)	徐玉树	42.00元	978-7-80165-936-1	2013年2月第2版
3. 外贸企业出口退(免)税常见错误解析100例	周朝勇	49.80元	978-7-80165-933-0	2013年2月第1版
4. 生产企业出口退(免)税常见错误解析115例	周朝勇	49.80元	978-7-80165-901-9	2013年1月第1版
5. 外汇核销指南	陈文培等	22.00元	978-7-80165-824-1	2011年8月第1版
6. 外贸企业出口退税操作手册	中国出口退税咨询网	42.00元	978-7-80165-818-0	2011年5月第1版
7. 生产企业免抵退税从入门到精通	中国出口退税咨询网	98.00元	978-7-80165-695-7	2010年1月第1版
8. 出口涉税会计实务精要(《外贸会计实务精要》第2版)	龙博客工作室	32.00元	978-7-80165-660-5	2009年9月第2版

📖 **专业报告子系列**

书名	作者	定价	书号	出版时间
1. 国际工程风险管理	张燎	1980.00元	978-7-80165-708-4	2010年1月第1版
2. 涉外型企业海关事务风险管理报告	《涉外型企业海关事务风险管理报告》研究小组	1980.00元	978-7-80165-666-7	2009年10月第1版

📖 **外贸企业管理子系列**

书名	作者	定价	书号	出版时间
小企业做大外贸的四项修炼	胡伟锋	26.00元	978-7-80165-673-5	2010年1月第1版

📖 **国际贸易金融子系列**

书名	作者	定价	书号	出版时间
1. 国际贸易金融服务全程通(第二版)	郭党怀 张丽君 张贝	43.00元	978-7-80165-864-7	2012年1月第2版
2. 国际结算与贸易融资实务	李华根	42.00元	978-7-80165-847-0	2011年12月第1版

| 书名 | 作者 | 定价 | 书号 | 出版时间 |

毅冰谈外贸子系列

| 毅冰私房英语书
——七天秀出外贸口语 | 毅 冰 | 35.00元 | 978-7-80165-965-1 | 2013年9月第1版 |

"实用型"报关与国际货运专业教材

	书名	作者	定价	书号	出版时间
1.	供应链管理实务	张远昌	48.00元	978-7-5175-0051-3	2015年4月第1版
2.	电子口岸实务(第二版)	林 青	35.00元	978-7-5175-0027-8	2014年6月第2版
3.	报检实务(第二版)	孔德民	38.00元	978-7-80165-999-6	2014年3月第2版
4.	进出口商品归类实务(第二版)	林 青	45.00元	978-7-80165-902-6	2013年1月第2版
5.	现代关税实务(第2版)	李 齐	35.00元	978-7-80165-862-3	2012年1月第2版
6.	国际贸易单证实务(第2版)	丁行政	45.00元	978-7-80165-855-5	2012年1月第2版
7.	报关实务(第3版)	杨鹏强	45.00元	978-7-80165-825-8	2011年9月第3版
8.	海关概论(第2版)	王意家	36.00元	978-7-80165-805-0	2011年4月第2版
9.	国际集装箱班轮运输实务	林益松 郑海棠	43.00元	978-7-80165-770-1	2010年9月第1版
10.	国际货运代理操作实务	杨鹏强	45.00元	978-7-80165-709-1	2010年1月第1版
11.	航空货运代理实务	杨鹏强	37.00元	978-7-80165-707-7	2010年1月第1版
12.	进出口商品归类实务 ——实训题参考答案	林 青	12.00元	978-7-80165-692-6	2009年12月第1版

"精讲型"国际贸易核心课程教材

	书名	作者	定价	书号	出版时间
1.	国际贸易操作实训精讲(第2版)	田运银 胡少甫 史 理 朱东红	48.00元	978-7-5175-0052-0	2015年2月第2版
2.	国际贸易实务精讲(第6版)	田运银	48.00元	978-7-5175-0032-2	2014年8月第6版
3.	进出口商品归类实务精讲	倪淑如 倪 波 田运银	48.00元	978-7-5175-0016-2	2014年7月第1版
4.	外贸单证实训精讲	龚玉和 齐朝阳	42.00元	978-7-80165-937-8	2013年4月第1版
5.	外贸英语函电实务精讲	傅龙海	42.00元	978-7-80165-935-4	2013年2月第1版
6.	国际结算实务精讲	庄乐梅 李 菁	49.80元	978-7-80165-929-3	2013年1月第1版
7.	报关实务精讲	孔德民	48.00元	978-7-80165-886-9	2012年6月第1版
8.	国际电子商务实务精讲	冯晓宁	45.00元	978-7-80165-874-6	2012年5月第1版
9.	国际贸易单证精讲(第3版)	田运银	45.00元	978-7-80165-852-4	2012年1月第3版
10.	国际商务谈判实务精讲	王 慧 唐力忻	26.00元	978-7-80165-826-5	2011年9月第1版

书名	作者	定价	书号	出版时间
11. 国际会展实务精讲	王重和	38.00元	978-7-80165-807-4	2011年5月第1版
12. 国际贸易实务疑难解答	田运银	20.00元	978-7-80165-718-3	2010年9月第1版
13. 集装箱运输系统与操作实务精讲	田聿新 杨永志 汤玮	38.00元	978-7-80165-642-1	2009年7月第1版
14. 国际货运代理实务精讲	杨占林	39.00元	978-7-80165-636-0	2009年6月第1版
15. 海关法教程（第2版）	刘达芳	40.00元	978-7-80165-605-6	2009年3月第2版

待出：
1. 国际贸易规则与惯例实务精讲
2. 国际营销实务精讲
3. 国际投资实务精讲
4. 国际技术贸易实务精讲
5. 国际服务贸易实务精讲

"实用型"国际贸易课程教材

1. 外贸跟单实务	罗艳	48.00元	978-7-80165-954-5	2013年8月第1版
2. 国际贸易实务	丁行政 罗艳	48.00元	978-7-80165-962-0	2013年8月第1版

电子商务大讲堂·外贸培训专用

1. 外贸操作实务	本书编委会	30.00元	978-7-80165-621-6	2009年5月第1版
2. 网上外贸——如何高效获取订单	本书编委会	30.00元	978-7-80165-620-9	2009年5月第1版
3. 出口营销指南	本书编委会	30.00元	978-7-80165-619-3	2009年5月第1版
4. 外贸实战与技巧	本书编委会	30.00元	978-7-80165-622-3	2009年5月第1版

中小企业财会实务操作系列丛书

1. 小企业会计疑难解惑300例	刘华 刘方周	39.80元	978-7-80165-845-6	2012年1月第1版
2. 做顶尖成本会计应知应会150问	张胜	38.00元	978-7-80165-819-7	2011年8月第1版
3. 会计实务操作一本通	吴虹雁	35.00元	978-7-80165-751-0	2010年8月第1版

以上图书均可在中国海关出版社网上书店（www.hgcbs.com.cn）、当当网、卓越网、京东网及各地新华书店等处购买。若有其他购书意向，请与本社发行部联系，联系电话：(010)65195616/5127/4221/4238/4246。

若想了解更多书讯，可关注中国海关出版社官方微信平台，微信号:hgbook。

"关务通"品牌图书

书名	作者	定价	书号	出版时间

📖 关务通·电子口岸系列

1.《电子口岸实用功能(第二版)》	"关务通·电子口岸系列"编委会	46.00元	978-7-5175-0040-7	2014年11月第2版
2.《电子口岸实务操作与技巧——通关篇(第二版)》	"关务通·电子口岸系列"编委会	48.00元	978-7-5175-0037-7	2014年11月第2版
3.《电子口岸实务操作与技巧——加贸篇(第二版)》	"关务通·电子口岸系列"编委会	48.00元	978-7-5175-0035-3	2014年11月第2版
4.《电子口岸疑难解惑800例》	"关务通·电子口岸系列"编委会	48.00元	978-7-5175-0039-1	2014年11月第1版

📖 关务通·加贸系列

1.《<中华人民共和国海关审定内销保税货物完税价格办法>实用指南》	"关务通·加贸系列"编委会	80.00元	978-7-5175-0012-4	2014年6月第1版
2.《加工贸易及保税监管政策实务》	"关务通·加贸系列"编委会	70.00元	978-7-5175-0013-1	2014年6月第1版
3.《加工贸易典型案例启示录》	"关务通·加贸系列"编委会	60.00元	978-7-5175-0014-8	2014年6月第1版
4.《加工贸易实务操作与技巧》	"关务通·加贸系列"编委会	60.00元	978-7-80165-927-9	2013年3月第1版
5.《海关特殊监管区域和保税监管场所实务操作与技巧》	"关务通·加贸系列"编委会	60.00元	978-7-80165-926-2	2013年3月第1版
6.《加工贸易疑难解惑280例》	"关务通·加贸系列"编委会	60.00元	978-7-80165-928-6	2013年3月第1版

📖 关务通·原产地系列

1.《原产地实务操作与技巧》	"关务通·原产地系列"编委会	70.00元	978-7-80165-981-1	2013年10月第1版
2.《原产地疑难解惑470例》	"关务通·原产地系列"编委会	70.00元	978-7-80165-983-5	2013年10月第1版
3.《如何从原产地淘金》	"关务通·原产地系列"编委会	90.00元	978-7-80165-982-8	2013年10月第1版

关务通·监管通关系列

1. 《便捷通关一本通》　　　"关务通·监管通关系列"　60.00 元　978-7-80165-984-2　2013 年 10 月第 1 版
　　　　　　　　　　　　　编委会
2. 《快速通关自查手册》　　"关务通·监管通关系列"　60.00 元　978-7-80165-979-8　2013 年 10 月第 1 版
　　　　　　　　　　　　　编委会
3. 《进出境物品通关攻略》　"关务通·监管通关系列"　60.00 元　978-7-80165-978-1　2013 年 10 月第 1 版
　　　　　　　　　　　　　编委会
4. 《通关典型案例启示录》　"关务通·监管通关系列"　60.00 元　978-7-80165-980-4　2013 年 10 月第 1 版
　　　　　　　　　　　　　编委会
5. 《监管通关政策实用指导手册》"关务通·监管通关系列"　78.00 元　978-7-80165-907-1　2012 年 10 月第 1 版
　　　　　　　　　　　　　编委会
6. 《通关实务操作与技巧
　　——货物、运输工具篇》"关务通·监管通关系列"　48.00 元　978-7-80165-909-5　2012 年 10 月第 1 版
　　　　　　　　　　　　　编委会
7. 《通关实务操作与技巧
　　——进出境物品篇》　"关务通·监管通关系列"　26.00 元　978-7-80165-905-7　2012 年 10 月第 1 版
　　　　　　　　　　　　　编委会
8. 《通关疑难解惑 720 例》 "关务通·监管通关系列"　48.00 元　978-7-80165-903-3　2012 年 10 月第 1 版
　　　　　　　　　　　　　编委会

关务通·稽查系列

《小王在海关稽查的日子
　——企业如何配合海关稽查》"关务通·稽查系列"　70.00 元　978-7-80165-925-5　2013 年 3 月第 1 版
　　　　　　　　　　　　　编委会

关务通·双语系列

《国际海关新视野》　　　　上海海关　　　　　　　60.00 元　978-7-80165-918-7　2012 年 12 月第 1 版

关务通·教材系列

《电子口岸实务精讲》　　"关务通·电子口岸系列"　45.00 元　978-7-5175-0050-6　2015 年 1 月第 1 版
　　　　　　　　　　　　　编委会

以上图书均可在中国海关出版社网上书店(www.hgcbs.com.cn)、当当网、卓越网、京东网及各地新华书店等处购买。若有其他购书意向，请与本社发行部联系，联系电话：(010)65195616/5127/4221/4238/4246/4247。

若想了解更多书讯，可关注中国海关出版社官方微信平台，微信号：hgbook。